A Study on the Laws of the Twelve Tables

《十二表法》研究

徐国栋 /著

2019年·北京

图书在版编目(CIP)数据

《十二表法》研究/徐国栋著.—北京:商务印书馆,2019
ISBN 978-7-100-17190-8

Ⅰ.①十… Ⅱ.①徐… Ⅲ.①罗马法-研究 Ⅳ.①D904.1

中国版本图书馆 CIP 数据核字(2019)第 049378 号

权利保留,侵权必究。

教育部哲学社会科学研究后期资助项目

《十二表法》研究

徐国栋 著

商 务 印 书 馆 出 版
(北京王府井大街 36 号 邮政编码 100710)
商 务 印 书 馆 发 行
北京艺辉伊航图文有限公司印刷
ISBN 978-7-100-17190-8

2019 年 4 月第 1 版　　开本 880×1230　1/32
2019 年 4 月北京第 1 次印刷　印张 15½
定价:49.00 元

序　　言

1994年10月3—6日,在北京友谊宾馆开第一届罗马法大会,与会的意大利《十二表法》专家迪里贝尔多(Oliviero Diliberto)教授通过桑德罗·斯奇巴尼教授找一位中国专家受赠其新著《还原〈十二表法〉的材料》(第一部分),斯奇巴尼找到了我。我与作者谈话得知,他以《十二表法》为自己终身的事业。我当时惊异,因为一个《十二表法》不过5 000余字,怎么经得起一生之投入? 如今,我始知经得起,因为我现在至少已投入17年了。如果再进行,满可以继续投入下去。

尔后,迪里贝尔多把我征召为《十二表法》研究国际委员会委员。原来,不仅在意大利,而且在其他国家,也有人把《十二表法》当作自己的终身的或一段时间的事业,例如德国人海因里希·狄尔克申、莫里兹·沃依格特。这其中当然还有华沙大学教授玛利亚·扎布洛斯卡,她会同其学生研究《十二表法》对现代法的影响,成果发表在意大利和中国的刊物[①]上。外国人(相对于意大利人)的研究有自己的视角甚至优势。意大利人把《十二表法》当作一个历史文本来研究,不在意这个古代法律的当代影响,甚至可能私下里认为它没有这样的影响。所以,当我问迪里贝尔多有什么关于《十二表法》的影响的文献时,他的回答是

[①] Cfr. Maria Zabtocka, Lex XII Tavole, Fonte dei Principi del Diritto Contemporaneo, In Iura: Rivista internazionale di diritto romano e antico, Tomo 53, 2005. 参见[波兰]玛利亚·扎布洛斯卡:《〈十二表法〉——当代法律原则的渊源》,娄爱华译,徐国栋主编:《罗马法与现代民法》第7卷,厦门大学出版社2010年版,第276—292页。

意大利没有，但波兰有。于是我从他得知了我的老朋友扎布洛斯卡的名字以及她发表在我主编的刊物上的相关文章的名字。事实上，后来我又找到了美国人杰弗里·韦伟（Jeffrey Wever）和他有关文章的名字。一个《十二表法》的诞生国，竟然无人研究这个法对于当代的影响，意大利人的研究漏洞跟中国的立法漏洞一样大，可以钻过航空母舰了！

上述提问发生在他在北京赠书于我的 20 年后多一点的 2014 年 11 月 16 日，地点是迪里贝尔多教授在梵蒂冈附近的私人图书馆，我问他维科使用的《十二表法》的版本问题，顺便问他为何把《十二表法》作为自己终身的事业？他没有以这是西方法治的源头之类的漂亮话作答，而是说资料好找，都可从网上免费获得。这样的回答展示了意大利学者不讲大话的美德，也昭示了有关《十二表法》的研究成果大多都已成为公产被悬挂于互联网的现实。这样，全世界的《十二表法》研究者都可从自己的国家下载需要的资料，只要你懂得有关的语言，就可利用它们，《十二表法》的诞生国以及西方国家不享有特别的资料占有优势。

这相关的语言中，除了拉丁语外，尤其包括德语，当代世界只有迪里贝尔多和扎布洛斯卡或多或少地以《十二表法》作为自己的事业，100多年前，是好几个德国学者把它作为自己的事业，例如海因里希·狄尔克申和莫里兹·沃依格特，他们写下皇皇巨著悬挂于互联网上。

我是把《十二表法》当作自己 17 年的事业的中国人，我希望本成果带有中国的视角甚至中国人的优势。

与迪里贝尔多的北京之会后，我产生了对《十二表法》的兴趣。2001 年与意大利同事合译《十二表法》新版。2004 年开始用这个新译本以及我的评注作为给研究生开的《罗马法史》课程的一部分讲授。2009 年改《罗马法史》课程为《罗马公法》，取消了《十二表法》的讲授。2004 年末《河北法学》约稿，投去《十二表法》的新译本，想不到编辑部非常重视，发表在 2015 年第 1 期的第一篇。尔后就得到了广泛的引用

(2019年1月9日看知网的统计,是111次)。2014年以《〈十二表法〉研究》申请教育部后期资助项目成功。如今结题、完善书稿后交出版社,欲告知读者这是我17年心血的结晶,也是国际合作的结晶,这一成果中还包含着阿尔多·贝特鲁奇教授和纪蔚民博士的心血。

没有教育部的财政支持,这一工作的完成要充满磨难得多。

自研究《十二表法》以来,我一直把收集到的所有关于《十二表法》的中西文资料都堆积在书桌左手边的一个移动铁书架上,以提醒自己必须每日投入时间和精力完成这一工作。如此者十几年。我的办公室狭小,这个移动书架颇占地方,我每日都想去掉它,但《十二表法》研究不完,不能去掉这个书架,不然,关于这个主题的资料可能分散,再也找不回来。现在我终于完成任务,可以去掉这个折磨了我十几年的书架了,办公室顿时宽敞了许多,我的心也宽敞了许多,不胜欢欣。

是为序。

2016年10月4日于胡里山炮台之侧
2017年9月30日结题通过之日修改
2019年1月9日改定

目　　录

第一章　《十二表法》的文本与翻译 …………………………………… 1
  第一节　《十二表法》拉丁原文 ………………………………… 1
  第二节　《十二表法》新译本 …………………………………… 16
第二章　《十二表法》的制定、灭失与还原 …………………………… 27
  第一节　《十二表法》的制定 …………………………………… 27
  第二节　《十二表法》的灭失 …………………………………… 51
  第三节　《十二表法》的还原 …………………………………… 61
  第四节　《十二表法》每条还原依据的史料展示 ……………… 89
第三章　《十二表法》前五表解读 ……………………………………… 113
  第一节　第一表释义 ……………………………………………… 113
  第二节　第二表释义 ……………………………………………… 128
  第三节　第三表释义 ……………………………………………… 136
  第四节　第四表释义 ……………………………………………… 146
  第五节　第五表释义 ……………………………………………… 157
第四章　《十二表法》后五表解读 ……………………………………… 178
  第一节　第六表释义 ……………………………………………… 178
  第二节　第七表释义 ……………………………………………… 202
  第三节　第八表释义 ……………………………………………… 215
  第四节　第九表释义 ……………………………………………… 261
  第五节　第十表释义 ……………………………………………… 274

第五章 《十二表法》经增补的两表及"位置不明的片段"解读 ………… 289
第一节 第十一表释义 ………………………………………… 289
第二节 第十二表释义 ………………………………………… 294
第三节 "位置不明的片段"释义 ……………………………… 302

第六章 《十二表法》对优士丁尼罗马法的影响及其局部过时 …… 314
第一节 对《十二表法》影响优士丁尼罗马法的概括说明 …………………………………………… 314
第二节 讲述《十二表法》制定经过的法言 ………………… 315
第三节 记叙《十二表法》的某项规定的法言 ……………… 315
第四节 比较《十二表法》与后世新法同事异决的法言 …… 329
第五节 反映《十二表法》的规定被后法发展的法言 ……… 334
第六节 扩张解释《十二表法》中的某个用语以满足实际生活的需要的法言 …………………………… 337
第七节 批评《十二表法》某项规定的谬误的法言 ………… 352
第八节 未援用《十二表法》但强烈地反映了该法影响的法言 ………………………………… 354
第九节 《十二表法》的局部过时 …………………………… 356
第十节 结论 …………………………………………………… 363

第七章 《十二表法》制度在现代西方公私法中的存活和发展 …… 366
第一节 概述 …………………………………………………… 366
第二节 《十二表法》制度对现代公法的影响 ……………… 370
第三节 《十二表法》制度对现代私法的影响 ……………… 383
第四节 结论 …………………………………………………… 398

第八章 《十二表法》在中国 ……………………………………… 399
第一节 1949 年前《十二表法》在中国的传播 ……………… 399
第二节 1949 年后《十二表法》在中国的传播 ……………… 401

第三节　作为大学和中学教学内容的《十二表法》……… 407
　　　第四节　当代中国法学文献对《十二表法》的关注点…… 410
　　　第五节　当代中国法中的《十二表法》因子…………… 422
　　　第六节　结论………………………………………… 429
第九章　对《十二表法》的六个中文全译本的比较研究……… 431
　　　第一节　概述………………………………………… 431
　　　第二节　六个全译本的基本差异…………………… 432
　　　第三节　各译本条文内容逐表比较………………… 442
　　　第四节　结论………………………………………… 460
附录一：贾文范先生的《十二表法》译本………………………… 465
　　　罗马十二铜表律……………………………………… 465
附录二：金兰荪先生的《十二表法》译本………………………… 474
后　记…………………………………………………………… 482

第一章 《十二表法》的文本与翻译

第一节 《十二表法》拉丁原文

《十二表法》拉丁文的还原版很多,格拉维纳、雅克·豞德弗罗瓦、鲁道尔夫·舍尔、莫里兹·沃依格特、布农斯、特奥多尔·蒙森和奥托·格拉登维兹、里科波诺、克罗福德、吉拉尔和尚分别贡献了自己的还原本。本书基本采用萨尔瓦多勒·里科波诺(Salvatore Riccobono,1864—1958年)于1941年在佛罗伦萨出版的《优士丁尼之前的罗马法原始文献》(FIRA)[①]中收录的还原本作为翻译的依据。理由一,这个还原本比较新近,因而有可能吸收近期的研究成果;其二,吉拉尔和尚的还原本、克罗福德的还原本尽管更新,但前者的影响较小,具体来说,它的使用者较少,而后者甚反潮流,有些脱离人们通常的《十二表法》理解;其三,里科波诺是意大利人,我与意大利学者在意大利合作翻译《十二表法》,自然倾向于采用意大利学者的还原本。

[①] Salvatore Riccobono, Fontes Iuris Romani Antejustiniani, Pars Prima, Leges, Florentiae, 1968.

Duodecim Tabularum Leges

TABULA I

1. SI IN IUS VOCAT, [ITO.]NI IT, ANTESTAMINO; IGITUR EM CAPITO.

2. SI CALVITUR PEDEMVE STRUIT, MANUM ENDO IACITO.

3. SI MORBUS AEVITASVE VITIUM ESCIT,[QUI IN IUS VOCABIT] IUMENTUM DATO. SI NOLET, ARCERAM NE STERNITO.

4. ASSIDUO VINDEX ASSIDUUS ESTO. PROLETARIO [IAM CIVI] QUIS VOLET VINDEX ESTO.

5. NEX ... FORTI SANATI ...

6. REM UBI PACUNT, ORATO.

7. NI PACUNT, IN COMITIO AUT IN FORO ANTE MERIDIEM CAUSSAM COICIUNTO. COM PERORANTO AMBO PRAESENTES.

8. POST MERIDIEM PRAESENTI LITEM ADDICITO.

9. SI AMBO PRAESENTES, SOLIS OCCASUS SUPREMA TEMPESTAS ESTO.

10. *Gellius*, 16,10,8 : Cum proletarii et adsidui et sanates et vades et subvades et XXV asses et taliones furtorumque quaestio cum lance et licio evanuerint omnisque illa XII tabularum antiquitas—lege Aebutia lata consopita sit—.

TABULA II

1. a. *Gaius 4 , 14* : Poena autem sacramenti aut quingenaria erat aut quinquagenaria. Nam de rebus mille aeris plurisue quingentis assibus, de minoris vero quinquaginta assibus sacramento contendebatur; nam ita lege XII tabularum cautum erat. [At] si de libertate hominis controversia erat, esti pretiosissimus homo esset, tamen ut L assibus sacramento contenderetur, eadem lege cautum est—. **1. b.** *Gaius, 4 , 17a* : P(er) iudici[s p]ostulat[i]one(m) ageba[tur, si]q[u]a de re ut ita ager[et]ur lex ius[si]sse[t], sicu[ti] lex XII [t]abularum de [eo] q(uod) ex stipu[l]at[i]one petitur.

2. ….MORBUS SONTICUS, AUT VADIMONIUM STATUS DIES CUM HOSTE, IUDICIUM, SACRIFICIUM, FUNUS FAMILIARE FERIAEVE DENICALES… QUID HORUM FUIT [VITIUM] IUDICI ARBITROVE REOVE, EO DIES DIFFISSUS ESTO.

3. CUI TESTIMONIUM DEFUERIT, IS TERTIIS DIEBUS OB PORTUM OBVAGULATUM ITO.

TABULA III

1. AERIS CONFESSI REBUSQUE IURE IUDICATIS XXX DIES IUSTI SUNTO.

2. POST DEINDE MANUS INIECTIO ESTO. IN IUS DUCITO.

3. NI IUDICATUM FACIT AUT QUIS ENDO EO IN IURE VINDICIT, SECUM DUCITO, VINCITO AUT NERVO AUT

COMPEDIBUS XV PONDO, NE MINORE, AUT SIVOLET MAIORE VINCITO.

4. SI VOLET SUO VIVITO, NI SUO VIVIT, QUI EUM VINCTUM HABEBIT, LIBRAS FARIS ENDO DIES DATO. SI VOLET, PLUS DATO.

5. *Gellius*, 20, 1, 46, 47: Erat autem ius interea paciscendi ac nisi pacti forent habebantur in vinculis dies LX. Inter eos dies trinis nundinis continuis ad praetorem in comitium producebantur, quantaeque pecuniae iudicati essent, praedicabatur. Tertiis autem nundinis capite poenas dabant, aut trans Tiberim peregre venum ibant.

6. TERTIIS NUNDINIS PARTIS SECANTO. SI PLUS MINUSVE SECUERUNT, SE FRAUDE ESTO.

TABULA IV

1. *Cicero, De leg. 3, 8, 19*: Cito [necatus] tamquam ex XII tabulis insignis adde formitatem puer.

2. a. *Papinianus, Coll. 4, 8*: Cum patri lex—dederit in filium vitae necisque potestatem. —**b.** SI PATER FILIUM TER VENUM DU[UIT], FILIUS A PATRE LIBER ESTO.

3. *Cicero, Phil. 2, 28, 69*: Illam suam suas res sibi habere iussit ex XII tabulis claues ademit, exegit.

4. *Gellius, 3, 16, 12*: Comperi, feminam—in undecimo mense post mariti mortem peperisse, factumque esse negotium, quasi marito mortuo postea concepisset, quoniam Xviri in decem mensibus gigni hominem, non in undecimo scripsissent.

TABULA V

1. *Gaius*, *1*, *144-5*: Veteres —voluerunt feminas, etiamsi perfectae aetatis sint, propter animi levitatem in tutela esse. itaque etiam lege XII tab. cautum est.

2. *Gaius*, *2*, *47*: Mulieris, quae in agnatorum tutela erat, res mancipi usucapi non poterant, praeterquam si ab ipsa tutore [auctore] traditae essent; id[que] ita lege XII tab. [cautum erat].

3. UTI LEGASSIT SUPER PECUNIA TUTELAVE SUAE REI, ITA IUS ESTO.

4. SI INTESTATO MORITUR, CUI SUUS HERES NEC ESCIT, ADGNATUS PROXIMUS FAMILIAM HABETO.

5. SI ADGNATUS NEC ESCIT, GENTILES FAMILIAM [HABENTO].

6. *Gaius*, *1*, *155*: Quibus testamento—tutor datus non sit, iis lege XII [Tabularum] agnati sunt tutores.

7. a. SI FURIOSUS ESCIT, ADGNATUM GENTILIUMQUE IN EO PECUNIAQUE EIUS POTESTAS ESTO. —**b.** ... AST EI CUSTOS NEC ESCIT... —**c.** *Ulpianus*, *D. 27*, *10*, *1pr.*: Lege XII tab. prodigo interdicitur bonorum suorum administratio. *Ulpianus*, *12*, *2*: lex XII tab. —prodigum, cui bonis interdictum est, in curatione iubet esse agnatorum.

8. *Ulpianus*, *29*, *1*: Civis Romani liberti hereditatem lex XII tab. patron defert, si intestato sine suo herede libertus decesserit. *Ulpianus*, *D. 50*, *16*, *195*, *1*: Cum de patron et liberto loquitur lex, EX EA FAMILIA, inquit, IN EAM FAMILIAM.

9. *Gordianus*, *C. 3*, *36*, *6*: Ea, quae in nominibus sunt, ... ipso iure in portiones hereditarias ex lege XII tab. divisa sunt. *Diocletianus*, *C. 2*, *3*, *26*: Ex lege XII tab. aes alienum hereditarium pro portionibus quaesitis singulis ipso iure divisum.

10. *Gaius*, *D. 10*, *2*, *1pr*.: Haec actio (familiae erciscundae) proficiscitur e lege XII tabularum.

TABULA VI

1. CUM NEXUM FACIET MANCIPIUMQUE, UTI LINGUA NUNCUPASSIT, ITA IUS ESTO.

2. *Cicero*, *De off*. *3*, *16*, *65*: Cum ex XII tab. satis esset ea praestari, quae essent lingua nuncupata, quae qui infitiatus esset, dupli poenam subiret, a iuris consultis etiam reticentiae poena est constituta.

3. *Cicero*, *Top*. *4*, *23*: Usus auctoritas fundi biennium est,—ceterarum rerum omnium—annuus est usus.

4. ADVERSUS HOSTEM AETERNA AUCTORITAS [ESTO].

5. *Gaius*, *1*, *111*: Lege XII tab. cautum est, ut si qua nollet eo modo(SC. usu) in manum mariti convenire, ea quotannis trinoctio abesset atque eo modo cuiusque anni [usum] interrumperet.

6. a. SI [QUI] IN IURE MANUM CONSERUNT...—**b.** *Paulus*, *Vat. Fr. 50*: Et mancipationem et in iure cessionem lex XII tab. confirmat.

7. *Livius*, *3*, *44*, *11*, *12*: Advocati (Verginiae) —postulant, ut (Ap. Claudius) —lege ab ipso lata vindicias det secundum libertatem.

8. TIGNUM IUNCTUM AEDIBUS VINEA[E]VE [ET CONCAPIT] NE SOLVITO —*Ulpianus D. 47, 3, 1pr.*: Lex XII tab. neque solvere permittit tignum furtivum aedibus vel vineis iunctum neque vindicare ...sed in eum, qui convictus est iunxisse, in duplum dat actionem.

9. ...QUANDOQUE SARPTA, DONEC DEMPTA ERUNT...

TABULA VII

1. *Varro, De lingua latina 5, 22*: XII tabularum interpretes ambitum parietis circuitum esse describunt; —*Maecianus Assis distri. 46*: Sestertius duos asses et semissem (valebat), quasi semis tertius; —lex—XII tab. argumento est, in qua duo pedes et semis 'sestertius pes' vocatur.

2. *Gaius, (l, 4 od leg. XII tab.) D. 10, 1, 13*: Sciendum est in actione finium regundorum illud observandum esse, quod (in XII tabulis) ad exemplum quodammodo eius legis scriptum est, quam Athenis Solonem dicitur tulisse. Nam illic ita est: ἐάν τις αἱμασίαν παρ'.

3. a. *Plinius, Nat. hist. 19, 4, 50*: In XII tab. —nusquam nominatur villa, semper in significatione ea 'hortus', in horti vero 'heredium'. —**b.** *Festus, F. 355*: [Tugu]ria a tecto appellantur [domicilia rusticorum] sordida, —quo nomine [Messalla in explana]tione XII ait etiam ... [signifi]cari.

4. *Cicero, De leg. 1, 21, 55*: Usus capionem XII tabulae intra V pedes esse noluerunt.

5. a. SI IURGANT ...**b.** *Cicero, De leg. 1, 21, 55*: Controversia est nata de finibus, in qua—[e XII tres] arbitri fines regemus.

6. *Gaius*, *D. 8 , 3 , 8* : Viae latitudo ex lege XII tabularum in porrectum octo pedes habet, in anfractum, id est ubi flexum est, sedecim.

7. VIAM MUNIUNTO: NI SAM DELAPIDASSINT, QUA VOLET IUMENTO AGITO.

8. a. SI AQUA PLUVIA NOCET ...—**b.** *Paulus*, *D. 43 , 8 , 5* : Si per publicum locum rivus aquae ductus privato nocebit, erit actio privato ex lege XII tab. , ut noxae domino caueatur.

9. a. *Ulpianus*, *D. 43 , 27 , 1 , 8* : Lex XII tab. efficere voluit, ut XV pedes altius rami arboris circumcidantur. —**b.** *Pomponius*, *D. 43 , 27 , 2* : Si arbor ex vicini fundo vento inclinata in tuum fundum sit, ex lege XII tab. de adimenda ea recte agere potes.

10. *Plinius*, *Naturalis historia , 16 , 5 , 15* : Cautum est —lege XII tab. , ut glandem in alienum fundum procidentem liceret colligere.

11. *Iustiniani Institutiones , 2 , 1 , 41* : Venditae—et traditae (res) non aliter emptori adquiruntur, quam si is venditori pretium solverit vel alio modo satisfecerit, veluti expromissore aut pignore dato; quod cavetur —lege XII tab. .

12. *Ulpianus*, *2 , 4* : Sub hac condicione liber esse iussus 'si decem milia heredi dederit', etsi ab herede abalienatus sit, emptori dando pecuniam ad libertatem perveniet: idque lex XII tab. iubet.

TABULA VIII

1. a. QUI MALUM CARMEN INCANTASSIT ...—**b.** *Cicero*, *De rep. 4 , 10 , 12 ap. Aug. de civit. Dei 2 , 9* : Nostrae XII tab. cum perpaucas res capite sanxissent, in his hanc quoque sanciendam putaverunt: si quis occentavisset sive carmen condidisset, quod infamiam faceret flagitiumve alteri.

2. SI MEMBRUM RUP[S]IT, NI CUM EO PACIT, TALIO ESTO.

3. *Paulus*(*libro sing. et tit. de iniuriis*), Coll. 2,5,4,5:Iniuriarum actio aut legitima est——. Legitima ex lege XII tab. : 'qui iniuriam alteri facit, V et XX sestertiorum poenam subito'. Quae lex generalis fuit: fuerunt et speciales, velut illa: 'manu fustive si os fregit libero, CCC,(si) servo, CL poenam subit sestertiorum'.

4. SI INIURIAM [ALTERI] FAXSIT, VIGINTI QUINQUE POENAE [ASSES]SUNTO.

5. ... RUPIT[IAS] ... SARCITO.

6. *Ulpianus*(*l. XVIII ad ed.*)D. 9,1,1pr. : Si quadrupes pauperiem fecisse dicetur, actio ex lege XII tab. descendit;quae lex voluit aut dari id quod nocuit —aut aestimationem noxiae offerri.

7. *Ulpianus*(*l. XLI ad Sabinum*)D. 19,5,14,3:Si glans ex arbore tua in fundum meum cadat, eamque ego immisso pecore depascam, —neque ex lege XII tab. de pastu pecoris, quia non in tuo pascitur, neque de pauperie —agi posse.

8. a. QUI FRUGES EXCANTASSIT. —**b.** ... NEVE ALIENAM SEGETEM PELLEXERIS ...

9. *Plinius*,*Nat. hist.* 18,3,12:Frugem quidem aratro quaesitam noctu pavisse ac secuisse puberi XII tabulis capital erat, suspensumque Cereri necari iubebant ....,inpubem praetoris arbitratu verberari noxiamve duplionemve decerni.

10. *Gaius*(*l. 4 ad l. XII tab.*) D. 47,9,9:Qui aedes acervumve frumenti iuxta domum positum combusserit, vinctus verberatus igni necarii ubetur, si modo sciens prudensque id commiserit; si vero casu, id est neglegentia, aut noxiam sarcire iubetur, aut, si minus idoneusist, levius castigatur.

11. *Plinius*, *Nat. hist. 17, 1, 7*:Cautum est XII tabulis, ut qui iniuria cecidisset alienas (arbores), lueret in singulas aeris XXV.

12. SI NOX FURTUM FAXSIT, SI IM OCCISIT, IURE CAESUS ESTO.

13. LUCI ... SI SE TELO DEFENDIT, ... ENDOQUE PLORATO.

14. *Gellius*, *n. a. 11, 18, 8*: Ex ceteris—manifestis furibus liberos verberari addicique iusserunt (Xviri) ei, cui furtum factum esset, si modo id luci fecissent neque se telo defendissent; servos —verberibus affici et e saxo praecipitari; sed pueros inpuberes praetoris arbitratu verberari voluerunt noxiamque ab his factam sarciri.

15. a. *Gaius*, *3, 191*: Concepti et oblati (furti) poena ex lege XII tab. tripli est. —**b.** ...LANCE ET LICIO ...

16. SI ADORAT FURTO, QUOD NEC MANIFESTUM ERIT ..., [DUPLIONE DAMNUM DECIDITO].

17. *Gaius*, *2, 45*: Furtivam (rem) lex XII tab. usucapi prohibet —.

18. a. *Tacitus*, *Ann. 6, 16*:Nam primo XII tabulis sanctum, ne quis unciario fenore amplius exerceret.—**b.** *Cato*, *De agr. praef.*: Maiores—in legibus posiverunt furem dupli condemnari, feneratorem quadrupli.

19. *Paulus*,*Coll. 10, 7, 11*: Ex causa depositi lege XII tab. in duplum actio datur—.

20. a. *Ulpianus*, D. 26, 10, 1, 2: Sciendum est suspecti crimen e lege XII tab. descendere. —**b.** *Tryphoninus*, D. 26, 7, 55, 1: Si—tutores rem pupilli furati sunt, videamus an ea actione, quae proponitur ex lege XII tab. adversus tutorem in duplum, singuli in solidum teneantur.

21. PATRONUS SI CLIENTI FRAUDEM FECERIT, SACER ESTO.

22. QUI SE SIERIT TESTARIER LIBRIPENSVE FUERIT, NI TESTIMONIUM [FATIATUR,] INPROBUS INTESTABILISQUE ESTO.

23. *Gellius*, 20, 1, 53: Si non illa etiam ex XII tab. de testimoniis falsis poena abolevisset et si nunc quoque ut antea qui falsum testimonium dixisse convictus esset, e saxo Tarpeio deiceretur.

24. a. SI TELUM MANU FUGIT MAGIS QUAM IECIT, ARIETEM SUBICITUR. —**b.** *Plin. Nat. hist.*, 18, 3, 12: Frugem—furtim noctu pavisse ac secuisse XII tabulis capital erat suspensumque Cereri necari iubebant, gravius quam in homicidio.

25. *Gaius*(l. 4 ad l. XII tab.) D. 50, 16, 236 pr.: Qui venenum dicit, adicere debet, utrum malum an bonum: nam et medicamenta venena sunt.

26. *Latro*, *Decl. in Cat.*, 19: XII tab. cautum esse cognoscimus, ne qui in urbe coetus nocturnos agitaret.

27. *Gaius*(l. 4 ad l. XII tab.) D. 47, 22, 4: His(sodalibus) potestatem facit lex(sc. XII tab.) pactionem quam velint sibi ferre, dum ne quid ex publica lege corrumpant. sed haec lex videtur ex lege solonis translata esse.

TABULA IX

1. 2. *Cicero*, *De leg*. *3*, *4*, *11*: 'Privilegia ne inroganto. De capite civis nisi per maximum comitiatum—ne ferunto.' *Ibid*. *19*, *44*: Leges praeclarissimae de duodecim tabulis tralatae duae, quarum altera privilegia tollit, altera de capite civis rogari nisi maximo comitiatu vetat.

3. *Gellius*, *20*, *1*, *7*: Dure autem scriptum esse in istis legibus(XII tab.)quid existimari potest? Nisi duram esse legem putas, quae iudicem arbitrumve iure datum, qui ob rem [iu]dic[a]ndam pecuniam accepisse convictus est, capite poenitur?

4. *Pomponius*, *D*. *1*, *2*, *2*, *23*: Quaestores—qui capitalibus rebus praeessent—appellantur quaestores parricidii, quorum etiam meminit lex XII tab.

5. *Marcianus*, *D*. *48*, *4*, *3*: Lex XII tab. iubet eum, qui hostem concitaverit quive civem hosti tradiderit, capite puniri.

6. *Salvianus*, *De gubern*. *Dei*. *8*, *5*: Interfici enim indemnatum quemcunque hominem etiam XII tabularum decreta vetuerunt.

TABULA X

1. HOMINEM MORTUUM IN URBE NE SEPELITO NEVE URITO.

2. ... HOC PLUS NE FACITO: ROGUM ASCEA NE POLITO.

3. *Cicero*, *De leg*. *2*, *23*, *59*: Extenuato igitur sumptu tribus reciniis et tunicula purpurae et decem tibicinibus tollit etiam lamentationem.

4. MULIERES GENAS NE RADUNTO, NEVE LESSUM FUNERIS ERGO HABENTO.

5. a. HOMINE MORTUO NE OSSA LEGITO, QUO POST FUNUS FACIAT. —**b.** *Cicero, Deleg.* 2, 23, 60: Excipit bellicam peregrinamque mortem.

6. a. *Cicero, Deleg.*: Haec praeterea sunt in legibus [de unctura quae]: 'servilis unctura tollitur omnisque circumpotatio'. —'Ne sumptuosa respersio, ne longae coronae, ne acerrae, nec acerrae praetereantur'. —**b.** *Fest.* (*F. 158*): Murrata potione usos antiquos indicio est, quod— XII tab. cavetur, ne mortuo indatur.

7. QUI CORONAM PARIT IPSE PECUNIAVE EIUS [HONORIS] VIRTUTISVE ERGO ARDUVITUR EI …

8. …NEVE AURUM ADDITO. AT CUI AURO DENTES IUNCTI ESCUNT. AST IM CUM ILLO SEPELIET URETVE, SE FRAUDE ESTO.

9. *Cicero, De leg.* 2, 24, 61: Rogum bustumve novum vetat propius LX pedes adigi aedes alienas invito domino.

10. *Cicero, ibid*: Forum bustumve usucapi vetat.

TABULA XI

1. *Cicero. De rep.* 2, 36: Qui [decemviri] cum X tabulas summa legum aequitate prudentiaque conscripsissent, in annum posterum Xviros alios subrogaverunt, —Ibid. 37: qui duabus tabulis iniquarum legum additis conubia—ut ne plebei cum patribus essent, inhumanissima lege sanxerunt.

2. *Macrobius*, *Sat.* 1, 13, 21: Tuditanus refert, —Xviros, qui tabulis duas addiderunt, de intercalando populum rogasse. Cassius eosdem scribit auctores.

3. *Cicero*, *Ad Atti*. *6*, *1*, *8*: E quibus (libris de rep.) unum ἱστορικὸν requiris de Cn. Flavio Anni f. Ille vero ante Xviros non fuit: quippe qui aedilis curulis fuerit, qui magistratus mulis annis post Xviros institutus est. Quid ergo profecit, quod protulit fastos? Occultatam putant quodam tempore istam tabulam, ut dies agendi peterentur a (paucis).

TABULA XII

1. *Gaius*, *4*, *28*: Lege autem introducta est pignoris capio, veluti lege XII tab. adversus eum, qui hostiam emisset nec pretium redderet; item adversus eum, qui mercedem non redderet pro eo iumento, quod quis ideo locasset, ut inde pecuniam acceptam in dapem, id est in sacrificium, impenderet.

2. a. SI SERVUS FURTUM FAXIT NOXIAMVE NO[X]IT. — b. *Gaius*, *4*, *75*, *76*: Ex malificio filiorum familias servorumque—noxales actiones proditae sunt, uti liceret patri dominove aut litis aestimationem sufferer aut noxae dedere—Constitutae sunt autem noxales actiones aut legibus aut edicto praetoris: legibus, velut furti lege XII tabularum *cet*.

3. SI VINDICIAM FALSAM TULIT, SI VELIT IS ... TOR ARBITROS TRIS DATO, EORUM ARBITRIO ... FRUCTUS DUPLIONE DAMNUM DECIDITO.

4. *Gaius*(*l*. *6 ad leg*. *XII tab*.) *D*. *44*, *6*, *3*: Rem, de qua controversia est, prohibemur in sacrum dedicare: alioquin dupli poenam pa-

timur, —sed duplum utrum fisco an adversario praestandum sit, nihil exprimitur.

5. *Livius*, 7, 17, 12: In XII tabulis legem esse, ut quodcumque postremum populous iussisset, id ius ratumque esset.

FRAGMENTA INCERTAE SEDIS

1. *Festus*(F. 166): Nancitor in XII nactus erit, prenderit. Item in foedere Latino: 'Pecuniam quis nancitor, habeto'. et: 'si quid pignoris nanciscitur, sibi habeto'.

2. *Festus*(F. 258): Quando—in XII—cum c littera ultima scribitur.

3. *Festus*(F. 309): 'Sub vos placo' in precibus fere cum dicitur, significat id quod 'supplico', ut in legibus 'transque dato', 'endoque plorato'.

4. *Donat.*, *ad Ter. Eun.* 3, 3, 9: 'dolo malo' quod—addidit 'malo'—aut ἀρχαισμς est, quia sic in XII a veteribus scriptum est, aut επιθετον doli est perpetuum cet.

5. *Cicero*, *De rep.* 2, 31, 54: ab omni iudicio poenaque provocari licere indicant XII tabulae compluribus legibus.

6. *Cicero*, *De off.* 3, 31, 111: Nullum—vinculum ad adstringendam fidem iureiurando maiores artius esse voluerunt, id indicant leges in XII tabulis.

7. *Augustinus*, *De civ. Dei* 21, 11: Octo genera poenarum in legibus esse scribit Tullius: damnum, vincula, verbera, talionem, ignominiam, exsilium, mortem, servitutem. Idem Isidorus Orig. 5, 27.

8. *Gaius*, 1, 122: Olim aereis tantum nummis utebantur; et erant asses, dipundii, semisses, quadrantes, nec ullus aureus vel argenteus nummus in usu erat, sicut ex lege XII tabularum intellegere possumus.

9. *Gaius* (*l. 5 ad leg. XII tab.*)*D*. 50,16,237:Duobus negativis verbis quasi permittit lex magis quam prohibuit: idque etiam Servius animadvertit.

10. *Gaius*(*l. 6 ad leg. XII tab.*)*D*. ,50,16,238,1:'Detestantum' est testatione denuntiatum.

11. *Sidonius Apollinaris ep.* 8, 6, 7:Per ipsum fere tempus, ut decemviraliter loquar, lex de praescriptione tricennii fuerat 'proquiritata'.

12. **a.** *Gloss. lexici Philoxeniani* :-Duicensus διταβ. (XII tabulis *emend.* Vulcanius) δεύτερον ἀπογεγραμμνος. **b.** *Festus*(*P. 66*): Duicensus dicebatur cum altero, id est filio census.

第二节 《十二表法》新译本

徐国栋、贝特鲁奇、纪蔚民 2001 年 12 月译于比萨—罗马,尔后徐国栋不断根据认识提高对译文有少量改动。

译者说明:以下每个条文都体现为一个法律规范,由于《十二表法》原文已毁,其内容靠后人的转述才部分留传下来,这些转述并不采用规范的形式,为了还原《十二表法》,我们把这样的转述概括成规范。

第一表

一、如果被传出庭,该去。要是不去,叫人作证,然后强制他去。

二、如果或躲或逃而不去,就把他抓住。

三、如果有病或因年高有障碍,原告应提供车子;但如果他不愿意,不必准备轿子。

四、有产者当有产者的保证人,已是公民的无产者,任何愿意的人都可当其保证人(译法一)。

乡村部落民当乡村部落民的保证人,已登记在乡村部落的无产者,任何愿意的人都可当其保证人(译法二)。

五、福尔特斯人、萨那特斯人,同样享有债务口约权或要式买卖权。

六、如当事人达成了和解,则实行之。

七、如当事人不能达成和解,则双方应于午前到大会场或集议场进行诉讼。解释自己的理由时,双方必须到场。

八、正午一过,应判到场的一方胜诉。

九、双方到场的,日落为最后的时限。

十、保证人、副保证人应担保被告于受审时按时出庭。

第二表

一、a 如果争议的标的为1 000或1 000以上阿斯,誓金是500阿斯;如果争议标的为1 000以下阿斯,誓金是50阿斯。如果争议涉及人的自由权,即便该人非常高贵,誓金一律是50阿斯。

一、b 根据要式口约主张债权时,可提起要求法官之诉。

二、患重病、受另一个审判,或者定好了为外邦人做出庭担保的期日、参加祭祀、家人葬礼以及葬礼后的成神节,如果遇到这些障碍之一,法官、仲裁员或被告应另日诉讼。

三、曾经差少证人的人,可每两天去门前喊。

第三表

一、对于自己承认的债务或对法院判决的结果,授予 30 天的恩惠期。

二、此后,实行拘禁。将债务人带到长官前。

三、此时如债务人仍不执行判决,或无人在长官前为他担保,则原告将他押至家中,拴以重量不轻于 15 磅的铁链或脚镣;如果愿意,可以加重分量。

四、债务人在拘禁期间,可自备伙食;如不自备伙食,则束缚他的人应每日供给二粒小麦 1 磅。如果愿意,可以加量。

五、双方有权达成和解,如果未达成和解,受判处者要受 60 天的羁押。在此期间,他应在 3 个连续的集市日被牵至大会场执政官面前,并被当众宣布所判定的金额。在第 3 个集市日,对其实行死刑,或把他卖于台伯河对岸的外邦。

六、到了第 3 个集市日,应将之切成块,块大或块小,都不算诈欺。

第四表

一、对生来畸形怪状的婴儿,尽速杀之。

二、a 父亲被授予对其家子的生杀权。

二、b 父亲如三次出卖其儿子,该子不再处在其权力下。

三、夫可令其妻携带自身物件,索回钥匙,把她逐出。

四、婴儿自夫死后十个月内出生的,推定为夫的子女。

第五表

一、妇女即使达到适婚年龄,亦受监护。

二、在宗亲监护下的妇女,其所有的要式移转物不能通过时效取得;妇女经监护人同意交付的物,除外。

三、以遗嘱处分自己的财产,或为其所属指定监护人,具有法律上的效力。

四、无遗嘱而死者,又无自权继承人的,其遗产归最近的宗亲。

五、如无宗亲,族亲享有遗产。

六、无遗嘱监护人的人,宗亲为其监护人。

七、a 如果是精神病人,对其财产和人身的权力,应归属于宗亲和族亲。

七、b 但如果没有照管……

七、c 禁止浪费人管理自己的财产,并将其置于宗亲的保佐下。

八、当了罗马公民的解放自由人无遗嘱而死的,如无自权继承人,其遗产归恩主所有。……从这个家庭……转到那个家庭……

九、继承的债权和债务,依法按其继承的遗产份额分派给继承人。

十、遗产的分割,设遗产分割之诉处理。

第六表

一、实施债务口约或要式买卖的,按宣告的言辞具有法律效力。

二、要按宣告的言辞履行,否认者,处按标的额加倍的罚金。

三、土地的时效取得和追夺担保为期两年,所有其他物件的时效取得为期一年。

四、对外邦人的追夺担保应是永久性的。

五、如果妇女不愿通过一年的占有被时效取得的方式归顺夫权,她要每年离家三夜逐年中断时效。

六、a 如果诉讼当事人在长官面前把手伸到了(讼争物之上)……

六、b 拟诉弃权与要式买卖,各自具有法律效力。

七、其身份被争议的人,在诉讼中应被授予临时的自由人身份。

八、不得拆走偷来用于建筑房屋的梁木或用于葡萄园的架材,但可对盗取它们的人提起赔偿加倍于其价金的诉讼。

九、修剪葡萄藤之日,即为取回架材之时。

第七表

一、建筑物的周围应留 2 尺半宽的空地。

二、设立调整地界之诉。

三、a……菜园……可继承的菜园……

三、b……窝棚……

四、相邻田地之间的 5 尺空地不适用取得时效。

五、a 如果发生争执……

五、b 就地界发生争执时,委派仲裁员 3 人……

六、道路的宽度,直向为 8 尺,转弯处为 16 尺。

七、道路应铺有石头;如果未铺,可把车子驾到通行最方便的地方。

八、a 如果雨水造成损害……

八、b 如果通过公共地方的引水渠中的水流造成私人的损害,应赔偿受到损害的主人。

九、a 高于 15 尺的树枝,应刈除之。

九、b 如果树木从邻地倾斜于你的土地,可正当地刈除之。

十、树上的果实落于邻地时,可入邻地拾取之。

十一、出卖的并经交付的物,除非买受人付清价款或以其他方式提供担保,不能取得其所有权。

十二、在遗嘱中被宣布解放的人,以向继承人支付 10 000 阿斯为条件的,即使继承人出卖了他,他应通过向买受人给付上述金钱获得自由。

第八表

一、a 念诅语致人损害者……

一、b 如果某人唱侮辱人或致人不名誉的歌谣,处死刑。

二、毁伤他人肢体而不能达成和解的,应对他同态复仇。

三、折断自由人一骨的,处 300 阿斯的罚金;折断奴隶一骨的,处 150 阿斯的罚金。

四、对人施行其他侵辱的,处 25 阿斯的罚金。

五、……损害……就赔。

六、四足动物损害他人的,由其所有人把它投偿于被害人,或赔偿估定的损失。

七、他人的果实落在自己的田地里被牲畜吃掉的,不根据放牧之诉,也不根据四足动物致人损害之诉承担责任。

八、a 对庄稼念咒语者……

八、b ……而未通过念咒语把他人的庄稼引过来……

九、夜间在快要熟的庄稼地放牧的,或收割此等庄稼的,如为适婚人,则判死刑,吊在树上祭谷神;如为未适婚人,则按长官的决定鞭打,处以加倍于损害的罚金或投偿于受害人。

十、烧毁房屋或堆放在房屋附近的谷物堆的,如以明知且预见的方式实施,则捆绑而鞭打之,然后把他烧死;如为意外,则赔偿损失;如属能力有欠缺者,则从轻处罚。

十一、不法砍伐他人树木的,每棵判处 25 阿斯的罚金。

十二、夜间行窃,如被处死,应视为合法。

十三、白天……如果用武器自卫……应叫证人来。

十四、白天行窃的窃贼不用武器自卫的,如为自由人,处鞭打后交给被窃者;如为奴隶,处鞭打后投塔尔贝雅岩下;如为未适婚人,按长官的判决处鞭打并赔偿损害。

十五、a 对被搜获赃物者和转置赃物者,处3倍的罚金。

十五、b ……手持一盘,以亚麻布遮羞……

十六、实施非现行盗窃者,加倍赔偿损失。

十七、盗窃物不能以时效取得。

十八、a 利息不得超过8.33%。

十八、b 超过该利率的,处4倍的罚金。

十九、对于寄托案件,授予双倍之诉。

二十、a 监护人不诚实的,处以……

二十、b 如果诸监护人偷了被监护人的物,授予双倍之诉对抗他们。每人都对全部赔偿额承担责任。

二十一、恩主欺诈门客的,让他做牺牲。

二十二、在场的证人和司秤拒绝作证的,应判他不诚实并不能作证。

二十三、因作伪证受判处者,投于塔尔贝雅岩下。

二十四、a 某人并非想投掷武器,但武器脱手的,应处以以公羊一只祭神。

二十四、b 夜间在庄稼地偷偷放牧的,或收割此等庄稼的,判死刑,比杀人还判得重。

二十五、……致死毒药……

二十六、夜间不得在城市内聚集人。

二十七、社团的成员,只要不违反公法,可随意订立其组织的规范。

第九表

一、不得针对任何个人制定特别的法律。

二、处公民死刑的判决,非经百人团大会不得为之。

三、依法委派的法官或仲裁员,被确认在判案过程中收受金钱的,处死刑。

四、死刑案件由杀亲罪审判官主持。

五、凡煽动外国人起事或把公民交给外国人的,处死刑。

六、任何人非经审判,不得处死刑。

第十表

一、不得在市区内埋葬或焚化死者。

二、……火葬用的木柴,再也不得用斧削光。

三、死者的丧衣限于三件,外加一件紫色小外套,乐手以十名为限。

四、妇女不得抓伤面颊,也不得号丧。

五、a 不得保存死者的骸骨为之举行葬礼。

五、b 但死于战场或外邦的除外。

六、a 废除对奴隶的尸体涂油、在各种丧宴上豪饮、奢侈地奠酒、太大的花环和用香炉焚香的做法。

六、b 不得用没药水撒在死者身上。

七、对曾经因自己或属于其财产的人的荣誉或美德获得的荣冠,可以摆出来。

八、死者不得有金饰随葬,但如牙齿是用金镶的,把它们随同尸体火化或埋葬的,不构成对本法的欺诈。

九、不得在他人房屋的60尺以内进行火葬或建造新的坟墓,经所有人同意的除外。

十、墓地及焚尸地,不能以时效取得。

第十一表

一、平民不得与贵族通婚。

二、历法的改变必须经人民同意。

三、只有在听讼日才可进行诉讼。

第十二表

一、对购买供祭神之用的动物不付价金的人,在出租驮畜以租金购买祭神用的动物的情况下不付租金的承租人,设立扣押财产之诉对抗之。

二、a 如果奴隶实施盗窃或其他私犯……

二、b 家子或奴隶实施私犯的,父亲或主人有权赔偿损害或把他们投偿于被害人。

三、如果某人提起了无依据的物权诉求,如果愿意,裁判官应指定三个仲裁员,根据他们的裁量,按照损害的双倍赔偿损失,外加孳息。

四、系争物不得作为祭品,违者处该物价值两倍的罚金。

五、人民新发出的命令应视为法律。

位置不明的片段

一、费斯都斯:《论字义》第 166 号残篇:Nancitor 在《十二表法》中的意思是取得、获取。拉丁盟约中也有这样的话:"某人获取的金钱,停止流通"。也这样说:"如果取得了对某物的扣押,停止流通"。

二、费斯都斯:《论字义》第 258 号残篇:……在《十二表法》中,"quando(当……时候)"这个词应写成 quandoc,加 C 作为最后一个字母。

三、费斯都斯:《论字义》第 309 号残篇:如果有人说"我求你们"(多是在祈祷中这么说),意思是"我恳求你们",如同法律中的"他将喊出"(endoque plorato)和"他将交出"(transque dato)。

四、多纳图斯:《特伦求斯的〈阉奴〉评注》3,3,9:"恶意诈欺"……如果加上"恶意",要么指故意,先贤们在《十二表法》中就是这样写的,要么排除暂时性的恶意,因为此时的恶意是长久的。

五、西塞罗:《论共和国》2,31,54:《十二表法》的许多规定都表明,就所有的判决和所有的罚金,都允许向人民申诉。

六、西塞罗:《论义务》3,31,111:我们的祖辈们认为,没有什么比宣誓法对维护信义更有效。《十二表法》表明了这一点。

七、奥古斯丁:《论上帝之城》21,11:图留斯在其《论法律》中写道,有八种刑罚:罚款、镣铐、鞭打、同态复仇、破廉耻、放逐、死刑、罚为奴隶。伊西多勒的《词源》5,27 也这么说。

八、盖尤斯:《法学阶梯》1,122:从前只使用铜币,它们是阿斯、两阿斯、半阿斯、1/3 阿斯,当时尚未使用金币和银币,我们可从《十二表法》中了解到这一点。①

九、盖尤斯:《〈十二表法〉评注》第 5 卷(D.50,16,237):在法律中,两个否定词叠用表示的是允许而不是禁止。塞尔维尤斯也是这么说的。

十、盖尤斯:《〈十二表法〉评注》第 6 卷(D.50,16,238):"Detestatum"意指在证人面前宣告。

十一、西多纽斯·阿波里纳里斯:《书信集》8,6,7:大约在那个时

---

① 参见[古罗马]盖尤斯:《法学阶梯》,黄风译,中国政法大学出版社 1996 年版,第 46 页,译文有改动。

候,按十人委员会的说法,"颁布"了一个规定 30 年的诉讼时效的法律。

十二、a 菲洛森努斯:《拉丁-希腊词汇表》:duicensus 即 $\delta\iota\tau\alpha\beta$ (Vulcanius 编订的《十二表法》),即第二个登记($\delta\epsilon$ ὑ $\tau\epsilon\rho o\nu'\alpha\pi o\gamma\epsilon\gamma\rho\alpha\mu\mu\nu o\varsigma$)。

十二、b 费斯都斯:《论字义》第 66 号残篇:duicensus 被说成是与另一人——即与自己的儿子——一起进行人口登记的人。

第二章 《十二表法》的制定、灭失与还原

第一节 《十二表法》的制定

一、制定时的阶级关系环境

《十二表法》的文本告诉我们,制定它的时代有贵族、平民和奴隶三个阶级。关于贵族和平民两个阶级,下文将详论。这里略论一下当时的奴隶阶层。

《十二表法》中至少有 7 个条文涉及奴隶。它们是第三表第 5 条,说的是债权人在不愿杀害破产的债务人的情况下,可以把他卖于台伯河对岸的外邦,以免罗马人当罗马人的奴隶,是为债奴。第六表第 7 条曰:其身份被争议的人,在诉讼中应被授予临时的自由人身份。这条间接提到奴隶,"身份争议"就是一个貌似的自由人被人指控是奴隶。第七表第 12 条规定遗嘱人以被宣布解放的奴隶向继承人支付 10 000 阿斯为条件获得解放的情形。第八表第 14 条规定了奴隶实施盗窃的,从重处罚。第十表第 6a 条禁止对奴隶的尸体涂油。第十二表第 2a 条规定奴隶实施盗窃或其他私犯应受的制裁。同表第 2b 条规定家父可代实施私犯的奴隶赔偿损害或把他们投偿于被害人。这些规定让人强烈感觉到《十二表法》时代奴隶现象的存在,由此让人怀疑《十二表法》是奴隶制的法。但作为一种经济形式的奴隶制的出现,需要征服性战争

和大地产经济的条件,这些条件直到从公元前264—公元前241年的第一次布匿战争开始,罗马采取帝国主义的扩张政策后才得到满足,在《十二表法》的时代,可能只有零星的从事家内劳动的奴隶,奴隶制尚未产生。①

尽管奴隶在当时尚不构成一个阶级,贵族和平民却构成了阶级,《十二表法》是这两个阶级斗争和妥协的成果。《十二表法》的内容也反映了这种阶级关系,例如第十一表第1条关于"平民不得与贵族通婚"的规定。但《十二表法》并未终结此等关系意味的阶级斗争,那是要到公元前287年的《关于平民会决议的沃尔腾修斯法》才完成的事情。在第一共和国时期(公元前507—公元前264年),罗马的基本阶级结构为贵族和平民。尽管在王政时期就有了贵族与平民的区分,但维科(Giambattista Vico,1668—1744年)认为平民起源于王被放逐(公元前507年)与颁布《十二表法》之间的时期。② 也就是说,他认为王政时期的罗马无贵族与平民之分,进入共和之后才有如此区分。维科的说法不无道理,因为在王政时期,找不到多少关于贵族与平民的阶级斗争的记载。

(一) 平民

平民的拉丁语形式为Plebs,它来源于动词Plere,为"吃饱""填满"之意。③ 从词源来看,平民无非是在经济上依赖于贵族、枵腹待饱的一个阶级,是一个相对于贵族的低下阶级。

平民的起源是个聚讼纷纭的话题,有"人为设立两个阶级说""种族

---

① 据估计,公元前1世纪末,意大利的奴隶数目是200万或300万,而当时的总人口数是600万或700万,奴隶与自由人的比例是1∶3或1∶3.5。这时应产生奴隶制了。Cfr. K. R. Bradley, Approvvigionamento e Allevamento di Schiavi a Roma, In Moses Finley(a cura di), La Schiavitù nel Mondo Antico, Laterza, Roma-Bari, 1990, p.59.

② 参见[意]维科:《新科学》,朱光潜译,人民文学出版社1986年版,第402页。

③ Cfr. Storia del diritto romano, Edizione Simone, Napoli,1993, p.21.

说""社会经济条件说""征服说""城乡差别说""外来移民说"等诸种学说。

按照"人为设立两个阶级说",罗马的第一任王罗慕鲁斯在建城初挑选100人组成元老院,他们及其子孙构成贵族,其他人都是平民。①

按照"种族说",雅利安人是贵族,利古里亚人或地中海地区的其他居民是平民,或拉丁姆地区的古老居民西库里人是平民;还有人主张贵族是埃特鲁斯人、萨宾人和罗马人,平民是利古里亚人。②

按照"社会经济条件说",贵族是地主,平民是处于从属地位的农民。③

"征服说"为尼布尔(Barthold Georg Niebuhr,1776—1831年)主张,认为平民由土著人构成,他们先前居住在罗马周围的地方,被罗马征服后迁移到城里,其地位类似于没有选举权的公民,而且更加不利,因为没有通婚权。④ 威内姆斯(M. Willems)更证明,许多贵族家族的姓来自罗马附近的城市名,这是他们征服这些城市后获得的荣誉称号。⑤ 征服者把被征服者吸纳进自己的氏族,造成了罗马的氏族同时有贵族支派和平民支派的现象。⑥ 另外版本的"征服说"为德国学者宾德(Julius Binder,1870—1939年)所持,他认为平民来自于拉丁人与萨

---

① 参见胡玉娟:《罗马平民问题的由来及研究状况》,《史学月刊》2002年第3期,第124页。
② 参见[意]德·马尔蒂诺:《罗马政制史》,薛军译,北京大学出版社2009年版,第55页。
③ 参见[意]德·马尔蒂诺:《罗马政制史》,薛军译,北京大学出版社2009年版,第53页。
④ 参见[意]德·马尔蒂诺:《罗马政制史》,薛军译,北京大学出版社2009年版,第50页。
⑤ Voir Thomas Stelian, La Plèbe a Roma, Thèse pour le Doctorat de Université de France-Faculté de Droit de Paris, Paris, 1885, p. XVIII.
⑥ Voir Thomas Stelian, La Plèbe a Roma, Thèse pour le Doctorat de Université de France-Faculté de Droit de Paris, Paris, 1885, p. XVI.

宾人的战争,平民即被征服的萨宾人。①

"城乡差别说"是"征服说"的扩展板,认为征服人民即城市人外加其门客构成贵族,被征服人民即农村人构成平民,他们是乡村部落的小土地所有者。②

按照"外来移民说",平民的起源与路切勒斯部落有关。第一任王罗穆鲁斯把罗马社会分为拉姆勒斯、蒂迭斯和路切勒斯三个部落。Ramnes 的名称据说来自 Romulus,因此是一个拉丁部落,Tities 来自 Titus Tatius,即萨宾人的王,因而是一个萨宾部落。Luceres 来自 Lucumo,是一个协助罗穆鲁斯与萨宾人作战的埃特鲁斯人的首领的名字,因而是一个埃特鲁斯部落或杂牌部落。三个部落的关系是以前两者为尊,以后者为卑,故从前两者产生的元老被称为大族元老(Patres maiorum gentium);从后者产生的元老被称为小族元老(Patres minorum gentium)。路切勒斯部落成为一个接纳新来者的口袋,它人满为患后,也就是凑齐 100 个氏族后,不再收容后来者,这些游离于部落之外的投靠者遂成为平民,他们不属于任何部落、库里亚和氏族③,这导致他们的姓名中缺少"族名"的部分,故在社会中处于低下地位。

本书采用外来移民说,因为此说具有动态性和现实性。"人为设立两个阶级说"也好,"种族说"也好,"社会经济条件说"也好,"征服说"也好,"城乡差别说"也好,都把两个阶级的区分看作一次性的政治动作的结果,一旦划分,恒久两别,缺乏动态感,不能解释罗马社会的扩张带来的阶级关系的变化。外来移民说没有这些问题。按照此说,贵族与平

---

① 参见胡玉娟:《罗马平民问题的由来及研究状况》,《史学月刊》2002 年第 3 期,第 122 页。

② Voir Thomas Stelian, La Plèbe a Roma, Thèse pour le Doctorat de Université de France-Faculté de Droit de Paris, Paris, 1885, p. XI.

③ 参见[美]摩尔根:《古代社会》(下册),杨东莼等译,商务印书馆 1977 年版,第 324 页。

民的区分并非一次政治行动的结果,而是在罗马社会的扩张过程中形成的对先来者与后来者进行不同的资源分配的结果。能被容纳在既有的社会结构中的,为贵族,剩余者,为平民。"剩余者"的量不断增加,达到一定程度时就会向先来者提出权利主张。此为外来移民说的动态性,其现实性在于,类似的对先来者与后来者进行不同的资源分配的现象在后来的人类历史中不断重现,例如当代中国城市中的有户口居民与无户口的农民工的区分;当代西方国家中的国民与非法移民的区分。这些后来的现象与罗马现象同理,有助于我们理解罗马现象。

与平民地位类似的有门客。该词的拉丁文形式是 Clientes,来自动词 Cluere,意思是在盾牌或武器的光辉中发亮,盾牌或武器的光辉叫作 Cluer,因为家人们各自反映出自己主人的盾牌的光,以 Clientes 为家人之名。①

关于平民与门客的关系,有"同一说"和"非同一说"两种理论。② "同一说"认为平民起源于门客。③ 贵族在战争中打败的敌人就沦为门客。④ "非同一说"为尼布尔所主张,他认为门客是外人;而平民是罗马各氏族的落魄者。⑤ 维科也认为门客与佃户为一回事。⑥ 事实上,门客总是同贵族一起反对平民的诉求。⑦ 而且,门客总是分享其从属的

---

① 参见[意]维科:《新科学》,朱光潜译,人民文学出版社1986年版,第273页。
② Cfr. Storia del diritto Romano, Edizione Simone, Napoli,1993,pp. 92ss.
③ 蒙森认为,门客与平民在概念上和事情的现实上,都是一回事。门客是实际地依附于人;平民是名义上依附于人。Cfr. Theodor Mommsen, Disegno del diritto pubblico Romano, CELUC,Milano,1973, p. 39.
④ 参见[意]德·马尔蒂诺:《罗马政制史》,薛军译,北京大学出版社2009年版,第50页。
⑤ 参见[美]摩尔根:《古代社会》(下册),杨东莼等译,商务印书馆1977年版,第324—339页。
⑥ 参见[意]维科:《新科学》,朱光潜译,人民文学出版社1986年版,第545页。
⑦ 参见[意]德·马尔蒂诺:《罗马政制史》,薛军译,北京大学出版社2009年版,第54页。

贵族的家祭,而平民则没有任何家祭。① 无论何种理论,在承认门客最终与平民合流这一点上,是一致的。

门客是氏族制度的伴生物。门客通常是贫穷的客人、其自有土地的收入不足以维持生活的小业主、要求保护和支持的外邦人、被解放的奴隶等。他们构成从属于氏族的阶级,氏族分给他们一小块土地耕种,他们有义务为氏族提供劳务;在发生战争时,他们有义务为氏族作战,法比尤斯氏族与维爱征战的军队即主要由该氏族的门客组成;他们还参加氏族的礼拜并取得氏族的族名为自己的名字的一部分。由此可见,门客并非某一个人的门客,而是某一氏族的门客,因此,门客制度是氏族制度的伴生物,是一种个人与集体之间的关系。② 法律以信义(Fides)维持门客与其主人的关系,如果主人破坏这种信义,将受到死刑的惩罚(《十二表法》第八表第23条)。随着氏族的衰落,门客的社会功能消灭;对集约耕作的放弃,使氏族不再要求门客的劳务,于是,门客丧失了自己的独立性并消融于平民之中。③

(二) 贵族

贵族的拉丁语形式是 Patricius,其词根为 Pater,含义为"父亲""元老"。而 Pater 的词根为 Partire,为"分配""分割"之意,因此,按费斯都斯的解释:"人们之所以被称为 Pater,乃因为他们把一块土地的许多部分授予给最贫穷的人,例如,授予给儿子"。④ 事实上,在远古时期,氏

---

① Voir Thomas Stelian, La Plèbe a Roma, Thèse pour le Doctorat de Université de France-Faculté de Droit de Paris, Paris, 1885, p. VIII.

② Cfr. Storia del diritto Romano, Edizione Simone, Napoli, 1993, pp. 28s. 以及沈汉:《西方国家形态史》,甘肃人民出版社1993年版,第18页。

③ Cfr. Storia del diritto Romano, Edizione Simone, Napoli, 1993, pp. 28s. 以及沈汉:《西方国家形态史》,甘肃人民出版社1993年版,第18页。

④ Cfr. Sexti Pompei Festi, De Verborum Significatu quae Supersunt cum Pauli Epitome, Pars I, Budapestini, 1889, p. 246.

族授予门客以临时占有(Praecario)的土地典型地体现了氏族与从属阶级之间的政治-经济关系。① 贵族占有的公地非常广大,自己种不过来,就把其中一部分分给门客耕种,对后者收取产量的一定份额。② 这样看来,贵族就是拥有土地的人的意思,是一个地主的概念。氏族和家族属于贵族的社会组织形式,它们并不适用于平民。

(三)平民和贵族的法律地位差别

在私法上,贵族首先享有通婚权,即缔结正当的婚姻的权利。这种婚姻能产生家父权和市民法上的亲属关系(宗亲)。其次享有交易权,即取得法律承认的所有权的能力以及转让财产于他人的能力,外加生因的和死因的处分自己财产的能力,以及根据遗嘱接受他人财产的能力。再次享有氏族权,即加入一个氏族并享有此等身份带来的好处的权利。最后有恩主权,即充当某个解放自由人或门客的恩主并享有此等身份带来的好处的权利。③

在公法上,贵族首先享有投票权或出席公民大会的权利。其次有荣誉权或担任公职的权利。再次有圣事权,即主持私人祭祀并参加公共祭祀的权利。最后有从军权,即加入军队的权利。④

平民不享有通婚权,所以,他们内部缔结的婚姻并非正当的,所以不享有家父权、宗亲关系、作为法定继承人的家人资格、订立遗嘱权。平民不能与贵族通婚。他们不享有所有权、氏族权、家族权、礼拜权。⑤

---

① Cfr. Feliciano Serrao, Diritto privato, economia e società nella storia di Roma, I, Jovene, Napoli, 1984, p. 71.
② 参见[德]缪勒利尔:《家族论》,王礼锡、胡冬野译,商务印书馆1935年版,第248页。
③ Voir Thomas Stelian, La Plèbe a Roma, Thèse pour le Doctorat de Université de France-Faculté de Droit de Paris, Paris, 1885, p. XXIII.
④ Voir Thomas Stelian, La Plèbe a Roma, Thèse pour le Doctorat de Université de France-Faculté de Droit de Paris, Paris, 1885, p. XXIV.
⑤ Voir Thomas Stelian, La Plèbe a Roma, Thèse pour le Doctorat de Université de France-Faculté de Droit de Paris, Paris, 1885, p. XXV.

由于平民不能享有所有权,平民出身的塞尔维尤斯·图流斯(Servius Tullius)王授予他们对于自己耕种的土地的善意拥有性质的权利。①

就投票权或出席公民大会的权利而言,蒙森认为平民在塞尔维尤斯·图流斯王上台前享有参加库里亚大会的权利。理由一,文献记载,平民能参加按库里亚举行的灶神节,公元前209年,一个平民竟然当上了库里亚长(curio maximus),这是一种祭司,负责管理一个库里亚。由此可见平民可以参加库里亚大会。② 理由二,库里亚大会也被称为人民大会(comitia populi),而"人民"一词,既指贵族,又指平民。③ 理由三,西塞罗在其《控Rullus》中说:先人们就每个长官的选举都两轮投票,蒙森认为一轮是贵族投的,另一轮是平民投的。④ 理由四,在库里亚大会上的立遗嘱权和自权人收养权,既是贵族享有的,也是平民享有的。因为平民享有订立阵前遗嘱的权利,这证明他们可以参加公民大会。⑤ 塞尔维尤斯·图流斯上台后,以百人团大会取代库里亚大会的职能,按财产而非按出身划分罗马公民,这样,平民就更无可争议地享有参加公民大会的权利了。

就平民没有荣誉权或担任公职的权利,没有争议。事实上,平民历来把担任公职作为自己的政治斗争的目标之一。但平民有从军权,因为革命时期的罗马军队已经以平民为主体。最后,平民不具有完全的

---

① 参见[意]德·马尔蒂诺:《罗马政制史》,薛军译,北京大学出版社2009年版,第57页。

② Voir Thomas Stelian, La Plèbe a Roma, Thèse pour le Doctorat de Université de France-Faculté de Droit de Paris, Paris, 1885, p. XLV.

③ Voir Thomas Stelian, La Plèbe a Roma, Thèse pour le Doctorat de Université de France-Faculté de Droit de Paris, Paris, 1885, p. XLVI.

④ Voir Thomas Stelian, La Plèbe a Roma, Thèse pour le Doctorat de Université de France-Faculté de Droit de Paris, Paris, 1885, p. XLVII.

⑤ Voir Thomas Stelian, La Plèbe a Roma, Thèse pour le Doctorat de Université de France-Faculté de Droit de Paris, Paris, 1885, p. XLVII.

圣事权,他们不能参加公共的祭祀,尽管他们可以有自己的祭祀,有自己专有的神,例如谷神。①

把平民享有的私权和公权与贵族享有的这两类权利对比,可发现平民不享有真正意义上的私权,但享有不完全的公权,是罗马社会中的不完全公民。② 所以,他们开展民权运动,是必然的。

(四)平民与贵族的斗争以及前者的政治要求

这种与贵族地位的过分悬殊当然地引起了平民的不满,因此开始了长达两个世纪(从公元前494年平民在祭祀山进行的第一次撤离③到公元前286年的承认平民议会决议具有法律的效力的《沃尔腾修斯法》的颁布)的向贵族争取权利的斗争。

到公元前6世纪,平民的人数已超过了贵族,因为他们与贵族不同,贵族阶级是封闭的;而平民阶级是开放的,这种开放性使它能够吸收任何在罗马社会中被排斥于贵族之外的人为自己的成员,使自己不断地获得新的活力。平民经营工商业为国家提供了大量税收,并自备武器担负军事义务,成为罗马军队的不可替代的核心,在这样的背景下,平民有条件提出自己的权力主张,他们的斗争目标包括两个方面:

1. 实现法律上的平等,消除平民参与国家政治和社会生活的障碍,尤其是担任国家公职的障碍和与贵族通婚的障碍;

2. 取消贵族的经济特权,允许平民参加对公地的分配,并废除债

---

① 参见胡玉娟:《试析罗马早期平民的身份地位》,《史学理论研究》2003年第1期,第45页。

② 胡玉娟教授说他们是无公民权的自由人,似乎有些过,因为他们尚有参加公民大会的权利。参见胡玉娟:《试析罗马早期平民的身份地位》,《史学理论研究》2003年第1期,第46页。

③ 2006年是这次撤离2500周年,意大利的罗马法网站《法与历史》有纪念网页,有关机构召开了三个研讨会纪念,题目是"冲突与共和宪法"。

务奴隶制。

(五)平民的斗争成果

面对平民的斗争,罗马贵族作了许多妥协。妥协的结果有:作为平民第一次撤离的斗争成果,公元前493年,通过贵族与平民的《神圣约法》(Lege sacratae),设立了神圣不可侵犯的保民官,他们有权否决包括执政官在内的任何官吏的决定,如果有必要,他们可以停止任何法律的实施,从而确立了一种消极的权力构成对积极的权力的制衡,但战时不得行使此等权力;作为平民第二次撤离的斗争成果,公元前451—公元前450年,颁布了《十二表法》,由此实现了贵族与平民在接近法律上的平等,但该法第十一表第1条仍禁止贵族与平民通婚;公元前448年,平民获得了担任军事保民官的权利,这种职官是变相的执政官;作为平民第三次撤离的斗争成果,公元前445年,平民获得了与贵族的通婚权;公元前367年的《关于土地规模的李其纽斯和绥克斯图斯法》(Lex Licinia Sextia de Modo Agrorum)是一个划时代的立法,它规定了对债权人权利的限制,使债务奴役难以形成;禁止任何人占有超过500尤格的公地(此时平民也可参与对公地的分配),从而抑制了豪强;并规定了平民也可担任执政官,这一法律极大地改善了平民的政治和经济地位;作为平民第四次撤离的斗争成果,公元前342年,颁布了《关于放债的格努求斯法》(Lex Genucia de feneratione),禁止放债,违者以公犯论,受破廉耻的宣告;公元前300年的《奥古尔纽斯法》(Lex Ogulnia)增加了祭司和占卜官的人数,规定新的这样的职位应由平民取得,由此打破了贵族对祭司团的垄断;作为平民第五次撤离的斗争成果,公元前287年的《沃尔滕修斯法》(Lex Hortensia)承认平民会决议具有约束所有的罗马公民的法律的效力,它标志着贵族与平民间平等的最终实现。

通过这样的不断的斗争和妥协,到共和中期,罗马成为平民与贵族的国家。从此,贵族一词在拉丁语中由 Patricius 变成 Nobilitas(豪门贵族),它不再与土地相关联,而是富裕的平民与原来的氏族贵族合流的结果,平民作为基本平等的社会成员被整合到罗马社会中。

二、制定时的科学方法论环境

从方法论来看,《十二表法》制定时流行《汉穆拉比法典》采用的美索不达米亚科学,它不能创造抽象的范畴与从属其下的定义,因而它被迫以水平的方式前进,展现要进行探讨的主题的范例,通过不断增加对应于不同方面例子的汇集去穷尽某一主题,造成了一种极度碎片化的图景,因为无限数量的例子必须覆盖任意主题的整体。与这种方法对立的是希腊方法,它是一种垂直系统:材料首先被整合进普遍抽象的范畴中,这些范畴被持续地分解为更小的范畴,通过与之对应的术语定义,直到个案被涉及。① 例如,柏拉图在其《智者篇》中对取得方法的分析就运用了这种方法:

有技艺的	没有技艺的
生产的技艺	获得的技艺
自愿交换	强取
公开竞争	暗地猎取
猎取有生物	猎取无生物
猎取陆地上的	猎取水中的
有翅能飞的	常在水中的(渔夫)

---

① 参见[英]R.威斯特布鲁克:《〈十二表法〉的本质与来源》,白钢译,白钢主编:《希腊与东方》,上海人民出版社 2009 年版,第 151 页。

渔夫

围渔（用网）　　抓渔（用叉）　火渔

得出渔夫的定义为：获得的技艺的拥有者，用强取的方法得到常在水里的生物，并且使用抓渔法中的钓鱼法。①

不难看出，希腊方法是柏拉图（公元前427—公元前347年）和亚里士多德（公元前384—公元前322年）等大师创立的，但《十二表法》早于这些大师，所以《十二表法》受美索不达米亚方法支配，它具有决疑法风格，并缺少抽象范畴和定义。② 例如，《汉穆拉比法典》以建筑师为中心做出的如下规定：

第228条：倘建筑师为自由民建屋完成，则此人应以建筑面积一沙二客勒的标准，对建筑师致送报酬。

第229条：倘建筑师为自由民建屋而工程不周，结果其所建房屋倒毁，房主因而致死，则此建筑师应处死。

第230条：倘房主之子因而致死，则应杀死此建筑师之子。

第331条：倘房主之奴隶因而致死，则他应对房主以奴还奴。

第332条：倘财物因此而遭受毁损，则彼应赔偿其所毁损之全部财物，且因所建之屋不坚而致倒毁，彼自己应出资重建倒毁之屋。

第333条：倘建筑师为自由民建屋而工程不固，致墙壁倒塌，则此建筑师本人应出资将墙壁加以修缮。③

上述6个条文，涵盖了建筑师的获酬权和质量担保责任。对于后

---

① 参见汪子嵩等：《希腊哲学史》（第2卷），人民出版社1993年版，第958页。
② 参见［英］R.威斯特布鲁克：《〈十二表法〉的本质与来源》，白钢译，白钢主编：《希腊与东方》，上海人民出版社2009年版，第162页。
③ 参见法学教材编辑部《外国法制史》编写组：《外国法制史资料选编》（上册），北京大学出版社1982年版，第42页及以次。

者，涵盖了建筑质量不良致人损害的种种情形以及相应的责任，但就是没有一个抽象的规定把这种种情形笼罩起来，采用的是平涂式的方法。

相反，《阿尔及利亚民法典》第554条第1款采用垂直方法规定同样的事项，其辞曰：建筑师和承揽人应在十年内就不动产建筑工程或其他永久性设施的全部或部分倒塌承担连带责任，即使此等倒塌因土地的瑕疵所致亦同。① 此款没有规定建筑物倒塌造成损害的种种形态，只用"倒塌"一言以蔽之。对于建筑师应该的担当，以"责任"一言以蔽之。

尽管如此，《十二表法》的解释者采用的是希腊方法，这是因为在共和时期的公元前2世纪，美索不达米亚科学被从希腊哲学发展出来的科学方法取代，两种方法差别甚大，所以，解释者不能再以起草者相同的眼光来看待《十二表法》。②

为制定《十二表法》组织的考察团并未去过美索不达米亚，他们是如何接触到《汉穆拉比法典》代表的美索不达米亚科学的呢？有两个中介传播这种方法。其一，贸易，代表美索不达米亚文化的腓尼基人是罗马人的重要贸易对象，罗马人与他们打交道甚多。其二，外交，代表美索不达米亚文化的迦太基人曾与罗马人订立条约，他们是罗马人的霸权竞争者。③ 无论通过何种途径，《十二表法》都受到了美索不达米亚方法的影响，故陈恒认为，波斯人、腓尼基人、希伯来人、希腊人、罗马人在一定程度上都是苏美尔人的继承者。继承的对象包括成文法。④

---

① 参见尹田译：《阿尔及利亚民法典》，厦门大学出版社2013年版，第75页。
② 参见[英]R.威斯特布鲁克：《〈十二表法〉的本质与来源》，白钢译，白钢主编：《希腊与东方》，上海人民出版社2009年版，第182页。
③ 参见[英]R.威斯特布鲁克：《〈十二表法〉的本质与来源》，白钢译，白钢主编：《希腊与东方》，上海人民出版社2009年版，第158页及以次。
④ 参见陈恒：《美索不达米亚遗产及其对希腊文明的影响》，《上海师范大学学报》（哲学社会科学版）2006年第6期，第110页。

三、《十二表法》的制定

(一) 保民官提出制定成文法的要求

制定《十二表法》是平民和贵族长期的阶级斗争的成果。这两个阶级彼此间的斗争持续已久,每次斗争都以平民的争权成功和贵族的让步告终。平民的政治领袖是保民官,他们总是代表自己的阶级提出政治要求。

公元前462年,保民官盖尤斯·阿尔萨(Gaius Terentilius Harsa)利用执政官正在外与伏尔喜人作战的时机,向元老院提出,"为了一劳永逸地禁绝这种漫无拘束的恣睢放纵",必须制定成文法限制执政官的权力,"绝不允许执政官把自己的放肆和任性当作法律"。他要求成立起草法律的五人委员会。这个建议被推迟审议,后被重复提出,成为贵族-平民、保民官-执政官冲突的核心。① 公元前453年,当年的保民官让步,提出贵族和平民共同组成立法委员会,颁布对双方都有利的法律。贵族们接受了这一建议。于是派一个由元老组成的三人团去希腊考察取经。考察期间平民停止与贵族的抗争。关于考察团的使命,李维说:"罗马派遣他们到希腊去是为了抄写著名的梭伦法典,以及调查希腊各国的现状、法律、立法过程"。② 关于这里说到的希腊是意大利南方的大希腊还是希腊本土,有争议。后说为通说。

为了克服了解希腊法制的语言障碍,考察团还聘请了以弗所人埃尔默多努斯(Hermodorus)当翻译。他在其祖国引起猜忌被放逐,在他到达拉丁姆海岸前,已经观察到人性及社会制度的各种形式,他把这些

---

① 参见法学教材编辑部《外国法制史》编写组:《外国法制史资料选编》(上册),北京大学出版社1982年版,第158页。

② 参见[日]盐野七生:《罗马人的故事 I:罗马不是一天造成的》,徐幸娟译,三民书局1998年版,第111页。

知识灌输给罗马的立法者。① 故有人认为他是《十二表法》的真正作者。② 其论据是彭波尼说到,某些作者认为,某个被流放到意大利的以弗所人埃尔默多努斯曾向十人委员会建议制定这一法律(D. 1,2,2,4)。③ 这些作者有普林尼、斯特拉波、狄奥尼修斯。无论如何,罗马的大会场上有埃尔默多努斯的雕像。④ 这应该是感谢性的。

(二)考察团考察的私有制路线的立法例

1. 雅典的梭伦立法(公元前 594 年)。考察团来到了伯里克利(公元前 495—公元前 429 年)时期暨全盛时期的雅典,考察持续一年多。⑤ 伯里克利在阵亡将士葬礼上的演说中说:"我们的制度是别人的模范"。⑥ 当有所指。梭伦立法本身就是公布在十几块法表上,其中有设立元老院、禁止嫁资、禁止买卖婚的规定,并创立了遗嘱法,打破了法定继承独统天下的局面、限制夫妻间的赠予、把欺诈和胁迫定为影响法律行为效力的原因、禁止服丧的人毁容、禁止过度痛哭、要求装殓死者的衣服不得超过三套、按行业划分居民、把水资源公产化,等等。⑦

2. 罗克里立法。十人委员会还受到罗克里(Locri)立法的影响,罗克里是希腊中部的多里安部落建立的一个共和国,其公元前 660 年

---

① 参见[英]爱德华·吉本:《罗马帝国衰亡史》(第 4 卷),席代岳译,吉林出版集团有限公司 2008 年版,第 232 页。

② Cfr. Seerpii Gratama, Oratio de Heromodoro Ephusio Vero XII Tabularum Auctor, Groningae, 1817.

③ 参见罗智敏译:《学说汇纂》(第一卷),中国政法大学出版社 2008 年版,第 23 页。

④ Cfr. Seerpii Gratama, Oratio de Heromodoro Ephusio Vero XII Tabularum Auctor, Groningae, 1817, p. 11.

⑤ [日]盐野七生:《罗马人的故事 I:罗马不是一天造成的》,徐幸娟译,三民书局 1998 年版,第 109 页。

⑥ 参见[古希腊]修昔底德:《伯罗奔尼撒战争史》(上册),谢德风译,商务印书馆 1985 年版,第 130 页。

⑦ 参见[古罗马]普鲁塔克著,黄宏煦主编:《希腊罗马名人传·梭伦传》(上册),吴彭鹏译,商务印书馆 1990 年版,第 188 页及以次。

的扎雷乌科(Zaleuco)立法受到罗马人的借鉴。扎雷乌科被认为是西方世界的第一个立法者。他有如下法律传世:

(1) 任何人都不得转让其祖产,他经受公众知晓的不幸的除外。

(2) 不许罗克里人占有男奴或女奴。

(3) 应挖掉通奸者的一只眼。

(4) 禁止妇女穿金色的衣服和丝绸衣服,并不得以做作的方式打扮,求夫目的如此做的除外。

(5) 已婚妇女在与家人去集议场去的时候应穿白衣,并由一名女奴伴随。未婚妇女可以穿各色衣服。

(6) 不得带铁器参加元老院会议。

(7) 对从远方回来的人问新闻的人,处罚款。

(8) 对违背医生的命令饮酒的病人,判死刑。

(9) 在为尸体建造坟墓后,禁止为死者哭泣甚至宴饮。

(10) 在两人尝试调解之前,禁止审判他们间的争议。

(11) 禁止非生产者出售食品。

(12) 盗贼处死刑。

(13) 挖了别人一只眼的人,也挖他一只眼。

(14) 向元老院提出一个改革方案或一个有效法律的替代品的人,应套绳索于颈,准备在提案未得批准的时候被绞死。①

上述规定中涉及禁止奢侈的内容、禁止过度铺张的葬礼的内容,以及允许同态复仇的内容,与《十二表法》的相应规定雷同。

3. 克里特的《格尔蒂法典》(公元前500年制定,据说是欧洲第一部法典)。该法典承认奴隶制,以罚款惩罚诱奸和通奸,允许离婚,但离

---

① Cfr. La voce di Zaleuco di Locri, Su http://it.wikipedia.org/wiki/Zaleuco_di_Locri, 2009年2月18日访问。

婚后生的孩子归丈夫,他不要的除外。承认继承制度,但男女在继承份额的取得上不平等,男二女一。实行夫妻分别财产制。承认抵押制度。承认收养制度。① 它的内容主要是私法规范,这点对欧洲的法律传统影响很大。它以赔偿取代了报复制度,这点可能比《十二表法》进步。②

4. 卡农达(Caronda)立法。卡农达于公元前6世纪出生在西西里的卡塔尼亚,首先为其同胞立法。然后被卡塔尼亚放逐,受托为雷焦姆和许多意大利和西西里的城邦立法。他最后的修为是当Thurien人的立法者。其立法的残篇被西西里的狄奥多勒(Diodore)、斯托贝(Stobee)、西塞罗保留下来。十人委员会受到了卡农达立法的影响,尤其是镇压伪证者的立法,《十二表法》以死刑应对这种犯罪,以及惩罚诬陷罪者的立法,对这样的罪犯,让他们像所有人中最邪恶的人一样,戴着石楠花的冠游遍全城。石楠花的冠对他们遇到的人形象地展示了其犯罪的黑暗。但十人委员会没有继受这种耻辱刑。③

(三)考察团考察的限制私有制的立法例

从李维的记述来看,十人委员会的考察对象不限于雅典,还包括其他希腊城邦,例如斯巴达,其公元前750年的莱库古立法受到了借鉴,莱库古担任过斯巴达的国王,据说他曾游历克里特,根据这里的法律为斯巴达制定了法律④,其中受到德尔菲神谕的影响。其内容为:1.设立

---

① 参见郝标陶译:《格尔蒂法典》,高等教育出版社1992年版。
② 参见易继明:《私法精神与制度选择——大陆法系古典模式的历史意义》,中国政法大学出版社2003年版,第39页及以次。关于格尔蒂法的专门研究,See Michael Gagarin, David Cohen, The Cambridge Companion to Ancient Greek Law, Cambridge University Press, 2005.
③ Voir C. Bouchaud, Commentaire sur la Loi des Douze Tables, Tome Premier, Paris, 1803, p. 60.
④ 参见[古罗马]普鲁塔克著,黄宏熙主编:《希腊罗马名人传·罗慕洛传》(上册),吴彭鹏译,商务印书馆1990年版,第89页。

元老院;2.重分土地;3.实行公产主义式的经济,取消货币,提倡简朴,反对奢侈,搞公共食堂。法律不成文,内容多公法。罗马人吸收了其简朴主义思想,但排斥其反私有制的立场和不成文法思想。

(四)立法团希腊考察否定说

维科认为罗马从雅典输入《十二表法》是一个虚构,该法应是罗马的本土文化产物。① 退一步讲,《十二表法》应是拉丁区域各民族的习俗的表现,是拉丁地区部落自然法的伟大见证。② 民族主义一点讲,《十二表法》比德拉古立法、梭伦立法和莱库古立法高明。③ 这些质疑的论据是:立法团希腊考察说只有狄奥尼修斯记载过,有人认为他是为了彰显自己的祖国是罗马的法律老师而伪造此事。④ 而且,当时去希腊旅行困难,罗马人的使节不懂希腊语,希腊人没有任何关于他们的记载,使节派出的时间不对,等等。人们甚至认为,罗马人向希腊派出过使团的说法不过是为了折辱罗马人。此论的主张者假定世界上同时存在的人民,有的处在幼年期,有的处在青春期,有的处在青年期,有的处在壮年期或老年期。⑤ 罗马人被说成是处于幼年期的人民要向处于成熟期的希腊人学习了。按照维科的说法,传播论认为一个东西一定要由一个民族发明,然后传播到其他民族,这种说法反映了希腊人的虚荣心。⑥

这种否定说凸显了持论者的民族主义情绪,《十二表法》一些规定

---

① 参见[意]维科:《新科学》,朱光潜译,人民文学出版社1986年版,第22页。
② 参见[意]维科:《新科学》,朱光潜译,人民文学出版社1986年版,第90页。
③ 参见[意]维科:《新科学》,朱光潜译,人民文学出版社1986年版,第119页,第399页。
④ Cfr. Eugenio Lelievre, Commentatio Antiquaria de legge XII Tabularum Patria, 1826, Lovanii, p.24.
⑤ Cfr. Eugenio Lelievre, Commentatio Antiquaria de legge XII Tabularum Patria, 1826, Lovanii, p.111.
⑥ 参见[意]维科:《新科学》,朱光潜译,人民文学出版社1986年版,第88页。

与梭伦立法的雷同是对它的最好反驳。

(五)《十二表法》的制定经过

公元前 451 年考察团回国后,成立十人委员会起草法律,其中有三名考察团员,另加七名贵族,否定了平民参与立法的要求。这十人是:

阿庇尤斯·克劳丢斯(Appius Claudius),时任执政官;

提图斯·杰努求斯·奥古里努斯(Titus Genucius Augurinus),时任执政官;

提图斯·维特留斯·格拉苏斯·奇库里努斯(Titus Veterius Crassus Cicurinus),公元前 494 年的执政官,在任时处理过平民的第一次撤离;

盖尤斯·优流斯·尤鲁斯(Gaius Iulius Iullus),公元前 482 年的执政官,西塞罗把他说成是第二十人委员会的成员,并且是这个委员会中唯一的好人,但李维说他属于第一十人委员会,看来西塞罗搞错了;①

奥鲁斯·曼流斯·乌尔索内(Aulus Manlius Vulsone),公元前 474 年的执政官;

塞尔维尤斯·苏尔毕求斯·卡麦里努斯·科尔努图斯(Servius Sulpicius Camerinus Cornutus),公元前 500 年的执政官;

普布流斯·绥克斯求斯·卡皮托(Publius Sextius Capito),他是否担任过公职不明;

普布流斯·库里亚求斯·费斯图斯·特里杰米努斯(Publius Curiatius Fistus Trigeminus),公元前 453 年的执政官;

---

① See Noah J. Stanzione, Reconstructing the Twelve Tables: Some Problems and Challenges, In Nat'l Italian American Bar Ass'n Journal, Vol. 21, 2010, p. 22.

提图斯·罗密流斯·罗库斯·梵蒂冈努斯(Titus Romilius Rocus Vaticanus),公元前 455 年的执政官;

斯普流斯·波斯都缪斯·阿尔布斯·雷吉伦塞(Spurius Postumius Albus Regillense),公元前 466 年的执政官。①

好家伙!十个委员除了一人任职经历不明外,都是在任的或卸任的执政官!也就是说,差不多全部是贵族,因为当时只有贵族能当执政官。这是一个相当于现任外加卸任国务院总理组成的班底,其构成说明了罗马人对制定《十二表法》的高度重视!阿庇尤斯·克劳丢斯是这个班子的灵魂,担任委员会的主席,原因可能因为他是在任执政官,当然也可能因为他强烈的个性。

是年,罗马进入非常状态,形成十人独裁,他们轮流执政,每人执政十天,对他们的决定不得上诉。取消了保民官。一年后制定了十表法律,经人民讨论后交付百人团会议表决通过。

为了补充,还需两表,为此于公元前 450 年成立了第二十人委员会,它由如下成员构成:

阿庇尤斯·克劳丢斯,在叙述第一十人委员会时已介绍过此人,这里不重复;

马尔库斯·科尔内流斯·马路基内恩西斯(Marcus Cornelius Maluginensis),出身于执政官家庭;

马尔库斯·塞尔鸠斯·埃斯奎里努斯(Marcus Sergius Esquilinus),未担任过公职;

路求斯·米努求斯·埃斯奎里努斯·奥古里努斯(Lucius Minucius Esquilinus Augurinus),公元前 458 年的执政官;

---

① Cfr. Livio, Storia di Roma, I-III, A cura di Guido Vitali, Oscar Mondadori, Bologna, 1988, p. 444.

昆图斯·法比尤斯·维布兰努斯(Quintus Fabius Vibulanus),他是法比尤斯家族与维爱在 Cremera① 开展的战争(公元前 479 年)中唯一幸存的成员,公元前 467 年、公元前 465 年和公元前 459 年的执政官;

昆图斯·波特留斯·立波·维索鲁斯(Quintus Poetelius Libo Visolus),此人出身平民,波特留斯是一个平民氏族;

提图斯·安托纽斯·梅农达(Titus Antonius Merenda),出身于平民家庭,其父当过保民官;

切索·兑流斯·龙古斯(Caeso Duillius Longus),出身平民家庭;

斯普流斯·奥比尤斯·科尔尼切恩(Spurius Oppius Cornicen),出身于平民家庭;

曼纽斯·拉布雷尤斯(Manius Rabuleius),此人连族名都没有,显然出身于平民家庭。②

可以看出,第二个十人委员会的成员基本更换,只有阿庇尤斯·克劳丢斯留任,他仍然为头。第二个十人委员会成员的身份低多了,有五个平民。有些贵族成员也无担任公职经历,更不要说担任执政官了。没有史料表明在组建第二十人委员会前平民采取过强烈的政治行动,但很可能有,否则难以想象其阶级成分发生了如此大的变化。

第二十人委员会制定了后两表,这个平民差不多占一半的委员会竟然在其中设置了禁止平民与贵族通婚的条文!这两表按同样的程序通过。至此,《十二表法》全部编成,装贴在集议场的墙上。

历史学家卡修斯·迪奥(Cassius Dio,约 155—235 年)说表是青铜制成的,所以后世有《十二铜表法》之说。事实上,罗马人有把法律制成

---

① Cremera 是拉丁姆地区的一条小河。
② Cfr. Livio, Storia di Roma, I-III, A cura di Guido Vitali, Oscar Mondadori, Bologna, 1988, p.450.

铜表存入国库的习惯。① 也有人说是刻在象牙表上的。② 但罗马人提到这个法律时只说十二表法(Duodecim Tabularum Leges),不加"铜"或"象牙"的修饰语,所以本书也只采用《十二表法》的表达。

第二十人委员会尝到了权力的甜头,完成任务后不愿交权,宣称要把自己变成十人王,其首领阿庇尤斯·克劳丢斯爱上了平民姑娘维吉尼娅(其父为保民官,在前线作战),但他作法自毙,不能与她结婚。为了得到她,委托手下说维吉尼娅是自己的女奴的后代,因而归自己所有。维吉尼娅的父亲得知此事后赶回罗马,杀死女儿以使其得到自由,引发民变,平民又撤退到祭祀山。贵族认识到事态严重,遂逮捕阿庇尤斯并判他刑,阿庇尤斯不堪受辱,在开审前夜自杀,第二十人委员会因此解体。③

公元前449年重新任命了执政官和保民官。同年颁布了关于保民官权力的《瓦雷流斯申诉法》,规定保民官、平民营造官和十人委员会成员不可侵犯,恢复了共和制度。

在历史上未见过如此郑重其事地立法的先例。《十二表法》一经制定,就成为罗马的公法和私法的源头,开创了罗马的法治国家时代。

(六)制定《十二表法》的意义

《十二表法》是平民与贵族进行斗争的核心成果,其意义非常特别。

首先,它是阶级斗争和阶级妥协的成果,是在统治者与屈从者产生根本矛盾时,以和平的商议手段解决此等矛盾的宪法性文件,故表现了共同体内部对立集团的妥协精神,这方面的反面例子是美国南北战争,

---

① 参见[古罗马]苏维托尼乌斯:《罗马十二帝王传》,张竹明等译,商务印书馆1995年版,第15页。
② 陈炯说法学家彭波尼如此说。参见陈炯:《有关〈十二表法〉的几个问题》,《西北政法学院学报》1986年第2期,第89页。
③ 参见[日]盐野七生:《罗马人的故事Ⅰ:罗马不是一天造成的》,徐幸娟译,三民书局1998年版,第124页。

北方州和南方州在奴隶制问题上的意见冲突最终以战争解决,大量生灵涂炭,这是一种政治上的失败。罗马人避免了这样的失败。平民阶级的斗争采用了公民不服从的方式,以和平撤离的方式和另行召集公民大会的方式迫使贵族阶级屈服。尽管社会资源的分配仍然不利于平民,但贵族做出了一定的让步,例如,他们接受了法律的成文化,由此把法从祭司团的垄断中解放出来,罗马国家之法的主要形态由习惯法转化为制定法。平民获得了市民法上的所有权,其婚姻成为正当的婚姻。

从《十二表法》的阶级妥协性来看,它类似于1215年英国的《大宪章》,后者是英国国王约翰与反叛的男爵们达成的一部限制王权、保障民权的宪法性文件。是年,国王与男爵们由于多种原因发生冲突,暴发内战,但双方终于认识到妥协的必要,以和平协议结束了冲突,彰显了双方的政治智慧。《大宪章》确立了法比王大的原则,为英国议会制度奠定了基础,确定了普遍人权,奠定了法治原则,确立了正当程序原则。① 其意义相当于《十二表法》对于罗马法的意义。

其次,《十二表法》划定了罗马法的起点。它承袭以前有的习惯法,开创了后世的法统,把罗马城邦建立在法律的基础上,故相当于第二次建立罗马城。第一次建城是自然的、物理的。"自然的"意为:罗慕鲁斯插起招兵旗,引来吃粮人,人们加入罗马具有附和的性质,附和的对象是建城的规则制定者。"物理的"意为:由于人们不断地加入,罗马城从无到有,从小到大,人们可以感知其外在变化。第二次建城是人为的、观念性的。"人为的"意为:此次建城时,人还是那些人,城还是那个城,但人们协商了组织这些人和这个城的规则,完成此等协商后,城邦生活不再是自发的,而是自为的。"观念性的"意为:第二次建城后,人们并

---

① 参见徐国栋:《从〈神圣约法〉到〈大宪章〉》,《现代法治研究》2016年第1期,第58页。

不能看出罗马城的物理变化,但城邦的秩序重整在观念上已经完成了。由此,此罗马非彼罗马,"此罗马"完成了自己的精神重构。此乃因为法律是社会不同阶级的最低限度的共识,无妨认为《十二表法》是贵族与平民达成的一部社会契约,由此,罗马避免了国家分裂,把新国家建立在阶级合作的基础上,从此开始走向强盛。

(七)《十二表法》是否一部法典?

一些人认为《十二表法》是一部法典。[①] 此论是否为真?可以考究。

当代人理解的法典都是部门法典,即以法的整体的某个分支为编纂对象的法典,例如刑法典、民法典、民事诉讼法典。《十二表法》诸法合一,包括宪法、民事诉讼法、民法、刑法、殡葬法等,完全不符合部门法典的要求。

在部门法典产生前有总法典,即熔各个部门法的规范于一炉的法典。《十二表法》是否属于这样的法典呢?法国法学家禹慕贝尔(Michel Humbert)对这个问题的探究值得参考。他认为,法典必须具有三性:其一,完全性,即包罗全部法律规范,立法者由此垄断立法权;其二,合理性,即包括的诸规范要编排合理,形成体系化,以此区别于法律汇编;其三,权威性,即被制定的法律得到遵守。[②]《十二表法》的权威性不成问题,成问题的是其完全性,它不包罗当时在罗马有效的许多法律制度,例如嫁资制度,只倾向于规定有争议的问题,属于有所为有所不为的类型。其合理性则无从判断,因为我们现在看到的《十二表法》各表的体系很大程度上包括还原者的主观性投射。各表内部诸条文的排

---

① 例见蒋言斌:《古罗马〈十二表法〉元规则体系及其现代启示》,《第四届"罗马法、中国法与民法法典化"国际研讨会论文集》2009 年 10 月 24—25 日,第 823 页。

② Voir Michel Humbert, Les XII Tables, une codification? En Denis Alland et Stephane Rials(Directeur), Droit, PUF, Paris, 1998, pp. 87s.

序更是主观性的舞台。基于一性的阙如和一性的不可证实,还是避免说《十二表法》是一部法典比较安全,顶多可以说它是一部适度的法典编纂。

第二节 《十二表法》的灭失

一、高卢人的崛起

在王政末期以前,罗马人尚不知高卢人的存在。高卢人即凯尔特人,他们的文明产生于公元前1000年左右。他们最初住在欧洲中部,后来沿莱茵河向西迁移,定居在大约相当于现代的法国、比利时、部分荷兰和大部分瑞士等地方。高卢人主要从事农业劳动,有500万到2000万人口,由500个左右的以家族血缘为纽带的部落组成。一些部落基于相同的血缘组成城邦。在公元前2世纪到公元前1世纪的期间,高卢的不同的城邦经常彼此交战。①

公元前4世纪初,高卢人为了摆脱人口过剩的危机,分成许多支族向各地移动。一支渡海到不列颠,成为现在的苏格兰人的祖先;一支越过比利牛斯山进入西班牙;一支越过阿尔卑斯山进入意大利波河流域。② 他们是因苏布雷人、比图里吉人、阿维尔尼人、塞农人、埃杜维人、卡尔努特人、安巴利人、奥勒西人等③,正是这最后一支中的塞农人与罗马人遭遇,导致了《十二表法》的灭失。

---

① 参见陈玉瑶:《从高卢人到法兰克人——浅谈促成族群对国家认同的原因》,《世界民族》2008年第6期,第79页。

② 参见宫秀华:《恺撒与高卢战争》,《东北师大学报》(哲学社会科学版)1995年第2期,第33页。

③ 参见沈坚:《凯尔特人在西欧的播迁》,《史林》1999年第1期,第106页。

二、高卢人与罗马人的冲突

（一）高卢人入侵前罗马的国际关系

公元前493年许，罗马人通过不断的征服取得了拉丁姆地区的霸权，缔结了拉丁同盟。参加这个同盟的30个拉丁部族的名字有如下列：阿尔德阿（Ardea）、阿里恰（Aricia）、波维勒（Bovillae）、布本图姆（Bubentum）、科尔尼库鲁姆（Corniculum）、卡尔文图姆（Carventum）、奇尔切伊（Circeii）、科拉（Cora）、科尔比奥（Corbio）、科里奥里（Corioli）、福尔图那（Fortuna，或称福内蒂 Foretti）、嘎比（Gabi）、拉鲁维尤姆（Lanuvium）、劳伦图姆（Laurentum）、拉维奇（Lavici）、拉维纽姆（Lavinium）、诺门图姆（Nomentum）、诺尔巴（Norba）、佩杜姆（Pedum）、普雷内斯特（Praeneste）、奎尔奎图鲁姆（Querquetulum）、撒特里库姆（Satricum）、斯卡普奇亚（Scaptia）、塞奇亚（Setia）、特雷纳（Tellena）、提布尔（Tibur）、托雷里亚（Toleria）、特里克里鲁姆（Tricrinum）、图斯库鲁姆（Tusculum）、维利特雷（Velitrae）。① 以当时的罗马执政官斯普流斯·卡修斯（Spurius Cassius）名义签订的同盟条约的内容有公私法两个方面。从公法方面讲，同盟各方有在战争中互相援助的义务，同时平分战利品。同盟军作战时的最高统帅由罗马将军担任，但保卫此等将军的士兵必须来自同盟国。从私法方面讲，同盟国的市民彼此享有交易权和通婚权，以及迁徙自由。② 这样，在罗马与拉丁同盟成员国之间建立了一个邦联（Confederation），罗马成了邦联政府的承担者，执掌战和权和外交权，其他权力则保留给成员国。

---

① See Coleman Phillipson, International Law and Custom of Ancient Greece and Rome, London, Macmillan and Co., 1911, Vol. II, p. 34.

② See H. J. Greenidge, Roman Public Life, London · New York, Macmillan and Co. 1901, p. 296.

可以说，拉丁同盟是埃特鲁斯同盟的替代物，后者由12个城邦组成，此种同盟的宗教性多于其政治性。每个城邦都有权充分内部自治、对外宣战媾和。① 埃特鲁斯同盟于公元前506年被拉丁人在库迈人的协助下打败②，罗马人成为亚平宁半岛中部的霸主，这意味着要承担维持该地区的和平，抵御外来霸主侵略的责任。

（二）罗马人与塞农部族的冲突

罗马人遇到的挑战来自阿尔卑斯山北边。越过阿尔卑斯山向亚平宁半岛寻找生存空间、攻打埃特鲁斯人的地盘的塞农族（Senones）原居住在现代法国的塞纳-马恩（Seine et Marne）、卢瓦雷（Loiret）和约纳（Yonne）等省。公元前396年，塞农族攻占梅尔普姆城（Melpum，现代的米兰）。公元前391年，进入埃特鲁斯地区围攻庇护过罗马最后一任王高傲者塔克文的埃特鲁斯城邦克鲁西乌姆（Clusium，现在的意大利城市Chiusi），意大利北部成为高卢人的势力范围，威胁罗马人的地盘。原属于埃特鲁斯同盟的克鲁西乌姆人在其所属的同盟垮台后加入了拉丁同盟③，得以依据盟约向罗马求援。罗马人派出大祭司马尔库斯·法比尤斯·安姆布斯图斯（Marcus Fabius Ambustus）的三个儿子昆图斯·法比尤斯·安姆布斯图斯（Quintus Fabius Ambustus）、努麦流斯·法比尤斯·安姆布斯图斯（Numerius Fabius Ambustus）、切索·法比尤斯·安姆布斯图斯（Caeso Fabius Ambustus）充当使节以中立的立场进行调解，要求高卢人不得攻击未侵犯过他们的民族。高卢人表示愿意和平，但要求克鲁西乌姆人把超过其耕种能力的土地给他们。于

---

① 参见[意]路易吉·萨尔瓦托雷利：《意大利简史——从起源到当代》，沈珩、祝本雄译，商务印书馆1998年版，第8页。
② 参见[意]路易吉·萨尔瓦托雷利：《意大利简史——从起源到当代》，沈珩、祝本雄译，商务印书馆1998年版，第12页。
③ 参见[古罗马]阿庇安：《罗马史》（上册），谢德风译，商务印书馆1979年修订版，第58页。

是，罗马人问他们根据什么权力以战争的威胁向克鲁西乌姆人提出土地要求，并问塞农人到埃特鲁斯来干什么？得到的傲慢的回答是，他们的武器就是他们的权力，一切东西都是属于勇敢者的。至此，双方的感情都激动起来了，都挥动武器投入战斗。这时，罗马的使节们也义愤填膺，违反万民法，也拿起了他们的武器。其中的昆图斯·法比尤斯·安姆布斯图斯还杀死了一个塞农人的酋长，在剥尸体盔甲时被塞农人认出。①

罗马使节的敌对行为冒犯了塞农民族，这一民族中有些人主张立刻向罗马进军，遂拒绝接见罗马人派来道歉的使节。长者们认为应该先遣使去罗马提出正式抗议，要求交出那几个法比尤斯氏族的人以实行违反万民法的制裁，并以此履行宣战前的"提出要求"程序。塞农人的使节们提出了其要求后，罗马元老院虽则不同意法比尤斯族人们的行为，承认蛮族提出的要求是公正的，但他们由于政治利益的关系，不能对地位这样高的人颁令定罪，劝塞农人接受金钱赔偿。而就在这个节骨眼上，三个违反了万民法的法比尤斯都竟然被选为军事保民官。②这样，塞农人知道他们的使节遭到了轻视，违反万民法的人竟然得到了荣誉。他们怒火中烧③，于是于公元前387年，塞农族的酋长布伦努斯（Brunnus）率领12 000名战士进攻罗马。这时罗马人才考虑审判擅自参战的一个法比尤斯，但死亡让他免受这个耻辱，死得如此巧，人们怀疑他是自杀。④

---

① 参见吴于廑主编：《外国史学名著选》（上册），商务印书馆1986年版，第187页。
② 参见吴于廑主编：《外国史学名著选》（上册），商务印书馆1986年版，第187页。
③ 参见吴于廑主编：《外国史学名著选》（上册），商务印书馆1986年版，第188页。
④ 参见[古罗马]李维著，[意]斯奇巴尼选编：《自建城以来》（第一至十卷选段），王焕生译，中国政法大学出版社2009年版，第221页。

但许多学者认为三个法比尤斯激起塞农人进攻罗马的故事是虚构的,实际的原因是罗马为塞农族进一步向亚平宁半岛南部扩张的必须克服的障碍。

三、罗马沦陷

(一)罗马人与塞农人的战事

面对塞农人的进军,罗马并非无备,派出昆图斯·苏尔毕求斯(Quintus Sulpicius)率领 6 个军团 24 000 人分成左右两翼迎敌。公元前 387 年 7 月 18 日,罗马军队与塞农军队在罗马城以北约 18 千米的阿里亚河边交战,由于战争技术的落后,罗马的重装长枪兵败于塞农人的盾与长剑外加标枪兵。罗马军队的左翼逃到附近的维爱城,右翼逃入罗马城,退守卡皮托尔山城堡和朱庇特神庙。撤退之际,祭司们把国家圣物都带走了。[①]

(二)塞农人在罗马的暴行

塞农人进入罗马,杀死元老、大肆放火焚烧公共建筑。他们占领罗马七个月,罗马的幸存者困守在卡皮托尔山丘上。但塞农人为自己的胜利惊异,没有做好征服并统治罗马的准备,无长久之计。所以,来自贫困地方的他们到了相对富足的罗马后大吃大喝,战斗力减退。[②] 而且在这样长的围困中粮草耗尽。由于没有妥善处理战死者的尸体,导致疾病流行,而他们在波河流域的领地受到伊利里亚人和维内蒂人的威胁,所有这些不利因素,都导致他们倾向于与罗马人议和。

[①] 参见[古罗马]李维著,[意]斯奇巴尼选编:《自建城以来》(第一至十卷选段),王焕生译,中国政法大学出版社 2009 年版,第 201 页。

[②] 参见[古罗马]阿庇安:《罗马史》(上册),谢德风译,商务印书馆 1979 年修订版,第 61 页。

四、罗马光复

（一）罗马军队的重整和得胜

逃到维爱城的罗马军队残部在百人队长昆图斯·切蒂丢斯（Quintus Caedidius）的领导下重组起来，一些逃到其他城市的罗马人来加入，还有一些拉丁姆地区的志愿者参加。他们只听从因为遭受政敌弹劾以挪用公款罪被放逐的前军事保民官卡米卢斯（Marcus Furius Camillus）的号召，于是派使者潜入卡皮托尔山向元老院表达了这个愿望，元老院接受之，派人召回卡米卢斯，授予他独裁官的权位。[①] 同时，委托一个军事保民官与塞农人的首领布伦努斯谈判后达成协议，罗马人欲出1 000磅黄金买得高卢人退兵，但塞农人使用假秤，罗马人对此恼火，但布伦努斯说遭受诈欺是被征服者的霉运。此时独裁官卡米卢斯赶到，认定元老院的代表与塞农人订立的协议是非法的，因为没有经过他这个独裁官的同意。于是两军战斗，塞农人败绩，罗马得到光复。[②]

（二）罗马的战后重建

尽管回到罗马人手中的城市已残破不堪，卡米卢斯仍举行了一个凯旋式。众神的祭司和执事把埋在地下或随身带着逃难的各样圣品拿出来，展示给大家看。卡米卢斯向众神做了献祭，并命令在全城斋戒涤罪后修复原有的神庙。[③] 李维《建城以来史》6，1，10 记载：《十二表法》像其他历史纪念物一样得到了重建。[④] 这一记载应该可信，不然西塞

[①] 参见[古希腊]普鲁塔克著，黄宏熙主编：《希腊罗马名人传·卡米卢斯传》（上册），吴彭鹏译，商务印书馆1990年版，第292页。

[②] 参见[古希腊]普鲁塔克著，黄宏熙主编：《希腊罗马名人传·卡米卢斯传》（上册），吴彭鹏译，商务印书馆1990年版，第295页及以次。

[③] 参见[古希腊]普鲁塔克著，黄宏熙主编：《希腊罗马名人传·卡米卢斯传》（上册），吴彭鹏译，商务印书馆1990年版，第296页及以次。

[④] Voir P. F. Girard, L'Histoire des XII Tables, Paris, 1902, p.13.

罗时代孩童背诵的《十二表法》何来？阿奇琉斯（L. Acilius）、瓦雷流斯·索南努斯（Q. Valerius Soranus 或 M. Valerius Messalla）、绥克斯图斯·埃流斯（Sextus Aelius）、塞尔维尤斯·苏尔毕求斯·路福斯（Servius Sulpicius Rufus）、拉贝奥、盖尤斯等后世法学家评注的《十二表法》何来？看来，《十二表法》的灭失，当发生在其他的时间。

（三）塞农人后来受到的报复

塞农人带给一向攻城略地的罗马人被人攻城略地的耻辱，罗马人把 7 月 18 日定为国耻日永志不忘。尽管如此，罗马人善于向失败学习，吸收了塞农人的很多军事技术，提高了自己军队的战斗力。公元前 283 年，罗马人终于雪耻，执政官普布流斯·科尔内流斯·多拉贝拉（Publius Cornelius Dolabella）在瓦蒂莫（Vadimo）战役中战胜高卢联军，塞农人被罗马人赶出波河地区甚至意大利，回到阿尔卑斯山北面的高卢地方。① 在恺撒征服高卢的战争中，塞农人又被恺撒于公元前 52 年派其部将提图斯·拉卞努斯（Titus Labienus）打败，其首领被处死，从此塞农人在历史上消失②，罗马人终于报了一箭之仇。此时离罗马被陷的公元前 387 年，已是 335 年之后。正可谓君子报仇，三百年不晚。

五、关于罗马光复后《十二表法》下落的争论

（一）《十二表法》确实存在且被焚说

通说认为《十二表法》在高卢大火中焚毁了，也有可能被塞农人当作战利品掠走了，③那为何罗马人不重建《十二表法》的载体？卡米卢

---

① 参见陈可风：《罗马共和宪政研究》，法律出版社 2004 年版，第 152 页。
② 参见［日］盐野七生：《罗马人的故事 IV：恺撒时代（卢比孔之前）》，李漫榕、李璧年译，三民书局 1998 年版，第 317 页。该书把塞农人译为"歇诺内斯人"。恺撒的《高卢战记》的中译者将之译为"森农内斯人"。
③ Cfr. Rodolfus Schöll, Legis Duodecim Tabularum Reliquia, Lipsiae, 1846, p. 1.

斯的确进行了各种重建,李维报道重建的对象包括《十二表法》。但有可能尔后不再公开这部法律,目的是让成文法重新变成不成文法。狄奥尼修斯说,《十二表法》在颁布后一个世纪中,解释这部法典的权利都局限于大祭司团。① 彭波尼(D.1,2,2,6)说,直到那时,大祭司团只向贵族开放。② 维科也说,颁布《十二表法》100年之内还由贵族藏在立法院里保密,不让平民们知道。③

俄国学者科凡诺夫(Leonid Kofanov)持《十二表法》被祭司们藏起来说。他称有李维提供的论据。④ 确实,李维提到祭司们把各种圣物都埋在地下或带走了,而且还提到罗马人在赶走高卢人后重建了《十二表法》。大祭司曾有保管法律的职责,在打败高卢人的入侵后,他们有可能把《十二表法》藏起来。李维的《建城以来史》6,1,10如此说:战后,卡米卢斯命令收集保存下来的协约和法律,即《十二表法》和王政时期的一些法律;其中有些甚至公布于众,不过与神明有关的那些法律则完全由大祭司掌握,以便以宗教感情掌握民众受束缚的心灵。⑤ 如此,大祭司只是把《十二表法》的内容部分藏起来。

英国学者吉本也认为,《十二表法》逃过了高卢人的战火,继续存在到优士丁尼时代才散逸。⑥ 乔洛维茨和巴里·尼古拉斯认为灭失的是《十二表法》的官方版本,私人复制本在高卢大火后有很多。不然西塞

---

① Voir Denys D'Halicarnasse, Antiquités Romain,10,3, Sur http://remacle.org/bloodwolf/historiens/denys/livre2-2.htm,2014年3月4日访问。
② 参见[意]维科:《新科学》,朱光潜译,人民文学出版社1986年版,第293页。
③ 参见[意]维科:《新科学》,朱光潜译,人民文学出版社1986年版,第317页。
④ Cfr. Leonid Kofanov, La fortuna delle leggi delle XII tavole dopo loro edizione, In 7 (2 000)Ius Antiquum, Mosca, pp.20ss.
⑤ 参见[古罗马]李维著,[意]斯奇巴尼选编:《自建城以来》(第一至十卷选段),王焕生译,中国政法大学出版社2009年版,第221页。
⑥ 参见[英]爱德华·吉本:《罗马帝国衰亡史》(第4卷),席代岳译,吉林出版集团有限公司2008年版,第234页。

罗的时代何以把《十二表法》在学校里让男童背诵？① 此说颇得我心。事实上，3世纪中叶，迦太基的主教奇普里亚诺（Cipriano）还说他读过挂在迦太基的集议场上的《十二表法》文本。② 而且，盖尤斯等人写《〈十二表法〉评注》也以存在一个被评注的完整文本为前提。即使《十二表法》已毁于战火，也有于战后复原的可能性。确实，秦始皇焚书后，许多古籍失传，但到了西汉，许多古籍靠读书人的背诵得以复原。一个5 000余字的《十二表法》被人背下来复原，也不算难事。

所以，一些学者不说《十二表法》被塞农人焚毁，只说该法在塞农人入侵后"灭失"。该词既可涵盖"焚毁"，也可涵盖"私藏"（有些人为了自己或其阶级的利益把《十二表法》隐匿起来），无论出于何种原因，效果就是近代人不能直接见到《十二表法》了，故谓之灭失。

确实，塞农人的入侵造就了一些无头案。例如高卢黄金案，也就是罗马人本来准备买塞农人退兵的那笔黄金，由于卡米卢斯的干预，没有完成交付，但后来不见了。结果，公元前381年，曼流斯还说贵族隐藏了高卢黄金。如果贵族把这笔钱交出来，平民就可从债务中解脱。③

（二）《十二表法》不曾存在说

以上讨论以确实颁布过《十二表法》为前提争论它是否在塞农人入侵中灭失，下面的讨论则否认按照立法程序颁布过《十二表法》。此论也关乎后人对《十二表法》的还原问题，故一并介绍于此。

意大利学者埃托雷·派斯（Ettore Pais，1856—1939年）于1908

---

① 参见［英］H. F. 乔洛维茨、［英］巴里·尼古拉斯：《罗马法研究历史导论》，薛军译，商务印书馆2013年版，第141页。

② Cfr. Federico M. D'Ippolito, Problemi storico-esegetici delle XII Tavole, Edizione Scientifiche Italiane, Napoli, 2003, p. 10.

③ 参见［古罗马］李维著，［意］斯奇巴尼选编：《自建城以来》（第一至十卷选段），王焕生译，中国政法大学出版社2009年版，第229页。

年发表了《编订与公布〈十二表法〉的年代》一文,质疑《十二表法》的编订和颁布时间。他认为,《十二表法》不是在公元前4世纪初由十人委员会在罗马编订的,而是阿庇尤斯·克劳丢斯的秘书福劳维(Flavius)公布的市民法。① 福劳维市民法(Ius civile Flavianum)出现于公元前304年。彭波尼如此记载:"阿庇尤斯·克劳丢斯把有关这些诉讼的材料加以收集和整理之后,他的文书,一个被解放奴隶的儿子聂乌斯·福劳维拿走了这本书,将之公布于人民。在当时,这个礼物受到了人民的欢迎,因而人民选他为平民保民官、元老和营造官。这本包含诉讼的书被称作福劳维市民法。"②

法国学者爱德华·兰伯特(Edouardo Lambert,1866—1947年)在派斯观点的基础上进一步发展,怀疑《十二表法》的物理存在。③ 不过,他是把《十二表法》与埃流斯·佩都斯·卡图斯(Sextius Aelius Petus Catus)的《三分》(Tripertita)等同起来。④ 公元前2世纪,按彭波尼的说法,埃流斯·佩都斯·卡图斯出版了《三分》,其第一部分是《十二表法》;第二部分是法学家对《十二表法》的解释;第三部分是法律诉讼。⑤ 他认为,《十二表法》不是一个被任命的委员会的产物,而是在公元前2世纪佩都斯完成的文学加工的成果。其《三分》第一次不仅评注,而且收集了古代的习惯法规范。这样,问题不是《十二表法》何时编订与颁布,而是该法是真是假。⑥ 按他这种方法推理,整个的罗马史将被毁

---

① Voir P. F. Girard, L'Histoire des XII Tables, Paris, 1902, p.2.

② D. 1,2, 2,7.

③ Voir Edouardo Lambert, La Question de L'authenticitè des XII Tables et les Annales Maximi, In Nouvelle Revue de Droit et Étranger, Mars-Avril, 1902, p.6.

④ Voir P. F. Girard, L'Histoire des XII Tables, Paris, 1902, p.2.

⑤ D. 1,2, 2, 38.

⑥ Cfr. Ettore Pais, Ricerche sulla storia e sul diritto pubblico di Roma, Roma, Ermanno Loescher &Co,1915, p.4.

了,关于卡米卢斯的记述也失去了可信性。①

德国学者舍尔(Rudolf Schöll,1844—1893年)的解释更加圆通。他认为《十二表法》确实被大祭司藏起来了,埃流斯·佩都斯·卡图斯的《三分》把它披露出来。②

两种观点,都不否认作为一个规则集成的《十二表法》的存在,争论的是该集成到底是一个指定的立法委员会的作品还是学者编订的习惯法,所以,焦点是《十二表法》的作者问题,次焦点是它产生的年代问题。这些争论不妨碍我们研究一个确确实实支配了罗马人的法律生活的规则集。

第三节 《十二表法》的还原

如前所述,《十二表法》在公元前387年塞农人入侵罗马造成的大火中灭失。在大约1300年以后,法国学者雅克·虢德弗罗瓦(Jacque Godefroy,1587—1652年)在1616年开始根据后人的转述复原这一法律。后人留下哪些转述呢?有如下列:

一、转述《十二表法》条文的诸古书

下面按对还原《十二表法》贡献大小的顺序,而非按产生先后的顺序介绍转述《十二表法》的诸古书。

(一)西塞罗的著作

作为一个法学家,西塞罗(公元前106—公元前43年)在自己的著作中多次援引并分析《十二表法》中的规范。这些著作有《论法律》《论

---

① Cfr. Ettore Pais, Ricerche sulla storia e sul diritto pubblico di Roma, Roma, Ermanno Loescher &Co,1915,p. 57.

② Cfr. Rodolfus Schöll, Legis Duodecim Tabularum Reliquia,Lipsiae, 1846,p. 2.

共和国》《论义务》《地方论》《腓利比》。读者在本文的"《十二表法》每条依据的史料展示"部分可发现,《十二表法》正文中有 24 个条文是根据西塞罗的上述著作还原的。在"位置不明的片段"部分,也有两个片段属于西塞罗。这两个数字说明了西塞罗的著作对于还原《十二表法》的贡献。非独此也,西塞罗的上述工作成果还让人相信,在他所处的共和末年,有一个可供研究的《十二表法》的文本。

(二)盖尤斯的著作

盖尤斯的鼎盛年是 161 年,其时,他出版了自己的《法学阶梯》。所以,他生活的年代与《十二表法》相隔 600 多年,尽管如此,他仍然写了《〈十二表法〉评注》,此书记录了《十二表法》的 20 个片段并可能反映该法的叙事顺序。另外,他的《法学阶梯》也记录了《十二表法》的一些规范。盖尤斯的上述工作成果也让人相信,在他的时代,有一个可供研究的《十二表法》的文本。

(三)奥鲁斯·杰流斯的《阿提卡之夜》

奥鲁斯·杰流斯(Aulus Gellius,125—180 年)出生于罗马,在罗马学修辞学和语法,于 141 年或 151 年到雅典学习修辞学和哲学,在那里完成了《阿提卡之夜》。阿提卡是雅典的别称,由于杰流斯是在雅典的漫漫冬夜完成此书,遂命名为《阿提卡之夜》。这不是一部铺陈作者理论或观察的书,而是一部书籍摘抄和读书笔记的混合,由此保留了许多已散逸的古书的片段。由于作者是罗马人,而罗马人按法律生活,反映生活的书籍自然多法律内容,所以,《阿提卡之夜》多涉法律。由于其法律性,《阿提卡之夜》成为后世学者研究罗马法的重要资料。对于还原《十二表法》,尤其提供资料良多,统计一下,《十二表法》留传至今的条文共 105 条,20 条的还原以《阿提卡之夜》为依据或依据之一。

(四) 费斯都斯的《论字义》

费斯都斯(Sextus Pompeius Festus)是罗马语法学家,公元前2世纪下半叶为其兴盛期。他的《论字义》是一部20卷的辞书,但词为事的反映,所以该书也是一部反映费斯都斯时代社情的百科全书式的著作。此等社情的一个方面是罗马人的法律生活,由此涉及一些《十二表法》的规定,它们包含在29个片段中(另外,"位置不明的片段"部分有3个片段属于费斯都斯)。这些片段出自塞尔维尤斯·苏尔毕求斯·路福斯、奥雷流斯·欧皮鲁斯(Aurelius Opillus)、埃流斯·斯提罗内(Aelius Stilone di Lanuvinus)、秦求斯(L. Cincius)、桑特拉(Santra)、瓦罗(Varro)、西纽斯·卡皮托(Sinnius Capito)、阿特尤斯·卡皮托(Ateius Capito)之手。有的是法学家,例如塞尔维尤斯·苏尔毕求斯·路福斯,有的是语法学家,例如埃流斯·斯提罗内,他为《十二表法》写过注释(glossa)。①

(五) 瓦罗的《论拉丁语》

瓦罗(Marcus Terentius Varro,公元前116—公元前27年)曾是恺撒的追随者,退出政坛后专心于学术,写下了如题著作,这是一部25卷的作品,分为三部分。第一部分讲拉丁词源;第二部分讲词的变格变位;第三部分讲句法。在分析语言现象的过程中,瓦罗把《十二表法》的一些规定当作范本来分析,由此把它们保留下来。

(六) 乌尔比安的《乌尔比安篇目》

此书的拉丁文名称是 Tituli Ulpiani,该书全名为 Tituli ex corpore Ulpiani,意思是从乌尔比安全集中摘录的一些题。又称《乌尔比安规则集》。它是9或10世纪末在高卢发现的一个抄本,出自 Fleury-sur-

---

① Cfr. Ferdinando Bona, Il《de verborum sigificatu》di Festo e le XII Tavole. I. Gli《auctores》di Verrio Flacco, In Index,Vol. 20,1992, Napoli,pp. 211ss.

Loire 本笃派修道院。① 分为 29 题。其中转述了一些《十二表法》的规定。

(七)《梵蒂冈残篇》

这是安杰洛·马伊(Angelo Maii,1782—1854 年)于 1820 年在梵蒂冈图书馆的隐迹纸本手稿上发现的一部汇编的残篇,于 1823 年出版。②《梵蒂冈残篇》由 341 个片段构成,它是一部大书的一部分,由不知名的可能是君士坦丁皇帝在位时期(306—337 年)的法学家编成,然后在 4 世纪末由其他人增补。古典法学家的文本选自帕比尼安、保罗和乌尔比安,而入选的皇帝们的敕令的颁布时间从 205 年到 4 世纪,最新近的是 369—372 年在位的瓦伦丁尼安、瓦伦斯和格拉齐安的一个。所有的论题都只涉及私法。③ 其中转述了一些《十二表法》的规定。

(八)李维的《建城以来史》

李维(公元前 59—公元 17 年)被后人称为"史学家中的法学家"④,他喜欢从法律的角度记述历史,故其《建城以来史》保留了不少法律掌故,其中包括对《十二表法》的来龙去脉的记述,甚至包括一些法律规范。

(九)优士丁尼《学说汇纂》

该书是优士丁尼(483—565 年)的法典编纂成果之一,于 530 年编成,共有 50 卷。它搜罗了 38 位法学家包含在 189 种作品中的学说。

---

① Voir P. F. Girard et Senn, Textes de droit romain, Tome I, 5th ed., Dalloz, Paris, 1893, p. 414.

② Voir P. F. Girard et Senn, Textes de droit romain, Tome I, 5th ed., Dalloz, Paris, 1893, p. 472.

③ Cfr. Aldo Petrucci, Corso del diritto pubblico Romano, Giappichelli, Torino, 2012, p. 252.

④ 参见[古罗马]李维著,[意]斯奇巴尼选编:《自建城以来》(第一至十卷选段),王焕生译,中国政法大学出版社 2009 年版,第 1 页。

其总卷数为1487卷,共300万行。这些法学家的一些作品有56个法言援引或评注了《十二表法》,从而将其条文或此等条文的大意保留下来。

(十)优士丁尼《法学阶梯》

该书也是优士丁尼的法典编纂成果之一,于533年编成,共有4卷。作为法律学校的初级教材使用。其叙事好溯源,故也有援引《十二表法》甚至批评其用词不当的地方。① 总计涉及《十二表法》的法言有20个。

(十一)老普林尼的《自然史》

老普林尼(23—79年)是一个博物学家。其《自然史》凡37卷,属于百科全书式的作品,谈论天文、地理、人种、动物、植物、农业、药物、矿物、冶金、艺术等。援引古希腊327位作者和古罗马146位作者的2 000多部著作。其中提到了《十二表法》。

(十二)《摩西法与罗马法合论》

这是一部4世纪完成的比较犹太法与罗马法的著作,作者不明,1570年被发现于一个修道院,于1573年出版。其中保留了一些帕比尼安、保罗、乌尔比安、盖尤斯、莫特斯丁著作的残篇,以及从《格里高利法典》和《赫尔摩格尼法典》采集的敕令,把它们按卷和题排列,这些篇什只有第1卷的头16题留传给我们。该书又被称为《上帝之法》(Lex Dei),可以被界定为第一本"比较法"教科书,因为其目的在于对罗马法和古摩西法进行比较,以便证明罗马法来自摩西法,所以,摩西法优越于罗马法。②

---

① 例如,I.3,2,5说,《十二表法》把"最近的宗亲"当作法定继承人的一个顺位,但对这个词用单数,而没有复数亲等的宗亲,就谈不上有最近的亲等。

② Cfr. Aldo Petrucci, Corso del diritto pubblico Romano, Giappichelli, Torino, 2012, p.252.

(十三) 塔西佗的《编年史》

塔西佗(55—117年)是历史学家。著有《历史》和《编年史》。后者记叙从14年到68年的罗马史,其中转述了《十二表法》关于限制利息的规定。

(十四) 奥诺拉图斯的《维吉尔的作品评注》

奥诺拉图斯(Maurus Servius Honoratus)是公元前420年为其鼎盛期的语法学家。他专注于以旁批的方式诠释罗马大诗人维吉尔的作品,包括对其《牧歌》和《伊尼阿德》的旁批,其中涉及《十二表法》的规定,从而把它们保留下来。

(十五) 老伽图的《论农业》

老伽图(Marcus Porcius Cato,公元前234—公元前149年)是罗马政治家,曾担任过监察官,但他也是一个作家,留有著作多种,《论农业》为其中的一种,为谈论农场的经营之道之作。其中涉及《十二表法》的规定。

(十六) 拉特罗的《反卡提林纳的口才练习》

拉特罗(Marcus Porcius Latro,公元前57—公元前4年)是奥古斯都时期的演说家,有《反卡提林纳的口才练习》(Declamatio contro Sergium Catilinam)保留下来。Declamatio是一种修辞学练习,内容是安排学生练习就特定主题写演说辞。此等演说辞往往以法律为分析对象,所以该书保留了《十二表法》的少许规定。

(十七) 萨尔维亚努斯的《论神的治理》

萨尔维亚努斯(Salvianus de Marseilles)是马赛人,为5世纪的基督教作家,著有《论神的治理》(De gubermatione dei),这是一部探讨基督教政治哲学的著作,保留了《十二表法》的少许规定。

(十八) 马克罗比尤斯的《农神节》

马克罗比尤斯(Ambrosius Macrobius Theodosius)是430年为其

兴盛期的拉丁作家,399—400 年担任过大区长官。他有《农神节》(Saturnalia)传世。该书为 7 卷的对话,记载的是于农神节在普雷特克斯塔图斯(Vettius Agorius Praetextatus)的家里举行的一场学术讨论,像《阿提卡之夜》一样博采。保留了《十二表法》的少许规定。

(十九)梅西安的《阿斯的分割》

梅西安(Lucis Volusius Maecianus,约 110—175 年)是罗马附近的奥斯提亚人①,他是渡夫、助理、书记员行会的保护人。138 年,在阿德里亚努斯皇帝治下担任过文书官。在安东尼努斯·皮尤斯皇帝治下的大约 159 年,担任过皇帝行政班子的学术股长和图书馆长。他教未来的哲学家皇帝马尔库斯·奥勒留(Marcus Aurelius)法律,因为他是马尔库斯·奥勒留登基前的监护人。159—161 年担任埃及长官。161 年担任生活资料供应官,负责向罗马运送生活资料。然后担任亚历山大总督。166 年担任执政官。② 175 年,被参与阿维丢斯·卡修斯(Avidius Cassius)叛乱的士兵所杀。著有《遗产信托》和《公诉》,并收集了关于罗德海法的资料。还写有关于度量衡的著作《阿斯的分割》(Assis distributio,约 146 年)留世。③ 该书是为未来的皇帝马尔库斯·奥勒留写的,旨在教给他实用的知识,保留了《十二表法》的少许规定。

(二十)彭波尼·波尔菲利昂的《贺拉斯作品旁批》

波尔菲利昂(Pomponius Porphyrion,2 或 3 世纪人)是生于阿非利加的拉丁语法学家和贺拉斯作品评注家。其《贺拉斯作品旁批》(Scho-

---

① Cfr. Antonio Ruggiero, L. Volusio Meciano tra Giurisprudenza e Burocrazia, Jovene, Napoli, 1983, p. 12.

② See Serafina Cuomo, Measures for an Emperor: Volusius Maecianus' Monetary Pamphlet for Marcus Aurelius. London: Birkbeck ePrints, 2007, Available at: http://eprints.bbk.ac.uk/631, p. 4s.

③ See Hugh Chisholm, Encyclopædia Britannica (11th ed.), Cambridge University Press, 1911, p. 297.

lia Horatiana)是对罗马诗人贺拉斯的诗歌的注释,保留了《十二表法》的少许规定。

(二十一)昆图斯·科尔尼福丘斯的《献给盖尤斯·赫瑞纽斯的修辞学》

科尔尼福丘斯(Quintus Cornificius,公元前86—公元前82年兴盛)是修辞学家。著有《献给盖尤斯·赫瑞纽斯的修辞学》(Rhet. ad Her.)。此书被包括王晓朝教授在内的一些学者确定为西塞罗所著。①但昆体良援引的《献给盖尤斯·赫瑞纽斯的修辞学》的许多片段都标明该书来自科尔尼福丘斯②,应该认为昆体良的判断更有权威性,因为他在时间上离科尔尼福丘斯更近。由于《献给盖尤斯·赫瑞纽斯的修辞学》讲的是法庭辩论艺术,所以它也提到一些法律规定,包括《十二表法》的规定。

(二十二)诺纽斯·马尔切鲁斯的《诸说撮要》

马尔切鲁斯(Nonius Marcellus)是4或5世纪的罗马语法学家,著有《诸说撮要》(De compendiosa doctrina)20卷。如其名称所示,这是一部萃取百子学说的书,包括一些法律内容,例如对西塞罗著作的片段的收录和评注,保留了《十二表法》的少许规定。

(二十三)多纳图斯的《特伦求斯的〈阉奴〉评注》

多纳图斯(Aelius Donatus)是修辞学家和语法学家,353年前后居住在罗马。特伦求斯是公元前160年左右的罗马戏剧家,《阉奴》为其剧本之一。多纳图斯为这一剧本做评注,产生了如题作品,保留了《十

---

① 参见[古罗马]西塞罗:《西塞罗全集·修辞学卷》,王晓朝译,人民出版社2007年版,第1页及以次。
② See the Entry of Connificius, On http://en.wikipedia.org/wiki/Cornificius,2014年2月15日访问。

二表法》的少许规定。

(二十四) 西多纽斯·阿波里纳里斯的《书信集》

西多纽斯·阿波里纳里斯(Sidonius Apollinaris,430—489 年)是现在法国的里昂人,担任过 468—469 年的市长官,接受过罗马贵族的头衔,470 年成为阿尔维尔努姆(Arvernum)的主教。① 著有《歌谣集》和《书信集》,后者有 9 卷,反映了西罗马帝国末期的社情,保留了《十二表法》的少许规定。

(二十五) 菲洛森努斯的《拉丁-希腊词汇表》

菲洛森努斯(Philoxenus)的生卒年月不详,他著有《拉丁-希腊词汇表》,这是一部 9 世纪的手稿。先被收藏于法国国家图书馆(拉丁文手稿第 7651 号),其照相版被纳入《拉丁词汇表大全》(Corpus Glossariorum Latinorum)。② 菲洛森努斯的著作保留了对《十二表法》使用的 Duicensus 术语的希腊文说明。涉及该术语的规范现处在"位置不明的片段"部分。

上述作者距离《十二表法》的年代较近,所以能记述一些《十二表法》的规定。他们的记述也较可靠。

二、还原的过程

(一) 还原的时代背景

此等背景即发生在 14—16 世纪的意大利的文艺复兴,该复兴的口号之一是"回到希腊罗马去"。之所以这样提,乃因为自 476 年西罗马

---

① Cfr. Oliviero Diliberto, Conoscenza e difussione delle XII Tavole nell'Età del basso impero. Primo contributo, Su http://www.dirittoestoria.it/iusantiquum/articles/N2Diliberto.htm#_ftnref43,2018 年 1 月 2 日访问。

② See W. M. Lindsay, The Philoxenus Glossary, In Classical Review, Vol. 31, 1917, p. 158.

帝国陷落①后,处在较低阶段的日耳曼文化取代了西欧的古罗马文化,先进的希腊罗马文化保留在东方的拜占庭帝国。东西欧隔绝,许多古典著作(包括法律著作)在西欧失传。此等著作倒是受到阿拉伯人的重视,他们将之翻译为阿拉伯文。12世纪,欧洲人通过从阿拉伯文翻译为拉丁文重新得到了亚里士多德的一些著作。公元1453年,君士坦丁堡被土耳其人攻占,造成不少东方的学者流入西欧,也帮助复兴了古典学术,为古典文化的精华之一的罗马法的复兴提供了大背景。罗马法的复兴的前提是古典文本的获取或还原。1153年,在佛罗伦萨发现了优士丁尼的《学说汇纂》,为西欧人的罗马法研究提供了一个最重要的文本。以此为基础,意大利的法学教育开展起来,伊尔内留斯(约1050—1125年)于1084年或1088年在波伦那创立了法律学校,培养了一批法学家,他们的著作以注释《学说汇纂》等罗马法原典为主,旨在助人理解罗马法的文本。继而发展出评注学派,旨在把罗马法与当代现实结合起来。但注释法学派也好,评注法学派也好,都逐渐脱离罗马法的本义,把作者自己的意志冒充罗马法,遭到许多人的不满,由此产生了人文主义学派,主张人们与其研读后人注释与评注,不如回到罗马法的文本自身。在这种思想背景下,作为罗马法的源头的《十二表法》文本的还原引起了欧洲学界的重视,不少作者参与这一工作并做出了重要贡献。

(二)学者次第运用的三种还原方法

1. 依据西塞罗的《论法律》还原法

最初的还原者依据西塞罗的《论法律》进行还原,因为他们把西塞

---

① 近来有学者认为并不存在这一"陷落",因为并不存在一个独立于东罗马帝国的西罗马帝国。476年后,掌权者仍然以罗马帝国的名义进行统治。参见康凯:《"476年西罗马帝国灭亡"观念的形成》,《世界历史》2014年第4期,第36页及以下。

罗此书书名中的"法律"理解为《十二表法》,①遂根据西塞罗的《论法律》的论述顺序,把《十二表法》的内容分为圣法、公法和私法三个部分,这种还原法为许多人追随。② 但这种方法的可靠性太成问题。首先,《论法律》的论述顺序是不是像如上所说的那样,是个问题。《论法律》中译者王焕生先生认为,该书三卷的内容应是:第一卷论述自然法;第二卷论述宗教法;第三卷论述各种官职。③ 我本人读过《论法律》,也觉得王焕生先生的概括不错,尽管把一个对话体著作的各卷的内容概括出一个主题,诚大难也! 其次,研究者认为,西塞罗是模仿柏拉图的《法律篇》写作的《论法律》,就像他模仿柏拉图的《理想国》写作其《论共和国》一样。④ 如果是这样,柏拉图的《法律篇》的结构应该接近西塞罗的《论法律》的结构。前者的结构是:首先论述国家体制,包括阶级的划分、职官的设置和选举、考绩;其次论述刑法,包括各种罪名;再次论述司法、诉讼;第四,论述婚姻继承;第五,论述经济关系;第六,论述教育;第七,论述其他。⑤ 这个论述顺序也与圣法、公法、私法的《十二表法》的早期还原者假想的该法的行文顺序差别很大。最后,《论法律》自己也是一个残篇,我们现有的此书基于 9—10 世纪的手抄本,较为完整的只有第一卷和第二卷,第三卷极为残缺,而且可能整体丢掉了第四、第

---

① Cfr. Oliviero Diliberto, Umanismo giuridico-Antiquario e palingenesi delle XII Tavole, In Annali del seminario giuricido, 2005, p. 19.

② Cfr. Pierfrancesco Arces, Appunti per una storia dei tentativi di Palingenesi della legge delle XII Tavole, In Rivista di diritto romano-VIII-2008, p. 11.

③ 参见王焕生:《西塞罗和他的〈论共和国〉〈论法律〉》,《比较法研究》1998 年第 2 期,第 210 页及以次。

④ 参见[意]皮朗杰罗·卡塔拉诺:《译本序言》,载[古罗马]西塞罗:《论共和国·论法律》,王焕生译,中国政法大学出版社 1999 年版,第 171 页。

⑤ 参见杨芳:《柏拉图〈法律篇〉的法律思想》,《内蒙古大学学报》(哲学社会科学版) 2008 年第 2 期,第 65 页及以次。

五和第六卷。甚至可能西塞罗根本未写完此书。① 它自己现在也没有被还原到《十二表法》的程度,从这样的残书根本无法查知作者的论述路径,所以,依据西塞罗的《论法律》还原《十二表法》的做法颇为荒唐。

2. 依据盖尤斯的《〈十二表法〉评注》还原法

到了 16 世纪,人们才采用这样的还原法。这样的方法显然更为合理,因为我们知道,评注者总是要跟着文本走,按照被评注文本的顺序进行工作。盖尤斯的此书的整体现已不存,它被收录到优士丁尼《学说汇纂》的部分保留了《十二表法》的 20 个法言。按照德国学者奥托·勒内尔(Otto Lenel,1849—1935 年)的还原,该书共有 6 卷。第一卷涉及传唤到法院、出庭担保、盗窃等;第二卷涉及诉讼期日、拘禁之诉等;第三卷涉及出卖家子(但以问号表示不确定)、休妻、已造横梁之诉等;第四卷涉及火灾、结社、恶意的歌谣、地界、掉落的橡实等;第五卷涉及解释法律的规则(两个否定构成一个肯定);第六卷涉及要求返还之诉、争议、通婚权、质押、损害投偿等。另外有个别法言勒内尔不能确定它们处在何卷。② 这样,盖尤斯的评注书的 6 卷对应于《十二表法》的 12 表,人们推定盖尤斯用一卷的篇幅评注两个表的内容。

但仍然存在盖尤斯在同一卷中论述的两表内容如何分配给不同的表的问题,对此问题,依据古代作者提供的"坐标点"解决。例如,西塞罗在其著作中提到《十二表法》以传唤开头,那么,第一表的主题肯定是传唤。另外,第奥尼修斯提到,关于家父三次出卖家子导致后者被解放的规定处在第四表。还有,西塞罗告诉我们关于限制葬礼奢侈的规定处在第十表。再有,西塞罗告诉我们有两个不公平的表,其中规定了平

---

① 参见王焕生:《西塞罗和他的〈论共和国〉〈论法律〉》,《比较法研究》1998 年第 2 期,第 211 页。

② Cfr. Otto Lenel, Palingenesia Iuris Civilis, ex Officina Bernhardi Tauchnitz, Lipsiae,1889,p. 242. ss.

民不得与贵族通婚,还规定了闰月。最后,乌尔比安告诉我们,《十二表法》中关于法定继承的规定在关于遗嘱继承的规定之后。① 依据这些线索,可大致地把收集到的《十二表法》的残篇分配到适当的表。

3. 依据罗马法整体还原法

到了 19 世纪,德国学者狄尔克申把留传给我们的罗马法文本看作一个受《十二表法》影响的整体,根据此等整体的逻辑结构还原《十二表法》,而不受特定古人著作的论述顺序的约束。我们现在利用的《十二表法》还原本是这种方法的产物,但这种方法非常自由,容易变成"六经注我"。

以下分述采用不同还原方法的学者及其成果。

(三) 按西塞罗的《论法律》的结构还原的学者及其成果

1. 阿米马尔·杜·希维尔的工作

阿米马尔·杜·希维尔(Amymar du Rivail,拉丁文名字 Aymarus Rivallius,1491—1558 年),是阿尔恰提(Alciati)的学生,人文主义法学家,被萨维尼称为第一个法史学者。② 他是荷兰人,③担任过现在是法国东南部城市格勒诺布尔(Grenoble)议会的议员。他于 1515 年在美因茨出版了《市民法史或〈十二表法〉评注 5 卷》(Civilis historiae iuris,sive in XII Tab. Leges Commentariorum Libri Quinque),这是第一部法史著作,正如其书名所揭示的,作者试图还原《十二表法》。由于听说该法受雅典的梭伦立法启发,他收集了梭伦立法所有已知的条文于此书中,还收集了《十二表法》的 50 个片段。每个片段不见得就是一

---

① Cfr. Oliviero Diliberto, Le《seguenze》nei testi gelliani, In Index, Vol. 20, 1992, Napoli, p. 230.

② Cfr. Pierfrancesco Arces, Appunti per una storia dei tentativi di Palingenesi della legge delle XII Tavole, In Rivista di diritto romano-VIII-2008, p. 4.

③ Voir C. Bouchaud, Commentaire sur la Loi des Douze Tables, Tome Premier, Paris, 1803, p. 218.

条,可能是几条的综合,希维尔自由组合不同来源的规定。这部著作对恢复早期的罗马法、排除注释法学派和评注法学派的干扰卓有贡献。但希维尔并非平地起高楼,在他之前,已有两位学者做过类似的收集《十二表法》的残篇的工作,其工作成功保留下来,分别称为 Ham. 254 和 Par. Lat. 6128,不排除希维尔参考了这些前人成果的可能。①

但希维尔没有完成一个《十二表法》文本的还原,5卷书,第一卷研究正义;第二卷研究法律,这是最长的一卷,占到了291页的书的193页(第14页开始,到第207页结束),对《十二表法》的研究在其中;第三卷研究元老院决议;第四卷研究元首的敕令;第五卷研究法学家的解答。②

2. 约翰·奥尔登多尔普的工作

奥尔登多尔普(Johann Oldendorp,1488—1567年)是德国法学家,先后在罗斯托克、科隆和波伦那等大学学习法律。1515年在波伦那获法学毕业证书,1516年任格莱夫斯瓦尔德大学教授,1517年任该校校长。1518年获博士学位。1520年任奥德河畔法兰克福大学讲师。1538年任科隆大学教授。1540年任马堡大学教授。1546年任上诉法院法官。③ 1567年,以马堡大学教授之身辞世。④ 他于1539年出版了《自然法、市民法、万民法导论》(Iuris naturalis gentium, et civilis isagoge),其中收集了许多作者认为来自《十二表法》的片段,他把这些片

---

① Cfr. Oliviero Diliberto, Umanismo giuridico-Antiquario e palingenesi delle XII Tavole, In Annali del seminario giuricido, 2005, pp. 3s.

② Cfr. Aymarus Rivallius, Civilis historiae iuris, sive in XII Tab. Leges Commentariorum Libri Quinque, 1708.

③ 参见[德]格尔德·克莱因海尔、[德]扬·施罗德:《九百年来德意志及欧洲法学家》,许兰译,法律出版社2005年版,第319页。

④ 参见[美]哈罗德·伯尔曼:《信仰与秩序》,姚剑波译,中央编译出版社2011年版,第157页。

段按12题进行整理,每题代表一表。第一题是宗教;第二题是长官;第三题是人法;第四题是自权与法定继承人;第五题是遗嘱继承人与遗赠;第六题是无遗嘱继承;第七题是某个人对封地的继承;第八题是审判、传唤至法院以及延期审理;第九题是既判力;第十题是买卖与取得时效;第十一题是地役权与调整地界;第十二题是侵辱与其他私犯。①奥尔登多尔普在收集片段之余还注重还原它们的体系,是为此举的第一人,功不可没,但他没有注意古人留下的确定各表内容的把手,根据圣法、公法和私法的顺序确定各表内容。

3. 欧特曼的工作

弗朗索瓦·欧特曼(Franciscus Hotomanus,1524—1590年)是法国清教徒法学家。在其于1564年出版的《三分的〈十二表法〉评注》中,他把收集到的《十二表法》的片段分配在圣法、公法和私法三个部分中。在圣法部分安排了13个片段。首先是关于私人的圣事的,其次是关于葬礼仪式的。在公法部分安排了10个片段,分别关于法律的普遍性、民会的程序、法律的票决、应受死刑惩罚的行为。在私法部分,安排了72个片段。首先是关于人与家庭的17个片段;然后是关于物权、继承权和债的片段。欧特曼不仅关注关心还原《十二表法》的文本,而且还关注它们在当代社会的适用。尽管排列的顺序有所不同,但欧特曼的这一著作已包含了今人认为属于《十二表法》的所有材料,只有一些欧特曼搜集的材料被现代还原者认为不合格而被剔除。②但欧特曼无意给每表安排内容,是为不足。

---

① Cfr. Maria Zabłocka,I Problemi della ricostruzione delle fonti giuridiche romane nella scienza moderna,Su http://www. dirittoestoria. it/iusantiquum/articles/N3Zabłocka. htm,2017年11月3日访问。

② Cfr. Maria Zabłocka,I Problemi della ricostruzione delle fonti giuridiche romane nella scienza moderna,Su http://www. dirittoestoria. it/iusantiquum/articles/N3Zabłocka. htm,2017年11月3日访问。

4. 马丁·西克哈德的工作

马丁·西克哈德(Martin Schickhard,1590—1657年)是德国法学家。1615年出版有《评注两卷：一卷关于法的原则,另一卷关于〈十二表法〉》。在第二卷中,基于前人的工作成果尝试还原《十二表法》。第一表为圣事与安魂之事;第二表为法律与长官;第三表为审判;第四表:私人的权力;第五表:通婚权;第六表:杀人;第七表:物的管理;第八表:作证;第九表:无名;第十表:禁奢法;第十一表:无名;第十二表:无名。①

5. 康拉德·利特豪森的工作

康拉德·利特豪森(Konrad Rittershausen,1560—1613年)为瑞士学者。著有《〈十二表法〉新评注》,1616年出版。该书把《十二表法》的内容按圣法、公法和私法三大块进行整理。不按表进行整理。

(四) 按盖尤斯的《〈十二表法〉评注》的结构还原的学者及其成果

1. 雅克·虢德弗罗瓦的工作

雅克·虢德弗罗瓦(1587—1652年)出生于一个法学世家,其父亲邓尼·虢德弗罗瓦(Denis Godefroy,1549—1622年)是日内瓦大学的教授,后来成为斯特拉斯堡大学的罗马法教授,再后来成为海德堡大学的教授和法律系主任。他编辑了《民法大全》(1583年出版于日内瓦)。雅克于1616年在海德堡出版了《〈十二表法〉残篇：第一次分表还原并附证据、注释和索引》(Fragmenta XII Tabularum. suis nunc primum tabulis restituta probationibus,notis & indice munita)。这一长长的书名就展示了本书的价值:它是第一个分表还原,每表还附录了该表条文所依据的史料,并附加了注释和索引。这些就跟今人研究《十二表

---

① Cfr. Martini Schickhardi Commentarioli duo: unus de principiis iuris, alter de legibus XII. Tabularum,Herbornia,pp. 43ss.

法》的方法差不多了。从结构来看,该书分为《十二表法》残篇及其第一次分表还原、《十二表法》的历史和评注、《十二表法》包括的每个规范的存在证据、前人对《十二表法》的解释、雅克·虢德弗罗瓦对《十二表法》残篇的注释、《十二表法》残篇评注索引六个部分①,其第一部分还原了《十二表法》各表的条文。每表皆有留空,由此可以推算灭失条文的大致数目。

各表的内容如下:第一表:传唤法;第二表:审判和盗窃;第三表:债权;第四表:家父权和通婚权;第五表:继承权与遗嘱;第六表:所有权与占有;第七表:私犯;第八表:地产权;第九表:公法;第十表:圣法;第十一表:前五表的增补;第十二表:后五表的增补。各表以及各条的顺序根据盖尤斯的《〈十二表法〉评注》,②从而实现了还原方法的根本转向,我们知道,以前的还原都根据西塞罗的《论法律》的论述顺序,但虢德弗罗瓦把各表的内容分为私法-公法、圣法(Ius sacra)、补遗三个板块。第一块是世俗法,第二块是宗教法,第三块涵盖两者。这样的结构还是西塞罗式的。所以,不难看出虢德弗罗瓦折中依据盖尤斯和依据西塞罗的意图。

当然,虢德弗罗瓦还原的结果比较粗糙,例如,第二表的部分内容被用于盗窃,可能因为拉贝奥的《〈十二表法〉评注》第二卷是关于盗窃的。③ 但拉贝奥的此书有 3 卷④,书的卷数少于表数,怎么能设想第二

---

① Cfr. Jacques Godefroy, Fragmenta XII Tabularum, Heidelberg, 1616, Elenchus Librorum.

② Cfr. Oliviero Diliberto, Materiali per la palingenesi delle XII Tavole, Vol. I, Edizione, AV, Cagliari, 1992, p. 10.

③ See M. H. Crawford(edited by), Roman Statutes, Vol. II, institute of Classical Studies, University of London, London, 1996, p. 566.

④ Cfr. Oliviero Diliberto, Materiali per la palingenesi delle XII Tavole, Vol. I, Edizione, AV, Cagliari, 1992, p. 30. nota 66.

卷与第二表契合呢？而且，各表的内容与现代人的《十二表法》很不一样。尽管如此，虢德弗罗瓦的还原本开创了后世安排各表内容的模式：以民事诉讼法开头，以圣法结尾，完全放弃了以圣法开头的前人做法。虢德弗罗瓦的还原成果影响法语世界的《十二表法》研究者，例如《法国民法典》的父亲之一波捷（Robert Joseph Pothier，1699—1772 年）。1800 年以前，这个还原被认为无可置疑。①

另外，雅克还在 1653 年出版了《四个市民法原始文献一册收》(Fontes quatuor juris civilis in unum collecti)，其中的一个原始文献就是经他还原的《十二表法》。该书还包含一个《十二表法》使用的旧词的索引。②

2．简·维琴佐·格拉维纳的工作

格拉维纳（Gian Vicenzo Gravina，1664—1718 年）是意大利罗贾诺-格拉维纳（Roggiano Gravina）人，文学家和法学家，于 1708 年用拉丁文在莱比锡（Lipsia）出版了《市民法的起源》(Originum iuris civilis)，其中包含一个《十二表法》的还原本（从第 463 页开始）。第一表：传唤至法院；第二表：审判与盗窃；第三表：债权；第四表：家父权与通婚权；第五表：继承与监护；第六表：所有权与占有；第七表：私犯；第八表：地产权；第九表：公法；第十表：圣法；第十一表：前五表的增补；第十二表：后五表的增补。在这个还原中，各表的内容基本与虢德弗罗瓦之还原的各表内容一致。作者对《十二表法》的每个条文都做出了释义，占全书的 300 多页。据意大利的《十二表法》专家迪里贝尔多介绍，维科对于《十二表法》的知识就来自此书。而维科在其《新科学》等著作中谈论

---

① Cfr. Pierfrancesco Arces, Appunti per una storia dei tentativi di Palingenesi della legge delle XII Tavole, In Rivista di diritto romano-VIII-2008, p. 13.

② Voir C. Bouchaud, Commentaire sur la Loi des Douze Tables, Tome Premier, Paris, 1803, p. 228.

《十二表法》甚多,其中不乏怪论。① 其"怪"很大程度上是由该还原本的还原水平决定的。②

(五)按罗马法的整体学说的体系结构进行还原的学者及其成果

1. 海因里希·狄尔克申的工作

狄尔克申(Heinrich Dirksen,1790—1868年)在1824年完成了自己的《十二表法》复原,在莱比锡出版了其研究成果《对〈十二表法〉残篇的文本的过去的批评和复原尝试概览》。该书的编目如下:第一章:导论;第二章:有关文献的历史;第三章:关于《十二表法》的体系的观点;第四章:第一表和第二表的体系;第五章:第一表的残篇;第六章:第二表的残篇;第七章:第三表和第四表的体系;第八章:第三表的残篇;第九章:第四表的残篇;第十章:第五表和第六表的体系;第十一章:第五表的残篇;第十二章:第六表的残篇;第十三章:第七表和第八表的体系;第十四章:第七表的残篇;第十五章:第八表的残篇;第十六章:第九表和第十表的体系;第十七章:第九表的残篇;第十八章:第十表的残篇;第十九章:第十一表和第十二表的体系;第二十章:第十一表的残篇;第二十一章:第十二表的残篇。最后是附录:《十二表法》残篇列表。③ 各表不设表名。但从各表的内容来看,第一表的内容是传唤;第二表的内容是审理;第三表的内容是执行(但包括对于敌人,要求是永

---

① 例如,对于第四表第1条:对生来畸形怪状的婴儿,尽速杀之。维科的解读是"人祭的残余"。参见[意]维科:《新科学》,朱光潜译,人民文学出版社1986年版,第99页,第248页。对于第六表第4条:对外邦人的追夺担保应是永久性的,维科的解读是"反平民"。参见[意]维科:《新科学》,朱光潜译,人民文学出版社1986年版,第329页。对于第十一表第1条:平民不得与贵族通婚。维科的解读是"禁止平民缔结正式婚姻,不涉及跨阶级婚姻",旨在防止"平民享有占卜权",因为有占卜权的长官必须出自共食婚。参见[意]维科:《新科学》,朱光潜译,人民文学出版社1986年版,第338页,第497页及多处。

② Originum iuris civilis, Lipsiae, 1708.

③ Vgl. Heinrich Eduard Dirksen, Uebersicht der bisherigen Versuche zur Kritik und Herstellung des Textesder Zwölf-Tafel-Fragmente, Hinrichsche Buchhandlung, 1824, Leipzig.

恒的之规定);第四表的内容是家长权;第五表的内容是继承和监护;第六表的内容是所有权和占有;第七表的内容是土地和房属;第八表的内容是私犯;第九表的内容是公法;第十表的内容是墓葬法;第十一表的内容是对前五表内容的增补;第十二表的内容是对后五表内容的增补。① 从以上读者概括出的表名可见,狄尔克申还原本的各表内容与虢德弗罗瓦和格拉维纳还原本的各表内容差别挺大,例如,拉丁系还原本的第七表关乎私犯,第八表关乎地产权;狄尔克申还原本的第七表关乎土地和房属,第八表关乎私犯。

显然可见,狄尔克申的还原工作进行得很细。首先考虑《十二表法》整体的体系问题,然后以每两表为一个单位考察它们的微观体系问题。此等细致的研究成果体现为一本 740 页的大书。

在《十二表法》的还原史上,狄尔克申是个转折性的人物,因为其还原明显背离了盖尤斯《〈十二表法〉评注》的论述顺序②,其还原采用连续性的标准,认为在《十二表法》之后的裁判官告示、谢沃拉和萨宾的《市民法》的论述顺序都受到了《十二表法》的影响,故它们和盖尤斯的《〈十二表法〉评注》、共和时期和元首制时期的某些法律,都可以作为还原《十二表法》的参考。③ 这样的还原标准是相当主观的。

尽管如此,狄尔克申还是站在前人的肩膀上工作,故有人说,狄尔克申的还原不过是虢德弗罗瓦的还原的变体。④ 这可能是从细节的比

---

① 实际上,我国的六个《十二表法》全译本都是根据狄尔克申的还原本翻译的。除了徐国栋的译本外,其他全译本只是给母本的各表加上了表名。所以,欲了解狄尔克申还原本各表的内容,看中文的五个全译本就得。

② Cfr. Oliviero Diliberto, Materiali per la palingenesi delle XII Tavole, Vol. I, Edizione, AV, Cagliari,1992,p. 11.

③ Cfr. Oliviero Diliberto, Materiali per la palingenesi delle XII Tavole, Vol. I, Edizione, AV, Cagliari,1992,p. 12.

④ Cfr. Pierfrancesco Arces, Appunti per una storia dei tentativi di Palingenesi della legge delle XII Tavole,In Rivista di diritto romano-VIII-2008,p. 14.

2. 布农斯及其后继者的工作

布农斯(Karl G. Bruns,1816—1880年)于1860年在图宾根出版了《古罗马法原始文献》三卷,其中第一卷第二章收录了他还原的《十二表法》,每个条文都说明它们据以还原的原始文献。① 该书从第四版(1879)到第六版(1893)由特奥多尔·蒙森继续编订,第七版(1909)由奥托·格拉登维兹(Otto Gradenvitz)继续编订。布农斯等人的《十二表法还原本》末尾首次设"位置不明的片段"部分,收罗11个不能被归入任何一表的涉《十二表法》古人记述。

3. 鲁道尔夫·舍尔的工作

1865年,鲁道尔夫·舍尔(Rudolf Schöll,1844—1893年)在莱比锡出版了《〈十二表法〉的遗迹评注》(Commentationes de lege XII. tabularum specimen)。分为两章。第一章是"论对于《十二表法》的记忆";第二章是"前人对于《十二表法》的解释"。显然,这是一部综述性的著作,总结了前人研究《十二表法》的成果。该书第112页及以下有《十二表法》的文本。对各表不列表名,但其内容可以归纳出来。第一表是传唤;第二表是审理;第三表是执行;第四表是家长权;第五表是监护和继承;第六表是所有权和占有;第七表是土地和房属;第八表是私犯;第九表是公法;第十表是墓葬法;第十一表是对前五表内容的增补;第十二表是对后五表内容的增补。舍尔的还原本去掉了"盗窃可以和解"的前人还原条文,但仍在诉讼法部分保留"对于敌人,要求是永恒的"之规定,导致周枏先生的《十二表法》中译本犯同样的错误。

尤其要指出的是,舍尔的还原本也设"位置不明的片段"部分,收罗了12个不能被归入任何一表的《十二表法》的片段。相较于布农斯还

---

① Fontes Iuris Romani Antiqui,Tubinga,1909.

原本的这一部分,增加了1个片段,这显然是研究深入的结果。

4. 里科波诺的工作

1941年,意大利学者萨尔瓦多勒·里科波诺根据1933年发现的盖尤斯的片段修订了前人的还原本,将之收录在《优士丁尼前的罗马法原始文献》一书中。它对于确凿无疑的十人委员会留下的文字,以大写体表示,后人转述《十二表法》的某个规定的文字,则以小写体表示。这一版本比较权威,今人多采之。我对《十二表法》的中译,基本依据的就是这个还原本。① 里科波诺的还原本也设"位置不明的片段"部分,收罗12个不能归入任何一表的涉《十二表法》古人记述。

5. 吉拉尔和尚的工作

法国学者吉拉尔(Paul Frédéric Girard,1852—1922年)于1890年在巴黎出版了其《罗马法文本》(Textes de Droit Romain),其中包含一个《十二表法》的还原本。我有该书的第二版②,在此版中,《十二表法》处在第10—21页。吉拉尔去世后,菲利克斯·尚(Félix Senn,1879—1968年)修订其留下的著作,两人合名出版。1977年,两人合名于拿波里出版了《罗马人的法律》(Les Lois des Romains),其中包含一个《十二表法》的还原本,它似乎是吉拉尔1890年还原本的改进版。该本可以在网上免费获得。③ 由于比里科波诺的还原本晚了36年,对之做了一些改变。例如,第四表第4条加b条,规定胎儿的继承权。又如,里科波诺的第六表只有9条,吉拉尔和尚的此表有10条。里科波诺的第七表有12条,吉拉尔和尚的此表只有9条。里科波诺的第九表有6

---

① 徐国栋、阿尔多·贝特鲁奇、纪蔚民译:《〈十二表法〉新译本》,《河北法学》2005年第11期。

② P. E. Girard, Textes de Droit Romain, Paris, 1895.

③ 网址是http://droitromain.upmf-grenoble.fr/Leges/twelve_Girard.html,2016年12月13日访问。

条,吉拉尔和尚的此表有8条。最后,吉拉尔和尚的还原本也设有"位置不明的片段"部分,但它与里科波诺的还原本中"位置不明的片段"的条文数一样,都是12条,但排序不一样。总之,法国人的这个还原本跟意大利人的还原本比较起来,差别不小。

6. 克罗福德的工作

1996年,英国学者克罗福德(M. H. Crawford)及其团队成员在其《罗马法规》(Roman Statutes)第2卷中发表了其新的《十二表法》还原本,它根据新的研究成果写成。克罗福德发现了《用奥斯基语写成的巴提纳铜表法》(Lex Osca Tabulae Bantinae),这是一个约公元前150年和公元前100年的拉丁殖民地的宪章,于1790年被发现于现在意大利卢加诺(Lucano)市的蒙特罗内(Monterone)山。学者们相信它在用语和内容上与《十二表法》相似,所以可用来帮助还原《十二表法》。[①] 克罗福德的还原本有不少推翻既定还原成果的安排,例如,把关于侵辱和盗窃的规范从第八表移转到第一表(这样,克罗福德在一定程度上回到了骁德弗罗瓦的路线),由此,第一表的条文数达到22条,并且怀疑人们放在第十一表的关于历法的规定根本不存在于《十二表法》中。[②]

让我们看看克罗福德的第一表包括哪些条文,以此作为例子证明其还原方法的"革命性"。

(1) 如果被传出庭,该去。要是不去,叫人作证,然后强制他去。

(2) 如果或躲或逃而不去,就把他抓住。

(3) 如果有病或因年高有障碍,原告应提供车子;但如果他不愿意,不必准备轿子。

[①] See Noah J. Stanzione, Reconstructing the Twelve Tables: Some Problems and Challenges, In Nat'l Italian American Bar Ass'n Journal, Vol. 21, 2010, p. 27.

[②] See Noah J. Stanzione, Reconstructing the Twelve Tables: Some Problems and Challenges, In Nat'l Italian American Bar Ass'n Journal, Vol. 21, 2010, p. 28.

（4）有产者当有产者的保证人，已是公民的无产者，任何愿意的人都可当其保证人。

（5）福尔特斯人、萨那特斯人，同样享有债务口约权或要式买卖权。

（6）如当事人达成了和解，则实行之。

（7）如当事人不能达成和解，则双方应于午前到大会场或集议场进行诉讼。解释自己的理由时，双方必须到场。

（8）正午一过，应判到场的一方胜诉。

（9）双方到场的，日落为最后的时限。

（10）保证人、副保证人应担保被告于受审时按时出庭。

（11）在第三天或在后天，如果诉讼当事人在长官面前把手伸到了（讼争物之上），如果争议的标的为1000或1000以上阿斯，誓金是500阿斯；如果争议标的为1000以下阿斯，誓金是50阿斯。如果争议涉及人的自由权，即便该人非常高贵，誓金一律是50阿斯。

（12）根据要式口约主张债权时，可提起要求法官之诉。

（13）毁伤他人肢体而不能达成和解的，应对他同态复仇。

（14）折断自由人一骨的，处300阿斯的罚金；折断奴隶一骨的，处150阿斯的罚金。

（15）对人施行其他侵辱的，处25阿斯的罚金。

（16）不法砍伐他人树木的，每棵处25阿斯的罚金。

（17）夜间行窃，如被处死，应视为合法。

（18）白天……如果用武器自卫……应叫证人来。

（19）其他所有的现行盗窃，白天行窃的窃贼不用武器自卫的，如为自由人，处鞭打后交给被窃者；如为奴隶，处鞭打后投塔尔贝雅岩下；如为未适婚人，按长官的判决处鞭打并赔偿损害。

（20）如果在手持一盘、以亚麻布遮羞的情况下搜获赃物，构成现行盗窃。

(21) 实施非现行盗窃者,加倍赔偿损失。

(22) 盗窃物不能以时效取得。①

该表的前10条的内容与里科波诺还原的同表的内容和顺序都一致,后12条从其他表抽来,尤其从第八表抽来。倒是没有新增什么条文。

7. 尼科尔斯基的工作

尼科尔斯基(B. V. Nikolski)是俄国学者,他于1897年在圣彼得堡出版了《〈十二表法〉的体系和文本:罗马法史研究》(俄文),其中完成了一个《十二表法》的还原。他认为前三表都是关于程序的。第四表关于诉讼担保、宣誓、买卖婚、离婚、家父权、要式现金借贷、要式买卖等;第五表关于继承;第六表关于相邻关系;第七表关于盗窃;第八表关于侵辱;第九表关于导致死刑的犯罪;第十表是墓葬法;第十一表是贵族与平民不得结婚的禁令;第十二表是禁止批准特权。② 此书颇反潮流。之所以这么说,乃因为他对一些表的内容的认定与其他作者不同。例如,虢德弗罗瓦的第三表关乎债权,并不属于程序法。另外,其第八表是地产权,并非侵辱。等等。

(六) 小结

从其还原史来看,人们先不分表还原,只是汇总收集到的条文,后按表还原,试图尽可能地恢复《十二表法》的原貌。

现在的《十二表法》各表的内容是比较信实的,基本上每个条文都

---

① See M. H. Crawford(edited by), Roman Statutes, Vol. II, Institute of Classical Studies, University of London, London, 1996, p. 578.

② Cfr. Maria Zabłocka, I Problemi della ricostruzione delle fonti giuridiche romane nella scienza moderna, Su http://www.dirittoestoria.it/iusantiquum/articles/N3Zabłocka.htm, 2017年11月3日访问。

有相应的文献依据,只有关于维斯塔贞女免受监护的第五表第 1 条的但书部分除外。但《十二表法》整体的体系以及各表条文的排序是约定俗成的结果,介于事实与真相之间。意大利学者费德里科·狄勃利多(Federico d'Ippolito)坦承:"无人否认,对这些片段的还原是不确定的(insicura)。"①换言之,我们现在见到的《十二表法》,在"六经"与"我"之间。

三、体系问题与曲解古人的可能

《十二表法》的各表本无标题,但以周枏先生的译本为代表的早期还原本都冠以标题,这些标题实际上是对后人还原的《十二表法》各表内容的概括。这些标题构成以下体系:

第一表,传唤;第二表,审理;第三表,执行;第四表,家长权;第五表,继承和监护;第六表,所有权和占有;第七表,土地和房属(相邻关系);第八表,私犯;第九表,公法;第十表,宗教法(应该是墓葬法);第十一表,前五表的增补;第十二表,后五表的增补。

如此,在前十表的范围内,形成先程序法,后实体法,先私法,后公法;在私法中,先人法,后物法的体系。

这些表名不见得能概括有关表的内容。例如,第六表的内容被概括成"所有权和占有",实际的内容大多为法律行为,前七条的内容如此,只有最后两条属于添附。如果纯粹按逻辑行事,把这两条移入第七表,把该表的名称改为"物权",把第六表的名称改为"法律行为",更好。

非独此也,上述体系与人们熟知的罗马人论述法律的体系不一致。这样的体系有两个。第一个是谢沃拉-萨宾体系,第二个是盖尤斯创立的法学阶梯体系。

---

① Cfr. Federico d'Ippolito, XII Tab. 2. 2, In Index, Vol. 18,1990, Napoli, p. 435.

谢沃拉的《市民法》的体系如下：

第一编继承法。1.遗嘱；遗嘱的订立；2.继承人的指定；3.剥夺继承权；4.接受或放弃遗产；5.遗赠。

第二编人法。1.婚姻；2.监护；3.待自由人；4.家父权；5.主人权；6.解放自由人；7.附录：代理人和事务经管人。

第三编物法。1.占有与时效取得；2.不使用与自由权的时效取得。

第四编债法。1.合同之债。(1)要物合同（或许只包括借贷）；(2)买卖；(3)租赁；(4)附录：地役权；(5)合伙（也许还包括委任）。2.私犯之债。(1)侵辱；(2)盗窃；(3)《阿奎流斯法》。①

萨宾体系基本与谢沃拉体系同，只是把债法安排在第三编，把物法安排在第四编。

盖尤斯法学阶梯采用人物讼体系，其中，讼被排在最后。恰恰与《十二表法》的诉讼前置主义相反。由此可以设想我们现在看到的《十二表法》体系之曲解古人的可能有多大！

这样的体系反映出今人区分程序法和实体法的观念，区分公法和私法的观念，以及一定的部门法观念，这种区分远古时期的罗马人是否有，值得怀疑。因此，存在对现在的还原法曲解古人的担心。

意大利《十二表法》专家迪里贝尔多的文章反映了这种担心。他认为按法的特定分支分配各表内容的做法值得怀疑，因为古人为了节约空间，各表都要写满，不留空白，写满的内容不见得彼此间有逻辑联系。② 而当时的人们没有程序法与实体法区分的观念，他们理解的公

---

① Cfr. Fritz Schulz, Storia della giurisprudenza romana, traduzione italiana di Guglielmo Nocera, Sansoni, Firenze, 1968, pp.172s. 也参见[美]哈罗德·伯尔曼：《法律与革命》，贺卫方等译，中国大百科全书出版社1993年版，第163页。

② 参见[意]迪里贝尔多：《关于时下对〈十二表法〉的研究现状的一些思考》，徐国栋译，徐国栋主编：《罗马法与现代民法》第3卷，中国法制出版社2002年版，第56页。

法和私法与我们理解的也不同。

英国罗马法学家彼得·斯坦有同样的担心,他认为,《十二表法》的体系性被 19 世纪的法史学家夸大了,它的原始文本的体系可能比现在的样子要乱。① 如果我们考虑到制定《十二表法》采用了美索不达米亚方法,它的样子应与采用了同样方法的《汉穆拉比法典》类似,这部法典可没有像我们现在看到的《十二表法》那样"井井有条"。

克罗福德认为《十二表法》内容的顺序应是这样的:从侵辱和盗窃开始,过渡到债、家庭、继承、所有权和相邻关系争议,然后到私犯,最后规定市民与其共同体的关系问题。② 明眼人一眼可看出,这样的顺序跟现有的《十二表法》还原本的内容顺序并不一致。但有些部分与迪里贝尔多教授的意见一致。他认为,也许在前三表还有关于侵辱和盗窃的规定,具体位置不详。③

我认为现有的第七表和第十表的条文顺序值得质疑。就前者而言,第 2 条规定了调整地界之诉,然后规定其他事项。到第 5 条,才又规定疆界争议的处理。实际上,这个第 5 条应该挪到第 2 条之后才比较合乎逻辑,两条规定的是类似的事项,不应隔开。就后者而言,罗马人的葬礼的流程是停灵、葬礼游行、火葬或土葬、葬后哀悼四个阶段。规定葬礼的该表的条文应按这个顺序排列,结果,该表首先规定不得在市区埋葬或火葬死者的戒律,然后规定对火葬用木柴不得用斧头削光。实际上,该表规定死者丧服限制和乐手数目限制的第 3 条应该是第 1 条,现有的第 1 条应在第 9 条之前。现有的第 2 条应在第 8 条之前。

---

① 参见杨代雄:《德国古典私权一般理论及其对民法体系构造的影响》,北京大学出版社 2009 年版,第 106 页。

② See Noah J. Stanzione, Reconstructing the Twelve Tables: Some Problems and Challenges, In Nat'l Italian American Bar Ass'n Journal, Vol. 21, 2010, p. 30.

③ Cfr. Oliviero Diliberto, Materiali per la palingenesi delle XII Tavole, Vol. I, Edizione, AV, Cagliari, 1992, p. 403.

由此可见，我们现在利用的《十二表法》的条文来自古人诚然不错，其结构到底来自古人还是我们自己，这是一个说不清的问题。而结构对于正确理解一部法律非常重要。例如，所有人的还原都把关于集会和结社的规定放在关于侵权行为的第八表，表明还原者认为《十二表法》的制定者是从侵权行为主体的角度看待这两种现象的，如果把它们放到关于公法的第九表，它们就更像两个宪法性的规定了。感到讽刺的是，这两条的多数解释者都脱离了侵权法的语境，而从公法的角度解释它们。

非独此也，《十二表法》没有规定当时已经存在的一些制度，例如没有规定嫁资①、自权人收养②、共食婚③。我们可以这样推测，《十二表法》并无意规定一切现有制度，而只打算规定那些容易引起争议的事项。另外的可能是，《十二表法》规定了它们，但反映它们的史料没有留传给我们。所以，把《十二表法》看作一条龙的一些"鳞"和"爪"比把它看作一整条龙要少犯错误。

第四节 《十二表法》每条还原依据的史料展示

第一表

第 1 条 西塞罗:《论法律》2,4,9:如果传唤去法庭……④彭波

---

① See Noah J. Stanzione, Reconstructing the Twelve Tables:Some Problems and Challenges, In Nat'l Italian American Bar Ass'n Journal, Vol. 21,2010, p. 28.

② See Noah J. Stanzione, Reconstructing the Twelve Tables:Some Problems and Challenges, In Nat'l Italian American Bar Ass'n Journal, Vol. 21,2010, p. 32.

③ See Noah J. Stanzione, Reconstructing the Twelve Tables:Some Problems and Challenges, In Nat'l Italian American Bar Ass'n Journal, Vol. 21,2010, p. 32.

④ 参见[古罗马]西塞罗:《论法律》,王焕生译,世纪出版集团,上海人民出版社 2006 年版,第 95 页。

尼·波尔菲利昂的《贺拉斯〈讽刺诗〉评注》1,9,7,6:则去。如果不去,叫人作证,强制他去。

第2条　费斯都斯:《论字义》210:如果被传人逃避或逃跑,则拘禁之。①

第3条　奥鲁斯·杰流斯:《阿提卡之夜》20,1,25:如果有病或因年高有障碍,原告应提供车子;但如果他不愿意,不必准备轿子。②

第4条　奥鲁斯·杰流斯:《阿提卡之夜》16,10,5:有产者当有产者的出庭保证人。无产者的保证人,任何愿意者均可担任。③

第5条　费斯都斯:《论字义》348:福尔特斯人……萨那特斯人……债务口约……④

第6条　奥鲁斯·杰流斯:《阿提卡之夜》17,2,10:《十二表法》写道:"案件在中午前开审,在当事人双方到场的情况下辩论"。⑤

第7条　科尔尼福丘斯:《献给盖尤斯·赫瑞纽斯的修辞学》2,13,20:如果达不成和解,双方应在中午之前在大会场或集议场出庭陈述。⑥

第8条　奥鲁斯·杰流斯:《阿提卡之夜》17,2,10:中午过后做出

---

① Cfr. Sexti Pompei Festi, De Verborum Significatu quae Supersunt cum Pauli Epitome, Pars I, Budapestini, 1889, p. 452.

② Cfr. Aulo Gellio, Notti Attiche, Traduzione Italiana di Luigi Rusca, Volume Secondo, BUR, Milano, 2001, p. 1305.

③ Cfr. Aulo Gellio, Notti Attiche, Traduzione Italiana di Luigi Rusca, Volume Secondo, BUR, Milano, 2001, p. 1111.

④ Cfr. Sexti Pompei Festi, De Verborum Significatu quae Supersunt cum Pauli Epitome, Pars I, Budapestini, 1889, p. 470.

⑤ Cfr. Aulo Gellio, Notti Attiche, Traduzione Italiana di Luigi Rusca, Volume Secondo, BUR, Milano, 2001, p. 1139.

⑥ 参见[古罗马]西塞罗:《西塞罗全集·修辞学卷》,王晓朝译,人民出版社2007年版,第32页及以次,译文有改动。

有利于到庭者的判决。①

第9条　奥鲁斯·杰流斯:《阿提卡之夜》17,2,10:如果双方都到庭,开庭最迟到日落。② 瓦罗:《论拉丁语》7,51:日落是最后的期限。③ 费斯都斯:《论字义》305:如同在《十二表法》中,日落是最后的期限。④

第10条　奥鲁斯·杰流斯:《阿提卡之夜》16,10,8:有关无产者、庄园主、萨那特斯人、保证人、副保证人、25阿斯、同态复仇、双手举着一个盘子、腰围遮羞布,所有这些《十二表法》中的古代规范都过时了,因为《关于非常执法官的艾布求斯法》废除了它们。⑤

第二表

第1a条　盖尤斯:《法学阶梯》4,4:赌誓的誓金或者是500或者是50。如果争议的标的为1 000或1 000以上阿斯,赌金是500阿斯。如果争议标的为1 000以下阿斯,赌金则是50;《十二表法》曾做出这样的规定。如果争议所涉及的是人的自由权,即便该人十分高贵,同一法律规定誓金是50。这显然是为了照顾自由权,不想加重主张自由权者的负担。⑥

第1b条　盖尤斯:《法学阶梯》4,17a:比如《十二表法》规定根据要

---

① Cfr. Aulo Gellio, Notti Attiche, Traduzione Italiana di Luigi Rusca, Volume Secondo, BUR, Milano, 2001, p. 1139.

② Cfr. Aulo Gellio, Notti Attiche, Traduzione Italiana di Luigi Rusca, Volume Secondo, BUR, Milano, 2001, p. 1139.

③ Cfr. M. Terenti Varronis De Lingua Latina Liberi, Berolini, 1885, p. 138.

④ Cfr. Sexti Pompei Festi, De Verborum Significatu quae Supersunt cum Pauli Epitome, Pars I, Budapestini, 1889, p. 505.

⑤ Cfr. Aulo Gellio, Notti Attiche, Traduzione Italiana di Luigi Rusca, Volume Secondo, BUR, Milano, 2001, p. 1111.

⑥ 参见[古罗马]盖尤斯:《法学阶梯》,黄风译,中国政法大学出版社1996年版,第292页。

式口约提出要求的情况下应当提起此诉讼。其程序大概是这样的：提起诉讼的人说："我主张，根据要式口约你应给我 10 000 塞斯特斯，我要求你对此做出确认或否认"。对方说不应给予。原告说："既然你否认，我要求裁判官指定一名法官或仲裁员。"同一法律规定，为在共同继承人之间分割遗产，也应提起要求法官之诉。①

第 2 条　费斯都斯：《论字义》290,273：如有使人不适合处理其事务的疾病……②西塞罗：《论义务》1,12,37；《十二表法》称："……或者已确定与外邦人进行诉讼的那一天"。③ 费斯都斯：《论字义》273：如果法官、仲裁员或被告有障碍不能出庭，则押后至他日。④《乌尔索法》第95 条：在私人做出请求却未在指定的期日出庭的情形，如果案件由两人团或首长亲自审理，则基于上述理由之一的原谅理由不被接受，即由于重病、为人做出庭担保、受另一个审判、祭祀、家人葬礼以及葬礼后的成神节，或他被某个罗马人民的长官扣押或被授予官职，就已按本法调查的事项将不会发生任何诉讼，法律应自行其路，案件将完全如同法官不曾选定，就争议事项不曾指定判还官一样。⑤

第 3 条　费斯都斯：《论字义》233：对于不愿当证人的人，可每两天

---

① 参见[古罗马]盖尤斯：《法学阶梯》，黄风译，中国政法大学出版社 1996 年版，第 295 页及以次。

② Cfr. Sexti Pompei Festi, De Verborum Significatu quae Supersunt cum Pauli Epitome, Pars I, Budapestini, 1889, p. 79.

③ 参见[古罗马]西塞罗：《论义务》，王焕生译，中国政法大学出版社 1999 年版，第 39 页，译文有校正。

④ Cfr. Sexti Pompei Festi, De Verborum Significatu quae Supersunt cum Pauli Epitome, Pars I, Budapestini, 1889, p. 370.

⑤ 该法英译文的网址：http://www2. uned. es/geo-1-historia-antigua-universal/EPIGRAFIA/lex_ursonensis. htm，2017 年 11 月 4 日访问。英译文把拉丁词 Incolae 翻译为"外邦人"，可能是按照文献传统认为此处出现的该词只能是"外邦人"的意思。但该词在词典上的意思是：居民、同乡、同国人、土著。参见谢大任主编：《拉丁语汉语词典》，商务印书馆 1988 年版，第 278 页。

大声到他门前去喊。①

第三表

第1条　奥鲁斯·杰流斯:《阿提卡之夜》20,1,42:承认债务的人或其债务被法律确认的人,被授予30天的期限去找必要的钱还债。②

第2条　奥鲁斯·杰流斯:《阿提卡之夜》20,1,44:如果还不还债,裁判官会传唤他,并把他交给合法确认的债权人,此等债权人会把他捆在大树上并束以镣铐。③

第3条　奥鲁斯·杰流斯:《阿提卡之夜》20,1,45:如不服从法院判决,或无人在长官前为他作保,债权人可自己带走他,把他捆在大树上并束以镣铐,给他带重量不轻于15磅的戒具,如果愿意,还可以加重。④

第4条　奥鲁斯·杰流斯:《阿提卡之夜》20,1,45:债务人如果要求,可自费供养。如果无力如此,拘禁他的人应每日给他面粉1磅,如愿意,可多给。⑤

第5条　奥鲁斯·杰流斯:《阿提卡之夜》20,1,46:双方有权达成和解,如果未达成和解,债务人应被囚禁60天。在此期间,他应在3个连续的集市日被牵至大会场执政官面前,并宣布所判定的金额。在第

---

① Cfr. Sexti Pompei Festi, De Verborum Significatu quae Supersunt cum Pauli Epitome, Pars I, Budapestini, 1889, p. 570.

② Cfr. Aulo Gellio, Notti Attiche, Traduzione Italiana di Luigi Rusca, Volume Secondo, BUR, Milano, 2001, p. 1311.

③ Cfr. Aulo Gellio, Notti Attiche, Traduzione Italiana di Luigi Rusca, Volume Secondo, BUR, Milano, 2001, p. 1311.

④ Cfr. Aulo Gellio, Notti Attiche, Traduzione Italiana di Luigi Rusca, Volume Secondo, BUR, Milano, 2001, p. 1311.

⑤ Cfr. Aulo Gellio, Notti Attiche, Traduzione Italiana di Luigi Rusca, Volume Secondo, BUR, Milano, 2001, p. 1311.

3个集市日,他要被斩首,或把他拉到台伯河对岸在罗马城外出售。①

第6条 奥鲁斯·杰流斯:《阿提卡之夜》20,1,48:如果被判享有债权的人不止一个,如果他们愿意,允许他们分割债务人的尸体,砍的尸块过大或过小的,不算诈欺行为。②

第7条 西塞罗:《论义务》1,12,37:对"霍斯提斯"提出要求的权利具有永久的效力。③

第四表

第1条 西塞罗:《论法律》3,8,19:……后来,在它如同按照《十二表法》立即杀死畸形儿那样……④

第2条 《乌尔比安篇目》10,1:父亲如果三次出卖其子,儿子将脱离父权。⑤

第3条 西塞罗:《腓利比》2,28,69:丈夫命令她携带自身物件,根据《十二表法》索回钥匙,把她逐出。⑥

第4条 奥鲁斯·杰流斯:《阿提卡之夜》3,16,12:我得知在罗马发生的这个案件:一个良善、过着高尚生活且毫无疑问是贞洁的妇女,在其丈夫死后11个月生下孩子,由于孕期如此长,有人控告她在其丈

---

① Cfr. Aulo Gellio, Notti Attiche, Traduzione Italiana di Luigi Rusca, Volume Secondo, BUR, Milano, 2001, p. 1311.

② Cfr. Aulo Gellio, Notti Attiche, Traduzione Italiana di Luigi Rusca, Volume Secondo, BUR, Milano, 2001, p. 1312.

③ 参见[古罗马]西塞罗:《论义务》,王焕生译,中国政法大学出版社1999年版,第39页。

④ 参见[古罗马]西塞罗:《论法律》,王焕生译,世纪出版集团,上海人民出版社2006年版,第196页及以次,译文有改动。

⑤ Cfr. Domitii Ulpiani fragmenta quae dicuntur tituli ex corpore Ulpiani, Bonnae, 1831, p. 16.

⑥ Cfr. Cicero, Philippicae II, 69.

夫死后受孕,因为十人委员会曾规定,人类孕育一个婴儿的时间是10个而不是11个月。①

第五表

第1条　盖尤斯:《法学阶梯》1,144—145:实际上古人认为,女性即便达到了成熟年龄,由于其心灵的轻浮,均应受到监护……我们所说的这些不适用于维斯塔女神的祭司;古人也希望这些担任祭司职务的女性是自由的;《十二表法》也这样规定。②

第2条　盖尤斯:《法学阶梯》2,47:同样,如果要式物是属于受宗亲监护的妇女的,一度不能对之实行时效取得,除非该妇女经监护人许可对物实行交付。《十二表法》曾这样规定。③

第3条　《乌尔比安篇目》11,14:《十二表法》规定:让某人处分其金钱或设立监护的规定,成为法律。④

第4条　《乌尔比安篇目》26,1:《十二表法》规定:如果某人无遗嘱而死且未留下自权继承人,其遗产归最近亲等的宗亲。⑤

第5条　《摩西法与罗马法合论》16,4,2:如果死者无宗亲,则族人取得其遗产。⑥

---

① Cfr. Aulo Gellio, Notti Attiche, Traduzione Italiana di Luigi Rusca, Volume Primo, BUR, Milano, 2001, p. 329.

② 参见[古罗马]盖尤斯:《法学阶梯》,黄风译,中国政法大学出版社1996年版,第56页。

③ 参见[古罗马]盖尤斯:《法学阶梯》,黄风译,中国政法大学出版社1996年版,第92页,译文有改动。

④ Cfr. Domitii Ulpiani fragmenta quae dicuntur tituli ex corpore Ulpiani, Bonnae, 1831, p. 19.

⑤ Cfr. Domitii Ulpiani fragmenta quae dicuntur tituli ex corpore Ulpiani, Bonnae, 1831, p. 24.

⑥ See M. Hyamson(edited by), Mosaicarum et Romanarum Legum Collatio, Oxford University Press, 1913, p. 145.

第 6 条　盖尤斯:《法学阶梯》1,155:对于那些未通过遗嘱为其指定监护人的人来说,根据《十二表法》,他们的监护人是宗亲属。①

第 7a 条　科尔尼福丘斯:《献给盖尤斯·赫瑞纽斯的修辞学》1,13,23:若有人发疯,则其近亲或其同族人享有对其本人及其财产的权力。②

第 7b 条　费斯都斯:《论字义》162:浪费人不得管理其本人之财产。③

第 7c 条　乌尔比安:《萨宾评注》第 1 卷(D.27,10,1pr.):《十二表法》禁止浪费人管理其财产,这一规定起初是为有疾病者采用的。……比照精神病人为其设立保佐。④

第 8 条　《乌尔比安篇目》29,1:《十二表法》规定当了罗马公民的解放自由人无遗嘱而死的,如无自权继承人,其遗产归恩主所有。⑤ 乌尔比安:《萨宾评注》第 46 卷(D.50,16,195,1):……确实,familiae 这个词按不同的方式理解,可以指物,也可以指人。指物的例子是,在《十二表法》中有:"让最近的宗亲得到 familiae"一语,该法在谈到恩主和解放自由人的时候用 familiae 指人,说从这个 familiae 到那个 familiae……⑥

---

①　参见[古罗马]盖尤斯:《法学阶梯》,黄风译,中国政法大学出版社 1996 年版,第 58 页。

②　参见[古罗马]西塞罗:《西塞罗全集·修辞学卷》,王晓朝译,人民出版社 2007 年版,第 15 页,译文大改。

③　Cfr. Sexti Pompei Festi, De Verborum Significatu quae Supersunt cum Pauli Epitome, Pars I, Budapestini, 1889, p. 162.

④　See The Digest of Justinian, Vol. 2, edited by Mommsen and Alan Watson, University of Pennsylvania Press, Philadelphia, 1985, p. 812.

⑤　Cfr. Domitii Ulpiani fragmenta quae dicuntur tituli ex corpore Ulpiani, Bonnae, 1831, p. 52.

⑥　See The Digest of Justinian, Vol. 4, edited by Mommsen and Alan Watson, University of Pennsylvania Press, Philadelphia, 1985, p. 949.

第 9 条 哥尔迪亚努斯皇帝致战士彭波尼(C.3,36,6):遗产的债务不受分割,因为根据《十二表法》它们要当然地按继承遗产的比例分割。① 戴克里先和马克西米安皇帝致科尔内利娅(C.2,3,26):根据《十二表法》,遗产的债务当然按各继承人继承的遗产份额分派,债务人的继承人们不能达成此等债务全部让一个继承人承担的协议。②

第 10 条 盖尤斯:《行省告示评注》第 7 卷(D.10,2,1pr.):分割遗产之诉来自《十二表法》,因为如果共同继承人希望解除他们对遗产的共有,似乎就有必要确立某种诉权用来在他们间分配遗产。③

第六表

第 1 条 费斯都斯:《论字义》173:实施债务口约或要式买卖的,宣告的言辞具有法律的效力。④

第 2 条 西塞罗:《论义务》3,16,65:根据《十二表法》,按宣告的言辞履行,否认者将受双倍的惩罚。法学家们甚至规定知而不言也应受惩罚。⑤

第 3 条 西塞罗:《地方论》4,23:土地的时效取得和追夺担保为期

---

① See the Civil Law including The Twelve Tables, The Institutes of Gaius, The Rules of Ulpian, The Opinions of Paulus, The Enactments of Justinian, and The Constitution of Leo, Trans. and edited by S. P. Scott, Cincinnati, 1932, Vol. XII, p. 328.

② See the Civil Law including The Twelve Tables, The Institutes of Gaius, The Rules of Ulpian, The Opinions of Paulus, The Enactments of Justinian, and The Constitution of Leo, Trans. and edited by S. P. Scott, Cincinnati, 1932, Vol. XII, p. 172.

③ See The Digest of Justinian, Vol. 1, edited by Mommsen and Alan Watson, University of Pennsylvania Press, Philadelphia, 1985, p. 308.

④ Cfr. Sexti Pompei Festi, De Verborum Significatu quae Supersunt cum Pauli Epitome, Pars I, Budapestini, 1889, p. 180.

⑤ 参见[古罗马]西塞罗:《论义务》,王焕生译,中国政法大学出版社1999年版,第303页,译文有校正。

两年,所有其他物件的时效取得为期一年。①

第 4 条　西塞罗:《论义务》1,12,37:《十二表法》称:"对外邦人的追夺担保是永久性的。"②

第 5 条　盖尤斯:《法学阶梯》1,111:《十二表法》规定:如果某个妇女不愿归顺夫权,她应每年离家三夜,以这种方式中断时效。③

第 6a 条　奥鲁斯·杰流斯:《阿提卡之夜》20,10,7:如果当事人在长官面前把手伸到了……(讼争物)之上。④

第 6b 条　《梵蒂岗残篇》50(作者保罗):《十二表法》确认要式买卖和拟诉弃权。⑤

第 7 条　提图斯·李维:《建城以来史》3,44,11,12:维吉尼娅的律师要求阿庇尤斯·克劳丢斯根据他自己通过的法律赋予维吉尼娅临时的自由人身份。⑥

第 8 条　费斯都斯:《论字义》364:已结合进房屋的梁木和已用作葡萄架的木料,不得拆除。⑦

第 9a 条　乌尔比安:《告示评注》第 37 卷(D.47,3,1pr.):《十二表

---

① 参见[古罗马]西塞罗:《地方论》6,30,徐国栋、阿尔多·贝特鲁奇、纪慰民译,《南京大学法律评论》2008 年春秋号,第 6 页。
② 参见[古罗马]西塞罗:《论义务》,王焕生译,中国政法大学出版社 1999 年版,第 39 页,译文有校正。
③ 参见[古罗马]盖尤斯:《法学阶梯》,黄风译,中国政法大学出版社 1996 年版,第 40 页。
④ Cfr. Aulo Gellio, Notti Attiche, Traduzione Italiana di Luigi Rusca, Volume Secondo, BUR, Milano, 2001, p. 1333.
⑤ Cfr. Alexander August von Buchholtz, Juris civilis antejustinianei Vaticana Fragmenta, 1828, p. 47.
⑥ Cfr. Livio, Storia di Roma, I-III, A cura di Guido Vitali, Oscar Mondadori, Bologna, 1988, p. 472.
⑦ Cfr. Sexti Pompei Festi, De Verborum Significatu quae Supersunt cum Pauli Epitome, Pars I, Budapestini, 1889, p. 556.

法》不允许拆走偷来用于建筑房屋或用于支搭葡萄架的木料。但被确认盗取它们的人,授予赔偿加倍于其价金的诉权对抗他们。①

第9b条　费斯都斯:《论字义》348:当房子毁坏后,你可取回梁木。②

第七表

第1条　瓦罗:《论拉丁语》5,22:《十二表法》的解释者把 ambitus 描述为墙下的空地。③ 费斯都斯:《论字义》5:ambitus,严格说来是建筑物四周的2尺半空地。④ 梅西安:《阿斯的分割》46:《十二表法》也是一个论据,其中把2尺半的空地称作一个塞斯特斯尺。⑤

第2条　盖尤斯:《〈十二表法〉评注》第4卷(D.10,1,13):必须知道,在调整地界之诉中,我们应遵守一定的规则,该规则在一定程度上与据说梭伦在雅典曾通过的法律的模式一致。它是这样规定的:如果某人挨着他人的土地筑短墙,他不得越界;他如果建围墙,则必须留出空地1尺;如果是建住所,则应留出2尺;如果是挖坑道或沟,则留出的尺度应与掘坑的深度同;如果是挖井,则应留出6尺;如果是栽种橄榄树或无花果树,则应从邻地起算留出空地9尺;而栽种其他的树木,要

---

① See The Digest of Justinian, Vol. 4, edited by Mommsen and Alan Watson, University of Pennsylvania Press, Philadelphia, 1985, p. 759.
② Cfr. Sexti Pompei Festi, De Verborum Significatu quae Supersunt cum Pauli Epitome, Pars I, Budapestini, 1889, p. 472.
③ Cfr. M. Terenti Varronis De Lingua Latina Liberi, Berolini, 1885, p. 10.
④ Cfr. Sexti Pompei Festi, De Verborum Significatu quae Supersunt cum Pauli Epitome, Pars I, Budapestini, 1889, p. 5.
⑤ Cfr. Volusii Metiani distributio: Item vocabula ac notae partium in rebus pecuniariis, pondere, numero, mensura, 1539, without page.

留出 5 尺。①

第 3a 条　普林尼:《自然史》19,4,50:我们的《十二表法》完全不用"庄园"(villa)一词,为了要表达它,用 hortus 一词,代替 hortus 一词,用 heredium 一词。②

第 3b 条　费斯都斯:《论字义》355:田野中的破烂的住所,叫作"窝棚",从顶子的形状称作窝棚。梅萨拉在他对《十二表法》的解释中说,该法用过这个名词。

第 4 条　西塞罗:《论法律》1,21,55:《十二表法》不承认 5 尺空地可以时效取得。③

第 5a 条　诺纽斯·马尔切鲁斯:《西塞罗〈论共和国〉第四卷评注》430:如果他们发生争执……④

第 5b 条　西塞罗:《论法律》1,21,55:按照《十二表法》的规定,当发生疆界争执时,指定 3 个人仲裁。⑤

第 6 条　盖尤斯:《行省告示评注》第 7 卷(D.8,3,8):根据《十二表法》,道路的宽度,直的地方为 8 尺,转弯处为 16 尺。⑥

第 7 条　费斯都斯:《论字义》371:道路应被覆石头,如果未如此,

---

①　See The Digest of Justinian, Vol. 1, edited by Mommsen and Alan Watson, University of Pennsylvania Press, Philadelphia, 1985, p. 308.

②　Cfr. Caii Plinii Secundi Historiæ naturalis libri xxxvii, cum selectis comm. J. Harduini ac recentiorum interpretum novisque adnotationibus, p. 386.

③　参见[古罗马]西塞罗:《论法律》,王焕生译,世纪出版集团,上海人民出版社 2006 年版,第 73 页,译文有改动。

④　Cfr. Nonius Marcellus, John Henry Onions, De compendiosa doctrina libros XX: Libri V-XX. Et indices continens, Walter de Gruyter, 2003, p. 695.

⑤　参见[古罗马]西塞罗:《论法律》,王焕生译,世纪出版集团,上海人民出版社 2006 年版,第 73 页,译文有改动。

⑥　See The Digest of Justinian, Vol. 1, edited by Mommsen and Alan Watson, University of Pennsylvania Press, Philadelphia, 1985, p. 259.

行人可驱赶驮兽走他们愿意走的地方。①

第 8a 条　彭波尼:《普劳提评注》第 7 卷(D.40,7,21pr.):老辈权威也这样把《十二表法》的文句"如果雨水致害"……解释为"如果损害可能已发生"。②

第 8b 条　保罗:《萨宾评注》第 16 卷(D.43,8,5):如果通过公共的地方的水道造成私人的损害,《十二表法》授予私人诉权使对所有人的损害得到填补。③

第 9a 条　乌尔比安:《告示评注》第 71 卷(D.43,27,1,8):裁判官所说的,《十二表法》也希望实现,也就是说,高于 15 尺的树枝应刈除之。这样做了,树的阴影就不会损害邻人的土地。④

第 9b 条　彭波尼:《萨宾评注》第 34 卷(D,43,27,2):如果由于风吹,树木从邻地倾斜于你的土地,根据《十二表法》,你可正当地采取行动,因为他无权让树处在这种状态。⑤

第 10 条　普林尼:《自然史》16,5,15:《十二表法》规定,橡实落于他人土地上时,允许收集之。⑥

第 11 条　优士丁尼:《法学阶梯》2,1,41:但被出卖并被交付之物,除非买受人对出卖人偿付了价金,或以其他方式对他做出了担保,例如

---

① Cfr. Sexti Pompei Festi, De Verborum Significatu quae Supersunt cum Pauli Epitome, Pars I, Budapestini, 1889, p. 564.

② See The Digest of Justinian, Vol. 3, edited by Mommsen and Alan Watson, University of Pennsylvania Press, Philadelphia, 1985, p. 464.

③ See The Digest of Justinian, Vol. 4, edited by Mommsen and Alan Watson, University of Pennsylvania Press, Philadelphia, 1985, p. 576.

④ See The Digest of Justinian, Vol. 4, edited by Mommsen and Alan Watson, University of Pennsylvania Press, Philadelphia, 1985, p. 615.

⑤ See The Digest of Justinian, Vol. 4, edited by Mommsen and Alan Watson, University of Pennsylvania Press, Philadelphia, 1985, p. 615.

⑥ Cfr. C. Plinii Secundi Naturalis historiae libri xxxvii. Recogn. et varietatem lectionis adiecit I. Sillig, 1834, p. 79.

对他提出了保证人或质物,买受人不能取得其所有权。《十二表法》确实也对此做了规定。①

第12条 《乌尔比安篇目》2,4:在遗嘱中被宣布解放的人,以向继承人支付10 000阿斯为条件的,即使继承人出卖了他,他应通过向买受人给付上述金钱获得自由。《十二表法》是这样规定的。②

第八表

第1a条 普林尼:《自然史》28,2,10—17:无论谁唱了有害的歌谣……③

第1b条 西塞罗:《论共和国》4,10,12:尽管我们的《十二表法》仅对少数罪行判处死刑,但其中却包括这样的案件,即如果有人唱歌或作诗攻击或诋毁他人。④

第2条 奥鲁斯·杰流斯:《阿提卡之夜》20,1,14:如果伤人肢体,又未达成和解,以牙还牙。⑤

第3条 《摩西法与罗马法合论》2,5,5:如打断自由人的骨头,则应缴纳罚金300阿斯;如为奴隶,则为150阿斯。⑥ 盖尤斯:《法学阶梯》3,223:《十二表法》对侵辱规定的惩罚:……在打碎或者碰碎骨头的

---

① 参见[古罗马]优士丁尼:《法学阶梯》(第二版),徐国栋译,中国政法大学出版社2005年版,第133页及以次。

② Cfr. Domitii Ulpiani fragmenta quae dicuntur tituli ex corpore Ulpiani, Bonnae, 1831, p. 6.

③ Cfr. C. Plinii Secundi Naturalis historiae libri xxxvii. Recogn. et varietatem lectionis adiecit I. Sillig, 1834, p. 285.

④ 参见[古罗马]西塞罗:《论共和国》,王焕生译,世纪出版集团,上海人民出版社2006年版,第293页。

⑤ Cfr. Aulo Gellio, Notti Attiche, Traduzione Italiana di Luigi Rusca, Volume Secondo, BUR, Milano, 2001, p. 1300.

⑥ See M. Hyamson(edited by), Mosaicarum et Romanarum Legum Collatio, Oxford University Press, 1913, p. 69.

情况下,如果受害者是自由人,处以 300 阿斯罚金;如果是奴隶,则处以 150 阿斯……①

第 4 条 《摩西法与罗马法合论》2,5,5:对他人实施侵辱者,让他受 25 塞斯特斯的罚金。② 奥鲁斯·杰流斯:《阿提卡之夜》20,1,12:如果对他人实施侵辱,让行为人受罚 25 阿斯。③

第 5 条 费斯都斯:《论字义》265,322:……折毁,则让其赔偿。④

第 6 条 乌尔比安:《告示评注》第 18 卷(D.9,1,1pr.):四足动物被主张损害了他人的,诉权来源于《十二表法》,该法规定,由其所有人把它投偿于被害人,或赔偿已造成的损失。⑤

第 7 条 乌尔比安:《萨宾评注》第 41 卷(D.19,5,14,3):如果你的橡实落在我的土地上,此等橡实被牲畜吃掉,阿里斯托写道,他知道我没有任何法定诉权可用来主张我的权利,因为《十二表法》没有赋予放牧之诉,因为我不是在你的土地上牧放我的牲畜,也不赋予四足动物致人损害之诉。所以,只能提起事实之诉。⑥

第 8a 条 普林尼:《自然史》28,2,10—17:无论谁对庄稼施魔法……⑦

---

① 参见[古罗马]盖尤斯:《法学阶梯》,黄风译,中国政法大学出版社 1996 年版,第 282 页。

② See M. Hyamson(edited by), Mosaicarum et Romanarum Legum Collatio, Oxford University Press, 1913, p. 69.

③ Cfr. Aulo Gellio, Notti Attiche, Traduzione Italiana di Luigi Rusca, Volume Secondo, BUR, Milano, 2001, p. 1300.

④ Cfr. Sexti Pompei Festi, De Verborum Significatu quae Supersunt cum Pauli Epitome, Pars I, Budapestini, 1889, p. 474.

⑤ See The Digest of Justinian, Vol. 1, edited by Mommsen and Alan Watson, University of Pennsylvania Press, Philadelphia, 1985, p. 276.

⑥ See The Digest of Justinian, Vol. 2, edited by Mommsen and Alan Watson, University of Pennsylvania Press, Philadelphia, 1985, p. 577.

⑦ Cfr. C. Plinii Secundi Naturalis historiae libri xxxvii. Recogn. et varietatem lectionis adiecit I. Sillig, 1834, p. 285.

第 8b 条　奥诺拉图斯:《维吉尔的〈牧歌〉评注》8,99;《十二表法》规定:不得引诱别人的庄稼,也不得打它们的主意。①

第 9 条　普林尼:《自然史》18,3,12:根据《十二表法》,夜间在快要熟的庄稼地放牧的,或收割此等庄稼的,如为适婚人,则判死刑,吊在树上祭谷神;如为未适婚人,则按长官的决定鞭打,处以加倍于损害的罚金或投偿于受害人。②

第 10 条　盖尤斯:《〈十二表法〉评注》第 4 卷(D.47,9,9):烧毁房屋或堆放在房屋附近的谷物堆的,如属以明知且预见的方式实施,则捆绑而鞭打之,然后把他烧死;如为过失,则赔偿损失;如属能力有欠缺者,则从轻处罚。③

第 11 条　普林尼:《自然史》17,1,17:《十二表法》规定,不法砍伐他人树木者,每棵罚 25 阿斯。④

第 12 条　马克罗比尤斯:《农神节》1,4,19:如果夜间行窃被杀,杀死行为合法。⑤

第 13 条　西塞罗:《为图留斯辩护》20,47;21,50:白昼行窃,如以武器自卫,则你可召集人众。⑥

第 14 条　奥鲁斯·杰流斯:《阿提卡之夜》11,18,8:十人委员会

---

①　Cfr. P. Vergilii Maronis opera que quidem extant omnia. by Publius Vergilius Maro; Tiberius Claudius Donatus; Georg Fabricius (Philologe); Servius,p. 97.

②　Cfr. Caii Plinii Secundi Historiae naturalis libri XXXVII,1829,p. 168.

③　See The Digest of Justinian,Vol. 4,edited by Mommsen and Alan Watson,University of Pennsylvania Press,Philadelphia,1985,p. 770.

④　Cfr. C. Plinii Secundi Historiae naturalis libri XXXVII,1857,p. 47.

⑤　Cfr. Macrobi Saturnalia,Liber I, Su http://penelope.uchicago.edu/Thayer/L/Roman/Texts/Macrobius/Saturnalia/1*.html,2014 年 2 月 17 日访问。

⑥　Cfr. Cicero,Pro Tullio, Su http://perseus.uchicago.edu/perseus-cgi/citequery3.pl?dbname=PerseusLatinTexts &query =Cic.%20Tul.%2047&getid=0,2014 年 2 月 17 日访问。

规定,行窃的自由人,只要是在白天行窃且未持武器拒捕,要鞭打并被判处给盗窃受害人为奴;如果是奴隶,则鞭打之,并把他从崖上抛下;但对于少年或青年人,由长官裁量,可以仅仅鞭打,并赔偿他造成的损失。①

第15a条　盖尤斯:《法学阶梯》3,191:《十二表法》对查获的盗窃和转置的盗窃规定的刑罚是三倍的罚金。②

第15b条　盖尤斯:《法学阶梯》3,192:唯一的规定是:想寻找被窃物的人光着身子进行搜寻,身上系一块亚麻布,手拿盘子。③

第16条　费斯都斯:《论字义》162:如果并非现行盗窃,则处损害两倍的罚金。④

第17条　盖尤斯:《法学阶梯》2,45:实际上,《十二表法》禁止对被窃物实行时效取得。⑤

第18a条　塔西佗:《编年史》6,16:在最初,是有钱的人随意规定贷款的利息,继而《十二表法》规定年息⑥不得超过8.33%。⑦

第18b条　伽图:《论农业》序言,1:我们的祖先曾有惯例并在法律

---

① Cfr. Aulo Gellio, Notti Attiche, Traduzione Italiana di Luigi Rusca, Volume Secondo, BUR, Milano, 2001, p. 833.

② 参见[古罗马]盖尤斯:《法学阶梯》,黄风译,中国政法大学出版社1996年版,第268页。

③ 参见[古罗马]盖尤斯:《法学阶梯》,黄风译,中国政法大学出版社1996年版,第270页。

④ Cfr. Sexti Pompei Festi, De Verborum Significatu quae Supersunt cum Pauli Epitome, Pars I, Budapestini, 1889, p. 162.

⑤ 参见[古罗马]盖尤斯:《法学阶梯》,黄风译,中国政法大学出版社1996年版,第92页。

⑥ "年息"的表达是塔西佗这一著作的中译者的。德国学者认为,我们并不知道塔西佗说到的是年息还是月息。参见[德]贝诺贺:《与暴利行为的两千年抗争》,胡博砚、陈宵译,《第四届"罗马法、中国法与民法法典化"国际研讨会论文集》2009年10月24—25日,第83页。

⑦ 参见[古罗马]塔西佗:《编年史》(上),王以铸、崔妙因译,商务印书馆1981年版,第283页。

中规定,对窃贼判处双倍罚金,对借贷给他人者处四倍罚金。①

第19条 《摩西法与罗马法合论》10,7,11:对于寄托之诉案件,《十二表法》赋予双倍的诉权。②

第20a条 乌尔比安:《告示评注》第35卷(D.26,10,1,2):必须知道,监护人嫌疑罪来自《十二表法》。③

第20b条 特里芬尼努斯:《论断集》第14卷(D.26,7,55,1):如果监护人侵吞其被监护人的财产,让我们看是否可利用《十二表法》确立的对抗监护人的两倍赔偿的诉权,他们每个人都对整个的亏空额承担责任。④

第21条 奥诺拉图斯:《维吉尔的〈伊尼阿德〉评注》6,609:恩主诈欺自己的门客的,让他做牺牲。⑤

第22条 奥鲁斯·杰流斯:《阿提卡之夜》15,13,11:任何被请作证的人或当司秤的人,如果不做证人,将被宣告为不名誉并不能作证。⑥

第23条 奥鲁斯·杰流斯:《阿提卡之夜》20,1,53:根据《十二表法》,伪证后坦白的,将被从塔尔贝雅崖上抛下。⑦

---

① Cfr. Marci Catonis, De Re Rustica, Capitula I-LII, On http://penelope.uchicago.edu/Thayer/L/Roman/Texts/Cato/De_Agricultura/A*.html,2014年2月16日访问。

② See M. Hyamson(edited by), Mosaicarum et Romanarum Legum Collatio, Oxford University Press,1913,p.109.

③ See The Digest of Justinian, Vol. 2, edited by Mommsen and Alan Watson, University of Pennsylvania Press, Philadelphia,1985,p.777.

④ See The Digest of Justinian, Vol. 2, edited by Mommsen and Alan Watson, University of Pennsylvania Press, Philadelphia,1985,p.771.

⑤ Cfr. P. Vergili Maronis opera recensuit Otto Ribbeck, Prolegomena Critica, Lipisiae,1866, p.167.

⑥ Cfr. Aulo Gellio, Notti Attiche, Traduzione Italiana di Luigi Rusca, Volume Secondo, BUR, Milano,2001,p.1051.

⑦ Cfr. Aulo Gellio, Notti Attiche, Traduzione Italiana di Luigi Rusca, Volume Secondo, BUR, Milano,2001,p.1313.

第 24a 条　西塞罗:《地方论》17,64;某人并非想投掷武器,但武器脱手的,应处以公羊一只祭神。①

第 24b 条　普尼林:《自然史》18,3,12;如以盗窃的方式在庄稼中放牧,《十二表法》处死刑,重于杀人……②

第 25 条　盖尤斯:《〈十二表法〉评注》第 4 卷(D.50,16,236pr.):如有人说起毒物,必须补充说明它是有害的还是有益的,因为药品也是毒物,在毒物的名头下包括一切可运用于某物以改变其性质的东西。③

第 26 条　波尔求斯·拉特罗:《反卡提林纳的口才练习》19:我们知道,《十二表法》规定,谁也不得在夜间在罗马城聚集人。④

第 27 条　盖尤斯:《〈十二表法〉评注》第 4 卷(D.47,22,4):《十二表法》给予协会的成员缔结他们喜欢的任何契约的权利,只要他们不破坏公法。显然,这个法律似乎是仿效梭伦立法的。⑤

第九表

第 1—2 条　西塞罗:《论法律》3,4,11:不得提议针对某个人的特别法。关于公民死刑的判决只能在最大的公民会议上,并且在监察官

---

① 参见[古罗马]西塞罗:《地方论》,徐国栋、阿尔多·贝特鲁奇、纪慰民译,《南京大学法律评论》2008 年春秋号合卷,法律出版社 2009 年版,第 16 页。
② Cfr. C. Plinii Secundi Naturalis Historiae cum selectis doctorum virarum commentariis et adnotationibus Hermolai Barbari, Hackius,1668,p. 409.
③ See The Digest of Justinian, Vol. 4, edited by Mommsen and Alan Watson, University of Pennsylvania Press, Philadelphia,1985,p. 954.
④ Cfr. Hans Kristoferson, Marcus Tullius Cicero, Declamatio in L. Sergium Catilinam, Eranos,1928,p. 77.
⑤ See The Digest of Justinian, Vol. 4, edited by Mommsen and Alan Watson, University of Pennsylvania Press, Philadelphia,1985,p. 793.

按队列划分的人们参加的情况下做出。① 同上书 3,19,44：接着是从《十二表法》吸收来的两条非常好的法律,其中一条是取消针对个人的特别法案,另一条是有关公民死刑的法案只能在百人团大会上提出。②

第 3 条　奥鲁斯·杰流斯：《阿提卡之夜》20,1,7：一个法官或仲裁员,依法被任命的,他们接受金钱做出一个判决的,如果科处他们死刑,难道你认为这个法律是严厉的吗？③

第 4 条　彭波尼：《教本》单卷本(D.1,2,23)：如同我们前面说到的,法律不许执政官管辖判处罗马公民死刑的案件,人民设立了财务官主持死刑案审判,他们被称为杀亲罪审判官,《十二表法》也提到他们。④

第 5 条　马尔西安：《法学阶梯》第 14 卷(D.48,4,3)：《十二表法》命令,课加死刑于煽动外国人起事的人或把罗马公民出卖给外国人的人。⑤

第 6 条　萨尔维亚努斯：《论神的治理》8,5,24：《十二表法》禁止处死任何未经审判的人。⑥

---

①　参见[古罗马]西塞罗：《论法律》,王焕生译,世纪出版集团,上海人民出版社 2006 年版,第 187 页。

②　参见[古罗马]西塞罗：《论共和国·论法律》,王焕生译,中国政法大学出版社 1999 年版,第 278 页。

③　Cfr. Aulo Gellio, Notti Attiche, Traduzione Italiana di Luigi Rusca, Volume Secondo, BUR, Milano, 2001, p.1299.

④　See The Digest of Justinian, Vol.1, edited by Mommsen and Alan Watson, University of Pennsylvania Press, Philadelphia, 1985, p.6.

⑤　See The Digest of Justinian, Vol.4, edited by Mommsen and Alan Watson, University of Pennsylvania Press, Philadelphia, 1985, p.802.

⑥　Cfr. Saint Salvien, De Gubernatione Dei, et de justo praesentique ejus judicio, libri VIII, Drouart, 1617, p.175.

第十表

第1条 西塞罗:《论法律》2,23,58:不得将死者在城内埋葬或火化。①

第2条 西塞罗:《论法律》2,23,60:除此之外,不要再做什么事情。不要用斧头把焚尸柴薪削平。②

第3条 西塞罗:《论法律》2,23,59:《十二表法》限制用三顶头巾、一件绛红色衣衫和雇佣十个吹笛手的耗费,禁止过分的哭泣。③

第4条 西塞罗:《论法律》2,23,59:殡葬时妇女不得抓破面颊,不得放声恸哭。④

第5条 西塞罗:《论法律》2,23,60:不得收集死者的骨骸备后安葬,只有死于战场或国外者为例外。⑤

第6a条 西塞罗:《论法律》2,23,60:法律中谈到油膏……为奴隶抹油膏的做法被取消,同时还有各种大规模餐饮。"不要用昂贵的香水、巨大的花冠和香炉"。⑥

第6b条 费斯都斯:《论字义》154:《十二表法》规定,不得在死者

---

① 参见[古罗马]西塞罗:《论法律》,王焕生译,世纪出版集团,上海人民出版社2006年版,第159页。
② 参见[古罗马]西塞罗:《论法律》,王焕生译,世纪出版集团,上海人民出版社2006年版,第161页。
③ 参见[古罗马]西塞罗:《论法律》,王焕生译,世纪出版集团,上海人民出版社2006年版,第161页。
④ 参见[古罗马]西塞罗:《论法律》,王焕生译,世纪出版集团,上海人民出版社2006年版,第161页。
⑤ 参见[古罗马]西塞罗:《论法律》,王焕生译,世纪出版集团,上海人民出版社2006年版,第161页。
⑥ 参见[古罗马]西塞罗:《论法律》,王焕生译,世纪出版集团,上海人民出版社2006年版,第161页,译文有改动。

之前放置没药。①

第 7 条 西塞罗:《论法律》2,24,60:法律规定由于功勋卓著获得的花冠可以不为犯法地由获得它的人佩戴,甚至由他的父亲佩戴。②

第 8 条 西塞罗:《论法律》2,24,60:当这部法律中规定"不要进献金子"时,你们看到,另一条法律多么人道地补充道:"如果一个人的牙齿镶有金子,当他连同那些金子一起被埋葬或一起焚化时,不应把这视为犯罪"。③

第 9 条 西塞罗:《论法律》2,24,61:法律禁止在未得到主人允许的情况下,在距他人住宅不足 60 尺的地方建立新的火葬堆或新坟地。④

第 10 条 西塞罗:《论法律》2,24,61:法律禁止"空场——即坟周空地——和坟地按时效取得所有权"。⑤

第十一表

第 1 条 西塞罗:《论共和国》2,37,62:他们又补充了两表不公正的法律——以一条极不人道的法律禁止平民与贵族通婚。⑥

第 2 条 马克罗比尤斯:《农神节》1,13,21:后者在《论十人长官》

---

① Cfr. Sexti Pompei Festi, De Verborum Significatu quae Supersunt cum Pauli Epitome, Pars I, Budapestini, 1889, p. 154.

② 参见[古罗马]西塞罗:《论法律》,王焕生译,世纪出版集团,上海人民出版社 2006 年版,第 161 页及以次,译文有改动。

③ 参见[古罗马]西塞罗:《论法律》,王焕生译,世纪出版集团,上海人民出版社 2006 年版,第 163 页。

④ 参见[古罗马]西塞罗:《论法律》,王焕生译,世纪出版集团,上海人民出版社 2006 年版,第 163 页。

⑤ 参见[古罗马]西塞罗:《论法律》,王焕生译,世纪出版集团,上海人民出版社 2006 年版,第 163 页。

⑥ 参见[古罗马]西塞罗:《论共和国》,王焕生译,世纪出版集团,上海人民出版社 2006 年版,第 195 页。

一书的第3卷中提到:对十表补充两表的十人,就设置闰月向人民提出法案。①

第十二表

第1条　盖尤斯:《法学阶梯》4,28:某些扣押之诉是由法律引进的,比如《十二表法》规定:对于购买牺牲品但不付价金的人可以实行扣押。同样,如果某人对租来的驮兽不付报酬,而出租者出租该驮兽是为了在祭礼也就是说在祭祀活动中使用所获得的钱款,也可以对其实行扣押。②

第2a条　乌尔比安:《告示评注》第18卷(D.9,4,2,1):根据《十二表法》,如果奴隶行窃或使他人遭受其他损害,其主人可以对该奴隶实施损害投偿,由此取得免责。③

第2b条　盖尤斯:《法学阶梯》4,75—76:当家子或者奴隶实施了非法行为,比如进行盗窃或者侵辱时,设有侵害之诉,父亲或者主人可以承担讼额估价,或者交出罪犯……侵害之诉是法律或者裁判官告示规定的。由法律规定的情况如:《十二表法》针对盗窃所规定的诉讼。④

第3条　费斯都斯:《论字义》174:如果你提起了没有依据的诉求,如果你愿意,裁判官应指定三个仲裁员,根据他们的裁量,按照损害的

---

① Cfr. Macrobi Saturnalia, Liber I, Su http://penelope.uchicago.edu/Thayer/L/Roman/Texts/Macrobius/Saturnalia/1*.html,2014年2月17日访问。

② 参见[古罗马]盖尤斯:《法学阶梯》,黄风译,中国政法大学出版社1996年版,第300页,译文有改动。

③ See The Digest of Justinian, Vol. 1, edited by Mommsen and Alan Watson, University of Pennsylvania Press, Philadelphia, 1985, p.297.

④ 参见[古罗马]盖尤斯:《法学阶梯》,黄风译,中国政法大学出版社1996年版,第327页及以次。

双倍赔偿损失,外加挚息。①

第 4 条　盖尤斯:《〈十二表法〉评注》第 6 卷(D.44,6,3):我们被禁止以系争物敬神,如果我们违反禁令行事,我们被处两倍罚金,这一禁令的正当性在于避免恶化我们的相对人的地位。但法律未说此等双倍罚金是付给国库还是付给相对人。②

第 5 条　提图斯·李维:《建城以来史》7,17,12:摄政法比尤斯宣告:《十二表法》已规定,人民最新命令之事都应具有法律效力。③

---

① Cfr. Sexti Pompei Festi, De Verborum Significatu quae Supersunt cum Pauli Epitome, Pars I, Budapestini, 1889, p. 574.

② See The Digest of Justinian, Vol. 4, edited by Mommsen and Alan Watson, University of Pennsylvania Press, Philadelphia, 1985, p. 639.

③ See Livy, The History of Rome, III, Books V, VI and VII, Translated into English by B. O. Foster, London, William Heinemann, New York, G. P. Putman's Son, 1924, p. 415.

第三章 《十二表法》前五表解读

第一节 第一表释义

一、如果被传出庭,该去。要是不去,叫人作证,然后强制他去。

本条为关于法律诉讼的传唤程序的规定。在此等程序中,传唤由原告自己实施,反映了古代法的自力救济做法。被告不服从传唤的,原告召集证人证明被告的这种行为,以免到时候说不清楚,由此取得强制被告到庭的合法性。如何强制?扭送是也!在不伤害被告人身的前提下将其弄到法院。可以徒手扭,也可以辅之以一定的器械,例如绳索捆绑。可以自己扭,也可以请人帮忙。但无论怎样,都不得伤害被告的身体。

现代的传唤由专门的执达吏承担,因此有诉讼费用问题。《十二表法》的时代,当事人自己实施传唤,所以构成免收诉讼费用的事由。从《十二表法》的整个文本来看,似乎当时并不收取诉讼费用。

法律诉讼由何得名?缘由一,这些诉讼是由法律创立的,《十二表法》创立的法律诉讼有誓金之诉、要求法官或仲裁员之诉、拘禁之诉、扣押财产之诉四种;缘由二,这些诉讼遵循法定的词句,它们被认为如同法律一样不可改变。

法律诉讼形式严格,要求当事人说一定的套语,错了就会败诉;而且只适用于罗马公民,不具有开放性。大约颁布于公元前199年到公元前126年间的《关于非常执法官的艾布求斯法》废除了法律诉讼。

法律诉讼的审理程序为:

1. 传唤,即由原告实施的通知或把被告带到审判地点的诉讼活动。

2. 法律审理,即由长官进行的对案件的初审。有此等权限的长官有执政官,公元前367年出现了相对专业化的裁判官,公元前242年设外事裁判官,另外营造官处理市场上买卖奴隶、牲畜等的纠纷。长官的审理包括三项内容:第一,do,即在当事人各自陈述意见后任命承办案件的法官;第二,dico,即决定在诉讼进行中由何方占有讼争物,由此产生了讼争物寄托等交易;第三,addico,即在被告不做正当的辩护时承认原告权利的正当而将讼争物或被告本人裁交原告。

3. 证讼,是法律审理完毕后,当事人请求参加旁听者作证的要式行为,目的在于:第一,确定案件已经过法律审理;第二,确定案件的争执点所在;第三,确定已选定法官。其效果是确定诉讼的成立,发生债权的更新。

4. 事实审,即法官根据证讼确定的事实裁断当事人是非的活动。

5. 执行,法官的判决为终局的,此等判决之执行由当事人自己承担。

法律诉讼有如下五种形态:

1. 誓金之诉。是当事人在诉讼进行中各宣誓证明其权利正当的程序,负责仲裁赌誓者多为祭司,他们以自由心证裁断何方的誓言是正当的。宣誓的当事人要提供牛羊给祭司,败诉方提供的牛羊要用来祭神,以赎伪誓之罪。后来把牛羊折合为现金。第二表第1条为这种做法的反映。第十二表第1条也对此有所反映。赌誓兼用于对物诉讼和对人诉讼。前者用于解决物权问题;后者用于解决债权问题。解决财产问题的,按标的物的价值比例收取誓金;解决身份问题的,按固定的费率收取誓金。这是一种宗教与世俗不分的诉讼。

2. 要求法官或仲裁员之诉。相较于誓金之诉的赌博性,此诉有很大的进步,它是程式诉讼得以产生的前提。其过程例如这样:某人主张根据要式口约对对方享有债权,后者否认,某人即请求裁判官派法官审理此案,否认者不必提交罚金。① 此诉中才有比较明确的法律审和事实审的分离。实现了审判的世俗化,以人审取代了神审。

3. 拘禁之诉。是根据诉讼结果实施的对人执行。反映在第三表的规定中。分为三种。其一,对受判决者的拘禁(Manus iniectio iudicati)。适用于债务人被定罪、债务人承认债权人相应的权利请求,或未经判决,但债务人的债务无可争辩的情形出现 30 天的情形。执行时,债务人被带到裁判官的面前,债权人把手放到他身上说特定的言辞。债务人不得自我辩护,他必须通过保证人(Vindex)得到辩护。他取代债务人的地位从而让债务人解脱。但如果他的解救行动失败,他将承担原债务双倍的责任。他不能质疑判决,但可以质疑判决依赖的事实。② 没有保证人出现时或虽出现但辩护不成功时,债务人被债权人按第三表的规定私人羁押 60 日。其二,准已做判决前的拘禁(Manus iniectio pro iudicati)。即把对受判决者的拘禁扩展适用于在非讼事件中做了判决的情形,例如授予保证人对抗主债务人,如果后者在前者为他还债后 60 天内没有对保证人偿还债款的话。其三,不经司法程

---

① 参见[古罗马]盖尤斯:《法学阶梯》,黄风译,中国政法大学出版社 1996 年版,第 295 页及以下。

② See Malenie Roestoff, A Critical Evaluation of Debt Relief for Individuals in the South African Insolvency Law, Thesis for Doctor Degree of University of Pretoria, 2002, p. 23.

序的拘禁(Manus iniectio pura)。典型例子是公元前 200 年颁布的《福流斯遗嘱法》(Lex Furia Testamentaria),它规定:遗赠的数量不得超过 1 000 阿斯,对于超过此限额的部分,受遗赠人应支付 4 倍的罚金。但对六亲等以内的亲属和兄弟姐妹的子女的遗赠,不在此限。对于这 4 倍罚金,授予继承人"不经司法程序的拘禁"对抗受遗赠人。受遗赠人可自任为保证人对抗继承人,在抗辩不成立时承担加倍偿还的责任。外加公元前 104 年的《关于利息的马尔求斯法》(Lex Marcia de Fenore),它规定:对于收取高利贷的人,可以通过拘禁之诉要求获得返还。①

4. 扣押财产之诉。是根据诉讼结果实施的对物之诉,是扣押债务人财产迫使其履行债务的行为②,但适用的范围很窄,第十二表第 1 条有其适用。

5. 要求给付之诉。公元前 200 年由《关于请求给付的西流斯法》(Lex Silia de Condictione)创立。其内容为原告在裁判官前要求被告于 30 日后出庭,选任法官,判决返还其款项或物件。③

1、2、5 是审理之诉;3、4 是执行之诉,反映出当时的诉讼法审执不分。

二、如果或躲或逃而不去,就把他抓住。

本条为制裁拒绝出庭(comtumacia)者的规定。拒绝出庭者就是在刑民诉讼中有义务出庭而不出庭的人。拒绝的方式有二:一曰躲,即

---

① See Malenie Roestoff, A Critical Evaluation of Debt Relief for Individuals in the South African Insolvency Law, Thesis for Doctor Degree of University of Pretoria, 2002, p. 25.

② 参见[古罗马]盖尤斯:《法学阶梯》,黄风译,中国政法大学出版社 1996 年版,第 300 页。

③ 参见周枏:《罗马法原论》(下),商务印书馆 1994 年版,第 875 页。

被告隐匿在他人家或公共的住宿设施中,仍在本城。二曰逃,即被告在其他城市隐匿,两种方式都旨在让原告找不到被告实施传唤。而被告出庭为完成证讼所必要。所谓证讼,为当事人在长官的支持下当着证人的面确定诉讼标的,并同意将他们间的争议交给私法官审理的法庭程序。① 法律诉讼分为法律审和事实审,证讼是法律审末期的当事人与长官协作行为,没有完成这一程序,就无法进入下一程序。所以,我认为拒绝出庭属于滥诉行为,因为它会导致虚耗司法资源,扰乱诉讼秩序,折腾对方当事人,因为执法官和对方当事人已到达预定的审判地点并做好相应的准备,结果被告不到,他们为诉讼耗费的时间和精力都泡汤。

本条对拒绝出庭者以自力救济制裁,允许原告强行把他扭送法庭。扭送的前提一是把隐匿在本城的被告找出来;二是把隐匿在其他城市的被告找出来并押解回来。在这两种情形,被发现的被告有可能配合,也可能抗拒。抗拒可以是被告自己为之,也可能在被告的亲友的配合下为之。在抗拒的情形,原告可以自己,也可以请亲友配合消解抗拒。在后种情形,原告的传唤费用就加大了。

三、如果有病或因年高有障碍,原告应提供车子;但如果他不愿意,不必准备轿子。

本条规定对有出庭障碍的被告的辅助措施。障碍的原因一:有病,尤其是影响行走的疾病,所以,不是所有的病都构成让原告提供交通工具的理由。障碍的原因二:年高。何谓年高?当在70岁以上。按照优士丁尼罗马法,这个年龄的人可以豁免监护职责了。② 在这两种情形

---

① 参见黄风:《罗马法词典》,法律出版社2002年版,第169页。
② I.1,25,13.参见[古罗马]优士丁尼:《法学阶梯》(第二版),徐国栋译,中国政法大学出版社2005年版,第97页及以次。

下,原告应为有障碍的被告提供起码的到庭工具,但无义务提供奢侈的到庭工具。起码的到庭工具为车子,原文为 Iumentum 可以指牛马驴骡等驮兽,也可指大车。① 奢侈的到庭工具为轿子,原文为 Arcena,它是供病人乘坐的有篷盖的车子②,乘坐人可以躺着。但对采用何种工具,原告享有意思自治。

本条只考虑到了患病和年高两种出庭障碍,未考虑到山洪暴发冲断道路等造成不能出庭的情形,显得考虑不周。

本条体现了对弱者的保护,也表明当时无诉讼代理制度,因为如果有诉讼代理,有病或年高的人也可以通过他人到庭应诉。

四、有产者当有产者的保证人,已是公民的无产者,任何
愿意的人都可当其保证人。——译法一
乡村部落民当乡村部落民的保证人,已登记在乡村部落的无产者,任何愿意的人都可当其保证人。——译法二

本条有两种译法,分别代表了今人对本条的百人团大会取向的解释和部落大会取向的解释,我分别按这两种取向做出评注。首先按译法一做出如下评注:

本条为关于诉讼担保的规定,确立了被保证人的贫富程度与担保人资力的对应关系。这种确立甚有道理,因为富人的交易标的额通常较大,一旦涉讼并败诉,判决额也较大,必须有资力较强的保证人,才能保证判决兑现。反过来讲,穷人的交易标的额通常较小,故对其保证人的资力不做要求。

本条中的"有产者"也可译为"庄园主",表明在《十二表法》时期,土

---

① 参见谢大任主编:《拉丁语汉语词典》,商务印书馆 1988 年版,第 311 页。
② 参见谢大任主编:《拉丁语汉语词典》,商务印书馆 1988 年版,第 46 页。

地还是财富的主要形式,在某种程度上是取得公民资格的条件。对该词还有另外的解释。西塞罗转述道:"事实上,埃流斯说,'有产者'一词来自'贡献阿斯'的表达"。① 如此,他们是随时为国家贡献自己财产的纳税人。②

本条中的"无产者"指在国势调查中只有1500阿斯的人。他们被叫作无产者,是因为他们除了少量财产,只有子女。尽管他们不能用自己的财产增益国家,但他们可以自己的子女增加国家的人口数,也有其用处。但在罗马,达到一定数额的财产是爱国精神的保障,所以,只有有产者能加入军队,无产者只有在紧急状况下才被征召入伍。③ 另外还有Capite censi阶级,直译是按人头算的人,是贵族阶级和中产阶级以下的阶级,不纳税,他们与无产者的区别是他们的财产只有375阿斯,比无产者还少。④ "已是公民的无产者"一语表明,外邦人是无产者的来源,他们在取得公民身份后还未积累起财产,这就造成了公民身份与有产者身份的背离。所以,本条反映了《十二表法》时期罗马的社会阶级状况,其中有了积极公民和消极公民的区分。

现在按译法二就本条的关键词做出评注。

首先要说的是,译法二根据巴勒莫大学教授贝尔纳尔多·阿尔巴内塞(Bernardo Albanese,1921—2004年)于1998年发表在《Index》杂志上的《〈十二表法〉第一表第4条研究:adsidui和无产者的保证人》一

---

① 参见[古罗马]西塞罗:《地方论》,徐国栋、阿尔多·贝特鲁奇、纪慰民译,《南京大学法律评论》2008年春秋号合卷,法律出版社2009年版,第4页。

② Cfr. Aulo Gellio, Notti Attiche, Traduzione Italiana di Luigi Rusca, Volume Secondo, BUR, Milano, 2001, p. 1113.

③ Cfr. Aulo Gellio, Notti Attiche, Traduzione Italiana di Luigi Rusca, Volume Secondo, BUR, Milano, 2001, pp. 1111s.

④ Cfr. Aulo Gellio, Notti Attiche, Traduzione Italiana di Luigi Rusca, Volume Secondo, BUR, Milano, 2001, p. 1113.

文做成。按照此文，adsidui 是罗马的乡村部落的男性成员，他们拥有土地，是富人，以第一等级的公民的身份参加军队，无产者是低下阶级家庭的成员，为城市部落的成员，在军队里只能充当辅助角色。但如果一位无产者被登记为乡村部落的成员，他就是"已是公民的无产者"。之所以说他是公民，乃因为公民一词本来的意思就是被召当兵的人。① 由于他已是乡村部落的成员，他才有这样的资格。

这样的解释基于共和罗马的城市部落与乡村部落的界分。第六任王图流斯把罗马的部落分为城市的和乡村的。前者有四，住在罗马城内，各占一个山丘。后者最初有17个，住在罗马城外的乡村。

此条中的保证人（Vindex）在法律诉讼中有两个角色。其一，是在传唤过程中的角色；其二，是在执行过程中的角色。就前者而言，当被告传唤原告出庭时，不忍者可以出现，充当被告的应诉保证人，他保证开庭时被告将出现于法庭。② 如果被告逃逸，怎么办？《十二表法》对此无规定，考虑到第一表第4条要求保证人与被保证人的财力相当，应该的处理是法庭做出缺席判决，判决后果由应诉保证人承担。在誓金之诉中，此等后果就是原告提供的誓金。

就后者而言，保证人出现时判决已经做出，他不能说判决错了，但可以说此等判决已执行，或根本不曾有判决，或法官已受贿赂，或债权人和债务人已就争议达成和解。如果成功，他可以把债务人从拘禁中解脱出来。③ 如果不成功，他取代债务人的地位从而让债务人解脱，

---

① Cfr. Monica de Simone, 'Proletarius iam civis;' A proposito di un'intepretazione di Bernardo Albanese di XII Tab. 1. 4. , In Annali del seminario giuridico dell'Università degli studi di Palermo, Vol. LVII, 2014, p. 104.

② 参见［英］H. F. 乔洛维茨、［英］巴里·尼古拉斯：《罗马法历史研究导论》，薛军译，商务印书馆 2013 年版，第 229 页。

③ See Adolf Berger, Encyclopedic Dictionary of Roman Law, Philadelphia, The American Philosophical Society, 1991, p. 766.

但他将承担原债务双倍的责任,这是对他把诉讼弄得更复杂的处罚。①

五、福尔特斯人、萨那特斯人,同样享有债务口约权或要式买卖权。

福尔特斯(Fortes),拉丁词的意思是"结实的、靠得住的",罗马人用此词来指居住在罗马近郊的从未背叛过罗马的人民,尽管他们无公民权。② 他们所属的部族可能是拉丁同盟的成员。这些成员有的忠诚,有的随机应变,福尔特斯人当属于前者。

萨那特斯人(Sanates)何指?存在多种理解。首先,古罗马作家费斯都斯认为萨那特斯人是在罗马以北和以南的一个民族,被罗马人征服后为罗马地主耕种土地,他们曾反叛罗马人,但很快又归顺,如同精神病人一时失常,但又恢复理智,因而被罗马人以"萨那特斯"③蔑称之。④ 其次,苏尔毕求斯·路福斯(Sulpicius Rufus)和奥雷流斯·奥皮流斯(Aurelius Opilius)认为,萨那特斯人是居住在罗马南部,即提布尔提纳(Tiburtina)等地方的人,他们是外邦人。⑤ 此说不把萨那特斯人理解为一个民族,而理解成一些移民,并且具体说明了他们居住的地方。第三,维科认为萨那特斯人和福尔特斯人都是驯服了的外国人,他

---

① See Malenie Roestoff, A Critical Evaluation of Debt Relief for Individuals in the South African Insolvency Law, Thesis for Doctor Degree of University of Pretoria, 2002, p. 23.

② Cfr. Sexti Pompei Festi, De Verborum Significatu quae Supersunt cum Pauli Epitome, Pars I, Budapestini, 1889, p. 474.

③ Sanates 是"刚刚治愈"的意思。

④ Cfr. Sexti Pompei Festi, De Verborum Significatu quae Supersunt cum Pauli Epitome, Pars I, Budapestini, 1889, p. 474.

⑤ Cfr. Gian Vicenzo Gravina, Originum iuris civilis, Lipsiae, 1708, p. 413.

们曾经是罗马的平民,后来造了反,因为不愿把一些田地的所有权给贵族。① 第四,杰弗逊·埃尔默(Jefferson Elmore)认为,萨那特斯人是有精神病却被治好的人,福尔特斯人是身体健康的人。② 诸说纷纭,本书采用费斯都斯的观点,因为持论者最接近《十二表法》的时代。

按照费斯都斯的观点观察,本条首先反映了罗马人法中"非市民"范畴中的两种人。

像现代世界的诸民族都出于我族中心主义在自己出版的世界地图中把自己设定为这个世界的中心一样,古典世界的诸民族都把自己的公民身份设定为特权,限制或禁止其他城邦的成员染指,它们把自己设定为数个同心圆的圆心,把自己定为最文明,离自己越远的文明圈的民族被设定为越野蛮,因而被赋予越劣后的法律地位。例如,在非公民的笼而统之的范畴下,还可细分为拉丁人(含古拉丁人、殖民地拉丁人、优纽斯拉丁人)、外邦人(Peregrini)、敌国人和野蛮人等类型,其地位依次递降。③ 实际上的区分可能还要细一些,福尔特斯人、萨那特斯人的范畴就反映了更细的类别。

其次,本条反映了罗马法中的非公民的权利能力制度。我们知道,在罗马法上,取得权利能力以具有公民身份为条件。在罗马法上,权利能力(人格)是一个公法私法的意义兼备的概念,包括交易权、婚姻权、死因交易权、表决权和任职权等,后一种属于选举权和被选举权,属于

---

① Cfr. Giambattista Vico, La Scienza Nuova, Einaudi, 1959, p. 307. 也参见[意]维科:《新科学》,朱光潜译,人民文学出版社 1986 年版,第 312 页。遗憾的是,译者把"福尔特斯人"和"萨那特斯人"译成了"强壮健康者"。不过这一错译也算有本,《十二表法》的一个英译本把此条译作(不可翻译的片段,似乎是)"谋杀者……对身心俱健的男人"。See E. B. Conant, The Law of Twelve Tables. An Introductory Note and Translation, In ST. Louis Law Review, Vol. 13, 1927—1928, p. 232.

② See Jefferson Elmore, Recovery of Legal Competency in the XII Tables, In Classical Philology, Vol. 20, 1925, p. 63.

③ 参见周枏:《罗马法原论》(上),商务印书馆 1994 年版,第 103 页以次。

公权。无婚姻权条件下的男女结合是事实而非法律,无死因交易权者不得立遗嘱。交易权,是利用市民法的交易方式在罗马进行民事活动的权利。① 因此,这一权利包括两个方面,第一,在罗马为交易之权;第二,采用罗马人的要式交易形式之权。罗马人的交易形式尽管繁复,但对它们的使用却是罗马公民的特权。繁复是对交易安全的保障。外邦人尽管自由,但却是不安全的。

随着贸易和文明的发展,罗马人逐步赋予外邦人有限的权利能力,本条即赋予两种非公民以使用罗马人的两种要式交易形式的权利,同时也隐含了允许他们在罗马进行民事活动的意思。这就为未来万民法和商法的发展开辟了道路。②

关于要式买卖,大家说得已很多,读者也比较熟悉,我在这里不再重复。只补充一点,要式买卖是即时清结的交易,因此不能附条件和期限,后来这种交易流于形式后,才可能附加条件和负担。③

关于债务口约,学说繁多,此处略过,其详在我对第六表第 1 条的评注中。

按照杰弗逊·埃尔默的观点,本条是关于行为能力的。本条的含义是:身体健康的人和有病治愈的人,具有同样的债务口约权或要式买卖权。基于此等含义,本条应从第一表移出,挪到第五表。④ 此说本书不采,录此存照。

---

① 参见黄风:《罗马法辞典》,法律出版社 2002 年版,第 139 页。
② 当代意大利学者 Osvalde Sacchi 认为:《十二表法》关于外国人的规定是万民法和商法的萌芽。Cfr. Osvaldo Sacchi, Pitagorismo, Stoa e Diritto Romano Commerciale nei Secoli IV-I A. C. (L'Inizio), In 31(2015, 2014), Ius Antiquum, Mosca, p. 81.
③ 参见周枏:《罗马法原论》(上),商务印书馆 1994 年版,第 342 页。
④ See Jefferson Elmore, Recovery of Legal Competency in the XII Tables, In Classical Philology, Vol. 20, 1925, p. 64.

六、如当事人达成了和解,则实行之。

本条中的"和解"的拉丁文是 Pacere,意思是"决定""许诺"。① 其过去分词是 Pactum,转化为名词的意思是"简约"。简约是不具备法定形式的单纯的协议,当事人可以之约定共同感兴趣的事项。这种协议因形式要件的欠缺不受法律保护。这里的简约的内容是和解,法律承认这种简约的效力,体现了最初的处分原则。在正式审理前的预备程序中允许当事人和解,有点像我国的先调后审制度。

本条属于罗马破产法中的一个条文,所以,这里的和解属于破产程序中的和解程序。和解的标的可以是偿债期限,有如债权人给债务人额外的恩惠期的情形;也可以是偿债的金额,有如债权人接受部分偿付,豁免其他债额的情形。等等。

七、如当事人不能达成和解,则双方应于午前到大会场或集议场进行诉讼。解释自己的理由时,双方必须到场。

本条是关于法律审的地点和审理方式的规定。大会场是举行百人团大会的地方,与下面要讲到的集议场一墙之隔。大会场也用于审判。在王政时期,王就在大会场听审民事案件以及刑事案件。② 民众审判也曾在这里举行。③ 共和后,先是执政官,后是裁判官继续在这里审理民事案件。法国学者弗雷德里克·吉拉尔的《罗马司法组织史》中包含 Comitium 的地图,从中可以看出这是一个方形的地方,其右侧就是裁

---

① 参见谢大任主编:《拉丁语汉语词典》,商务印书馆 1988 年版,第 391 页。
② Voir Paul Frédéric Girard, Histoire de L'organisation judiciaire des Romains, Arthur Rousseau Editeur, Paris, 1901, p. 184.
③ See Eric J. Kondratieff, Reading Rome's Evolving Civic Landscape in Context: Tribunes of the Plebs and the Praetor's Tribunal, In Phoenix, Vol. 63, No. 3/4 (Fall-Winter/automne-hiver 2009), p. 328.

判官法院。① 集议场是元老院山下面的一个广场，人们在其中进行政治活动和贸易活动。

为何有两种审判地点？解释一，案件繁多，两个执政官分别在两个地方负责案件的法律审；解释二，案件的类型不同，审判地点也不同，集议场可能是营造官审理交易纠纷案件的地方，大会场是执政官审判其他案件的地方。

本条还要求诉讼的两造同时到场，这是为了以言辞辩论的方式实现证讼。完成这一程序后，就可把案件交给法官处理了。

八、正午一过，应判到场的一方胜诉。

本条是关于法律审中缺席判决的规定，是长官的 addico 的功能的实施。它表明并非一切案件都要走完法律诉讼的五个阶段，而是可以终止于某个阶段。本条隐含着程序正义与实体正义的区分，不到场的当事人有亏程序正义，尽管他可能拥有实体正义，仍然判他败诉。一是为了维护审判权威，二是为了审判效率，为此，推定不到场的当事人理亏。事实上，本表第 3 条已保障了当事人的到场，帮助他克服物理上的困难，仍不到场，就是因为道理上的困难了。在本条规定的情形，发生诉讼保证人的责任。

对于或躲或逃的受缺席审判者，怎么办？《十二表法》的文本没有给我们答案，但裁判官依据其谕令权创立的财产占取（Missio in bona）制度可以构成一个解决方案。它是裁判官授权原告对逃跑的未履行债务的被告的全部财产实行占有，以督促他参加证讼程序，以便诉讼能继续进行的制度。但为占有的原告并不具有出售财产的权利。到了公元

---

① Voir Paul Frédéric Girard, Histoire de L'organisation judiciaire des Romains, Arthur Rousseau Editeur, Paris, 1901, p. 185.

前2世纪,裁判官把财产占取制度与拍卖财产(Bonorum venditio)制度结合起来,创立了早期的破产制度。长官应一个或多个债权人的请求授权他们占有债务人财产到一定期限,期满后,授权债权人会议选出一个财产托管人负责编制拍卖计划,调查债权和债务的状况并设定拍卖的条件,然后拍卖财产给出价最高者。买受人接替债务人的法律地位,在规定的期间内对债权人履行债务。①

九、双方到场的,日落为最后的时限。

本条是关于开庭时间的规定:有天光的时间就是开庭时间。这是以共和时期罗马的露天审判制度为背景做出的安排。露天审判具有公开性,因为作为审判地点的大会场或集议场还是个商业场所和办学场所,人来人往,开审时群众可以旁听。但此等审判依赖于天光。所以,一旦天黑,审理活动无法进行,而且公众各自回家,审判没有了听众,只得休庭。没有审完的话,可以第二天再审同一案件。

有天光的时间依季节而不同。在罗马,7月1日的有天光时间最长,达15小时10分25秒,从早上5点38分45秒到晚上8点49分10秒;1月1日的有天光时间最短,只有9小时12分8秒,从早上7点37分42秒到下午4点49分50秒。② 这样,冬夏两季的法院工作时间是不一样的,夏天的审判时间更长。

罗马元老院的会议也是以日出到日落的期间为期,但设定这样的会议时间的理由不一样:是为了避免有人搞牛步战术,例如搞马拉松演讲等,所以元老院必须在这个时间内做出决定。③ 可以说,电灯的发明

---

① 参见黄风:《罗马法辞典》,法律出版社2002年版,第43页。
② 参见无名氏:《意大利罗马的日出日落时间表》,载 http://richuriluo.qhdi.com/poi/171781.html,2018年1月9日访问。
③ 参见徐国栋:《〈阿提卡之夜〉与罗马法》,《浙江社会科学》2013年第3期,第152页。

为无效率的政治运作提供了借口。

十、保证人、副保证人应担保被告于受审时按时出庭。

本条是关于第三人担保被告第二次出庭的规定,前提是第一次开庭未审完案件。既然休庭导致双方当事人各自回家,产生如何保证被告第二次(或更多次)到庭的问题。由于有听讼日与不听讼日之分,以及裁判官审理案件的繁多,第二次开庭不见得是第二天开庭,而可能是在约定的一个期日,它离第一次开庭的时间可能有相当的距离。这个时间段内会发生种种变故,影响第二次开庭。

原告是诉讼的发动者,并承担传唤的职责,他不存在需要担保出庭的问题。如果被告不出庭,前次开庭的成果毁于一旦,司法尊严遭受的损害难以弥补。所以,本条隐含着无正当理由拒不到庭的被告要支付一笔高额罚金的前提。盖尤斯告诉我们的尔后出庭担保允诺制度下出庭保证金的征收方法可让我们想象此前的做法:如果是已决案之诉或已清偿物之诉,被告要按标的物的价值的一半提供保证金。在其他情况下,以原告的诉追额为出庭保证金额。但总数不超过 50 000 塞斯特斯。[①] 当然,这笔保证金由被告自付,付不了的,请保证人帮忙,一个保证人保不了的,找一个或数个副保证人来保。这样产生了共同保证,应该是主保证人承担主要责任,副保证人承担补充责任。责任的对象应该是不到庭罚金。至于被告依据缺席判决要承担的责任,由执行程序解决。

但让第三人对被告拒不出庭承担责任牵连面太广,裁判官后来改革为让原告与被告订立要式口约解决出庭保证问题。最后,颁布于公

---

① 参见[古罗马]盖尤斯:《法学阶梯》,黄风译,中国政法大学出版社 1996 年版,第 374 页。

元前199年到公元前126年间的《关于非常执法官的艾布求斯法》废除了法律诉讼,附属于法律诉讼的保证人与副保证人制度也随之消亡,代之以出庭担保允诺(Vadimonium)制度,这是被告对法庭做出的再出庭承诺,有时无须提保,有时要求提供誓言,有时要求提供物保,但都不涉及第三人。①

本条与第4条互相配合,后者讲第一次出庭担保与执行担保,本条讲第二次出庭担保。

第二节 第二表释义

一、a 如果争议的标的为 1 000 或 1 000 以上阿斯,誓金是 500 阿斯;如果争议标的为 1 000 以下阿斯,誓金是 50 阿斯。如果争议涉及人的自由权,即便该人非常高贵,誓金一律是 50 阿斯。

b 根据要式口约主张债权时,可提起要求法官之诉。

a条为关于誓金之诉的规定。我们看到,该条表明在《十二表法》的时期,誓金已经从牲畜转变为现金,并区分财产和人身两种诉讼收取誓金。对于前者,按标的的数额梯度收费,以 1 000 阿斯为界分为两档。对于后者,按固定费率收费。这种安排有利于保障自由权,为现代法律所继承。在当代,财产案件是根据不同的标的的数额梯度按比例收费,人身案件(例如离婚案件)也是按固定费率收费,刑事案件也按固定费率收费。败诉者交的誓金要收归国库,有些用来祭神。

自由身份之诉涉及两种情况:其一,某甲指控被认为是自由人的某

---

① See Adolf Berger, Encyclopedic Dictionary of Roman Law, Philadelphia, The American Philosophical Society, 1991, p. 757.

乙是奴隶;其二,某甲指控被认为是生来自由人的某乙是解放自由人,因为自由人与奴隶、生来自由人与解放自由人的法律地位不同,所以,确定人的身份是分配权利义务的前提条件,由此,身份之诉往往是先决诉讼,它是解决其他诉讼问题的前提条件。而先决诉讼是对物诉讼,因为诉讼标的不是要求对方做一定给付,而是与对方就某事发生争议。①

自由身份之诉的存在,表明在《十二表法》颁布的时代存在奴隶,这一点将从下面要谈到的债奴中得到印证,但人们普遍认为当时不存在奴隶制,因为按霍普金斯的理论,奴隶制社会是奴隶在生产中起重要作用的社会,奴隶至少应占总人口的 20%。② 第二共和国(公元前 264—公元前 27 年)时期才产生奴隶制。奴隶制需要大规模的征服性战争、大地产两个条件,它们在第一共和国时期均不具备,第二共和国时期通过第一次布匿战争具备之。

在罗马早期的法制史上留下了一个自由身份之诉的案例。第二十人委员会的主席阿庇尤斯·克劳丢斯爱恋着一个漂亮的平民姑娘维吉尼娅,但由于本法第十一表第 1 条规定平民与贵族不得通婚,克劳丢斯遂派自己的门客马尔库斯·克劳丢斯(Marcus Claudius)到集议场起诉诬陷维吉尼娅是克劳丢斯的奴隶的女儿,后被盗走进了其父维吉纽斯的家。维吉尼娅的辩护人说,女孩的父亲两天后就回罗马,应等待他回来后再审判。在此前,应给予维吉尼娅临时的自由,这样做符合第六表第 7 条的规定。但克劳丢斯争辩道,维吉尼娅处在家父权下,不能给予临时的自由,应处在主人的占有下,只要声称的父亲回来时能让她出

---

① 参见 I.4,6,13;I.4,6,1。参见[古罗马]优士丁尼:《法学阶梯》(第二版),徐国栋译,中国政法大学出版社 2005 年版,第 463 页,第 455 页。

② 参见郭小凌:《古代世界的奴隶制和近现代人的诠释》,《世界历史》1999 年第 6 期,第 99 页。

庭就行了。法官按这一意见做出了判决。① 这一案例说明自由身份之诉可以代理提起,在做出最终判决前,要对被告实行临时占有。

b条为要求法官之诉的规定。我们知道,要求法官之诉与誓金之诉的不同在于以人判取代神判,为何这两种性质不同的诉讼会共处于一个法律之中呢？我认为在前一种诉讼是主导,后一种诉讼是辅助。《十二表法》先后规定两者,反映了这种主辅关系。

要求法官之诉的确立,意味着罗马的区分法律审和事实审的两阶段审判制度的正式确立,由此,罗马的民事诉讼制度中存在两种法官：裁判官和事实审法官。事实审法官又分为法官和仲裁员,两者的区别在于,法官是长官指定的；仲裁员是当事人以仲裁协议确定的；由事理之性质决定,前者实行独任制,后者实行多人制。

要求法官或仲裁员之诉的提出是当事人打赌的结果。盖尤斯说：此诉的程序大概按照这种方式进行：谁这样提起就说我说,依据要式口约应当给我10 000塞斯特斯,我就问,你承认还是否认？被告说他不欠我,原告说,既然你否认,我要求裁判官提供一个法官或仲裁员。② 可见,在法律审完成后,被告如果承认债务,就不进入事实审,否则,进入之。

二、患重病、受另一个审判,或者定好了为外邦人做出庭担保的期日、参加祭祀、家人葬礼以及葬礼后的成神节,如果遇到这些障碍之一,法官、仲裁员或被告应另日诉讼。

本条是关于延期审理的规定。涉及三种情况：其一,诉讼参与人物

---

① Cfr. Livio, Storia di Roma, I-III, A cura di Guido Vitali, Oscar Mondadori, Bologna, 1988, p. 483.

② 参见[古罗马]盖尤斯：《法学阶梯》,黄风译,中国政法大学出版社1996年版,第296页。

理不能参加既定的诉讼,即法官、仲裁员或被告患重病的情形;其二,两个诉讼时间安排冲突的情形,即诉讼参与人受另一个审判或定好了为外邦人做出庭担保的期日;其三,诉讼与宗教义务冲突的情形,即诉讼参与人须参加祭祀、家人葬礼、葬礼后的成神节(Feriae denicales)。① 发生其中之一就可以延期审理在罗马的诉讼。这种安排表明了《十二表法》的制定者的人道主义立场、国际礼让立场和神事优先主义立场。

因诉讼关系人患重病而押后审理,而不制裁,人道也! 因为为外邦人做出庭担保而押后在罗马的审判,国际礼让也! 因为外邦人来一趟罗马不易,而且罗马的听讼日有限,一年只有 40 多天,应先让涉及外邦人的诉讼得到顺利实施。本条反映了外邦人已广泛涉足罗马人的生活,其权利受到罗马人尊重的事实。由于外邦人参与的增长,终于在公元前 242 年设立了外事裁判官。

参加祭祀、家人葬礼以及葬礼后的成神节②,神事也,参加民事审判,人事也。后者劣后于前者,昭然! 故本条体现了罗马人神事优先于人事的精神。罗马元老院的议事程序,也是先神事后人事。③

本条暗示法官的程序责任,裁判官以本条为基础,发展了一套法官的司法责任体系。包括三种情形。其一,没有正当理由拒不审判;其二,推迟开庭却无法律明文规定的理由;其三,在当事人一方有正当理

---

① Cfr. Federico d'Ippolito, XII Tab. 2. 2, In Index, Vol. 18, 1990, Napoli, p. 442.

② 关于什么是成神节,解释纷纭。意大利的权威的《三狗百科全书》认为:是在死者下葬后举行的一个涤清仪式,其第一个功能是以此让死者成为本家的家神(Mani)之一,其二是涤清死者的家人及其家屋。Cfr. La voce di ferie, Su http://www.treccani.it/enciclopedia/ferie_%28Enciclopedia-Italiana%29/,2017 年 11 月 13 日访问。

③ Cfr. Aulo Gellio, Notti Attiche, Traduzione Italiana di Luigi Rusca, Volume Secondo, BUR, Milano, 2001, pp. 1013ss.

由不到庭的情况下仍然开庭审判。① 总之,没有本条规定的押后审理理由之一的,不得拖延审判。

或问,本条所列的六大延期审判理由是十人委员会原创的吗? 答曰否! 它们来自罗马人的军法规则。秦求斯在其《论军法》第5卷中记载:被征召的士兵应在一个确定的期日面见执政官并回应其征召,然后宣读到营誓言,如下情形除外:参加家人葬礼或追悼会,这样的日子将不会定为征召日;患重病或得到一个被告知不能停止赎罪的卜示;遇上一个非在该日举行不可的祭祀、外邦人来犯或在场;遇上了与一个外邦人确定或商定了的期日。如果他们中的某人赶上了这样的原因,允许他在障碍消除的次日到场。没有正当理由不到场的,将被宣布为逃兵。② 这些缺席理由不完全与本条规定的延期理由重合,但有很多交集:家人葬礼、患重病、与外邦人有约。意大利学者费德里科·狄勃利多认为,十人委员会在制定本条时吸收了这些理由。③

看了《论军法》中"遇上了与一个外邦人确定或商定了的期日"的文句,就可理解后文要讲到的蒙森等人为何只把"外邦人"的字串与"出庭担保的期日"的字串挂钩了。这是参考了《论军法》的作者只把这两个字串勾连的做法。

要指出的是,本条长期被翻译为"如遇承审员、仲裁员或诉讼当事人患重病,或者审判涉及外国人……则应延期审讯"。④ 但在1870—

---

① Cfr. Ivana Jaramaz-Reskušić, Alcune considerazioni sulla corruzione giudiziaria nella Repubblica romana, Il Seminario Eurasiatico di Diritto Romano, Repubblica e Difesa dei Diritti dell'Uomo e del Cittadino, recezione e Insegnamento del Diritto Romano, Istanbul, 30-31 Maggio 2014.

② Cfr. Aulo Gellio, Notti Attiche, Traduzione Italiana di Luigi Rusca, Volume Secondo, BUR, Milano, 2001, p. 1091.

③ Cfr. Federico d'Ippolito, XII Tab. 2. 2, In Index, Vol. 18, 1990, Napoli, p. 446.

④ 参见周枏:《罗马〈十二表法〉》,《安徽大学学报》(哲学社会科学版)1983年第3期,第43页。

1873年，在西班牙发现了《乌尔索法》(Lex Ursonesis)，它是公元前44年由恺撒提出的一个法案，旨在统一各个殖民地的法制，Usuna殖民地（现在西班牙）的长官马尔库斯·安托纽斯(Marcus Antonius)把它颁布于本地。其中的第95条中镶嵌了本条据以还原的重要字串"重病""审理案件的期日"等，但它们依托的文本十分完整，有如下列：

判还官被分派了案件却未在指定的期日做出判决的情形。两人团或首长，在有关案件临审前，应命令判还官或上述案件的有关当事人到庭，确定特定的期日为他们到庭的时间，以便上述案件得到判处。他将以适当的方式让案件在20天内得到判处，此等期间从指定了判还官并命令了他做出判处起算。他应让人把开庭通知送达不超过20名证人，他们可以是殖民地本地人或居住在本地的外邦人(incolae)，由引起案件的人随意选择。他要规定：受送达人及其名字被列入证人名单的人要出席审判。他要以适当的方式让任何知道或有闻案件事实的人在宣誓后提供证据，但在任何一个审判中被迫提供证据者不得超过20人。不得强迫与案件当事人有亲戚关系的人提供证据，例如岳父与女婿之间、继父与继子之间、恩主与解放自由人之间、堂表或姑表兄弟姐妹之间，以及任何血亲或亲戚之间。在两人团或首长命令的殖民地居民没有出庭之情形，如果此等缺席是由于重病、为人做出庭担保、受另一个审判、祭祀、家人葬礼以及葬礼后的成神节，或他被某个罗马人民的长官扣押或被授予官职，此时，本法并无意在引起案件的人缺席的情况下让判还官做出判决或驳回案件。在私人做出请求却未在指定的期日出庭的情形，如果案件由两人团或首长亲自审理，则基于上述理由之一的原谅理由不被接受，即由于重病、为人做出庭担保、受另一个审判、祭祀、家人葬礼以及葬礼后的成神节，或他被某个罗马人民的长官扣押或被授予官职，就已按本法调查的事项将不会发生任何诉讼，法律应自行其路,案件将完全如同法官不曾选定,就争议事项不曾指定判还官一样。①

该条列举了重病、为人做出庭担保、受另一个审判、祭祀、家人葬礼、葬礼后的成神节涤清仪式、被某个罗马人民的长官扣押或被授予官职七项延期审判的理由,此等理由在判还官审案时可以接受,但案件由殖民地的两人团或首长亲自审理时不被接受,将取消有关的案件作为制裁。蒙森认为,前六个理由来自《十二表法》,因为《乌尔索法》是根据《十二表法》制定的,在恺撒的时代,《十二表法》还有比较完整的还原本保留,恺撒把它的有关规定移植到了其殖民地立法中。② 费德里科·狄勃利多也认为,《乌尔索法》更遵从了《十二表法》的本条规定。③ 本书采纳此观点。

三、曾经差少证人的人,可每两天去门前喊。

本条规定对拒绝作证者的处罚。在罗马,作证是公役。④ 受人之托作证,到了需要出证的时候却拒绝出面,这是典型的背信行为。要式买卖的实施需要五个证人,有四个愿意出面作证,一个不愿,构成差少证人,于是证明行为完成不了,法律行为的当事人蒙受损失。何以罚之?本条允许被拒绝作证的人到应该的证人门前去喊,该词的拉丁文是 Obvagulatio,来自 Vagire,指儿童的啼哭。⑤ 这种"喊"实际上是唱

---

① 该法英译文的网址:http://www2.uned.es/geo-1-historia-antigua-universal/EPIGRAFIA/lex_ursonensis.htm,2017 年 11 月 4 日访问。
② Cfr. Federico d'Ippolito,XII Tab. 2. 2,In Index,Vol. 18,1990,Napoli,p. 439.
③ Cfr. Federico d'Ippolito,XII Tab. 2. 2,In Index,Vol. 18,1990,Napoli,p. 440.
④ 参见周枏:《罗马法原论》(上),商务印书馆 1994 年版,第 115 页。
⑤ 参见[意]维科:《新科学》,朱光潜译,人民文学出版社 1986 年版,第 210 页。

包含咒语的歌,目的是迫使证人开门。① 但也有人认为,这种"喊"是公开抗议,抗议他从其证人受到的诈欺。② 抗议的效果是剥夺拒绝作证者的社会名誉。③ 蒙森认为,拒绝作证的行为构成事实上的破廉耻,"喊"是对此等破廉耻的宣告,所以本条是保留在《十二表法》中的意大利式的人民审判的遗迹的表现。④ 此外,这种"喊"与第八表第 1 条规定的侵辱行为是一样的,但在第八表中,此等行为受到死刑的惩罚,而在本条中,免罚。这样的处理可谓以毒攻毒。

为何不规定天天去喊,而是规定两天一喊? 我认为拒绝作证者与其家人住在一起,喊起来连同他们也无辜地被惩罚了,所以,喊一天,要让他们休息一天。

为何不得门内喊? 因为在古罗马,门的意义是外人不得进入的堡垒的界限。所以,本条隐含住宅不可侵犯的规定。⑤ 而住宅是私生活的堡垒,对住宅的保护,实际上构成对私生活权的保护。这样的保护住宅的规定在公元前 82—公元前 79 年间,由苏拉提起的《关于侵辱罪的科尔内利流斯法》(Lex Cornelia de iniuriis)中得到了重拾,它把暴力侵入住宅作为侵辱罪处罚。⑥

---

① Cfr. Eva Cantarella, Diritto e Teatro in Grecia e a Roma, p. 13. Su http://www.ledonline.it/ledonline/diritto-e-teatro/Diritto-e-teatro-Cantarella.pdf, 2016 年 12 月 4 日访问。

② Véase Ana Isabel Clemente Fernández, El Testigo como Medio Idóneo y Ocasión Propicia para la Producción Deconocimiento en Derecho Romano, En Revista Internacional De Derecho Romano, 2010 octubre, pag. 118.

③ Véase Martha Patricia, Irigoyen Troconis, La Ley de las XII Tablas, Fuentes, de todo el Derecho Romano, public y privato, pag. 122, nota 11.

④ Véase Juan Antonio Alejandre Garcia, El delito de falsedad testimoiale en el derecho histórico español, En Historia. Instituciones. Documentos, III, 1976, pag. 20.

⑤ Véase Luisa López Hueguet, El régimen juridico del domicilio en derecho romano, Universidad de Rioja, 2012, pag. 112ss.

⑥ 参见齐云、徐国栋:《罗马的法律和元老院决议大全》,徐国栋主编:《罗马法与现代民法》第 8 卷,厦门大学出版社 2015 年版,第 189 页。

对于拒绝作证者,我国刑事法一度无规定制裁之,经过学者的呼吁,①2012 年修订《刑事诉讼法》时补充了对这一犯罪的制裁。

第三节　第三表释义

一、对于自己承认的债务或对法院判决的结果,授予 30 天的恩惠期。

本条首先确立了构成可执行债务的方式:其一,债务人的自认;其二,法院的判决。这是要求法官或仲裁员之诉的原告可能得到的两种结果。在他宣示债权后,债务人不反驳的,构成自认,无须要求法官或仲裁员。债务人否认的,债权人要求法官或仲裁员,由此得到判决及其执行。

其次规定了债务人的恩惠期,给他 30 天的时间准备履行。在此等期间,债权人不得对债务人提起任何诉讼。② 恩惠期人为地在既有的偿债期限上又为债务人的利益加了一个月,当然有利于债务人,而债务人为债的关系中的弱者,所以本条体现了《十二表法》的制定者对弱者的照顾。考虑到在制定《十二表法》的时代,债的关系具有阶级性,债务人主要是平民,债权人主要是贵族,所以,不妨把本条理解为平民与贵族斗争的重要成果。

但是,恩惠期之设柔化了债的约束力,对交易安全不利,所以构成

---

① 有一些学者著文呼吁建立拒绝作证罪。参见袁春:《刑法应增加拒绝作证罪》,《法学评论》1988 年第 3 期;闵春雷:《增设拒绝作证罪的立法思考》,《延边大学学报》(社会科学版) 2003 年第 2 期;虞浔:《我国刑法中增设拒绝作证罪的法律构想》,《湖南公安高等专科学校学报》2003 年第 5 期。

② 奥鲁斯·杰流斯:《阿提卡之夜》20,1,46;Cfr. Aulo Gellio, Notti Attiche, Traduzione Italiana di Luigi Rusca, Volume Secondo, BUR, Milano, 2001, p. 1311.

罗马私法中的反商法因素之一。按照切萨雷·维梵德（Cesare Vivante,1855—1944 年）的观点,中世纪人之所以要建立特别的商法,就是为了排除市民法中的这些所谓的人道主义因素。[1]

二、此后,实行拘禁。将债务人带到长官前。

本条是关于法律诉讼中的拘禁之诉的规定。针对的对象是已决案。此时,恩惠期完成,进入了执行程序。拘禁的拉丁原文是"Manus iniectio",意思是"以手攫取"。在实施过程中,原告说:"由于你被判决（或者判罚）向我支付 10 000 塞斯特斯,而且你没有支付,因此我抓住你以便获得被判罚的 10 000 塞斯特斯",同时抓住被告躯体的某一部分,把他带到长官前。这里的长官,应是执政官。被告不得摆脱原告的手,也不得为自己提起法律诉讼。但他可以提出保证人,后者通常以自己的名义提起诉讼,或质疑判决的正当性,或表示自己代被执行人偿债。如果无保证人出现,则债务人被债权人带到长官面前。拘禁的目的是给债务人施加压力,促使他履行债务,这表明了当时的执行程序的自力救济性质,但此等自力救济经过了长官的授权,把债务人带到长官前就是为了获得此等授权。

三、此时如债务人仍不执行判决,或无人在长官前为他担保,则原告将他押至家中,拴以重量不轻于 15 磅的铁链或脚镣;如果愿意,可以加重分量。

本条是关于债务监禁的规定,比较落后,因为在梭伦立法中就已禁

---

[1] Cfr. Cesare Vivante, Per un codice unico delle obbligazioni, Su http://docenti.unimc.it/laura.marchegiani /teaching/2015/14396/files/introduzione-al-corso/prolusione-cesare-vivante,2016 年 9 月 1 日访问。

止以人身为担保的借贷。① 按照债务监禁,无力履行债务的债务人被当作人质,债权人在集体主义的背景下对其所属的团体进行威慑。债务人的宗亲、族亲有义务解救他,通常会为他提供担保,从而把他解救出来。如果无人这样做,债权人则把他监禁在家中,给他戴上不轻于15 磅的戒具。如果愿意,债权人可以加重分量。如此,规定了戒具重量的低限,而非高限。这样的高限是不存在的,因为债权人杀死债务人都可以,给他戴重一点的铁镣更加没有什么不可以。但如果这样解释,显得《十二表法》残酷无情,于是,人们把事情反过来,说本条规定的是戒具重量的高限(不得重于 15 磅),如果债务人愿意减轻,则从之。②但如此不顾本条依据的史料的原文,过于一厢情愿。

债务监禁是人身执行的野蛮制度,分为私人进行的债务监禁和国家实施的债务监禁两种,尽管都是野蛮的,从前者到后者的转变仍然是进步。后一种债务监禁在卓别林的时代仍然存在,其父亲就受过这样的监禁。阿联酋等国仍然保持债务监禁,因为债权安全在那里太没有保障。现代多数国家都废除了债务监禁,1976 年的《公民权利与政治权利公约》第 11 条禁止债务监禁,由此提高了人权保护水平,但导致债权人地位的恶化:情形由债务人怕债权人逐步过渡到相反,在中国尤其如此,所以又有人主张引进债务监禁。在私力救济的实践中,债务监禁时常发生,所以,这种制度在我国有复活的趋势。消解这股逆流,问题在于找到一条在废除了债务监禁后保障债权人利益的途径。

① 参见[古希腊]亚里士多德:《雅典政制》,日知、力野译,商务印书馆 1973 年版,第 12 页。

② See M. H. Crawford(edited by),Roman Statutes,Vol. II,Institute of Classical Studies,University of London, London,1996,p. 627.

四、债务人在拘禁期间,可自备伙食;如不自备伙食,则束缚他的人应每日供给二粒小麦1磅。如果愿意,可以加量。

本条为关于被监禁人于在押期间的伙食待遇的规定。原则上债务人应自备伙食,这应该理解为让其家属送饭,而非让他在债权人家里自炊。如果他做不到这一点,债权人应提供保障他最低限度生存的食品。法律规定的下限是二粒小麦1磅,数量很少,吊命可以,吃饱不可能。但如果债权人仁慈,可以加量。加量供食表现了债权人的宽仁,加重戒具表现了债权人的冷酷,两者矛盾,所以只有其一为真。这可能是导致一些学者认为前条的规定中戒具不可能加重、只能减轻的理由。实际上,加重与加量并不矛盾,前者保证债务人不能逃脱,后者保证债务人存活,以维持偿债的希望。他饿死了,债权人的希望也破灭了。1磅也好,加量也好,此等维持债务人生存的伙食费用,如果该债务人被人赎出,应该增加于债权总额。

二粒小麦是小麦属的一个种,含有AB两组染色体,此种小麦与一粒小麦系(只含有A组染色体)、普通系(含有ABD三组染色体)、提莫菲维系(含有AG两组染色体)、茹科夫斯基系并列。① 古罗马人经常食用之。罗马人认为二粒小麦是所有谷物中最珍贵最古老的,烧祭品时以它为首。在共食婚中夫妻共食一块二粒小麦饼,表示妻子与丈夫共享最神圣的食物,也表示妻子愿意与丈夫同生共死。② 但此处法律规定用这种麦子供应被监禁的债务人,没有规定其品级,债权人自然倾向于选择劣等的二粒小麦供应债务人。在戴克里先的《价格告示》中,

---

① 参见曹亚萍:《小麦的起源、进化与中国小麦遗传资源》,《小麦研究》2008年第3期,第2页及以次。

② 参见[德]奥托·基弗:《罗马风化史》,姜瑞璋译,辽宁教育出版社2000年版,第10页。

区分净二粒小麦和二粒小麦,前者每莫迪 100 狄纳流斯,后者每莫迪仅 30 狄纳流斯。① 好的与差的,价格相差三倍多。故邢义田的《十二表法》译本把二粒小麦翻译为"粗谷",有其道理。

奥地利学者文格尔(Leopold Wenger,1874—1953 年)认为,本条说到自备伙食的可能,证明债务人尚存一些财产,并且他可独自处置之。② 此言有理。

意大利学者安托略·萨科丘把本条解释为监禁人对被监禁人负有扶养义务。3 世纪的罗马法学家李奇钮斯·鲁费努斯(Licinnius Rufinus,可能是保罗的学生)提到,对于拒绝为被监禁的债务人提供食物与眠床的债权人,可以提起罚金之诉的扩用诉权,有些人认为可提起侵辱之诉(D. 42,1,34)。当然,这些救济属于裁判官法上的执行程序。③ 由此可见,债务监禁到 3 世纪时还存在,但有所改进,被监禁的债务人的生存权仍受到国家保护,如果不顾债务人的此等生存权行事,构成人格侵权,从债务中得到解脱的债务人可据此诉追债权人。

五、双方有权达成和解,如果未达成和解,受判处者要受 60 天的羁押。在此期间,他应在 3 个连续的集市日被牵至大会场执政官面前,并被当众宣布所判定的金额。在第 3 个集市日,对其实行死刑,或把他卖于台伯河对岸的外邦。

本条细化规定执行程序。第一步,看是否能实行和解。第一表第

---

① 参见巫宝三主编:《古代希腊、罗马经济思想资料选辑》,商务印书馆 1990 年版,第 366 页及以次。

② See Malenie Roestoff, A Critical Evaluation of Debt Relief for Individuals in the South African Insolvency Law, Thesis for Doctor Degree of University of Pretoria, 2002, p. 32.

③ Cfr. Antonio Saccoccio, Victus e alimenta nelle fonti giuridiche romane: storia di una evoluzione dogmatico concettuale, In Roma e America. Diritto romano comune, 33/2012, p. 143.

6—7条已规定过和解,那是诉讼和解,此处的是执行和解。两者不同,前者是基于争执的不确定性的双方互相让步;后者是基于执行成功与否不确定性的双方互相让步。如果债权人看出债务人确实没有财产,执行不能成功,可能提出减少执行数额的建议,债务人接受之,如此就达成了和解。第二步,羁押债务人60天,这是和解失败的结果。在这个60天内,债权人要在3个连续的集市日内把债务人带到大会场执政官面前,当众宣布所判定的金额,目的是激发人们的怜悯心,从而激发出执行保证人。每个集市日间隔7天,"3个连续的集市日"意味着21天之期。本条依据的拉丁文本中本有"裁判官"一语,此等职官出现在公元前367年之后,在公元前450年的《十二表法》中,不应出现裁判官的名词。本处裁判官的用语应是后人把后发生之事前推的结果,故我不采,而将"裁判官"改为"执政官"。第三步,处死债务人或出卖他为奴。此等处置在第3个集市日进行,这个日子应同时是60天的羁押期的最后一天。这意味着债权人不能在60天内的随意时间把债务人带到大会场执政官面前,只能从第39天开始实施这一程序。第60日与第21日重合的那一天,债权人可决定杀死债务人或把他卖到外国为奴。债权人只有一个的,他单独为此等决定。债权人有多个的,他们通过商议为此等决定。两个选项,处死为出气,出卖为奴为得实惠,因为债务人的身价多少还能弥补一点债权人的损失。出卖债务人不得在罗马人中进行,这样违反了罗马人不得为罗马人之奴的原则,卖到外国,就不会犯禁了。当时,台伯河就是罗马的国境线。当然,这样来源的奴隶为债奴,与战俘来源的奴隶有所不同,后者当属于万民法上的奴隶,前者当属于市民法上的奴隶。

  以上为对本条的文意解释,但有些学者对债权人有权杀死债务人的可能性提出质疑。1934年,法国学者亨利·莱维·布律尔就在《三部古罗马法的若干问题》一书中指出,大家理解的"杀死"(capite poenas)一语实际上是丧失 caput（人格）的意思,其结果是债务人丧失自由,即丧失全部权利。1949 年,法国学者乔治斯科（V. A. Georgesco）著文支持这种观点;1959 年,巴西学者诺布雷加（Vandick Londres Da Nobrega,1918—1982 年）著文做同样的事。李维的《建城以来史》6,34,2 支持这种观点。其中说到,被判处并受罚的平民应以丧失名誉和个人自由来满足债权人,此等刑罚可抵偿未履行的偿付。①

当然,也可以将该词解释为"死刑",而且在其他罗马法原始文献中该词就是这个意思,但必须考虑的体系因素是:

1. 在《十二表法》中,盗窃仅被处以鞭打之刑（第八表第 9 条）,而负债的刑罚重于盗窃,似乎对两种违法行为的处理不成比例。

2. 而且还要注意的是,李维的《建城以来史》中多次记载债务人的悲惨处境,但丝毫未提到债务人要被杀死（6,14②;6,34,2③）,或他们要因执行拘禁的法律诉讼被肢解。

3.《十二表法》通常不用 capite poenas 一词表示死刑,而是用描述一种将导致死亡的行为来这样做,例如,"让他充当牺牲";或用"投塔尔

---

① Cfr. Livio,Storia di Roma,IV-VI,A cura di Guido Vitali,Oscar Mondadori,Bologna,1988,p. 409.

② 一个因为军功很受尊敬的百人队长由于负债被拖过道路,吸引了一大群人去看,挤满了集议场,他的手被铁链捆住。他高声叫嚷反对贵族的专横和高利贷的残酷,以及人民的悲惨生活,那些人的美德和他遭受的耻辱。他喊道:"如果我应该看到一个我的罗马市民战友沦为奴隶,被拖进监狱,仿佛高卢人成了胜利者,我曾经用这双手拯救了元老院山也没有用吗?"此时,当着全体人民的面,他的解放者,罗马人民之父马尔库斯·曼流斯对债权人偿付了这位曾恳求神和人酬劳他的百人队长负欠的全部债务,并解脱了其镣铐。Cfr. Livio,Storia di Roma,IV-VI,A cura di Guido Vitali,Oscar Mondadori,Bologna,1988,pp. 355ss.

③ 那一年,越是由于军人的征战获得了外部平静,贵族的专横就变得越加厉害,平民的状况就变得越加悲惨,他们承担的偿付到期的债务的义务使得他们无力做任何其他的偿付,由于他们没有了任何可以用于偿付的财产,被审判和定案的平民必须以破廉耻和人身自由来满足债权人:刑罚取代了未做的偿付。Cfr. Livio,Storia di Roma,IV-VI,A cura di Guido Vitali,Oscar Mondadori,Bologna,1988,p. 409.

贝雅岩下摔死"这样的表达。只在第九表第 3 条和第 5 条中,用 Capitale 或 capite puniri 表示死刑。

因此,比较可能的解释是破产的债务人因为 capite poenas 成为债权人实际上的奴隶,在其家中或其门客的家中受强制劳动,一直到债务得到清偿为止。与这种人地位相似的有"临时奴隶"(Nexum)或"作为支配权客体者"(in mancipium),其景况可能类似于在"现行盗窃"中被抓获的人(第八表第 14 条),因为根据法学家杰流斯的说明,现行盗窃犯也要当被盗人的奴隶,被盗人对于夜盗,亦有权杀死之。

如此解释,倒比较与李维的《建城以来史》的记载相吻合。

但同时存在杀害肯定说。波兰学者扎布洛斯基认为该词的意思就是杀害。他提供了三个证据。

其一,杰流斯的《阿提卡之夜》和昆体良的《演说术阶梯》的记载,前者的 20,1,50 写道:"确实,没有比这样的规定更残暴的,更不人道的,显然,这样的超级残忍规定如果不是为了立而不用,是不会得到规定的。"① 后者的 3,6,84 写道:"确实,有些做法依自然不值得赞许,但依法允许,例如在《十二表法》中,就允许在债权人中分割债务人的尸体,这一法律后来根据公共道德被废除了。"②

以上两个史料都肯认《十二表法》中残酷对待债务人的规定之存在,但前者认为它们不过是威慑性的规定,从未得到适用机会;后者认为虽然可能适用过,但后来被废除了。

其二,在狄奥尼修斯·卡修斯用希腊文写成的《罗马史》中,也记载了在多数债权人中按其权利的比例以屠宰的方式分割债务人尸体的事

---

① Cfr. Aulo Gellio, Notti Attiche, Traduzione Italiana di Luigi Rusca, Volume Secondo, BUR, Milano, 2001, p.1313.

② Cfr. L'Istituzione Oratoria di Marco Fabio Quintiliano, a cura di Rino Faranda e Piero Pecchiura, Vol. I, UTET, Torino, 1979, p.389.

情。但这一条文"肯定从来没有实施过"。这一说明与《阿提卡之夜》中的相应说明相同。如此,人身权终于被置于财产权之上了。

其三,德尔图良在《辩护书》(Apologeticus)[①]4,9中也记载,《十二表法》中的允许债权人分割债务人尸体的残酷规范随时间的流逝因人民的意志被废除了,这一制度被"没收财产"所取代。

六、到了第 3 个集市日,应将之切成块,块大或块小,都不算诈欺。

本条规定债权人对债务人执行死刑的方式,不光杀死,而且要碎尸(Partis secanto),该词的原意是"破开、锯开"。对这一词组的经典理解是:如债权人有数人,他们可分割债务人的肢体进行分配,纵未按债额比例切块,也不以诈欺论罪。[②]

在这种解释背景下,分割尸体有何意义?债权人拿着一块易腐的尸块有什么用?

答案是以宗教制裁威慑债务人的亲友代为还债。我们知道,在罗马法中有损害投偿制度,受害人可以要求交出加害人,那么,是要交出加害人本人还是其身体的一部分?盖尤斯的一个残篇写道:"事实上,如果主人或家父因奴隶或家子的缘由受判处,他们可以交出加害人,哪怕是死的。在损害投偿之诉中受判处的主人可以把已死的奴隶作为加害人交出。他不仅通过交出整个的尸体获得免责,而且也通过交出尸体的一部分如此。因此发生了是否把头发和指甲作为尸体的一部分看待的问题。确实,人们说它们是尸体的附加部分。"[③]这样也达到了处

---

① 德尔图良于 197 年写成此书,为基督教辩护。
② 参见周枏:《罗马法原论》(下),商务印书馆 1994 年版,第 1009 页。
③ Cfr. Johannes Baviera, Fontes Iuris Romani Antejustiniani, Pars Altera, Florentiae, 1968, p. 223.

罚目的,因为被交出了尸体的人不能得到葬礼,这是一种严重的宗教制裁。为了理解这一点,大家应该记得"人道"一词的来历。《埃涅阿斯纪》卷六记述了埃涅阿斯游冥界的经过。为入冥府,首先得过一条河,该河由卡隆摆渡。埃涅阿斯看到人们有些得过,有些不得过,便问陪同他的女先知西比尔为何如此?答曰:得渡过去的是尸骨得到埋葬者;不得渡过的是其尸骨未得埋葬者。这些人必须在河岸附近徘徊100年,然后才被允许到河这边来。① 由此可以理解罗马人的"安魂"的观念。

因此,分割破产债务人的身体或尸体,意味着剥夺其葬礼权。这是严重的宗教-魔法制裁,迫于这一压力,债务人的家人和朋友会尽力为其还债,否则会影响他们在那边的命运,而且听任亲属朋友如此的人会受到破廉耻的人间惩罚,因此,他们会与债权人缔结和解避免之。这种威慑力使这一条文从来没有被实施过。

最后,在这种解释背景下,应如何理解"块大或块小,都不算诈欺"一语?在决定破产债务人的命运时,债权人内部可能发生不一致。有的要杀;有的要留。"块大或块小,都不算诈欺"的意思是:并非所有的债权人都应参加分割尸体;在分割已发生的情况下,债务人的尸体分得大或小,无关紧要。事实上,参加了分割的债权人不仅满足了自己的请求,而且因分割得到妥协者的要求也满足了。在这两种情况下,请求权都消灭。就宁愿达成和解而不参加分割的债权人而言,其他人的行为不构成诈欺。

以上为碎尸肯定说及其推演,与此并行的有财产分割说。

18世纪就有学者认为Partis secanto并非指分割债务人的尸体,而是分割其财产、服务或原本的孳息。荷兰学者宾克尔舒克(C. Van Bynkershoek,1673—1743年)在其《罗马法研究》第8卷(1767年被收入全集)中就提出了这一观点。② 1948年,意大利学者卢扎托(Gi-

---

① 参见[古罗马]维吉尔:《埃涅阿斯纪》,杨周翰译,译林出版社1999年版,第150页。
② Cfr. C. Van Bynkershoek, Observationum Iuris Romani Libros VIII, Opera Omnia, Lugduni, 1767, pp. 18ss.

useppe Ignazio Luzzatto,1908—1978年)在其《罗马的民事诉讼·法律诉讼》一书中也作如此主张。最有意思的是,当代意大利学者唐多(S. Tondo)也持这种观点。① 这样的安排,是为了避免在债权人为多数的情况下可能发生的争议。如此,债务人的财产可由发动拘禁程序的债权人分割,他先自己受偿,然后将剩余部分分给其他债权人;或由一个主要债权人进行这一分割,而其他债权人参加分配;或由分割人分割并在买受人中出售债务人财产。

在这种理解背景下,对"块大或块小,都不算诈欺"的理解,有几种可能。

1. 在债权人中分割债务人的财产,如果诸债权人之债权的价值不同,则应该不做任何诈欺地分给他们应得的。

2. 如果做此等分割,它并不符合法律,但也并非背信弃义地这样做的。

3. 分割已经丧失人格的债务人的财产的债权人,应该无诈欺地这样做。此时,不得诈欺的对象不仅是债权人之间的关系,而且是债权人与债务人间的关系。诈欺不仅涉及财产,而且涉及对无助的债务人的劳务的利用。②

第四节　第四表释义

一、对生来畸形怪状的婴儿,尽速杀之。

本条为关于家父对于初生的畸形儿享有杀害权的规定,它继承王

---

① Cfr. Salvator Tondo, Profilo di storia costituzionale romana, Parte Prima, Giuffrè, Milano,1981, p. 286.

② Cfr. Jan Zabłocki,Procedura esecutiva nella legge nelle XII tavole,In Studi in onore di Antonio Metro, A cura di C. Russo Ruggeri, VI, Jovene,Napoli,2010, p. 520.

法第 11 条:"出生之物,尊亲抱起为承认,骗人的怪胎遗弃由天命。"①上述王法可能有其希腊根源,因为斯巴达人把丑陋残缺的婴儿都从塔格图司峰上抛下去。②

本条的宗教基础是罗马人的凶兆(Prodigia)观念。地震、日食、月食、畸形的儿童和动物的出生、发现阴阳人,都被看作凶兆。③ 凶兆的出现是神发怒的结果。所以,消灭凶兆,是为了重建人与神之间的和平。

本条的社会基础是远古罗马婴儿的高死亡率。大约 28% 的婴儿

---

① Luigi Capuano 概括的王法条文如下:
1. 敬拜父祖的神,外来的迷信谣言不要听!
2. 未经占卜的事,不可以公家的名义行!
3. 夜间献祭者和为某一个人的利益颁布法律者,流放之。
4. 王,主持好圣事,保管好法律! 执行好审判! 当好战争中的统帅!
5. 元老、祭司和长官掌权,他们是平民的恩主。
6. 人民的表决呀! 你创立长官、制定法律、命令媾和与交战。
7. 城墙被认为是神圣的。
8. 以共食婚结合的男女,神圣而财运兴旺,不得享有离婚权。
9. 若妻子淫乱或犯了其他罪,丈夫和血亲一起审理,丈夫是法官和行刑人。
10. 妇女不得喝葡萄酒。
11. 出生之物,尊亲抱起为承认,骗人的怪胎遗弃由天命。
12. 父亲对子女享有最高权,允许出售和杀死子女。
13. 如果父亲三次出卖儿子,儿子从父亲得自由。
14. 孩子鞭打尊亲,尊亲痛哭流涕的,儿子要沦为尊亲的神的牺牲;如果打人的是儿媳,也要沦为尊亲的神的牺牲。
15. 恩主对门客行欺骗的,让他牺牲!
16. 如果对敌对行为两人委员会的决定提出申诉,应审理之,如果敌对行为两人委员会获胜,败者要包上头吊在不吉利的树上,在城墙里或在城墙外被鞭打。
Cfr. Luigi Capuano, Dottrina e Storia del Diritto Romano, Salvatore Marchese, Napoli, 1878, pp. 297ss.

② 参见[意]维科:《新科学》,朱光潜译,人民文学出版社 1986 年版,第 99 页,第 281 页。

③ See Ruoff-Väänänen(edited by), The Roman Public Prodigia and the Ager Romanus, In Arctos ; Acta Philologica Fennica, 7 (1972),p.140.

在满 5 岁前夭折,一半的儿童在满 10 岁前夭折。如此高的死亡率让罗马的父母狠心遗弃没有希望的孩子。他们并无基督教时代的每个新生儿都有生命权的观念。①

如何判断新生儿畸形?以弗所的索拉努斯(Soranus)为我们留下了一些提示。他先在埃及的亚历山大执业,然后在图拉真与阿德里亚努斯之间的时期(98—138 年)在罗马执业,留有《妇科学》专著。他认为首先要看妇女是否怀孕足月;其次要看出生的时间是否适当,以 9 个月的月末出生为宜;再次看婴儿脱离母体后是否哭泣以及哭泣的强度;最后看器官的完整。观其四肢是否完整,耳朵、鼻子、咽喉、尿道、肛门是否有阻塞。这些器官的功能是否正常,肢体屈合是否灵便,反应是否灵敏,等等。② 显然,上述脏器有问题的,谓之畸形。兼有两性的生殖器也属畸形。但视力、听力有障碍的,不可谓之畸形。

本条表现了家父的承认权。按照罗马的习俗,男孩生下来时,产婆将他放在地上,父亲将他从地上举起,这一占有的动作便使男孩进入到了其权力之下。如果是一个女孩,父亲便简单地吩咐抱她去吃奶。③家父的承认时间为家父权的开始时间。承认权的否定性行使就是遗弃权。日耳曼法中有类似的制度,可为理解罗马人的规定之参照。按日耳曼法,自然人的权利能力非始于出生,而是始于其父亲的养育行为:或者是把小孩从地上抱到床上,或者为其喂食,或者为其命名、洗浴等。

---

① See Jacek Wiewiorowski, Deformed Child in the Twelve Tables, In Mater Familias: Scritti Romanisticiper Maria Zabłocka, A cura di Zuzanna Bennicasa, Jakub Urbanik, Varsavia, 2016, p. 1174.

② See Jacek Wiewiorowski, Deformed Child in the Twelve Tables, In Mater Familias: Scritti Romanisticiper Maria Zabłocka, A cura di Zuzanna Bennicasa, Jakub Urbanik, Varsavia, 2016, p. 1171.

③ 参见[法]安德烈·比尔基埃等主编:《家庭史》(1,上册),袁树仁等译,三联书店 1998 年版,第 291 页及以次。

婴儿享有人格须符合两个条件,其一,具有人类之形态;其二,具有相当的生存能力,即非早产儿,甚至要求具有一定的体重。① 这种安排的客观效果是听任不健壮的婴儿死亡并杀死怪胎,实现强健民族和优生。那么,现代人能否这样做?例如对《汪洋里的一条船》的主人公郑丰喜这样做?这触碰到禁脔。罗素说,当我们谈论动物的优生时,我们显得很轻松,一谈到人的优生,话题就沉重了。这句话在罗素之前莱库古就讲过了。② 我们不得不闭眼不看或不敢看许多显而易见的事实。

在罗马,对家父行使的拒绝承认权存在限制。行使时要听取近亲的意见,违反这一习惯法限制的,要受到宗教刑的处罚:做牺牲。罗慕鲁斯的王法规定尊亲在遗弃畸形的小孩前,要给五个近邻看。③

杀婴于374年被瓦伦丁尼安(Valentinianus)、瓦伦斯(Valens)、格拉齐安(Gratianus)三个皇帝联名发布的敕令禁止(C.9,16,7)。其辞曰:如果男人或女人杀害婴儿,本敕令告诉他或她将受死刑之罚。④ 以死刑处罚杀婴,够得上严厉了。这个时候,人的权利能力始于出生的规定才出现。此前,出生并不当然导致权利能力之取得。

维科认为本条是人祭的残余。⑤ 祭谁?因何祭?他都未说,因为可靠性低,本书点到其观点,立此存照而已。

---

① 参见李宜琛:《日耳曼法概说》,中国政法大学出版社2003年版,第16页及以次。

② 参见[古希腊]普鲁塔克著,黄宏熙主编:《希腊罗马名人传·吕库古传》(上册),吴彭鹏译,商务印书馆1990年版,第105页。

③ 他强制所有的市民扶养每个男孩和头生的女孩,禁止杀死任何三岁以下的小孩,生来瘸腿或畸形的除外。尊亲在杀死这样的儿童前,先要把小孩给五个近邻看并得到他们的认可。违背此令者要被没收一半财产并处其他刑罚。Voir Denys D'Halicarnasse, Antiquités Romain, 2, 15, Sur http://remacle.org/bloodwolf/historiens/denys/livre2-2.htm, 2014 年 3 月 4 日访问。

④ See the Civil Law including The Twelve Tables, The Institutes of Gaius, The Rules of Ulpian, The Opinions of Paulus, The Enactments of Justinian, and The Constitution of Leo, Trans. and edited by S. P. Scott, Cincinnati, 1932, Vol. XV, p. 30.

⑤ 参见[意]维科:《新科学》,朱光潜译,人民文学出版社1986年版,第99页。

二、a 父亲被授予对其家子的生杀权。
b 父亲如三次出卖其儿子，该子不再处在其权力下。

本条规定了家父对家子的权力，包括生杀权和出卖权。

首先说生杀权。从词义来看，此权包括生权和死权两权，但从学者的解释和该条的适用来看，实际上只包括处死权，即家父处死自己家子的权力。当然，家父抑制自己不行使此等权力，它就转化成了生权。生杀权是家父权的核心。盖尤斯说，家父权制度是罗马人独有的。[①] 就生杀权制度来说，此言不虚。因为即使在比《十二表法》早得多的《汉穆拉比法典》中，家父剥夺子女继承权都要通过法官的认可[②]，家父更不可能不经国家同意杀死自己的孩子。希腊的家父也不曾对其子女享有这种权力。[③] 罗马的这一特色制度是罗马国家的公权力不强，家父享有家内司法权的现实的体现。家父通常在两种情形行使这一权力。其一，家子背叛国家。例如，据历史记载，在卡提林纳战争后，一些参与谋反的儿子被自己的父亲捉回杀死。[④] 这一事例证明，家父对家子处以剥夺生命刑不仅以违反家法为原因，而且以违反国法为原因。其二，家子败坏家族名誉。例如，家父可以杀死在其权力下的与人通奸的女儿以及与她通奸的人[D.48,5,21(20)][⑤]，但学者的解释把家父的这种权

[①] 参见[古罗马]盖尤斯：《法学阶梯》，黄风译，中国政法大学出版社1996年版，第20页。

[②] 第168—169条。参见法学教材编辑部《外国法制史》编写组：《外国法制史资料选编》(上册)，北京大学出版社1982年版，第37页。

[③] See R. Yaron, Vitae Necisque Potestas, In 30(1962), Tijdschrift voor Rechtsgeschiedenis, p. 244.

[④] 参见萨路斯提乌斯：《喀提林阴谋・朱古达战争》，王以铸、崔妙因译，商务印书馆1995年版，第125页。

[⑤] See The Digest of Justinian, Vol. 4, edited by Mommsen and Alan Watson, University of Pennsylvania Press, Philadelphia, 1985, p. 810.

力限定在通奸发生在他家或其女婿家时才可行使。

　　以色列学者雅农(R. Yaron)认为,生杀权的短语必定最初与一个父亲在其儿子犯了某种死罪时所具有的宽恕权有关,而非意味着后世作家所想象的随意杀人的权利。杀害的理由是家子触犯了法律明定的罪名,此时,家父可杀之,也可不杀。在后种情形,家父的生杀权就转化为宽恕权了。①

　　但家父的这种权力受圣法和监察官的限制。圣法是调整人与神之间关系的法律规范的总和,由大祭司执行,其中包括不得杀亲的戒条。② 这也许因为从宗教的角度看,家父和家子同为神的儿女,他们在神学上是兄弟,兄弟相杀,有违父神的意愿。圣法要求家父权必须仁慈地行使,不得滥用。就监察官而言,传说这一职官具有限制家父权的功能,监察官要求家父行使其权力应符合正义和仁慈,应召集家族会议审判家子或妻子,否则不能施行刑罚。粗暴对待家子、妻子和包括奴隶在内的从属者的家父、忽略子女教育的家父,被认为违反了风俗,要受到破廉耻的严厉惩罚。③

　　其次说出卖权。先要说明家父为何要出卖家子。原因一,把家中富余的劳动力出卖给他人获得收入。《十二表法》时代的古罗马无雇佣合同,劳动力紧缺的家庭需要帮手时只能到市场上购买被出售的他人家子,购买者获得买受人权,被出卖的家子保留市民权、自由权,并且保持生来自由人身份。但他们要在买受人的指挥下进行劳动,所得均归

---

①　参见[英]R.威斯特布鲁克:《〈十二表法〉的本质与来源》,白钢译,白钢主编:《希腊与东方》,上海人民出版社 2009 年版,第 161 页。See also R. Yaron, Vitae Necisque Potestas, In 30(1962), Tijdschrift voor Rechtsgeschie-denis, p. 250.

②　参见[古罗马]西塞罗:《论共和国·论法律》,王焕生译,中国政法大学出版社 1999 年版,第 223—226 页。

③　Cfr. Francesco De Martino, Storia arcaica e diritto romano privato, In Diritto economia e società nel mondo romano, Jovene Editore, Napoli, 1995, pp. 392s.

买受人所有,买受人对其有惩戒处罚权,也可将他解放或转让给第三人。当然,一旦购买了劳动力的家庭不再需要补充劳动力,被出卖的家子可通过解放程序恢复其从前的身份,此时,在被解放者与买受人间产生类似恩主权的关系。① 原因二,家父基于经济利益的考虑或其他考虑把自己的儿子永久地卖给他人为奴。这就不是雇佣合同的问题了,而是市民法上的奴隶制问题。我们知道,优士丁尼《法学阶梯》1,16,1 规定了自由人自卖为奴的制度②,它应该是家父出卖家子制度的后裔。

作为最原始的雇佣合同的标的物被出卖三次,每次都当一回准奴隶,这给家子带来很大的折磨,三次让家子承受这样的折磨,足见家父行使对子女的经济利用权的残忍,于是,三次出卖被立法者当作恩断义绝的标志用作剥夺家父的权力的理由。

尽管本条规定的是家父的自主性的范围,但它受到罗马国家的一定限制。例如,罗马的第二任王努马曾制定法律禁止出卖作为有夫权丈夫的儿子。③ 其立法理由似乎是为了维持家子稳定的家庭生活。

这一条后来也被裁判官扩张适用于出卖女儿和孙子,根据其解释,一次出卖女儿或孙子就足以使他们脱离家父权。④ 出卖家女,使之成为准奴隶或奴隶,是一种更残忍的安排,因为作为买受人权下的女工,要承受买受人的惩戒权,甚至可能被关在私牢里,而且,家女一旦为奴,还有受性利用的必然性。

---

① 参见周枏:《罗马法原论》(上),商务印书馆 1994 年版,第 235 页。
② 参见[古罗马]优士丁尼:《法学阶梯》(第二版),徐国栋译,中国政法大学出版社 2005 年版,第 73 页。
③ 参见[古罗马]第奥尼修斯:《罗马古事记》2,27 中记载的王法。Voir Denys D'Halicarnasse, Antiquités Romain, 2, 27, Sur http://remacle.org/bloodwolf/historiens/denys/livre2-2.htm,2014 年 3 月 4 日访问。
④ 参见周枏:《罗马法原论》(上),商务印书馆 1994 年版,第 47 页。

本条后来被作为解放子女的一种方式利用。家父根据解放信托将儿子卖给朋友三次,朋友解放该儿子三次,在最后一次,朋友不解放该儿子而是将他卖给家父,这一过程称买回信托。此时,家父权为买主权取代。接着,家父假装与拟定的收养人就儿子的归属发生争执,收养人为原告,通过拟诉弃权取得对该儿子的家父权。① 在这里,信托的含义有所不同,不涉及中间人。

本条规定中的买受人的范围与第三表第 5 条中规定的不同。在后者之情形,只能卖给外邦人,因为罗马人不得为罗马人之奴。在本条的情形则否,原因一,买受人权的成立要用要式买卖的形式,外邦人不可以用此等方式;原因二,本条涉及的家子本非奴隶,而是准奴隶,因此不存在罗马人不得为罗马人之奴的观念障碍。

此条后来被废除。卡拉卡拉(Marcus Aurelius Antoninus Caracalla,186—217 年)皇帝宣布买卖子女非法,但未规定相应的法律制裁。君士坦丁皇帝(Gaius Flavius Valerius Constantinus,272—337 年)规定,除饥荒时允许买卖初生的婴儿外,一律严禁买卖子女。② 这样的禁令当然更有人道色彩,也表达了国家对于特定家庭的子女的第二父亲的角色。当然,这样的角色也意味着承担义务,例如救助贫困儿童乃至贫困家庭的义务。

三、夫可令其妻携带自身物件,索回钥匙,把她逐出。

本条规定夫权,该种权力在拉丁文中以 Manus 表示,意思为"手",引申为权力的意思。在《十二表法》的时代,罗马人的婚姻分为共食婚和万民法上的时效婚,前者为贵族采用,具有宗教的意义,丈夫有夫权;

---

① 参见周枏:《罗马法原论》(上),商务印书馆 1994 年版,第 166—167 页。
② 参见周枏:《罗马法原论》(上),商务印书馆 1994 年版,第 151 页。

后者规定在第六表第 5 条,其中丈夫无夫权,因此不存在休妻问题。

本条规定的丈夫的行为性质并非离婚,因为根据王法第 8 条,共食婚不得离异①,公元前 235 年,罗马国家才允许丈夫因妻子不孕离婚。②而且,远古罗马的离婚采取原因法定主义,妻子不得主张与丈夫离婚,丈夫只能因流产、毒杀孩子、偷配钥匙和通奸主张与妻子离婚。③ 因此,本条只是丈夫简单地驱逐妻子,形成别居。别居的后果是丈夫必须把自己的一半财产给妻子,另一半给谷神或土地女神。④ 为何给谷神?谷神是创造生物并让它们生长之神。⑤ 同时保护女性从姑娘过渡为妇人,并成为母亲。⑥ 丈夫逐出妻子违反了谷神的这一旨意,所以要奉献一半的财产谢罪,这对丈夫是一种严厉的惩罚。驱逐的原因肯定是妻子做了为丈夫不喜的事情,在颁布《十二表法》之前,丈夫可以对这些事情审判定罪。现在不能审判定罪了,而仅仅能驱逐,这是一种进步。

本条具有一定的适用条件。习惯上只有在妻子不能生育或有重大过失时,才能驱逐她们。公元 2 世纪,安东尼努斯·皮尤斯(Antoninus Pius,138—161 年)皇帝颁布敕令,禁止家父片面休妻,夫权下妻子的地位才得到改善。⑦

本条还体现了一定的对妇女权利的保护:允许其携带一定的财产

---

① Cfr. Luigi Capuano, Dottrina e Storia del Diritto Romano, Salvatore Marchese, Napoli, 1878, p. 298.

② 这大概是 Spurius Carvilius Ruga 离婚案的情形。

③ See Alan Watson, Rome of the XII Tables, Persons and Property, Princeton University Press, New Jersey, 1975, p. 32.

④ See Alan Watson, Rome of the XII Tables, Persons and Property, Princeton University Press, New Jersey, 1975, p. 32.

⑤ See Barbetta Stanley Spaeth, Roman Godess Ceres, University of Texas Press, Austin, 1996, p. 2.

⑥ Cfr. The Entry of Ceres, On https://en.wikipedia.org/wiki/Ceres_(mythology), 2016 年 12 月 29 日访问。

⑦ 参见周枏:《罗马法原论》(上),商务印书馆 1994 年版,第 205 页。

离开。这里包含夫妻分别财产制的可能,这是罗马法中的法定财产制。本条谈到的妇女可以随身带走的财产似乎只包括动产,未提到其不动产嫁资。

但妻子离开前必须交还钥匙。在物资匮乏的时代,钥匙不仅是入户用的,而且是接近任何重要家产时要用的,因为家父会把衣服、粮食、酒、油等生活用品锁起来,金银财宝就更不用说了,自己持有相应的钥匙,以此作为家父权的外部征象。但妇女主要从事家务劳动,不得到这些钥匙,其工作无法进行,所以,尽管她们不是家父,仍然掌管全部或部分钥匙,以此表征其家母地位。这是一种家父的家事代理人的地位,钥匙的交付,代表了一种委任。无此等委任,偷配钥匙的妻子有家贼之嫌,要受到家法的惩罚。当然,驱逐妻子,意味着家父取消了过去有过的家事委任,故妻子要交还钥匙,以示此等委任之解销。

四、婴儿自夫死后十个月内出生的,推定为夫的子女。

本条关于后生子的父子关系推定。之所以不使用遗腹子的术语,乃因为它内在地包含"子"是"父"所遗的前提,"后生子"(拉丁文用 postumus 表示)的术语只指出子女在丈夫死后出生的事实,他可能是夫所遗,也可能是母亲的其他性伙伴的后代。正因为其来源在两可之间,所以才有以推定方式确定其来源的必要,以便为丈夫的财产找到合法的继承人。必须注意,父子关系是继承权的发生依据之一,因此,法律推定出父子关系,乃出于非常功利的目的。

本条规定客观上有利于妻子,因为父子关系推定对她来说意味着贞操推定。当然,一般的推定可以反证推翻,但对珠胎暗结这种隐秘活动的举证十分困难,直到 1953 年,DNA 的发现才解决这一问题,而《十二表法》的时代并无这种技术,因此,这种举证责任的分配有利于妻子。否则,可以个案调查的方式解决亲子关系问题,如此,法官有很大的自由,家庭内部也不平静,妇女的荣誉也受不利影响。①

本条隐含着承认遗腹子继承权的规定,体现了远古罗马法保护胎儿利益的立场,确认他们是某些情况下的权利主体。由于其合理性,为现代各国民法典广泛地继承。②

本条表明古罗马人已经懂得运用推定的立法技术。也表明他们认为人的孕育期是 10 个月。萨维尼提出孕育 182 天小孩就可以活着出生,因此立法者多给了妇女 4 个月。③ 现代研究证明 280 天是人类的合理孕育期。《波多黎各民法典草案》第二编第 274 条已在这方面做出改进规定。其辞曰:在配偶解除婚姻或别居后的 280 天内生的孩子,推定为已婚之母的丈夫的子女。④

私生子是个普遍性的问题,如何处理? 立法者的态度多是难得糊涂,古今中外,莫不如此。据报道,德国 1/5 的儿童是私生子,换言之,在当今的 1 500 万德国儿童和青少年中,大约有 300—400 万并非其父亲的亲生子,但德国最高法院仍然决定,非经孩子或幼儿本人的母亲同意,不能做亲子鉴定,秘密做的亲子鉴定不得作为证明材料提交法庭,且裁定此等行为违法甚至考虑对之进行处罚。由此,在 2003 年德国的 11 万个亲子关系案件中,只有 8 000 个案例因有争议最后由法院做出裁决。这样做,是为了避免给父亲和孩子带来剧烈的心理震荡。当然,

---

① Cfr. F. Savigny, Sistema del diritto romano attuale, Volune secondo, Tra. It. di Vittorio Scialoja, UTET, Torino, 1888, p. 383.

② 例如,《魁北克民法典》第 525 条第 1 款规定:如子女出生在婚姻期间、异性之间缔结的民事结合期间或在解除婚姻或宣告婚姻无效后 300 天内,推定其母之配偶为父。

③ Cfr. F. Savigny, Sistema del diritto romano attuale, Volune secondo, Tra. It. di Vittorio Scialoja, UTET, Torino, 1888, p. 383.

④ Véase Borrador del nuevo código civil de Puerto Rico, Sobre http://www.oslpr.org/v2/PDFS/Borrador%20 Código%20Civil%20Updated/2-%20Libro%20Segundo%20-%20Las%20instituciones%20Familiares/LibroUnited/2-%20Libro%20Segundo%20-%20Las%20instituciones%20Familiares.pdf,2016 年 12 月 23 日访问。

这也是一个保护基因信息的问题。①

《巴西新民法典》第 1600 条规定：即使妻子自认了自己的通奸，此种事实也不足以推翻父子关系的法律推定。同法第 1602 条规定：母亲的忏悔不足以排除父子关系。② 这些规定也继承了本条保护无辜儿童的立场。

第五节　第五表释义

一、妇女即使达到适婚年龄，亦受监护。

本条规定妇女的适婚后监护。男子在适婚后（14 周岁）、成年前（25 周岁）免受监护，承受保佐，也就是取得有限的行为能力。但妇女相反，在达到适婚年龄（12 周岁）后成年前，继续受监护，换言之，仍然处于完全无行为能力状态，而不是获得有限的行为能力，理由是妇女生性轻浮。③ 而且，从 25 岁以后到死，还是受监护。这一阶段的妇女监护就是成年监护了。对妇女从适婚到 25 岁的监护，以及从 25 岁到死的监护，可统称为适婚后监护。

本条经常被人解释为关于妇女终身受监护的规定，但从字面上看，本条的意思似乎是适婚的妇女不受保佐而是受监护，这点可以从优士丁尼法《法学阶梯》1，23pr. 的规定得到佐证："已适婚的男性和已具有结婚之自然能力的女性，在满 25 岁之前，接受保佐人"。这表明优士丁

---

① 参见无名氏：《德国 1/5 儿童非父亲亲生，最高法院限制亲子鉴定》，《新华时报》2005 年 1 月 28 日。
② 参见齐云译：《巴西新民法典》，中国法制出版社 2009 年版，第 252 页。
③ 参见[古罗马]盖尤斯：《法学阶梯》，黄风译，中国政法大学出版社 1996 年版，第 56 页。

尼改善了妇女的地位,允许她们在适婚后取得有限行为能力了。至于在《十二表法》的时代,妇女满 25 岁以后处于何种法律情势？答曰处于女子监护下,这种监护持续终身。周枏先生认为,女子 12 岁前受的是未适婚监护,12 岁后受的是女子监护。① 女子监护与未适婚监护不同,在前者的情形,监护人可转让监护权给第三人、女子可以选择甚至更换监护人,这些都是在未适婚监护中没有的。②

那么,谁是妇女的监护人呢？未适婚监护适用普通法;本表第 2 条规定了宗亲是女子监护的监护人,宗亲是通过父系计算亲属关系的人。他们同时是此等被监护人的法定继承人,所以,他们的监护权是对他们的继承期待权的保障。按照监护权与继承权相伴随的原则,女子若无宗亲,则受族亲的监护,因为本表第 5 条规定了族亲是宗亲之后的此等女子的法定继承人。

出嫁后,丈夫的夫权与宗亲或族亲的监护权并列,前者的对象主要是妻子的人身,后者的对象是妻子的财产。

关于监护妇女的目的,结合第 2 条来看,是保护妻子财产不流入夫家,控制妻子带到夫家的宗族财产。在分别财产制的条件下考虑这一问题,似乎这一制度并非为蔑视妇女而设,而是有十分现实的经济目的。按结构主义人类学的观点,妇女是氏族间交流的媒介,因此,这种安排表明了氏族际关系的强烈存在,类似于一个嫁到中国的美国妇女受美国领事馆监护。

所有的《十二表法》还原本都认为本条还规定了维斯塔贞女的免受监护特权。维斯塔贞女是古罗马的诸种祭司之一。她们最初为 2 人,后发展为 6 人。公元前 65 年的《关于维斯塔贞女的帕皮尤斯法》把她

---

① 参见周枏:《罗马法原论》(上),商务印书馆 1994 年版,第 256 页。
② 参见周枏:《罗马法原论》(上),商务印书馆 1994 年版,第 256 页。

们的数目增加到 20 人，该法还允许平民的女儿入选①，此前只有贵族的女儿有此资格。大祭司负责维斯塔贞女的遴选，被选者的范围是满 6 岁不满 10 岁的女孩。她们必须父母双全；言说和听力均无障碍；身体的其他部位均无缺陷；她本人或其父亲应在家父权下，即使她父亲被解放，她属于祖父支配也不可；其双亲或者双亲之一不可当过奴隶或过过低贱的生活，必须在罗马有住所。一旦获选，即脱离家父权，获得立遗嘱权。② 但她们必须承担保持童贞的义务，以便她们能恰当地接近神明。她们还要摒绝参与其他家庭的家神崇拜体系。如果失贞，将受到活埋的严厉处罚。③

维斯塔贞女 30 岁时结束服务，她们可以选择退休，回归世俗生活。也可以选择继续担任祭司，多数人选择后者。394 年狄奥多西皇帝废除异教后，起源于埃特鲁斯文化④的维斯塔贞女制度消亡。⑤

维斯塔贞女的主要职责是保持代表罗马国运的圣火不灭，另外主持或辅助主持一些庆典。此等火在黄铜容器中燃烧，维斯塔贞女要夜以继日地添加燃料维持其长燃，只在每年的 3 月 1 日（罗马的新年）熄灭一次，然后由点火僧以两根木棒摩擦起火重燃。⑥ 另外负责

---

① 参见齐云、徐国栋：《罗马的法律和元老院决议大全》，徐国栋主编：《罗马法与现代民法》第 8 卷，厦门大学出版社 2015 年版，第 216 页。

② 参见［古罗马］奥卢斯·革利乌斯：《阿提卡之夜》（1—5 卷），周维明等译，中国法制出版社 2014 年版，第 53 页及以次。

③ 参见裔昭印、冯芳：《论古罗马维斯塔贞女的性别角色和社会地位》，《上海师范大学学报》2012 年第 6 期，第 108 页及以次。

④ Cfr. Osvaldo Sacchi, Il privilegio dell'esenzione dalla tutela per le vestali (Gai. 1.145). Elementi per una datazione tra innovazioni legislative ed elaborazione giurisprudenziale, In Revue Internationale des droits de l'Antiquité, L (2003), p. 356.

⑤ 参见裔昭印、冯芳：《论古罗马维斯塔贞女的性别角色和社会地位》，《上海师范大学学报》2012 年第 6 期，第 104 页。

⑥ 参见裔昭印、冯芳：《论古罗马维斯塔贞女的性别角色和社会地位》，《上海师范大学学报》2012 年第 6 期，第 104 页。

守护圣物,如象征罗马主权的黄铜盾牌。制作祭祀用的圣咸饼。在一些宗教节日中扮演一定的角色。保管重要的文件(例如大人物的遗嘱)等。①

她们由此享有一些特权,如无须宣誓就在法庭上作证的权利。②维斯塔贞女之所以享有特权,乃因为她们代表国家进行活动,免受监护使她们具有一般妇女没有的尊严。此一说也。另外的学说认为维斯塔贞女在任期间脱离宗亲关系,由此脱离他们的监护。③ 无论如何,后来,维斯塔贞女的特权赋予被扩展到男性:优士丁尼规定:从皇帝获得最高贵族等级身份的人,立即脱离家父权(I.1,12,4)。④ 两个处置形式有异,实质相同。

本条向来受到消极的评价,但学界开展成年人监护制度的研究后,有些人把本条追溯为这一制度的起源。任毛婷就认为本条开创了成年人监护制度。⑤ 因为受监护的成年妇女可能已达老年。徐亚伟更认为本条是老年人监护的起源。⑥ 这一看来蔑视妇女的规定在今天受到正面的解释,这可能是其起草者想不到的。

但当代意大利学者奥斯瓦尔多·萨基认为:人们想象的本条关于维斯塔贞女免受监护的规定不是《十二表法》的条文,而是公元前2世

---

① 参见裔昭印、冯芳:《论古罗马维斯塔贞女的性别角色和社会地位》,《上海师范大学学报》2012年第6期,第105页及以次。
② 参见努马的王法第9条。参见[古罗马]普鲁塔克著,黄宏熙主编:《希腊罗马名人传·努马传》(上册),吴彭鹏译,商务印书馆1990年版,第141页。
③ Cfr. Chiara Medici, Ricerche sulla tutela mulierum, Tesi di dottorado dell'Università degli studi di Milano-Bicocca, 2012, p.97.
④ 参见[古罗马]优士丁尼:《法学阶梯》(第二版),徐国栋译,中国政法大学出版社2005年版,第59页。
⑤ 参见任毛婷:《成年监护制度研究》,中国社会科学院研究生院2015年硕士学位论文,第4页。
⑥ 参见徐亚伟:《老年人监护制度研究》,南京理工大学2014年硕士学位论文,第2页。

纪末到公元前1世纪初法学家的解释,他试图捣毁本条这个所谓的但书的真实性。我介绍其观点和论证如下。

萨基认为,关于这个但书的三个史料互相矛盾。普鲁塔克把它归之于第二任王努马,盖尤斯把它归之于古人,卡修斯·迪奥把它归之于奥古斯都。① 前两个史料的真实性都成问题,只有第三个可靠。

就普鲁塔克所言的真实性而言,难以想象在王政时期,让一个妇女(哪怕是女祭司)在民会订立遗嘱或订立阵前遗嘱,因为前者是从军的男性成年公民才能进入的场合,后者是大战前的军人留遗言的场合,两者都禁止女性入内,哪怕是担任祭司的妇女。可以想象的是她们可以订立称铜式遗嘱,而这种遗嘱是十人委员会时代以后才产生的。普鲁塔克把维斯塔贞女的免受监护的地位类比于享有三子权的妇女的同样地位,而妇女的三子权是阿德里亚努斯皇帝时代(117—138年在位)的《特尔图鲁斯元老院决议》授予的,努马时代的妇女不享有此等权利。所以,普鲁塔克的记述不可信。②

作为本条但书史料依据的盖尤斯《法学阶梯》1,144—145 这样说:实际上古人认为,女性即便达到了成熟年龄,由于其心灵的轻浮,均应受到监护……我们所说的这些不适用于维斯塔女神的祭司;古人也希望这些担任祭司职务的女性是自由的;《十二表法》也这样规定。意大利学者西里奥·索拉兹(Sirio Solazzi,1875—1957年)认为这一法言经

---

① Cfr. Osvaldo Sacchi, Il privilegio dell'esenzione dalla tutela per le vestali (Gai. 1. 145). Elementi per una datazione tra innovazioni legislative ed elaborazione giurisprudenziale, In Revue Internationale des droits de l'Antiquité, L (2003), p. 321.

② Cfr. Osvaldo Sacchi, Il privilegio dell'esenzione dalla tutela per le vestali (Gai. 1. 145). Elementi per una datazione tra innovazioni legislative ed elaborazione giurisprudenziale, In Revue Internationale des droits de l'Antiquité, L (2003), pp. 323s.

过了添加。① 萨基经过考证,认为盖尤斯在这一法言中提到的古人不过是昆图斯·穆丘斯、塞尔维尤斯·苏尔毕求斯·路福斯、拉贝奥等人,是他们而不是《十二表法》认为维斯塔贞女不应受监护。② 这些大家这么认为也有道理,因为地位高贵的僧侣受地位相对低的一个俗人监护,显得不伦不类。至于盖尤斯上述法言中的最后一句话,萨基认为出于盖尤斯的把解释当规范。③ 这就是说盖尤斯出错了,因为拉贝奥在其《论祭司》的专著中以及其《论〈十二表法〉》中研究过维斯塔贞女的法律地位,探讨了她们订立遗嘱的能力以及根据他人遗嘱接受遗产的能力,但没有提到她们免受监护。这说明《十二表法》中没有维斯塔贞女免受监护的规定。④

而卡修斯·迪奥在其《罗马史》56,10,2 中提供的史料是可靠的。其辞曰:奥古斯都把赋予生了三个孩子的妇女的所有特权都扩展于维斯塔贞女。因为奥古斯都以立法打击男女独身,维斯塔贞女在退休前属于独身者。为免她们遭受此等打击,授予她们这一特权解毒。⑤ 并

---

① Cfr. Osvaldo Sacchi, Il privilegio dell'esenzione dalla tutela per le vestali (Gai. 1. 145). Elementi per una datazione tra innovazioni legislative ed elaborazione giurisprudenziale, In Revue Internationale des droits de l'Antiquité, L (2003), p. 327.

② Cfr. Osvaldo Sacchi, Il privilegio dell'esenzione dalla tutela per le vestali (Gai. 1. 145). Elementi per una datazione tra innovazioni legislative ed elaborazione giurisprudenziale, In Revue Internationale des droits de l'Antiquité, L (2003), p. 332.

③ Cfr. Osvaldo Sacchi, Il privilegio dell'esenzione dalla tutela per le vestali (Gai. 1. 145). Elementi per una datazione tra innovazioni legislative ed elaborazione giurisprudenziale, In Revue Internationale des droits de l'Antiquité, L (2003), p. 333.

④ Cfr. Osvaldo Sacchi, Il privilegio dell'esenzione dalla tutela per le vestali (Gai. 1. 145). Elementi per una datazione tra innovazioni legislative ed elaborazione giurisprudenziale, In Revue Internationale des droits de l'Antiquité, L (2003), p. 349.

⑤ Cfr. Osvaldo Sacchi, Il privilegio dell'esenzione dalla tutela per le vestali (Gai. 1. 145). Elementi per una datazione tra innovazioni legislative ed elaborazione giurisprudenziale, In Revue Internationale des droits de l'Antiquité, L (2003), p. 352.

刺激妇女参加祭司团。①

那么,维斯塔贞女的法律地位到底如何？萨基认为,她们是出家人而已。② 出家,就是不受世俗规则的管辖,进入神法的管辖。确实,维斯塔贞女在法律上没有任何的亲属,以至于她们在还俗结婚时要国家赠予嫁资。监护是世俗法的制度,不能适用于僧侣。在祭司团内,她们也有人保护她们,努马就是维斯塔贞女的监护人,尤其在她们年幼的情况下,但那不叫监护,而是别的东西。对维斯塔贞女使用监护的术语,有概念越位之嫌。

我赞同萨基的分析,所以取消了本条关于维斯塔贞女免受监护的但书,但考虑到既有的还原和解释传统,我仍介绍这个传统的但书。

二、在宗亲监护下的妇女,其所有的要式移转物不能通过时效取得；妇女经监护人同意交付的物,除外。

本条是关于受宗亲监护下的妇女的行为能力的规定,区分要式转移物和非要式转移物确定妇女的行为能力的范围。要式转移物是对早期的罗马社会和经济曾具有至关重要的意义的物,对它们的转让必须采取要式买卖或拟诉弃权的形式,这些物有土地、房屋、奴隶、驮畜、乡村地役权等,其他物为略式转移物,其移转可以采用交付的方式,妇女可以自由处分它们。处分要式转移物必须经监护人同意,擅自处分的,绝对无效,此等无效性不得因时效期间的完成得到涤清。所以,本条属于法律家长制规定,通过把妇女的要式移转物设定为物的能力有缺陷

---

① Cfr. Osvaldo Sacchi, Il privilegio dell'esenzione dalla tutela per le vestali (Gai. 1. 145). Elementi per una datazione tra innovazioni legislative ed elaborazione giurisprudenziale, In Revue Internationale des droits de l'Antiquité, L (2003), p. 359.

② Cfr. Osvaldo Sacchi, Il privilegio dell'esenzione dalla tutela per le vestali (Gai. 1. 145). Elementi per una datazione tra innovazioni legislative ed elaborazione giurisprudenziale, In Revue Internationale des droits de l'Antiquité, L (2003), p. 358.

保护妇女的利益。

本条表现了分别财产制为《十二表法》时代的罗马的法定夫妻财产制,共同财产制为日耳曼法的制度,通过《法国民法典》传入大陆法中。妻子的财产由嫁资构成。它是女方家父或第三人在女儿出嫁前给予女儿的赠予。初,其目的在于抵偿女儿所丧失的对父亲和宗亲的继承权。后转为具有维持妻子的婚姻生活的基金的用意。丈夫对妻子的嫁资有用益权,但无所有权,在离婚时,负返还的义务。本条告诉我们,在夫妻关系存续期间,妻子对嫁资中的重要财产经娘家人同意才可进行处分,由此蕴含了娘家人的权利与夫权的冲突。本条采用了保护娘家人权利的立场,以他们的权利来制约夫权,表明了当时婚姻的家族际关系性质。

为何要由宗亲担任监护呢?因为妇女无家父权,因此,她们没有第一顺位的法定继承人;通常情况下作为第二顺位法定继承人的最近亲等的宗亲就是她们的第一顺位法定继承人[1],所以,如果妇女滥用自己的财产,对其宗亲的期待权是一个损害。

本条还表现了取得时效制度在当时的意义:使形式有缺陷的交易获得法律效力。取得他人财产的制度是长期占有。取得时效制度最初为解决未以要式买卖或拟诉弃权而只以交付转让要式转移物情况下的受让人不能取得市民法上的所有权问题而设[2],此等不能造成事实物权与法定物权的背离,这种背离长期持续下去有碍财产关系的确定性,所以,法律对不守法律程式者进行薄惩后予以妥协,换言之,通过取得时效制度把脱法行为合法化。但为了保护妇女的利益,不允许她的交易相对人利用这种脱法机制。因此,本条对妇女的刻意保护牺牲了时

---

[1] 参见周枏:《罗马法原论》(下),商务印书馆1994年版,第501页。
[2] 参见[古罗马]盖尤斯:《法学阶梯》,黄风译,中国政法大学出版社1996年版,第90页。

效制度的普遍性。

本条还把妇女所有的要式转移物设定为物的能力有缺陷的一种情形,以此限制取得时效的适用,减少这一制度的毒性。

还要说的是,要式转移物与略式转移物的分类后来为优士丁尼法废除。原因一,随着经济的发展,动产具有更大的价值,过去认为重要的属于要式转移物的财产现在认为不那么重要;原因二,要式转移物所依附的要式买卖和拟诉弃权的法律行为形式那时已经废除,导致这种区分没有实质意义。但是,现代民法实质上还是有要式转移物与略式转移物的分类的,对于前一种物的移转,要经过公证认证等要式形式,对于后一种物则否。

197 年,鲁提流斯(P. Rutilius Calvus)裁判官(公元前 166 年在任)颁布告示更改本条规则:受让人如明知被监护女子未经监护人同意做转让的,他亦可因时效的完成受法律的保护,但女子可于时效完成前以原价赎回标的物。这称为"鲁提流斯取得时效"。① 它折中了保护妇女和保护交易安全两种需要。

最后要说的是,取得时效使形式有缺陷的交易获得法律效力的功能可以复活于当代,用来解决事实物权向法定物权的转化问题。事实物权,例如建造人对违章建筑享有的权利;法定物权,即得到法律认可的所有权。② "事实"与"法定"长期脱离不妥,应通过不太长的时效期间完成前者向后者的转化,正犹如事实婚姻要通过一定期间的身份占有转化为合法的正式婚姻。

---

① 参见周柟:《罗马法原论》(上),商务印书馆 1994 年版,第 348 页。
② 参见董学立:《不动产物权登记生效制度的实践困境与未来出路》,《2015 年第三届比较民商法与判例研究两岸学术研讨会论文集》2015 年 4 月 25—26 日,上海,第 317 页及以次。

三、以遗嘱处分自己的财产，或为其所属指定监护人，具有法律上的效力。

本条中的"遗嘱处分"原文为 Legare，在现代语言中是"遗赠"的意思，但在拉丁文中，首先是"托付""以遗嘱遗留"的意思，然后才是"遗赠"的意思。尽管如此，I.2,22pr.倾向于把这个动词理解为"遗赠"。① 如此，则缩小了本条的涵盖范围。可能基于对这种后果的顾虑，多数人把这个动词宽泛地解释为"遗嘱处分"，但优士丁尼的解释应更权威。从这个角度看，在《十二表法》的时代，允许遗嘱人把所有遗产都开支为遗赠，毫无特留份的概念。直到公元前 40 年的《关于遗赠的法尔其丢斯法》(Lex Falcidia de legatis)之后，才有法定继承人的 1/4 的特留份之设。优士丁尼在其于 536 年制定第 18 号《新律》中将这一份额提高到了 1/3，遗赠自由的范围逐步缩小。②《巴西新民法典》则把特留份占遗产额的比例提高到 1/2（第 1789 条）。③

所以，本条体现了遗嘱自由原则④，与第六表第 1 条和第 6b 条参看，确认了死因法律行为的效力。遗嘱制度可能来自梭伦立法。⑤ 雅典古法不许公民立遗嘱，梭伦准之，但只能用遗嘱收养子女。⑥ 看来，

---

① 参见[古罗马]优士丁尼：《法学阶梯》（第二版），徐国栋译，中国政法大学出版社 2005 年版，第 249 页。
② 参见徐国栋：《优士丁尼〈法学阶梯〉评注》，北京大学出版社 2011 年版，第 311 页及以次。
③ 齐云译：《巴西新民法典》，中国法制出版社 2009 年版，第 280 页。
④ 韦伯认为，在历史上只有罗马共和时期和英国法中存在完全的实质上的遗嘱自由。参见[德]韦伯：《经济与社会》（下），林荣远译，商务印书馆 2003 年版，第 47 页。
⑤ 参见[古罗马]普鲁塔克著，黄宏煦主编：《希腊罗马名人传·梭伦传》（上册），吴彭鹏译，商务印书馆 1990 年版，第 189 页。
⑥ 参见[法]孟德斯鸠：《论法的精神》（下册），张雁深译，商务印书馆 1963 年版，第 201 页。

雅典的立法限制遗嘱自由,强调继承的社会功能。

本条与以下两条的位置体现了《十二表法》的遗嘱继承优先的原则。为什么要规定遗嘱继承优先？因为立遗嘱权是财产处分权的延伸,遗嘱的不公开性也使它成为遗嘱人手里的调节继承人行为的秘密武器。而罗马人的法定继承人的范围过于宽泛,过于不确定,所以很难符合被继承人的意旨。

本条还表现了罗马人遗嘱的通常内容,除了指定继承人和处分财产外,还安排人事。为"所属"指定监护人有两种可能:其一,为其子女指定监护人;其二,为其财产指定监护人,后者似乎难解,但现代法中也有此制度,不过叫作财产保佐而已。由于遗嘱中具有非财产内容,所以很难把继承法称为完全的财产法,实际上,继承法的精神也与财产法的精神不一样,前者体现人与人之间的互助,具有无偿性,后者体现人与人之间的争利,具有有偿性。

四、无遗嘱而死者,又无自权继承人的,其遗产归最近的宗亲。

本条转入规定无遗嘱继承。请注意,罗马人不使用法定继承的术语,他们使用的无遗嘱继承的术语本身揭示了法定继承的补充性,也即在死者未订立遗嘱或虽订立但因种种原因无效的情况下才进行的继承。

本条规定了在无遗嘱继承情形中法定继承人的如下顺位:

1. 自权继承人(又称家宅继承人、当然继承人)。是在家父死时处在其权力下,由于其死亡成为自权人的卑亲属。具体而言,包括婚生子女、养子女、有夫权婚姻的妻子(她处于女儿的地位)、处于家父权下的孙子女。他们由于处于家父权下,无可选择地成为继承人,不存在拒绝或接受遗产问题,因此称为当然继承人。可以看出,这一顺位的法定继承人实际上分为两个亲等。同一亲等的这类继承人,如婚生子女、养子女、有夫权婚姻的妻子平均分配遗产,处于家父权下的孙子女是第二亲等的这类继承人,以代位继承的方式继承其父的遗产,他们按房分配遗产而不是均分。①

2. 最近的宗亲。宗亲确系共同祖先的后代。"最近的宗亲"的用语证明宗亲有亲等。宗亲并非当然继承人,因此在开始继承遗产前要经过接受的程序。这一亲等有数人的,遗产均分;已死亡、不能或不愿继承的,不导致代位继承。最近的亲等因为亲属的死亡和出生不断变化,确定最近亲等的时间是无任何继承人根据死者遗嘱接受遗产的事实得到确定的时间。最近亲等的不确定性是罗马人厌恶法定继承的重要原因。

五、如无宗亲,族亲享有遗产。

本条规定了族亲为第三顺序的法定继承人。族亲是使用同样的族名(罗马人姓名的第二部分为族名)的人。族亲无亲等,证明同族人不见得是同一祖先的后代。族亲众多,如何分享同族人的财产?对此有集体享有说和个人享有说的对立。意大利学者马里奥·塔拉曼卡认为:氏族集体对此等遗产享有诉权,但只有氏族中的单个人获得遗产。② 也许因为氏族中的许多人达不到西塞罗提出的族亲的要件:生来自由人、未受过人格减等。③ 但也有人认为此等遗产成为氏族的集体财产。④ 因为在全体族人中分割一份遗产不容易做到,而且也损害

---

① 参见周枏:《罗马法原论》(下),商务印书馆1994年版,第500页。
② Cfr. Mario Talamanca, L'acquisto dell'eredità da parte di gentilis in XII TAB, In Studi per Giovanni Nicosia, vol. I, Giuffrè, Milano, 2007, p. 295.
③ Cfr. Lorenzo Franchini, La desuetudine delle XII tavole nell'età arcaica, Vita & Pensiero, Milano, 2005, p. 38.
④ Cfr. C. Masi Doria, "Libertinitas e successione gentilizia," In 27 (1999), Index, p. 36. Cfr. G. Franciosi, Gentiles familiam habento. Una riflessione sulla cd. Proprietà collettiva gentilizia in ricerche sulla organizzazione gentilizia romana, G. Franciosi(curator), V. III, Napoli 1995, p. 49.

遗产的经济价值。尤其对继承来的土地进行集体控制做得到，事实上，罗马的氏族曾经是有自己的土地的。①

这是一个宗族主义的法定继承人顺位安排，继承人人数众多，不特定。否定了血亲，例如母亲、被解放的子女的继承权，后人因此做了一些纠正这些偏颇的改革。② 族亲继承被大祭司法限定为只能在极端情况下适用。③

这两条有一个法律版和两个文学版两个版本留给我们。法律版是《摩西法与罗马法合论》16,4,2：如果死者无宗亲，则族人取得其家产。文学版之一是西塞罗的《论寻找》2,148：如果家父无遗嘱而死，其家产和金钱归其宗亲和族人。④ 文学版之二是昆图斯·科尔尼福丘斯的《献给盖尤斯·赫瑞纽斯的修辞学》1,23,10：根据法律，如果家父无遗嘱而死，其家产和金钱归其宗亲和族人。⑤ 两类版本的差别在于，法律版只把遗产作为继承的客体，文学版则把家产（Familia）和金钱都作为继承的客体，如此做可能出于古人的表达习惯。此处的家产，指要式移转物。金钱，则指略式移转物。继承前者，意味着要承担家祭。⑥

法律版较晚，文学版较早。何者为真？多数学者认为法律版较为可靠，因为法学家比演说家可能更了解《十二表法》的文本，但也有少数

---

① See Carlos Felipe Amunátegui Perelló, The Collective Ownership and Heredium, In Revue Internationale des droits de l'Antiquité, LVII (2010), p. 64.

② 参见［古罗马］优士丁尼：《法学阶梯》，徐国栋译，中国政法大学出版社 1999 年版，第 275 页及以次。

③ Cfr. Lorenzo Franchini, La desuetudine delle XII tavole nell'età arcaica, Vita & Pensiero, Milano, 2005, p. 37.

④ See Cicero in Twenty-Eight Volumes, II, De Inventione, De Optimo Genere Oratorum, Topica, Translated into English by H. M. Hubbell, Cambridge, Massachusettes, Harvard University Press, London, William Heinemann LTD, 1976, p. 316.

⑤ 参见王晓朝译：《西塞罗全集·修辞学卷》，人民出版社 2007 年版，第 15 页。

⑥ Cfr. Carlo Pelloso, Ius, Nomos, Ma'At: L'Emersione del Diritto nel Mondo Antico, Tesi di dottorato di Dipartimento di storia e filosofia del diritto e diritto canonico dell'Università di Padova, 2010, p. 100.

学者认为,文学版更可靠,因为其作者生存的时间更靠近《十二表法》生效的时期。

本书对第 4 条采用通行的译法,列维·布律尔的译法是"无遗嘱而死的,即没有任何当然继承人被指定为继承人的,其遗产由最近的宗亲享有"。① 这种译法认为当然继承人并不当然继承,而要经过指定,似乎有违众人对"当然继承人"一词的理解。

六、无遗嘱监护人的人,宗亲为其监护人。

从体系来看,本条与第 3 条相联系,为关于未适婚人的法定监护人的规定,体现了遗嘱监护优先的原则,规定只有在无遗嘱监护人的情况下才由宗亲担任监护人,因为按自然理性,遗嘱人被设定为知道谁能最好地照顾自己的子女的人,其安排被认为对被监护人最有利。

宗亲被设定为法定监护人,是为了保障他们的继承权的实现,因为他们是法定的第二顺位的继承人。在被继承人为未适婚人的情形,由于这种人不可能有自己的子女,宗亲实际上是第一顺位的法定继承人。监护人的活动包括财产管理和人身照料两个部分,就前者而言,他们对被监护人财产的管理有利于防止此等财产被滥用或流失,从而不至于使其继承期待权落空。

本条体现了继承法中的权利义务相一致原则。I.1,17pr. 规定,在通常情况下,哪里有继承权的利益,哪里也应有监护的负担。② 但这种权利义务一致原则与我国的对应物不完全一致,后者中的义务指为遗产做的贡献,前者中的义务为监护过被继承人。把这一原则贯彻到

---

① See John Crook, Patria Potestas, In The Classical Quarterly, New Series, Vol. 17, No. 1(May, 1967), p.118.

② 参见[古罗马]优士丁尼:《法学阶梯》(第二版),徐国栋译,中国政法大学出版社 2005 年版,第 75 页。

底,族亲也有继承无遗嘱监护人的人的机会,因为他们也当在宗亲之后承担对这些孩子的监护。本法对此无明文规定,但隐含性的规定是有的。

七、a 如果是精神病人,对其财产和人身的权力,应归属于宗亲和族亲。

b 但如果没有照管……

c 禁止浪费人管理自己的财产,并将其置于宗亲的保佐下。

本条是关于精神病人和浪费人保佐的规定。规定了精神病人的保佐人的顺位为:1.宗亲;2.族亲。规定了浪费人的保佐人的唯一顺位为:宗亲。

看到本条,首先让我们感到惊异的是其规定与现代民法相应规定的不同。至少在我国民法中,精神病人是受监护而非受保佐。按现代人的理论,保佐与监护的区别在于:前者适用于限制行为能力人,后者适用于无行为能力人。在这一框架下,必须把精神病人说成是限制行为能力人才能说通,但罗马人并不如此理解精神病人。我们与罗马人发生如此差异的原因在于我们和他们对监护的理解不同。按塞尔维尤斯的定义,监护是为保护由于年龄不能保护自己的人,由市民法授予和允许的对自由人的权利和权力(I.1,13,1)。[①] 因此,在罗马法上,监护只是给予年幼者的保护。对于精神病人,只好适用保佐制度了。

必须指出的是,罗马法认为精神病状态为事实问题,不需要经过宣告就对其实施保佐。而按现代民法,要先宣告精神病人禁治产才可以

---

① 参见[古罗马]优士丁尼:《法学阶梯》(第二版),徐国栋译,中国政法大学出版社2005年版,第65页。

为他们设定保佐。但即使在罗马法中,浪费人的确定要经过宣告,宣告的条件有二:第一,浪费的是祖产,即所谓的 Patrimonius,浪费自己的钱财的,不算,因此,这种保佐保护的是法定继承人的利益。[①] 但到共和末叶,浪费人的意义不再像过去那样狭隘,只要是滥用财产的人,不问其财产的来源如何以及有无宗亲,都要为之设置保佐。因为如果公民滥用资财,对国家也是一种损失,而浪费人最终必成赤贫,成为社会的负担。在浪费人方面,物资枉用,害及家属,最终会累及自己,也应加以控制,自不应限于祖产和有无宗亲[②]。第二,有法定继承人。[③] 如果不具备第二个要件,保佐就不必要了,因为这种制度恰恰是为了保护法定继承人的期待权的。

从本条可见,最初的保佐对象仅有精神病人和浪费人,后来裁判官法把保佐扩张适用于精神耗弱人、聋哑人以及老弱不能处理自己事务的人。共和末叶,又为已适婚但未成年的人设置了保佐人。[④]

被保佐的浪费人具有有限的行为能力。裁判官承认其具有准适婚人即相当于儿童的行为能力,可以为对自己有利的、不负义务纯获利益的行为。帝政后期,浪费人的行为能力进一步扩大,可以经保佐人同意缔结合同。[⑤]

b 条是对 a 条的补充,说明精神病人归宗亲和族亲保佐的条件是"没有照管",这里应该指的是家父的照管,家父死亡或丧失照管能力的,宗亲和族亲才承担保佐责任,所以,他们还是起家父责任的补充责任人作用。

---

① 参见周枏:《罗马法原论》(上),商务印书馆 1994 年版,第 136 页。
② 参见周枏:《罗马法原论》(上),商务印书馆 1994 年版,第 283 页。
③ 参见周枏:《罗马法原论》(上),商务印书馆 1994 年版,第 125 页。
④ 参见周枏:《罗马法原论》(上),商务印书馆 1994 年版,第 262 页。
⑤ 参见周枏:《罗马法原论》(上),商务印书馆 1994 年版,第 284 页。

本条规定宗亲和族亲担任保佐人,仍然贯彻了权利义务一致原则,隐含"哪里有继承的利益,哪里就有保佐的负担"的命题。

八、当了罗马公民的解放自由人无遗嘱而死的,如无自权继承人,其遗产归恩主所有。……从这个家庭……转到那个家庭……

本条规定非亲属间的继承问题。尽管解放自由人与奴隶主之间并无亲属关系,后者仍成为前者的第二顺位的法定继承人。

本条中"当了罗马公民的解放自由人"一语让人有"未当上罗马公民的解放自由人"的想象空间。按照后世的优士丁尼的解释(I.1,5,3),在《十二表法》的时代,被解放者获得解放者同样的身份,也就是成为自由人和罗马公民。所以,应认为在《十二表法》时代,所有的被解放奴隶都可获得罗马公民权。后来,有的被解放者取得优纽斯拉丁人的身份,有的获得降服人身份,总之,不能获得罗马公民身份。直到优士丁尼于531年颁布敕令,才废除了优纽斯拉丁人的身份和降服人身份,使被解放者一律获得罗马公民权,由此恢复了本条的体制。①

本条也证明了解放自由人法律情势的劣后,因为普通的罗马公民的法定继承采用第4条和第5条规定的顺位,这是普通法,而解放自由人采用本条规定的顺位,这是特别法。根据本条的规则,解放自由人的宗亲和族亲——如果有的话——被剥夺了法定继承权。为何如此?因为解放的性质是赠予自由权这种无体物。而赠予通常被人误解为无偿的,实际上,赠予从来都是有偿的,不过投入-回报的时间链更长、两者间的比例更宽松而已。在我看来,本条就是对解放自由人的法定报偿

---

① 参见[古罗马]优士丁尼:《法学阶梯》(第二版),徐国栋译,中国政法大学出版社2005年版,第27页及以次。

要求。此外,解放自由人还要承担其他的报偿恩主的义务:如不得传唤他去法院,这就是西方的容隐制度。尽管如此,解放自由人毕竟是自由人,他仍然有把遗产留给自己的当然继承人的机会。只有在这一顺位的继承人阙如时,其遗产才成为对恩主的酬报。

随着时代的变迁,监护成为一种负担而非利益。后世法学家对本条进行体系解释:提出"哪里有继承权的利益,哪里就应该有监护的负担"的命题,据此认为恩主应承担解放自由人的监护(I.1,17pr.)。① 这种学说后来成为了法。

"从这个家庭转到那个家庭"何义?我认为是关于恩主权的移转的规定。恩主可以将自己对解放自由人的如上权利以遗嘱移转给自己的子女(I.3,8pr.)②,由此被分配的解放自由人成为该子女的解放自由人,其遗产在无当然继承人时归他。

九、继承的债权和债务,依法按其继承的遗产份额分派给继承人。

本条为关于遗产分配的规定,区分了现实遗产和期待遗产、积极遗产和消极遗产。所谓期待遗产,指死者财团的债权;所谓的消极遗产,指死者财团的债务。按本条的规定,期待遗产和消极遗产要按继承人继承的现实遗产的比例分派给他们,这就贯彻了享受利益者也要承受负担的原则,具体而言,积极遗产的继承与消极遗产的继承必须成比例。同时也确立了期待遗产的继承与现实遗产的继承成比例的原则,以便把死者财团的风险均匀地分配给各继承人。这样的规定似乎表示

---

① 参见[古罗马]优士丁尼:《法学阶梯》(第二版),徐国栋译,中国政法大学出版社2005年版,第75页。

② 参见[古罗马]优士丁尼:《法学阶梯》(第二版),徐国栋译,中国政法大学出版社2005年版,第325页。

了《十二表法》的遗产分配程序与现代民法典的不同,后者先整理遗产财团,有净值时才分配遗产,否则宣告继承破产,不会发生对继承人分派债权和债务的问题。

由于本条假定债权和债务都可按比例分割,所以本条确立了债的可分性原则。本条适用于可分之债当然没有问题,但适用于不可分之债则十分困难,例如给付特定物之债、行为之债,都是不可分之债,对这些事项无规定是本条留下的漏洞。我认为,在这些场合,如果死者是债务人,继承人不能共同代他履行此等债务,此等债务在他死后变成赔偿责任金,可以由各继承人分摊。如果死者是债权人,各继承人也不能分割此等债权分别受领履行,因此,也必须把这些债权转化成可以分割的金钱然后分割。在这两种情形,事理之性质都要求本条的两个执行前提:第一,在死者死亡与各继承人实际得到遗产之间,必须有一个缓冲阶段,其间至少应完成请求权的转化;第二,参与分配的各继承人不能决定自己的应受分配份额,因此,本条必然要求一个遗嘱执行人或遗产分割人。

本条规定的诉权由一个继承人对其他共同继承人提起,法官做出分配裁判,划定各继承人的遗产份额。分得债权债务的继承人,实际上承担了被继承人的债,所以,本条也是债的移转制度的滥觞。

十、遗产的分割,设遗产分割之诉处理。

本条创立了遗产分割诉权,这是一种要求法官或仲裁员之诉,由一个或数个继承人对其他共同继承人提起,继承人彼此互为原告和被告,委派的法官做出分配裁判,划定各继承人的遗产份额。在分割被继承人的积极财产的同时,也要分摊被继承人的债务。分派的对象还有已收取的遗产的孳息、维护遗产的有益费用。受遗赠人也可参与此等诉讼并取得自己的受赠物。尤其是先取遗赠(即遗赠不参与遗产分割的物)的受遗赠人可提起此诉,从共同继承的遗产中提取受赠物。分割的方式是价值分割,即划定每个分割参与人可得遗产价值的比例,操作时实行实物分割,各继承人所得实物价值高于或低于其应得的遗产比例的价值的,通过找补的方式解决。换言之,多得实物者以金钱找补少得实物者。对于某一实物大家都有兴趣的,以竞标定归宿。也可以给竞争的一方空虚所有权,另一方用益权的方式达成分割。此诉不仅适用于遗嘱继承和无遗嘱继承,而且适用于根据元老院决议和皇帝敕令发生的继承,甚至适用于依据裁判官法的遗产占有。

  本条是排除家族共有的规定。死者死后,其共同继承人可以选择不分割遗产,形成所谓的不分遗产的共同体。这是合意合伙之外的一种合伙,它在家父死后于各继承人之间形成,很多时候是一种兄弟间的合伙。① 这种合伙很可能由一个居于长子地位的继承人接替死去的家父对之进行管理,他享受其前任的权力,也承担其保护家族成员之安全的职责。因此,这种合伙主要把家族的最高权力的移转作为继承的标的,财产继承只是附带的。② 由此形成对国家权力的威胁,因此受到了国家立法的禁止,不妨可以把本条看作这种禁止的表现。此等禁止产生了效果,以至于2世纪的法学家盖尤斯在其《法学阶梯》中谈到不分遗产的共同体制度时,已使用"从前"(Olim)的时间状语,并谈到了其违背当事人意志的性质。③ 稍晚的乌尔比安(170—228年)更是在其《萨宾评注》第30卷中说:"任何人都不得将其继承人当作本来的合伙人

---

  ① 参见[古罗马]盖尤斯:《法学阶梯》,黄风译,中国政法大学出版社1996年版,第254页。

  ② 参见[意]彭梵得:《罗马法教科书》,黄风译,中国政法大学出版社1992年版,第421页。

  ③ 参见[古罗马]盖尤斯:《法学阶梯》,黄风译,中国政法大学出版社1996年版,第254页。

一样,要求其成为合伙的继承人"①,这无非是说,将死的家父不得要求其自权继承人彼此结成合伙关系。立法者这样安排的主要目的显然是瓦解大家族,只允许存在核心家庭——这种家庭是本条适用的必然效果。

前条要求的遗产分割人在本条终于出现了,是通过诉讼要求法官或仲裁员承担这一职责,这与现代民法不同,现代的遗产分割不采用诉讼形式,而是由指定的遗嘱执行人或遗产分割人执行。两者为何有如此区别？因为本条只适用于分割标的物为不可分物且当事人对分割有争议的情形,而现代民法的相应规定只适用于当事人对分割无争议的情形。

但并非所有的遗产都可依本条进行分割,墓地就不可分割,仍然属于家族成员共有。

---

① D. 17,2,35. See The Digest of Justinian, Vol. 2, edited by Mommsen and Alan Watson, University of Pennsylvania Press, Philadelphia, 1985, p. 502.

第四章 《十二表法》后五表解读

第一节 第六表释义

一、实施债务口约或要式买卖的,按宣告的言辞具有法律效力。

本来还原依据的史料是费斯都斯的《论字义》173。其中的债务口约的拉丁文是 Nexum,要式买卖是 Mancipium。Nexum 来自于动词 nectere,意思是"编织、束缚"。该词在法律上有两意。其一,指一种交易形式,订立中,要用铜和称,五名证人和一名司秤。用铜,按照胡希克 (Philipp Eduard Huschke,1801—1886 年)的说法,乃因为 Nexum 起源于借贷,在铜块作为货币的时代,出借人当着证人的面称量铜锭,然后交给借贷人。铸币取代铜块后①,借贷成为拟制性的,但当着证人称铜的仪式被保留下来。② 五名证人是罗马的五个等级各自的代表,象征全体罗马人民在场见证这一交易,以昭慎重。③ 在交易中,当事人都

---

① 公元前 335 年左右罗马人开始使用铜币取代铜块。
② Voir P. Liuveun. Nim, Nexum ou Nexus, In Le Dictionnaire Des Antiquités Grecques Et Romaines De Daremberg et Saglio, Sur http://dagr.univ-tlse2.fr/sdx/dagr/feuilleter.xsp? tome= 4&numPage=81&nomEntree =NEXUM&vue=texte,2014 年 2 月 28 日访问。
③ 参见周枏:《罗马法原论》(上),商务印书馆 1994 年版,第 340 页。

必须说这样的套语:"若某某债务人到期不将某款项归还,应将他收为奴隶,使役之、出卖之、杀戮之"。① 此语宣示的是违约责任。通常把这种交易形式称为债务口约,初用来借钱,后扩大为适用于所有可计量之物的借贷,成了普通的消费借贷契约。② 甚至被用于缔结买卖、赠予、设立嫁资等。③ 其二,债奴,上述套语中规定的三"之"也是家父对家子的权力④,所以,还不起债,其后果是当债权人的儿子。或曰,债务口约的违约后果是变成债奴。所以,Nexum 一词也有这方面的含意。瓦罗对它的解释是:"一个在能还清自己所负债务之前,像奴隶那样干活的自由民,叫作 Nexum"。⑤

本条中的要式买卖的拉丁文是 Mancipium。该词有两义。其一,与 Mancipatio(要式买卖)同义,是 Mancipatio 的较早形式。⑥ 其二,指支配权。按瓦罗的说法:"Mancipium 就是用手拿到的东西。"⑦所以,该词是所有权的意思,但它不能与现代的所有权等量齐观,是相当于"地域主权"的所有权。⑧ 之所以与现代的所有权概念不同,乃因为该词意指的权力不仅涵盖家父管领下的财产,而且涵盖他管领下的人,例

---

① 参见周枏:《罗马法原论》(上),商务印书馆 1994 年版,第 664 页。
② 参见周枏:《罗马法原论》(下),商务印书馆 1994 年版,第 665 页。
③ Voir P. Liuveun, Nim, Nexum ou Nexus, In Le Dictionnaire Des Antiquités Grecques Et Romaines De Daremberg et Saglio, Sur http://dagr.univ-tlse2.fr/sdx/dagr/feuilleter.xsp? tome=4&numPage=81&nomEntree=NEXUM&vue=texte,2014 年 2 月 28 日访问。
④ See Henry John Roby, Roman Private Law in the Times of Cicero and of the Antonines, Vol. 2, Cambridge Univesity Press, 1902, p. 309.
⑤ Cfr. M. Terenti Varronis De Lingua Latina Liberi, Berolini, 1885, p. 159.
⑥ See Goerge Long, Mancipium, In William Smith, A Dictionary of Greek and Roman Antiquities, John Murray, London, 1875, p. 727.
⑦ Cfr. M. Terenti Varronis De Lingua Latina Liberi, Berolini, 1885, p. 106.
⑧ 参见[意]彭梵得:《罗马法教科书》,黄风译,中国政法大学出版社 1992 年版,第 195—196 页。

如妻子、家子、奴隶。

如前所述,本条中,Nexum 和 Mancipium 都有交易形式的意思,Nexum 则兼有交易形式和债奴的意思,那么,在本条中,Nexum 为什么含义?对此有交易形式说和债奴说并存。它们中又分为若干子学说。

罗马人本身采用交易形式说,不过就两者是一个交易形式还是不同的交易形式存在争鸣。此等争鸣由瓦罗在其《论拉丁语》中记载之。曼尼流斯[①]认为:所有通过称和铜块实施的行为,都是 Nexum,其中包括 Mancipium。但昆图斯·穆丘斯·谢沃拉(约公元前 140—公元前 82 年)认为,Nexum 只包括通过铜块和称实施的旨在产生债的行为,此外还有移转所有权(Mancipium)的行为。[②] 显然,曼尼流斯把 Nexum 当作属概念,Mancipium 不过是其一个种。但谢沃拉把 Nexum 和 Mancipium 看作两个独立的属,把 Nexum 限定用来指称缔结债权的行为,并把 Mancipium 界定为移转物权的行为。两者共同的属是"通过铜块和称实施的行为"。

那么,曼尼流斯的观点和谢沃拉的观点,何者为真?自古以来,对这一问题就有不同的回答。记述上述学术争鸣的瓦罗就认为谢沃拉的意见为真。他紧接着对谢沃拉的观点的援引评论说:按照我们探讨的这个词显示的意思,这种观点更真实,因为 Nexum 这个词所说的,就是通过称铜式交易负欠的物并不成为他的。[③] 瓦罗此语的意思是 Nexum 只产生法锁,并不移转标的物的所有权,言下之意是移转所有

---

① 公元前 149 年的执政官。参见春木一郎:"Cum nexum faciet mancipiumque, uti lingua nuncupassit, ita ius esto二付テ",『法学協会雑誌』第 39 卷第 5 号、6 号,法学協会,大正十年五月、六月。
② Cfr. M. Terenti Varronis De Lingua Latina Liberi, Berolini, 1885, p. 159.
③ Cfr. M. Terenti Varronis De Lingua Latina Liberi, Berolini, 1885, p. 159.

权必须有另外的行为。但他的论据是错误的：他以为 Nexum 由 Nec suus（并非他的）构成，忽略了 Nexum 实际上是 Nectere 的目的分词。① 作为一个语言学家，在一本讨论拉丁语的著作里犯这样的错误，是奇怪的。瓦罗可能是故意提出牵强的证据支持谢沃拉的观点。

谢沃拉的观点得到两个罗马法文本的印证。其一是盖尤斯《法学阶梯》3,173,其中说"……例如某人因为称铜式交易而负债……"②此语讲的是称铜式交易导致债的产生而非物权的移转。其二是费斯都斯的如下话语："古人说,Nexum 铜是通过 Nexum 负欠的金钱。"③此语无非说 Nexum 是现金借贷的法律形式，完全具有现代人的"要式现金借贷"的译名的内容。

但西塞罗和波爱修斯（Ancius Manlius Severinus Boethius,475 或 480—524 或 525 年）采用曼尼流斯的观点。西塞罗在其《地方论》28 中说：要式移转物的转让是以 Nexum 或拟诉弃权使此等物在依市民法有能力这样做的人之间由一方交付给另一方。④ 此语告诉我们，要式移转物的交易形式之一是 Nexum,这样,Nexum 就是一切称铜式交易的类称,包括要式买卖（Mancipatio）。

波爱修斯对西塞罗的《地方论》28 如此评注："Nexum 是某种法律程式,它如何实施,盖尤斯在其《法学阶梯》第一卷中有阐述。"⑤接下来

---

① See Henry John Roby, Roman Private Law in the Times of Cicero and of the Antonines, Vol. 2, Cambridge Univesity Press, 1902, p. 305.

② 参见［古罗马］盖尤斯：《法学阶梯》,黄风译,中国政法大学出版社 1996 年版,第 262 页。

③ Cfr. Domitius Ulpianus, Johannes Cannegieter, Fragmenta libri singularis regularum et incerti Auctoris collatio legum Mosaicarum et Romanarum, 1768, p. 77.

④ 参见［古罗马］西塞罗：《地方论》,徐国栋、阿尔多·贝特鲁奇、纪慰民译,《南京大学法律评论》2008 年春秋号合卷,法律出版社 2009 年版,第 7 页。

⑤ Cfr. Anicii Manlii Severini Boethii, 1095A, On http://individual.utoronto.ca/pking/resources/boethius/De_differentiis_topicis.txt, 2014 年 3 月 1 日访问。

他援引了盖尤斯《法学阶梯》第一卷第 119 段作为论据：Mancipatio 是一种虚拟买卖。这是罗马市民特有的法。它按照下列程序进行：使用不少于五人的成年罗马市民作为证人，另外有一名具有同样身份的人手持一把铜称，他被称为司秤。买主手持铜块说："我根据罗马法说此人是我的，我用这块铜和这把铜称把他买下。"然后他用铜敲称，并将铜块交给卖主，好似支付价金。① 波爱修斯接着说：根据《十二表法》，不论是什么要式物，只有按照这样的程式才可转让。②

至此我们可以说，西塞罗和波爱修斯比曼尼流斯走得更远，采用的是 Nexum 与 Mancipatio 等同论，不承认 Nexum 有包含不为移转物的所有权缔结的债的空间。而且波爱修斯提到这是《十二表法》的规定。既然如此，本条中包含的 Mancipium 是否为《十二表法》所真有，就是值得怀疑的了。

英国学者罗比（Henry John Roby）在其《西塞罗时代至安东尼王朝的罗马私法》第一卷中有一个附录，其中收罗了西塞罗著作中使用 Nexum 一词的十几个片段（《为切其流斯辩护》102；《为穆列那辩护》3；《论脏卜师的意见》14；《论演说家》1,173；3,159；《论共和国》1,27；2,59；《斯多亚哲学的悖论》5,35；《地方论》28；《致家人书简》7,30）并比较分析之，得出的结论是：西塞罗及其同时代人都把 Nexum 与 Mancipatio 等同，只有瓦罗是个例外。③ 由于西塞罗生活在离《十二表法》较近的时代，他的解释应当具有相当的可信性。

既然 Nexum 与 Mancipium 同一，费斯都斯又将两者并列，应如何

---

① 参见[古罗马]盖尤斯：《法学阶梯》，黄风译，中国政法大学出版社 1996 年版，第 44 页。

② Cfr. Anicii Manlii Severini Boethii,1095B,On http://individual.utoronto.ca/pking/resources/boethius/De_differentiis_topicis.txt,2014 年 3 月 1 日访问。

③ See Henry John Roby,Roman Private Law in the Times of Cicero and of the Antonines,Vol.2,Cambridge Univesity Press,1902,p.307.

解释两者的关系？有人把 Mancipium 解释成交易形式，把 Nexum 解释成其法律效果，也就是说，本条中包含两个 Nexum，第一个以其同义词 Mancipium 的形式出现，第二个作为第一个的法律效果出现。具体而言，当事人在订立叫作 Nexum 的称铜式交易时，债务人以自己的人身做抵押担保履行债务，换言之，如果他不履行，他就成为债奴。[①] 按这样的说法，本条应翻译为"凡实施称铜式交易让债务人承担人身责任的，按宣告的言辞具有法律效力"。但这种解释有些牵强，因为按正常的叙事逻辑，"法律效果"应在"交易形式"之后，这种解释反过来了。而且，不把 Nexum 解释成它本身（交易形式），而是解释成 Mancipium，又把文本中一个明晃晃的 Mancipium 解释成作为交易形式的 Nexum，把相关的语词完全串位谋取解释，治丝益棼。

正因为这样，产生了把 Nexum 解释为交易形式，把 Mancipium 解释成其法律效果的学说。按此说，本条列举的 Nexum 和 Mancipium 两词是一个交易的两个部分，Nexum 旨在移转物的所有权，Mancipium 就是此等目的实现的结果。[②] 此说的叙事逻辑显然比前说的要顺，也很符合西塞罗和波爱修斯对 Nexum 一词的用法。按照此说，本条应翻译为"凡实施称铜式交易移转物的所有权的，按宣告的言辞具有法律效力"。这样处理，不考虑债权设立行为，倒更符合人们对本条所属第六表内容的物权法定位。

德国学者普弗吕格（Heinrich Hackfeld Pflüger，1859—1947 年）则认为，Nexum 与 Mancipium 是同义词，两者都指"约束"，古人把两者叠用以示强调，语法上叫作重言法（Pleonasmus）。[③] 按这种理路，本

[①] Cfr. Giuseppe Grosso, Nexum, In Enciclopedia Italiana, 1934, Su http://www.treccani.it/enciclopedia/nexum_ (Enciclopedia-Italiana)/, 2014 年 3 月 3 日访问。

[②] Cfr. Giuseppe Grosso, Nexum, In Enciclopedia Italiana, 1934, Su http://www.treccani.it/enciclopedia/nexum_ (Enciclopedia-Italiana)/, 2014 年 3 月 3 日访问。

[③] Vgl. H. H. Pflüger, Nexum und Mancipium, Duncker & Humblot, Leizpig, 1908, S. 34.

条应翻译为"凡订立债的,按宣告的言辞具有法律效力"。

但德国学者胡希克在其《论 Nexum 法与其他罗马债法》(Ueber das Recht des Nexum und das alte römische Schuldrecht)①一书中确立了 Nexum 与 Mancipium 彼此独立说。他认为 Nexum 是设立债务关系的行为,而 Mancipatio 是取得所有权的行为。② 他的论据是瓦罗记载的曼尼流斯与昆图斯·穆丘斯·谢沃拉的学术争鸣中谢沃拉的话:Nexum 只包括通过铜块和称实施的旨在产生债的行为,此外还有移转所有权(Mancipium)的行为。此语中的"此外"(Praeter quam)一语表明 Mancipium 独立于 Nexum。③ 他认为,Nexum 和 Mancipatio 的程序是类似的,只是两者使用的套语不同。他猜测,此等套语应由出借人来说,其内容是嘱令(Damnas)借款人向他偿还金钱,此语的意义在于它产生一个可直接执行的债,如同法院判决一样有直接的执行力。这意味着如果债务人不还债,债权人无须判决就可直接拘禁(Manus iniectio)他。在过了一段时间后,可以杀害他或把他卖为奴隶。④

在 1901 年之前,胡希克的此说是通说。尔后,德国学者奥托·勒内尔继续坚持 Nexum 与 Mancipium 彼此独立说,他的主要论据是:在转述本条的费斯都斯《论字义》173 中,Nexum 与 Mancipium 之间用连词 que 勾连,其意思是"和"。两个以"和"连接的词以及它们代表的事不可能是同一的或彼此间有包含关系。勒内尔举了许多拉丁例句证明

---

① Gebauer,Leipizig,1846.

② Voir S. Vainberg,Le nexum et la contrainte par corps en droit Romain,Ernest Leroux,Paris,1874,p. 7.

③ 参见春木一郎:"Cum nexum faciet mancipiumque, uti lingua nuncupassit, ita ius esto=二付テ",『法学協会雑誌』第 39 卷第 5 号、6 号,法学協会,大正十年五月、六月。

④ See H. F. Jolowicz and Barry Nicholas,Historical Introduction to the Study of Roman Law(Third Edition),Cambridge University Press,Cambridge,1972,pp. 167s.

此点。①

由于胡希克和勒内尔的观点处在通说的地位,本条现有的译文采用之。事实上,该条的几个德文译本也是如此。

但在1901年,德国学者路德维希·米太伊斯(Ludwig Mitteis,1859—1921年)在《萨维尼基金会公报罗马法部分》第22卷上发表了《论 Nexum》一文,批判胡希克的学说。首先,他认为 Damnas 一词来自 Damnum,是罚金的意思,因而是责任的意思。其次,他指出胡希克所说的 Nexum 与历史学家描述的 Nexum 场景不一致。在历史学家手里,债务人受监禁并非 Nexum 本身的结果,而是面临不可避免地导致拘禁的行为的破产债务人的绝望的行为。所以,Nexum 意味着债务人把自己抵押给债权人。如果将来还了债,他才可获得解脱。原来的债也叫 Nexum,以誓金之诉(Legis actio sacramento)执行。第二个 Nexum 的订立,是为了以自愿受拘的方式逃避判决后的执行。这种理论解释了西塞罗作品中把 Nexum 与 Mancipatio 的等同,也符合瓦罗对 Nexum 的还债之前被监禁的人的描述,但也有一定的问题,例如,它没有解释为何在第二个 Nexum 中没有称铜的行为。但米太伊斯的理论还是比胡希克的理论错误少,更可以接受。由此,Nexum 是债务人允诺在他未按期还债的情况下使自己承受拘禁的交易。②

既然 Nexum 不过是一种远古的债务人人身担保,那它担保的是什么?前面讲到它担保的是第一个 Nexum,这个 Nexum 有人认为是要式口约。③ 这样,Nexum 成了贯彻要式口约的工具。无论如何,米

---

① 参见春木一郎:"Cum nexum faciet mancipiumque, uti lingua nuncupassit, ita ius esto'ニ付テ",『法学協会雑誌』第39卷第5号、6号,法学协会,大正十年五月、六月。

② See H. F. Jolowicz and Barry Nicholas, Historical Introduction to the Study of Roman Law(Third Edition), Cambridge University Press, Cambridge, 1972, p. 169.

③ Véase Margarita Fontesca Degeneffe, El delito civil en Roma y en el derecho civil Español, Tesis para Optar al grado de doctor, Universidad de Alicante, 1995, pag. 13.

太伊斯的 Nexum 理论宣告了 Nexum 要式现金借贷说的终结。此等终结还基于一个理由：过去的人们把此等交易中用的铜理解为借得的款的象征，经过考证，现在的人们发现这是一个错误，转而把此等铜理解为买受人允诺支付的价金的象征。这样，交易的性质就由借贷变成了买卖。①

但米太伊斯未在其论文中解释他对 Mancipium 的理解，可以认为他采用通说，也就是移转物权行为说。

在米太伊斯学说的框架下翻译本条，就得出这样的规定："凡以当债奴方式担保履行或实施称铜式交易移转物的所有权的，按宣告的言辞具有法律效力"。"以当债奴方式担保履行"算是关于担保物权的规定，与"实施称铜式交易移转物的所有权"的规定一起，当得起"物权法"的表名。

然而，当代俄国法学家烈昂尼德·科凡诺夫在对本条的解释上又提出新说，把本条翻译为"当某人为私人间的合同认及为公共承包合同之当事人时，他以言辞承诺的，具有法律效力"。② 显然，Nexum 被他译成了"私人间的合同"，Mancipium 被他译成了"公共承包合同"。那么，他是如何论证的呢？就 Nexum 而言，他采用 Nexum 与 Mancipatio 等同说，而 Mancipatio 是移转要式转移物的方式。其中，债务人就是买受人。在此等交易中人们并不付现金，而是在"宣告"中允诺支付此等价款。这样，Mancipatio 就成了一个赊销协议，它的含义跟过去人们赋予它的差别挺大：不是债权人借钱给债务人，而是债权人售物并提供信用于债务人。而且，由于罗马国家对治下的财产享有绝对权力，通过

---

① Cfr. Leonid Kofanov, Mancipium e Nexum nelle Leggi delle XII Tavole, On http://law.xmu.edu.cn/romanlaw/，2008 年 8 月 20 日访问。
② 参见［俄］烈昂尼德·科凡诺夫：《罗马公法和现代俄罗斯法中的国家承包合同》，曾健龙译，徐国栋主编：《罗马法与现代民法》第 7 卷，厦门大学出版社 2010 年版，第 266 页。

Mancipatio 转让的权利并非绝对,而是一定期限内的使用权。①

至此,科凡诺夫证明了 Nexum 是一种物权移转行为,这只是私人间的合同的一种类型。然而,他在对本条的译文中,却把 Nexum 等同于私人间的合同的类名,证据显然不足。

但他把 Mancipium 解释成公共承包合同的论据却要充分得多。他认为,正如本条中的 Nexum 指 Mancipatio 一样,本条中的 Mancipium 指拟诉弃权。如前引瓦罗所说,该词的意思是"用手拿到的东西",该词的同根词 Manceps 指取得 Mancipium 的人。这样的人是"从人民那里购买或租得某物的人",也就是公共承包合同的中标人。② 显然,这样的论证极为迂回,先置明晃晃的 Mancipium 不顾,把它解释成拟诉弃权,然后再把它解释为取得公共承包合同的人。每一个拐弯都急,一点差错就可导致解释崩溃。

由上可见,本条的还原成了西方学者展现自己智力水平和古典学知识的舞台,形成了十几种学说,由于学说过于纷呈,学者反认为人类对此条的认识晦暗。③ 尽管如此,多数此条的还原者都把此条按现代语言翻译成我在本书中呈现的形式。例如对此条的还原方案贡献最多的德国人的译文:如果某人允诺了一个债或转让了对人或物的支配权,他以庄严形式所说的,具有法律效力。④

无论如何,本条反映《十二表法》时代法律行为主要采用口头形式,

---

① Cfr. Leonid Kofanov, Mancipium e Nexum nelle Leggi delle XII Tavole, On http://law.xmu.edu.cn/romanlaw/,2008 年 8 月 20 日访问。

② 参见[俄]烈昂尼德·科凡诺夫:《罗马公法和现代俄罗斯法中的国家承包合同》,曾健龙译,徐国栋主编:《罗马法与现代民法》第 7 卷,厦门大学出版社 2010 年版,第 268 页。

③ Cfr. Giuseppe Grosso, Nexum, In Enciclopedia Italiana,1934, Su http://www.treccani.it/enciclopedia/nexum_ (Enciclopedia-Italiana)/,2014 年 3 月 3 日访问。

④ Vgl. L. Huchthausen (Hrsg.), Römisches Recht in einem Band, Berlin und Weimar 1991, S. 4.

它们不能保存在纸头上,而是保存在当事人和证人的记忆中。直到塞普蒂缪斯·塞维鲁斯(146—211年)皇帝时(公元193年以后),人们才普遍采用书面形式。

总之,本条规定了罗马人的两种交易形式,区分了债权行为和物权行为,并宣告了立法者保护私人自治的立场。

本条规定的两种交易方式诚然十分繁复、麻烦,实施者得到的报偿就是他们宣告的交易内容直接受法律保护,具有法律的效力。翻译成现代语言是,法律行为采用法律规定的形式的,当事人的意思表示具有法律的效力,相当于经公证的法律行为具有直接的执行力。反过来,可想象不履行法律要求的要式的法律后果,例如事实婚。

本条表现了渊源私法说,按照此说,公法是来源于国家颁布的文件(如法律、元老院决议和盟约)的法,私法是来源于个人主体的自治的法,体现在遗嘱、达成的简约、要式口约中。① 这种私法观对《法国民法典》产生的影响表现为其第1134条第1款:"依法成立的契约,在缔结契约的当事人间有相当于法律的效力"。②

不按照法定形式缔结的契约,谓之简约,它无正式的约束力,是最早的自然之债,是否履行这种契约取决于债务人的诚信。

二、要按宣告的言辞履行,否认者,处按标的额加倍的罚金。

本条接续前条,规定了在债务口约或要式买卖交易中做出承诺者兑现此等承诺的责任。但承诺是口头做出的,只有五名证人和一名司秤见证之,如果承诺人后来否认自己承诺的内容,证人证明此等否认无由的,否认者要赔偿相对人相当于标的额两倍的罚金。由此可以说,本

---

① Cfr. Mario Talamanca, Istituzioni di diritto romano, Giuffrè, Milano, 1990, p.63.
② 参见罗结珍译:《法国民法典》(下册),法律出版社2005年版,第833页。

条确立了早期罗马合同法中的"信"的原则,按西塞罗的说法,"行其所言谓之信"。① 为何如此? 从宗教的角度看,"信"是圣法,即调整人与神之间关系的法对人的行为之要求。西塞罗复述的圣法就有这样的内容:"许下的诺言得以认真践现"。② 在罗马人的多神论背景下,涉及"信"的事项由信义女神负责,她把一切背信行为都当作对自己的侮辱而报复之。③ 公元前258年,罗马人在卡皮托尔山上建庙供奉她,公元前115年重建之,表明了罗马人对信义的高度重视。

信的原则与诚信原则不同,后者不仅要求人做自己允诺做的,而且要求做应该做的,前者只要求当事人做他允诺做的。

本条对否认口头契约之行为的制裁为双倍罚金。为了确定此等罚金,必须依靠证人证明口头契约的存在及其内容。要式法律行为的证人有义务作证,拒绝作证的,第二表第3条规定了宗教上的制裁。

本条包含出卖人的瑕疵担保责任,因为它所由出的西塞罗的《论义务》3,16,65讲此条关于卖主的瑕疵披露义务④,换言之,出卖人声明了其货物的质量的,必须按此等质量宣示履行。否则承担双倍罚金。而且,对于货物的隐蔽瑕疵也应宣示出来。

三、土地的时效取得和追夺担保为期两年,所有其他物件的时效取得为期一年。

本条是对第1条的例外规定,承认了对违反形式要件的法律行为

---

① 参见[古罗马]西塞罗:《论义务》,王焕生译,中国政法大学出版社1999年版,第22页。
② 参见[古罗马]西塞罗:《论共和国·论法律》,王焕生译,中国政法大学出版社1999年版,第226页。
③ 参见[古罗马]西塞罗:《论义务》,王焕生译,中国政法大学出版社1999年版,第347页。
④ 参见[古罗马]西塞罗:《论义务》,王焕生译,中国政法大学出版社1999年版,第303页。

可通过时效完成有效。从前面我们已知道,在《十二表法》的时代,土地是要式转移物,必须以要式买卖或拟诉弃权的方式转让。如果当事人没有遵循这种形式,以单纯的交付移转土地,法律如何处理呢?如果不承认有效,受让人已现实占有土地,法律与生活现实会发生冲突,显然不合适;但要马上承认此等交易的效力,等于鼓励人们不遵守法律规定的形式要件,不利于法律的威信,因此,本条采用了一个折中的办法,允许受让人通过一定的时效期间克服交易形式的缺陷,取得标的物的市民法上的所有权。由此造成这样的问题:出让人在为形式有缺陷的转让前享有完全的市民法所有权,转让实施后时效完成前,受让人对标的物不享有市民法上的所有权,他享有什么权利呢?第一种说法是占有权;第二种说法是功用所有权,后一概念在后世得到了很大的发展。占有权与所有权的对立,酿造了事实与法律的对立。而这种事实受到法律的保护。以上是本条前半句适用的第一种情况,此种情况中只有两方当事人。

该半句关于追夺担保的规定是第二种情况,即出让人转让他人的土地给受让人,此时有三方当事人,权利瑕疵担保只有在这样的情形才有可能出现。本条规定出让人对受让人的权利瑕疵担保期为两年,因为两年后受让人已因时效完成取得土地所有权,追夺担保变得无用了。在这第二种情形,土地所有人在两年的期间内不知自己的权利受损或虽知但不过问,其权利实在不值得保护,而这种情形中的买受人可能是诚信的,与第一种情形中的买受人肯定是恶信的不同。他在受让不动产后可能已将之转手,或已在其上建立许多法律关系,如果两年过后,土地原所有人追索之,会损害交易安全,所以法律以追夺担保已失效为由阻却他的请求。这一系列安排接近现代的取得时效制度的理念。可以说,本条既为古代的取得时效制度的体现,又开启了现代的取得时效制度。

追夺担保之诉的效果是出让人付给受让人标的物价金加倍的金额,但这项担保在赠予和信托中显然不当,罗马人以一银币买卖解决。当事人在要式买卖中约定以一个银币为价金,掩盖实际上的赠予或信托,万一标的物的所有权发生问题被追索,赠予人和信托人只须付给对方两个银币就行了。①

本条区分不动产和动产规定了不同的时效期间,因为前者更加重要,因此取得的手续要复杂一些。但总的来说,两种客体的时效期间都不长,反映了立法者尽快稳定交易关系的愿望。

本条后来通过法学家的解释被扩用于房子。西塞罗说:"土地所有权因两年的使用取得,这一规定也适用于房子"②,但本条的文句中未提到房子。

四、对外邦人的追夺担保应是永久性的。

本条是对第3条的例外规定,因为取得时效是市民法上的制度,不对外邦人开放,要式移转物的追夺担保期与取得时效期应该是一样的,因为时效期间完成后,要式移转物的追夺担保就不必要了,由于外邦人不能以时效取得,与他们交易的罗马人也不能以时效取得,在外邦人出卖物给罗马人的情形,他对标的物承担的追夺担保义务是永久性的,因为买受人不能因为取得时效取得标的物的市民法所有权,故如果出卖人的前手对罗马受让人追夺,出卖人要承担权利瑕疵担保责任。因此,这一规定表明了对外邦人的权利瑕疵担保的除斥期间的阙如。

本条反映了外邦人广泛地参与罗马的经济生活的现实,以及他们以略式方式与罗马人进行交易的现实,它们构成本条存在的基础以及

---

① 参见周枏:《罗马法原论》(上),商务印书馆1994年版,第317页。
② 参见[古罗马]西塞罗:《地方论》,徐国栋、阿尔多·贝特鲁奇、纪慰民译,《南京大学法律评论》2008年春秋号合卷,法律出版社2009年版,第6页。

将来设立外事裁判官和形成万民法、产生诚信原则的原因。本条也反映了罗马人对外邦人在权利瑕疵担保问题上的歧视。由于不能采用罗马法的要式法律行为形式,由此造成不能适用取得时效制度,他们要承担永久的权利瑕疵担保责任,在这一问题上没有享受到国民待遇。

由于本条中的 Auctoritas 一词含义多重①,造成了本条的翻译喜剧。蒲鲁东的《什么是所有权》的题记的译者把它翻译为:"对敌人,要求是永恒的";②周枏先生把它翻译为:外国人永远不能因使用而取得罗马市民法的所有权。③ 另外译为"对叛徒的追诉,永远有效"。④

维科认为本条规定反平民,因为平民就是过去的外邦人,本条防止了平民凭借长期占有取得任何一点罗马人的财产,此等财产只能在贵族之间流转。⑤ 此观点颇为新颖,姑且记录之。

五、如果妇女不愿通过一年的占有被时效取得的方式归顺夫权,她要每年离家三夜逐年中断时效。

本条是关于人身行为如果未采用要式,也可以通过时效补正其效力的规定。另外规定了时效的中断制度。所以,本条证明在《十二表法》的时代,取得时效是一项兼用于人身关系法和财产关系法的制度,不若有的国家的民法把它单纯地理解为财产关系法中的制度,即把取得时效理解为取得所有权的一种方式。

---

① Auctoritas 是拉丁语中最早表达追夺担保的意思的术语,但该词还有其他意思,如意见、忠告、帮助、命令、权力、榜样、保证、公文、所有权、占有权等,周枏先生对本条的译文揭示了其另一方面的意思。

② 参见[法]蒲鲁东:《什么是所有权》,孙署冰译,商务印书馆 1963 年版,题记。

③ 参见周枏:《罗马〈十二表法〉》,《安徽大学学报》(哲学社会科学版)1983 年第 3 期,第 44 页。

④ 参见周枏:《罗马〈十二表法〉》,《安徽大学学报》(哲学社会科学版)1983 年第 3 期,第 43 页。

⑤ 参见[意]维科:《新科学》,朱光潜译,人民文学出版社 1986 年版,第 329 页。

必须在体系中解释本条。我认为,本表第 3 条是关于财产行为未采用要式的时效补救的规定,本条是关于人身行为未采用要式的时效补救规定。要式买卖也是家父设立夫权所采用的形式,运用在买卖婚中,这是把妇女当作媒介在女方的娘家与夫家间缔结的交易,最初由平民采用。共食婚是贵族采用的宗教婚,也产生夫权。本条规定的时效婚来源于抢婚,罗马的第一任王罗穆鲁斯策划抢劫萨宾妇女提供了这方面的例子。① 既然是抢婚,自然没有采用要式买卖的形式,其法律效力是有缺陷的,但时效可以弥补这一缺陷,因此,在过了一年后,缺陷消除,妇女被视为买来的,丈夫对之享有夫权。从事理之性质来看,一年正好够孕育一个孩子,即使被抢的妇女开头不情愿,孩子生下来后也归顺夫家了,萨宾妇女在其父兄于抢劫事件发生一年后展开的救援做出的反应也提供了这方面的例子:她们置身于罗马人与萨宾人之间阻止战争,因为现在双方都是她们的亲人。尽管如此,本条保障了妇女一定的自由,使其有机会通过中断时效摆脱夫权。这里可以看出罗马法的时效制度已很完善。根据荷兰学者威尔姆斯(J. G. A. Wilms)的研究,三夜并非任何三夜,而是特殊的三夜,即超度亡灵节(Lemuria)中的三夜,它们是 5 月 9—10 日,11—12 日,13—14 日,人们相信,在这些夜晚,先祖的鬼魂要回家,它们必须受到家父的阻挡,以避免鬼魂取得对家庭成员的统治。② 这样,妇女中断取得时效的机会是有限的。妇女在这些日子离开家,有不愿受男方家先祖的鬼魂统治的意思。

盖尤斯《法学阶梯》1,111 说这一规则后来被法律废除,另一方面

---

① 参见[古罗马]普鲁塔克著,黄宏煦主编:《希腊罗马名人传·罗慕洛传》(上册),吴彭鹏译,商务印书馆 1990 年版,第 54 页及以次。

② See Alan Watson, Rome of the XII Tables, Persons and Property, Princeton University Press, New Jersey, 1975, p. 16.

在习惯中也被弃置不用。①

本条的位置特殊。按现代人的观念,它应该规定在关于家父权的第四表,但却被规定在这一关于所有权和占有的第六表。当然,也可从法律行为瑕疵补正的角度看待此条。如此,本条仍可以处在本表,但本表的表名应改为"法律行为"——如果一定要按照现代人的概念体系给每个表命名的话,当然,我是不赞成这样做的。

本条并不过时。其一,它可适用于事实婚问题。我国法律过去承认事实婚,实际上就是在配偶双方互相占有夫妻身份的情况下允许他们依时效取得夫妻的地位,遗憾的是由于研究不够,没有规定明确的时效期间。时效婚损害了法律对婚姻必须采用要式的规定的威信,因此,1994年2月1日生效的民政部《婚姻登记管理条例》第24条采取完全不承认事实婚的立场,即使经过几十年共同生活也不例外。从理论上说,同居伴侣的子女还是非婚生子女,在各种社会关系中处于不利的地位。因此我认为,过去一味地承认事实婚不对,现在完全否认这种婚姻也不对,应该经过一定的时效承认其法律效力,我个人的考虑是规定5年,这样就遵循了事实产生权利的原则。

其二,它可以解释刑法中的追诉时效制度。《刑法》第87条规定经过5、10、15年的时效期间的犯罪不再追诉,但司法机关已立案侦查或犯罪嫌疑人在受案后逃避侦察或审判的,不受时效限制。在我看来,本条的构成有三:第一,司法机关不知已发生的犯罪;第二,犯罪人在时效期间内没有实施新的犯罪;第三,时效期间已经经过。那么,这种时效是消灭时效还是取得时效抑或是除斥期间? 如果是前者,应该是有请求权而不行使,在《刑法》第87条给定的条件中,司法机关对已发生的

---

① 参见[古罗马]盖尤斯:《法学阶梯》,黄风译,中国政法大学出版社1996年版,第40页。

犯罪不知,谈不上行使所谓的请求权。如果是后者,则此等期间不能太长,而且不应存在中断问题,尽管张明楷的《刑法学》有把我国的立法规定解释成除斥期间的倾向①,但我认为是取得时效。根据这一假设,犯罪人占有"好人"身份完成时效期间的,得到"好人"身份。这样解释,符合取得时效制度事实产生权利、勿搅扰已平静之水的本质。当然,在这种身份占有时效中,占有人是不诚信的,所以时效期间定得较长。

其三,它可以帮助我们承认对奸生子的父亲身份占有导致父亲身份的制度。现代的 DNA 技术让许多父亲去一趟医院后发现自己抚养了别人的孩子,由此导致家庭的灾难,尤其是对孩子的灾难,现在他到哪里去找自己的生父?找到了人家会接受他吗?而且对这个过去的假定父亲也带来极大的震荡,他从一个有孩子的人变成了没有孩子的人,而此时他可能已经结扎,不能再生育,而他对过去自己一直抚养的他人孩子感情深厚。为了避免搅扰已静之水,我认为也可以在这一问题上建立身份占有时效取得制度,占有父亲身份 10 年的,取得此等身份。如此,《十二表法》的一个古老规定可以帮助我们解决一个极为现代的问题,法学就是在对古代文本的解释中完成发展的。

其四,它可以帮助我们解决小孩诚信取得人与亲生父母与小孩的关系问题;解救被拐卖妇女时被拐妇女不愿回去的问题;以时效取得村民身份以获得有关利益问题等。篇幅有限,对这三个问题,存而不论。

最后要说明的是什么是身份占有。根据意大利的法律辞典的解释,它是"可以由之推论出特定法律状况的存在的事实和情境的集合。例如,亲子关系从姓(子女一直使用父亲的姓氏)、对待(子女从父亲及其家人得到了婚生子女的对待)、形式(在社会关系中子女一直被看作

---

① 参见张明楷:《刑法学》,法律出版社 1997 年版,第 502 页及以次。

其父亲的孩子)推论出来,这些要素证明了婚生子女身份。"①这一定义虽正确但较窄,我们可以把它扩张到更广泛的情境。

如果我们建立了这些制度,取得时效制度就具有了不仅适用于财产关系,而且适用于人身关系的属性,因此,它应该进入总则,而不是像许多民法典做的一样作为取得所有权的一种方式处在物权编中。

六、a 如果诉讼当事人在长官面前把手伸到了(讼争物之上)……

b 拟诉弃权与要式买卖,各自具有法律效力。

a 条是关于对物誓金之诉中的程序的规定。在对物誓金之诉中,必须把标的物带到法庭。如果就不动产或不能被方便地带到法庭的物发生争议,则裁判官要亲自到现场查看标的物,并在那里开庭。② 相对人会要求原告当着长官的面把手放在讼争物上,说:"依罗马法律,此物为我所有"。"手"(Manus)是权力的象征,在长官面前把手放在讼争物上,表示当事人在主张自己的权利。相对人会表示反对。于是双方按标的物的价值赌誓。败诉的一方丧失誓金,此等誓金入国库。③

b 条是关于拟诉弃权和要式买卖的效力的规定。拟诉弃权是祭司团创造的,适用于解放奴隶和收养的程序。④ 后来用于让与继承权、设定役权等。对物誓金之诉应是拟诉弃权制度的蓝本。对物誓金之诉的当事人间真的有争议,拟诉弃权的当事人是假装有争议而已。只要改

---

① Cfr. Federico del Giudice, Nuovo Dizionario Giuridico, Napoli, Edizione Simone, 1998, p. 916.

② Cfr. Lorenzo Franchini, La desuetudine delle XII tavole nell'età arcaica, Vita&Pensiero, Milano, 2005, p. 80.

③ 参见[古罗马]盖尤斯:《法学阶梯》,黄风译,中国政法大学出版社1996年版,第294页。

④ 参见周枏:《罗马法原论》(上),商务印书馆1994年版,第50页。

假为真,拟诉弃权制度就诞生了,所以本条把对物誓金之诉和拟诉弃权放在一起规定。在虚拟的对物誓金之诉中,买受人作为原告当作长官的面说标的物是他的,出让人则表示同意或默许,于是长官就把讼争物判给原告,从而完成交易。

如上形式比要式买卖简单,因为不需要五名证人,一名长官即可,因此,实施起来更容易,如果承认它有法律效力,无人会愿意实施复杂的要式买卖。因此,拟诉弃权肯定有一个被禁止,然后被容忍,最后被承认的过程。本条表明它得到了承认,并赋予它以要式买卖的同样效力,由此开启了法律行为形式的简单化趋势。

但拟诉弃权不能附条件和期限,在这方面比要式买卖还要严格。受让人不享有担保诉和土地面积诉的利益。所以,这种方式的淘汰要早于要式买卖,到 3 世纪末,就基本无人使用了。① 该制度的过时也因为到了帝政后期,要式移转物与略式移转物的区分消失了,它是拟诉弃权制度的基础。②

但本条表现了要式买卖与拟诉弃权在《十二表法》时代的共存。

七、其身份被争议的人,在诉讼中应被授予临时的自由人身份。

本条是对审理作为法律诉讼之一的身份之诉中长官的 dico 活动的表现,这是决定在诉讼进行中由何方占有讼争物的活动。在此诉中,争议的标的物是一方当事人的自由人身份。如果标的物是有体物,实行讼争物寄托或裁定由一方当事人占有。对于自由人身份这种无体物不能交付寄托,因此裁定被告占有。在罗马法中,一直实行"占有者优

---

① 参见周枏:《罗马法原论》(上),商务印书馆 1994 年版,第 318 页。
② 参见周枏:《罗马法原论》(上),商务印书馆 1994 年版,第 306 页,第 333 页。

先"的原则(D.3,6,5,1)①,被告占有着自由人或生来自由人身份,在承担举证责任的原告找出证据推翻被告的权利外观之前,他的外观身份当然还是由他占有。尽管这样的处置跟物权争议中的标的物占有处置并无二致,但客观上体现了有利于自由权原则。这个处置过程是一种推定,翻译成现代语言就是:"在某人被确认为奴隶或解放自由人前,推定他为自由人或生来自由人"。这与无罪推定的理路一致。可以说,本条规定是现代的无罪推定的萌芽。

本条回应第二表第1a条关于身份之诉的誓金的规定,这种誓金采用固定费率,收得较低,也体现了有利于自由权原则。

八、不得偷来用于建筑房屋的梁木或用于葡萄园的架材,但可对盗取它们的人提起赔偿加倍于其价金的诉讼。

本条规定名为"建筑"的添附方式,建筑材料添附于房屋,而房屋添附于土地。它是限制赃物所有人的权利的社会主义性质的规定。它涉及这样的情境:某个盗贼盗窃了他人的木料,用来做自己房子的横梁或搭自己的葡萄架,或转让给他人做同样的事。所有人发现自己的木料被盗及其所在后,并不能用物权之诉追回它们,只能利用损害赔偿的债权之诉要求盗贼加倍赔偿木料的价值。如拆除已建好的房子的梁木或正支撑生长中的葡萄的葡萄架上的架材,由于梁木或架材已成为它们被纳入的物的重要成分,也即纳入物与被纳入物的关系紧密到形成了新物的程度,②要使两者分离的话,会破坏社会财富,为一个比较小的价值牺牲一个较大的价值。为了避免这种不利后果,所有人的权利就

---

① 参见[意]桑德罗·斯奇巴尼选编:《民法大全选译·法律行为》,徐国栋译,中国政法大学出版社1998年版,第70页。

② 参见[德]鲍尔、施蒂尔纳:《德国物权法》(上册),张双根译,法律出版社2006年版,第24页。

要受到部分牺牲,但补偿他梁木或架材的双倍价金,由此平衡了个人利益和社会利益,并揭示了添附制度的生态主义性质。所以,本条表明《十二表法》的制定者能跳出小"我"站在大"我"的立场上看问题,具有把社会利益优先于个人利益的取向,尤其不利于认为罗马法是个人主义的法的观点。在《十二表法》的时代,罗马的建筑水平很低,造屋不易,故禁止材料所有人拆毁建筑物取回材料,以保护建筑物。① 当然,如果地震毁坏了房子,梁木可以抽出来,其所有人也可取回它们。

本条表现出明显的个案性,似乎是从司法实践的两个案例中得来的规则。为了把它适用于更广泛的情势,法学家对它做了扩张解释,把"梁木"扩张为包括所有盗窃来的木、沙、石等一切建筑材料,从而使本条成为一个普遍性的规则。②

本条提出的第一个问题是,盗贼本人或诚信的赃物受让人能否以时效取得赃物,第八表第 17 条提供了否定的回答。第二个问题是,盗贼在偿付了双倍的罚金后,能否取得被盗物的所有权?答案似乎是否定的,盗贼取得的是占有而已,当有外力使梁木脱离建筑物时,梁木的所有人休眠的所有权复活,他在取回此等梁木时似乎应把以前拿到的双倍罚金返还给盗贼,不然就构成不当得利了,因为过去取得此等罚金的依据已丧失。

九、修剪葡萄藤之日,即为取回架材之时。

本条继续规定添附,但说本条属于"建筑"添附很难,因为难以说为葡萄藤配架子是"建筑"。说它是"种植"添附更难,因为种植的是葡萄,而非架材。所以,本条独树一帜,在现代民法典的添附诸类型中找不到

---

① 参见周枏:《罗马法原论》(上),商务印书馆 1994 年版,第 371 页。
② 参见 I.2,1,29。参见[古罗马]优士丁尼:《法学阶梯》(第二版),徐国栋译,中国政法大学出版社 2005 年版,第 125 页。

对应物。把它挂靠"建筑"比挂靠"种植"更顺。

前条及本条基于罗马人的葡萄藤整枝法而立。葡萄藤整枝法有灌木式、花篮式、单桩式、棚架式等。灌木式、花篮式的特点是不搭葡萄架,让葡萄贴地生长,瓦罗说西班牙的葡萄如此。这样的整枝法容易让老鼠和狐狸吃掉成熟的葡萄。单桩式让每一葡萄藤伴一立杆生长,各立杆间不设勾连,适合于陡坡地形的葡萄种植。棚架式首先为每一葡萄藤设一可依附的立杆,在一人高的位置再用联木勾连本排的各个立杆,然后再勾连邻近排的立杆,形成一个葡萄藤可在其上爬行的网络。① 罗马人采用棚架式整枝法。我国也采用这种整枝法,所以,作为一个中国人,很容易理解罗马人采用的方法。

在棚架式整枝法中,架材分为两类。第一类为立杆(pedamenta),它扶持单株的葡萄藤直立。通常有四种。其一,橡木或杜松木做成的粗杆,为最佳者;其二,削成木桩的树枝,以硬者为佳,越硬越好;其三,用陶管套住的苇捆;其四,用同类的树做成的天然支柱。② 第二类为横杆(iuga),它们在一定的高度上把单株的葡萄藤按排并跨排彼此勾连,形成树墙,但留天孔。此等联木依据地区的不同使用不同的材料。或为木杆,或为芦苇,或为绳子,或为柳条。它们都产自柳树园、芦苇塘、灯心草或其他可制绳草类、矮树。③

由于以上整枝法,如果面临一个新开的葡萄园,葡萄农在春天的一个重要工作是为幼小的葡萄藤搭支架,为此需要上述材料。此等材料需要葡萄农自己制备或购买。无论怎样得来,都所费不赀。于是,葡萄

---

① 参见 Anne Krebiehl MW:《天壤之别的葡萄园景观里,藏着怎样的秘密?》,酒斛网 Annie 编译,On http://mp.vinehoo.com/wapwine.php/Article/details/id/7321,2018 年 1 月 30 日访问。

② 参见[古罗马]瓦罗:《论农业》,王家绥译,商务印书馆1981年版,第35页及以次。

③ 参见[古罗马]瓦罗:《论农业》,王家绥译,商务印书馆1981年版,第35页及以次。

农自己准备的架材不足的或无钱准备的,容易顺手牵羊,拿邻人的架材来用。一旦葡萄藤的盘钩搭上了架材,就发生了添附。架材主人发现盗窃事实后,如剥离葡萄藤取出架材,会导致葡萄藤受伤,无架可依,横卧于地,连带藤上的幼果、盛花坠地腐烂,葡萄将发生减产或绝产。此时,不能图痛快绝对保护架材所有权,而应为大功利抑制架材所有人的权利,但让手脚不干净的葡萄农双倍赔偿架材的价值。到了秋天,葡萄收完后十天左右,到了修剪葡萄藤的时候,此时拔出架材也会对葡萄藤造成损害,造成垮架,但不会对鲜活的葡萄果造成损害,故允许所有人运用物权的方法追回架材。至于拆除架材给葡萄园造成的损害,只能由实施过盗窃的园主承担了。

  本条表明葡萄种植在《十二表法》时代的广泛。据说,地中海地区最早的葡萄是 5 500 年前在塞浦路斯生产的。埃特鲁斯人和希腊人分别把葡萄种植技术带到意大利北部、南部和西西里。① 后来,葡萄成为古罗马的重要经济作物。老加图的《论农业》花很大篇幅讲葡萄栽培之道。瓦罗的《论农业》继之。当然,葡萄可以作为水果食用,也可用来酿酒。罗马人主要把葡萄作这种用途。不幸的是,意大利盛产的葡萄酒成为吸引塞农等高卢部族侵入的原因,因为他们的地方没有葡萄酒,一旦品尝,就想天天都喝。② 但后来高卢从一个葡萄酒进口地成为葡萄酒的生产地,甚至超过意大利。另外,罗马人过分偏向于葡萄种植导致用来种植粮食的土地偏少,造成缺粮。③ 按照加图的说法,土地分为九等。第一等用来种植酒用葡萄园;第二等用作果园;第三等用来种植柳

---

① 参见贾长宝:《文明史视角下的古罗马葡萄和葡萄酒研究》,《农业考古》2013 年第 3 期,第 187 页。也参见苏振兴:《古代中西葡萄、葡萄酒考略》,《华南农业大学学报》(社会科学版)2004 年第 1 期,第 128 页及以下。

② 参见贺普超:《葡萄学》,中国农业出版社 1999 年版,第 31 页。

③ 参见贾长宝:《文明史视角下的古罗马葡萄和葡萄酒研究》,《农业考古》2013 年第 3 期,第 190 页。

树；第四等用来种植橄榄；第五等用作牧场；第六等用来种植谷物；第七等用来种植木材用林；第八等用来做苗圃；第九等用来种植橡树林。① 按照这样的安排，最好的土地都用来种葡萄等经济作物，粮食只能用中等偏下的土地种植，这样当然影响粮食安全，导致罗马不得不长期把供粮建立在依赖进口的基础上。

具有葡萄藤的攀缘性的植物很多，例如常春藤、黄瓜藤、扁豆藤，由此产生了把本条确立的规则类推适用于这些植物的需要。但令人遗憾的是，在原始文献中未看到这种类推。

第8条和第9条表明，《十二表法》对所有权的保护不是很绝对。

第二节　第七表释义

一、建筑物的周围应留 2 尺半宽的空地。

本条规定建筑物间留空制度。它颇有来历。在远古时期，伴随着第一次分配土地，要求建筑物彼此之间留 2 尺半（1 罗马尺等于 1 英尺，等于 30.48 厘米）的空地，它被称为"建筑物旁的空地"②，有便于通行、通风、过水、防止火灾蔓延的功能。且有保证家内灶火的神圣性的目的，在祭奠家神时，建筑物之间的距离可以保证礼拜仪式不受外来污染的风险。③

本条是一个公法规定，属于建筑行政法。目的在于保障通风、采

---

① 参见[古罗马]瓦罗：《论农业》，王家绶译，商务印书馆1981年版，第35页。
② Cfr. Antonio Guarino, Diritto privato romano, Jovene, Napoli, 1994, p. 649.
③ Véase Alvaro D'Ors, Derecho privado romano, Ediciones Unversidad de Navarra, Pamplona, 1986, pag. 180. Cfr. Laura Solidoro Maruotti, La tutela dell'ambiente nella sua evoluzione storica. L'esperienza del mondo antico, Giappichelli, Torino, 2009, p. 82.

光、阻隔噪音、方便通行等。单纯将本条理解为规制通行,未免缩减了其意义。意大利学者米涅里(L. Minieri)就认为,本条设立的空地,除了通行、走水外,还有防火的意义。① 但 2 尺半等于 76.2 厘米,不到 1 米,这样的空地实在不算宽,达不到让相邻房屋都充分享受阳光的要求。

本条还是一个环保法的规定,要旨在于避免不可称量物,即没有明显重量的物,例如烟雾、震动、光、声音、臭气、辐射、热、粉尘对邻人的损害。对这一问题,D.8,5,8,5 有规定。② 由此可见,古罗马也是有环保法的。

本条的规定为后世承袭,474—491 年在位的芝诺(Flavius Zeno Augustus)皇帝规定相邻的房子之间应留出 12 尺空地,而且从上到下都必须如此,以防止有人在建筑物的下端遵守规定,在上端通过建造凸出物侵占公共空间。芝诺的立法加大了本条规定的留空,证明本条规定的留空实在太小。

二、设立调整地界之诉。

本条接续前条,是把不动产之间的留空运用于农地之间的规定。在《十二表法》之前无本条规定的诉权,十人委员会通过借鉴梭伦立法采纳此诉。作为本条还原重要依据的盖尤斯《〈十二表法〉评注》第 4 卷(D.10,1,13)这么说:必须知道,在调整地界之诉中,我们应遵守一定的规则,该规则在一定程度上与据说梭伦在雅典曾通过的法律的模式一致。它是这样规定的:如果某人挨着他人的土地筑短墙,他不得越

---

① Cfr. L. Minieri, Norme Decemvirali in tema di Incendio, In 7(2000), Ius Antiquum, Mosca, p.42.
② 参见[意]桑德罗·斯奇巴尼编:《民法大全选译·物权》,范怀俊译,中国政法大学出版社 1993 年版,第 93 页。

界;他如果建围墙,则必须留出空地 1 尺,如果是建住所,则留出 2 尺,如果是挖坑道或沟,则留出的尺度应与掘坑的深度同,如果是挖井,则应留出 6 尺,如果是栽种橄榄树或无花果树,则应从邻地起算留出空地 9 尺,而栽种其他的树木,要留出 5 尺。① 这一法言的开头部分关涉建筑物之间的留空,后面部分关涉挖掘、栽树等生产活动与邻人土地的安全距离,没有规定农地间的留空。本表第 4 条填补了这一空白,规定田地之间应有 5 尺的留空。如果有相邻人通过移动界石、实际耕种等方式蚕食此等留空用作道路的土地,利害相关方可根据此诉诉追之,以便农地间的间隔关系恢复原状。在《十二表法》的时代,土地尚未完全实现私有化,许多土地为氏族所有,而且一些豪强占有国有的公地,所以,本条不光调整个人所有者间的地界,而且也调整氏族集体间的地界,以及占有者之间的地界。②

以上为本条在《十二表法》时期的含义。公元前 4 世纪,罗马发展起土地丈量员(agrimensor)制度和农地规划制度,形成百份田(centuriatio)体制。经规划的地域成为一个大方块,它为纵横两条大道切割成四个较大板块,每个板块再被分割为若干份农地分给农民。在这种体制下,本条发展为为方便利用土地调整土地间界限的制度,例如,I. 4,17,6 说,在可较方便地以更清楚的新地界取代旧地界区分土地的情况下,可以把一块土地的一部分判给另一块土地的所有人。在这种情况下,此时,土地取得人应偿付一定的金钱。③ 以这些规定为基础,后

---

① See The Digest of Justinian, Vol. 1, edited by Mommsen and Alan Watson, University of Pennsylvania Press, Philadelphia, 1985, p. 308.

② Cfr. Massimiliano Vinci, Fines regere: il regolamento dei confini dall'età arcaica a Giustiniano, Giuffrè, Milano, 2004, pp. 200s.

③ 参见[古罗马]优士丁尼:《法学阶梯》(第二版),徐国栋译,中国政法大学出版社 2005 年版,第 533 页。

世发展起了土地重划制度。①

本诉后来被扩张适用,不仅用来解决所有权问题,而且用来解决用益物权主之间的关系问题。进而用来解决相邻土地归属不清的中间地带的所属问题,因此,在性质上又与相邻关系相关。

经过后世的发展,本诉也有了刑事的方面,I.4,17,6 说到了盗窃界石或砍倒界树的责任,这是宗教-刑事责任,有关行为触犯了边界之神特尔米努斯(Terminus),行为人要被沦为牺牲。②

三、a……菜园……可继承的菜园……
　　b……窝棚……

a 条中的菜园是农庄的意思。Heredium 是可以继承的菜园。我们知道,罗穆鲁斯在罗马建城之初即分配给每人 2 尤格的土地作为世袭产业(Heredium),这 2 尤格的土地即为私有财产③,人们可在上面建房,经营园圃。但瓦罗告诉我们,Heredium 这个词是对埃特鲁斯语中表示农业单位的词 Acnua 的翻译。所以,2 尤格土地的分配可能只是在埃特鲁斯王时期才搞的,后人把这一举措归之于罗穆鲁斯而已。④两种说法竞争,不妨碍我们对本条的理解,故一并录之。

b 条中的"窝棚"是设在私地上的临时建筑,其存在一方面是主人占有的证据,以图阻止他人的占有从而完成取得时效,这种时效并不以诚信为要件,另一方面主人以它为据点保全了土地出生的孳息。

---

① 《意大利民法典》第 846 条及以下数条。参见费安玲等译:《意大利民法典》,中国政法大学出版社 2004 年版,第 210 页及以次。

② Voir Michel Humbert, Les XII Tables, une codification? En Denis Alland et Stephane Rials(Directeur), Droit, PUF,Paris,1998,p.101.

③ 参见[古罗马]瓦罗:《论农业》,王家授译,商务印书馆 1981 年版,第 40 页。

④ See Carlos Felipe Amunátegui Perelló,The Collective Ownership and Heredium,In Revue Internationale des droits de l'Antiquité, LVII (2010),p.69.

总之，本条包含了《十二表法》时代公地和私地并存，人们注意维护私地的所有权的信息。

四、相邻田地之间的 5 尺空地不适用取得时效。

本条是关于公共土地不能以时效取得的规定。它反映在《十二表法》的时代，有以公共土地区隔各私人土地的制度。在操作上，是由相邻土地的两方各留 2.5 尺的土地作为道路，避免耕种，以满足他们双方的利益以及公共利益。同时，避免了此地的植物把根系伸到彼地汲取营养，或散发有害气体影响邻地。[①] 这一规定的基础规定——土地间保持 5 尺空地——可能来自梭伦立法。

这里马上产生了一个问题，这 5 尺空地属于什么性质？由相邻土地所有人共有吗？如果这样，这块土地还是私有的，在法律上应具有与毗邻土地同样的身份，而且，理论上只能由共有人使用。然而，留作道路的土地是任何人都可以通行的，而且本条已经证明了这种土地与其毗邻土地的身份不同，那么，它到底是什么性质呢？我们可发现这种空地一切人都可以接近，应属于公共土地，它由毗邻所有人的贡献构成。私地化私为公，类似于征用。无论如何，本条反映了罗马的土地法制兼顾私人利益和公共利益的精神。

本条也涉及时效制度中的一个要件——客体能力。第五表第 2 条也是客体能力方面的规定。在本条的情形，是公共道路不能以时效取得，这里可以看到国有财产不能以时效取得制度的胚芽，后者并非一个来自苏联的规定，而是自古就有的。

本条中的取得时效与第六表第 3 条规定的取得时效含义不同，后

---

① 参见[古罗马]普鲁塔克著，黄宏熙主编：《希腊罗马名人传·梭伦传》(上册)，吴彭鹏译，商务印书馆 1990 年版，第 192 页。

者是涤清法律行为形式要件缺陷的工具,本条规定的取得时效是鼓励非所有人利用被所有人忽略的财产的制度。

五、a 如果发生争执……
b 就地界发生争执时,委派仲裁员 3 人……

与本表第 2 条调整农地间的区隔空地不同,本条调整邻人间就地界发生的争议。此等争议发生在两个或更多的邻人间。在两个人间发生,针对的是界石要严格地放置(Rigor)还是合理地(Ratio)放置的问题。在多数人中发生,针对的是要放三面还是放四面的问题。界石最初是土地丈量员放置的,如果在接下来的时间第二占有人觉得不便,可能与不同的相邻占有人发生争议,可以起诉把界石挪到别的地方。①

a 条中的"争执"(iurgium)一语是要求法官或仲裁员之诉中的套语,故一些学者认为本诉是要求法官或仲裁员之诉。② 此诉中的当事人可要求法官,也可要求仲裁员。安排他们要求仲裁员,乃因为仲裁员比法官更有地界方面的专业知识。

尽管如此,仲裁员可能还要利用土地丈量员的专业知识,通过他们明确土地的界线,尤其在河流决口,大水模糊了地界之后(D. 10,1,8pr.)③,使相邻人各得其所。

当事人对谁提出上述要求呢?应该是对裁判官提出。他在受理要求后,应确定临时占有之授予,让当前占有争议物的人继续占有,以维持和平。等诉讼结果出来后再变更占有或维持现占有。

---

① 参见徐国栋:《地方论研究:从西塞罗到当代》,北京大学出版社 2016 年版,第 121 页。

② Cfr. Massimiliano Vinci, Fines regere:il regolamento dei confini dall'età arcaica a Giustiniano, Giuffrè, Milano, 2004, pp. 260s.

③ 参见[意]桑德罗·斯奇巴尼选编:《民法大全选译·物与物权》,范怀俊译,中国政法大学出版社 1993 年版,第 98 页。

六、道路的宽度,直向为 8 尺,转弯处为 16 尺。

本条为关于通行权的规定,尽管从字面含义来看,是关于道路修建规矩的规定(参见 D.43,11,1,2)①,但本条所由出的 D.8,3,8 的上下文的标题是"乡村不动产役权",其含义是规定供役地所有人对需役地所有人承担的提供适格的通行条件的义务。8 尺等于 2.4384 米,很宽,转弯处的宽度应为直向道路宽度的加倍,这是为了使重载的车辆快速通行转弯时有回旋余地。如此安排,较大地损害了供役地的价值,这一损失当然由需役地所有人赔偿。

七、道路应铺有石头;如果未铺,可把车子驾到通行最方便的地方。

本条进一步规定了供役地所有人必须为通行权人提供的条件:铺石于路,如此是为了便于重载车辆的通行,对于不履行这一义务的供役地所有人,还规定了必须听任车辆在便利处通行的制裁。但不是随处可通行。杰尔苏告诉我们,首先,役权人要以文明的方式通行;其次,他不能穿过别墅或葡萄园通行,要给供役地造成尽可能少的损害(D.8,1,9)。② 令人奇怪的是,如果通行频率不高,以石铺路不合算,而以两个相邻人的运输量而言,通行的频率又不可能很高,除非一方当事人是运输企业主。只有把这样的道路变成公路,才能实现高的通行率。这样的推论诱使我怀疑,《十二表法》的立法者是通过规定满足通行地役权条件的方式开辟公路,这就似乎是通过通行权的途径征地了。

---

① See The Digest of Justinian, Vol.4, edited by Mommsen and Alan Watson, University of Pennsylvania Press, Philadelphia, 1985, p.578.

② See The Digest of Justinian, Vol.1, edited by Mommsen and Alan Watson, University of Pennsylvania Press, Philadelphia, 1985, pp.250s.

以上两条规定十分令人震撼,因为本条规定的通行地役权本来是约定役权,本条并非创立一种法定役权,而是对当事人的约定役权的内容进行立法干预,表明了《十二表法》的制定者的国家主义立场,据此对供役地所有人的权利做了不小的限制。

八、a 如果雨水造成损害……
b 如果通过公共地方的引水渠中的水流造成私人的损害,应赔偿受到损害的主人。

本条为关于水致人损害的规定,a 条涉及雨水,b 条涉及水渠中之水。雨水为罗马法学家最早关注的问题之一,共和晚期的法学家昆图斯·穆丘斯·谢沃拉曾给它下定义:"所有通过下雨从天上落下的水"。[①] 雨水损害的对象包括房屋和土地两个方面。就"为屋瓦收集的水"[②],相邻房屋的所有人可以通过协议设定承受或不承受檐滴的役权(I.2,3,1)。[③] 西塞罗把这种役权列举为市民法的内容之一。[④] 承受檐滴者,为自愿承受雨水的损害,不承受檐滴者,为排斥雨水造成的损害。在雨水的损害对象为土地的情形,引起仅适用于乡村不动产的排放雨水之诉。此诉实际上是关于禁止改变雨水的自然流道的规定,是邻人间彼此可以提起的诉讼,相当于《法国民法典》第 640 条的经典规定:"低地须接受从高地不假人力、自然流下之水。……高地所有人不得以

[①] 参见[古罗马]西塞罗:《地方论》,徐国栋、阿尔多·贝特鲁奇、纪慰民译,《南京大学法律评论》2008 年春秋号合卷,法律出版社 2009 年版,第 7 页。

[②] 参见[古罗马]西塞罗:《地方论》,徐国栋、阿尔多·贝特鲁奇、纪慰民译,《南京大学法律评论》2008 年春秋号合卷,法律出版社 2009 年版,第 10 页。

[③] 参见[古罗马]优士丁尼:《法学阶梯》(第二版),徐国栋译,中国政法大学出版社 2005 年版,第 139 页。

[④] 参见[古罗马]西塞罗:《论共和国·论法律》,王焕生译,中国政法大学出版社 1999 年版,第 187 页。

任何方式加重低地的负担。如果因农业水利工程必须改变水的自然流量,必须对因此受到损害的土地所有人进行补偿"。①

严格说来,雨水致人损害不能导致责任,因为雨水不是责任主体,按现在的民法术语,雨水致害属于特殊侵权行为。关于雨水的诉权之所以导致人的责任,乃因为它形成力量于一定的区域,该区域在通常情况下是由人控制的,因此,雨水致人损害导致的是物的管领人的责任,相当于《法国民法典》第1384条②规定的人们应承担的对其照管之物致人损害承担的责任。因此,原则应该是:雨水所由出的土地或建筑物的所有人对它造成的损害承担责任。

以上为对a条的解释。b条涉及一个私人在罗马国家的土地上建造的引水渠中的水跑出来给另一个或一些私人造成损害的赔偿问题,水跑出来的原因可能是维修不善或自然灾害(例如暴雨导致引水渠中的水暴涨),两种情形,引水的私人都要承担对受害私人的赔偿责任。

九、a 高于 15 尺的树枝,应刈除之。

b 如果树木从邻地倾斜于你的土地,可正当地刈除之。

本条规定了乡村土地所有权的空间界限,它为我们勾画了一个土地之上的虚拟的立方体,其高度为15尺,等于4.472米,其范围由地面往上抬升。按照不越界行使所有权的规则,它要求所有人砍掉高于这一高度的树枝;从保护所有人的角度,它允许所有人砍掉从邻地伸入的树枝。所以,本条是关于立体相邻关系的规定。空间属于一切人共有的物。卫星升空后外层空间公产论成立。但英国法并不如此,有所谓

---

① 参见李浩培等译:《拿破仑法典》,商务印书馆1979年版,第85页。
② 参见罗结珍译:《法国民法典》(下册),法律出版社2005年版,第1111页及以次。

的上空原则,认土地所有者对土地上的空域享有绝对的权利,谁拥有土地谁就拥有土地上的天空。在航空时代后,一定高度的天空被征用,以保障飞行自由,但不得飞得过低,否则是违宪征用。① 比较起来,本条的规定更具有前瞻性。

本条规定的目的是避免树木长得过高,树荫影响邻地上的作物生长,尤其在太阳斜射的情况下。这样的规定十分符合农村生活的需要,但留下了允许空间越界的解释空间。为现代民法的高压线、航空器通过权规定之渊源。这就意味着罗马法并未采用什么土地所有权的效力"上达九天、下达地心"的原则。这是本条的"我不犯人"的一面,b 条规定了"人不犯我"的一面。

事实上,罗马法的土地所有权还延伸到植物可扎根的地下空间。I.2,1,31 尾部规定,邻近地界被种植的树木如果也扎根在邻人的土地中,它成为共有的,因为它汲取了其伸入之地的养料。② 此为对"侵犯"地下空间"行为"的处理。

十、树上的果实落于邻地时,可入邻地拾取之。

本条规定了孳息即使落入邻地仍归原物的所有人的原则,但由于孳息落在他人的地方,必须借助于所有权的绝对性才能得到它。所有权的此种属性表现为:即使物不在所有人的管领下,他人也无权占有或使用它。而且,本条之适用,意味着先占之排除,因为物之上已有所有权。

本条包含着孳息所有人过分破坏容受他人果实坠落的土地所有人的私生活权的危险——这里的私生活权,采用沃伦和布兰代斯最早提

---

① See J. B. Minor, The Law of Real Property, 1908, pp. 21s.
② 参见[古罗马]优士丁尼:《法学阶梯》(第二版),徐国栋译,中国政法大学出版社 2005 年版,第 127 页。

出的"不受干扰权"①的含义——为此,后来裁判官又就同一事项颁布了一个告示(参见 D.43,28,1pr.):"我禁止你非法阻止他人每隔两天拾走从其土地上掉落到你土地上的橡子"。② 这一告示对本条做了改进,规定了进入他人土地的频率,平衡了两个邻人的利益。

由于从果实的掉落在实际被拾取有时间差,发生果实灭失之处理问题。灭失分为人吃与动物吃两种情况,第八表第 7 条规定了后一种情形免责,显然因为动物没有理性,管不住自己的嘴,前一种情形则显然构成盗窃,因为人有理性。实际上,人吃还可分为小孩吃和大人吃,小孩也无理性或理性不足,应由其父母承担责任。大人吃,则由他自己承担责任。

像"梁木"问题一样,本条也很可能是从个案发展为普遍的规则的。乌尔比安在 D.43,28,1,1 中把"橡实"解释成果实。后来的学者进一步把果实解释为包括树枝,进而包括鸡兔。③

一些学者认为,本条是不当得利制度的雏形。④ 此说并非无理,因为取用邻地掉落的果实的人,确实没有法律根据地取得了利益,本条阻止他为此等取得。

十一、出卖的并经交付的物,除非买受人付清价款或以其他方式提供担保,不能取得其所有权。

本条及以下的第 12 条脱离了地役权和相邻关系的主题,是游离规

---

① 参见[美]阿丽塔·L.艾伦、[美]理查德·C.托克音顿:《美国隐私法:学说、判例与立法》,冯建妹等译,中国民主法制出版社 2004 年版,第 5 页。

② See The Digest of Justinian, Vol.4, edited by Mommsen and Alan Watson, University of Pennsylvania Press, Philadelphia, 1985, p.615.

③ 参见周枏:《罗马法原论》(上),商务印书馆 1994 年版,第 104 页。

④ 参见张宇航、黄亮:《大陆法系不当得利制度的起源与演变考究》,《理论观察》2014 年第 7 期,第 88 页。也参见马祖蕾:《论不当得利制度的历史渊源》,《法制博览》2014 年第 2 期(中),第 226 页。

定。但本条十分现代。

本条是关于同时履行抗辩的规定。在实施了债权行为后,如果没有支付价款,物权变动并不发生,直到价金得到偿付,因此,本条也是关于所有权保留买卖的规定。非独此也,本条还允许信用买卖,即允许交货与付款之间存在时间差。

本条仅适用于拟诉弃权,不适用于要式买卖,因为要式买卖是现买现卖,不存在信用,相反,拟诉弃权允许信用买卖。①

按照本条,价金的给付可以担保替代,由此造成买受人取得标的物所有权的效果(I.2,1,41)。②

十二、在遗嘱中被宣布解放的人,以向继承人支付 10 000 阿斯为条件的,即使继承人出卖了他,他应通过向买受人给付上述金钱获得自由。

本条确立了继承人不执行遗嘱人的命令附条件解放待自由并将其出售的,后者可通过履行条件从其买受人获得解放的规则。附条件解放,条件成就前的奴隶,为待自由人,他有获得解放的希望,但此等希望具有不确定性。出卖他,违背了遗嘱人的意志,构成诈骗。所以,出卖待自由人对此等人不利。但本条允许待自由人通过改变条件的实施对象保全其获得自由的希望。

本条也创立了法律行为附停止条件制度。此等条件是拟被解放的奴隶向继承人支付 10 000 阿斯。③ 它是一个随意条件,即其实现取决

---

① 参见周枏:《罗马法原论》(上),商务印书馆1994年版,第342页。
② 参见[古罗马]优士丁尼:《法学阶梯》(第二版),徐国栋译,中国政法大学出版社2005年版,第133页及以次。
③ 参见[波兰]玛利亚·扎布洛斯卡:《〈十二表法〉——当代法律原则的渊源》,娄爱华译,徐国栋主编:《罗马法与现代民法》第7卷,厦门大学出版社2010年版,第279页。

于行为人意志的条件,与我国民法中条件的成就与否应无关于当事人的意志的理论不同,《十二表法》以降的罗马法大量包含这种类型的条件。本条的具体情况为:如果拟被解放的奴隶不履行遗嘱人设定的条件,则继承人可以不解放他,这样的条件具有延滞法律行为生效的效果,故为停止条件。

在本条规定的情形,遗嘱人考虑到解放奴隶是对继承人期待利益的损害,因此要求被解放的奴隶向作为遗嘱执行人的继承人支付 10 000 阿斯作为补偿,如此,被解放奴隶和继承人的利益都平衡了。但本条中的继承人利欲熏心,不顾遗嘱人的意志不解放该解放的奴隶,将他出卖,所得的价款肯定多于 10 000 阿斯,否则他就不会出卖该奴隶而是解放他了。但本法为了贯彻有利于自由权原则,保障遗嘱宣布的解放能兑现,遂规定这个曾被允诺解放的奴隶可以向买受人支付 10 000 阿斯获得自由。这样,该奴隶的卖价与这 10 000 阿斯的差额就是买受人的损失,它由谁承担?《十二表法》对此保持了沉默。我理解,买受人当有权向继承人追偿此等差额。

本条反映《十二表法》时期的奴隶可以有自己的私产,不然 10 000 阿斯何来? 而且反映有的奴隶很富裕,1 阿斯相当于 1 磅铜①,10 000 阿斯就是 10 000 磅铜,等于 4.536 吨,这是大数。按照长江有色金属网 2018 年 1 月 10 日的报价,一顿黄铜价值 44 066 元。② 此数乘以 4.536,约等于 199 883.4 元。这在现在也是一笔大款。在第六任王塞尔维尤斯·图流斯的改革中,这相当于具有第五等级的法定财产。一个奴隶拿得出这么多的钱赎买自己的自由,可以说他是大款。因此,说罗马法中奴隶只是会说话的工具,文学表达的色彩浓些。他们可能有

---

① 参见陈可风:《罗马共和宪政研究》,法律出版社 2004 年版,第 250 页。
② 参见长江有色金属网,载 http://www.ccmn.cn/zhuanti/tdsq/introcontent.html,2018 年 1 月 10 日访问。

自己的特有产,法律也赋予他们为经营此等特有产所需要的权利能力,否则,本条的规定不可思议。

本条是后世的奴隶自款赎身制度的先驱。

第三节 第八表释义

一、a 念诅语致人损害者……
b 如果某人唱侮辱人或致人不名誉的歌谣,处死刑。

本条为关于侮辱、诽谤他人者应受制裁的规定。a 条关于诅咒,这是通过运用一些言辞套语危害他人人身或财产的行为①,这是古人相信言辞的力量的哲学的产物。在《十二表法》以后的罗马立法中,还有《恐怖咒语法》(Lex horrendi carminis),是早期的罗马刑事法律之一,它授权两人审委会审理以咒语害人的敌对行为案件,并且在定罪后将犯罪人悬吊在树上用棍棒打死。b 条规定唱歌诽谤行为,其侵害客体是受害人的人格和名誉。两种行为的方式不同,咒语是秘密实施的,诽谤是公开实施的,②所以分开规定。

对咒语和诽谤的打击证明《十二表法》时期的罗马人已有了具体人格权的观念。对此等权利的保护既有民事性的,也有刑事性的。前者被规定在本表第 4 条中,后者被规定在本条中。

按照本条,诽谤行为的后果是死刑,咒语害人者可能也是如此,今人可能以为太重,但当时只有死刑、罚金、鞭打三种刑,③没有自由刑

---

① See James B. Rives, Magic in the XII Tables Revisited, In The Classical Quarterly, New Series, Vol. 52, No. 1 (2002), p.283.

② See James B. Rives, Magic in the XII Tables Revisited, In The Classical Quarterly, New Series, Vol. 52, No. 1 (2002), p.287.

③ 西塞罗在其《论法律》中写道,有八种刑罚:罚款、镣铐、鞭打、同态复仇、破廉耻、放逐、死刑、罚为奴隶。他把一些私刑(例如同态复仇)也当作刑罚了。

(因为可能尚无监狱,有亦很小)。在这三种刑中,立法者选用了最重的,这也表明了他们对人格和名誉的高度重视。

但法国学者雨韦兰(P. Huvelin)对此有不同看法,他认为在《十二表法》的时代尚不存在言辞伤害的概念,只有身体伤害的概念,体现为该法中以罚金和同态复仇惩治折骨和其他身体伤害的规定,言辞伤害的概念只有到了共和中期和晚期才发展起来。如果把 b 条理解为关于言辞伤害的规定,它的死刑后果与身体伤害的罚金或同态复仇的后果太不成比例了。因此,德国学者贝克曼(F. Beckmann)也质疑,怎么能用死刑惩罚名誉伤害? b 条惩治的肯定是一种更严重的犯罪,那就是魔法。① 蒙森的解释是咒语属于侵害公共秩序,身体伤害侵犯私人权利。② 李维斯认为,身体伤害容易感知,容易消除,容易为当局控制,精神伤害更阴险,难以预见、其效果不明显,难以为当局控制,因而对公共秩序危害更大。③ 两位学者都通过区分的方式来解释为何对念咒语者要判死刑。

二、毁伤他人肢体而不能达成和解的,应对他同态复仇。

本条为关于肢体毁伤的处理的规定。"毁",例如以刀剑砍掉他人一条胳膊。"伤",例如把他人的一条胳膊严重烧伤,但胳膊尚存并保留一定功能。处理分为两个阶段,第一,和解,其内容可能是加害人以金钱赔偿受害人,换得后者放弃报复权。请注意,和解是一种合同,但它并非债,因为加害人若不履行和解合同的内容,受害人并不能起诉强制执行,而是发生同态复仇权。④ 第二,实行同态复仇,即报复。加害人

---

① See James B. Rives, Magic in the XII Tables Revisited, In The Classical Quarterly, New Series, Vol. 52, No. 1 (2002), p. 286.

② See James B. Rives, Magic in the XII Tables Revisited, In The Classical Quarterly, New Series, Vol. 52, No. 1 (2002), p. 288.

③ See James B. Rives, Magic in the XII Tables Revisited, In The Classical Quarterly, New Series, Vol. 52, No. 1 (2002), p. 288.

④ 参见张长绵:《〈十二表法〉存在私犯之债吗?》,《私法研究》2016 年第 1 期,第 80 页。

太穷赔不起受害人的,或脾气太硬不愿低头的,或缔结了和解合同又不愿或不能履行的,引起这一阶段。维科说,报复被称为毕达哥拉斯的公道,人们认为它是毕达哥拉斯发明的。① 此语有些弄玄,把世人想象得太蠢了,连报复都要向毕达哥拉斯学。总之,无论是哪个阶段,都反映出《十二表法》时期的罗马国家的公权力不强。第一个阶段意味着对肢体伤害允许私了;第二个阶段意味着个人撇开国家自行实施报复。因此,本条反映了当时罗马社会的野蛮、原始状况。

正因为上述处理落后,后来罗马人对此进行了改革,其要旨是以罚金取代同态复仇。裁判官允许蒙受不法侵害者自己对不法侵害进行估价,由法官根据此等估价做出判决;或法官根据自己的估计判决较小的金额。这就是把"和解"的选项唯一化和强制化了。罚金的确定依据受害人的身份和操行,这两方面越高的,罚金越高,反之亦然。对奴隶的侵犯,也区分身份的等级处以罚金。管财务的奴隶、中等职位的奴隶、极廉价的或戴镣铐的奴隶具有不同的身份(I.4,4,7)。②

本条在适用上很困难,在某人被人毁伤肢体的情况下,如果他进行同态复仇,对他来讲,做到完全的同态,是非常困难的。而且,如果复仇过当怎么办,是要反过来进行赔偿吗?③

意大利学者法略里认为:本条是第一次把私犯规定为可能的债的发生依据的立法例。④ 此论有道理,在达成了和解的情形下,私犯就转化为债的发生依据了。这一规定引起了涉及如下问题的争论:是先产

---

① 参见[意]维科:《新科学》,朱光潜译,人民文学出版社1986年版,第533页。
② 参见[古罗马]优士丁尼:《法学阶梯》(第二版),徐国栋译,中国政法大学出版社2005年版,第449页。
③ Cfr. Aulo Gellio, Notti Attiche, Traduzione Italiana di Luigi Rusca, Volume Secondo, BUR, Milano, 2001, p.1301.
④ 参见[意]约勒·法略里:《〈十二表法〉中的刑事法》,徐国栋译,2014年罗马公法国际暑期学校讲稿。

生了私犯之债还是先产生了合同之债。《十二表法》的上述规定似乎有利于第一种可能。

三、折断自由人一骨的,处 300 阿斯的罚金;折断奴隶一骨的,处 150 阿斯的罚金。

本条是关于致人骨折的损害赔偿规定。骨折与毁伤肢体不同,前者可以治好,后者不可恢复原状,故以以牙还牙、以眼还眼处之。本条对骨折,却规定了罚金刑。请注意,此处的罚金并不归入国库,而是归受害人所有,等于赎金。① 罚金与同态复仇彼此不同甚至矛盾,后者野蛮前者文明,这两个规定为何能同时存在于一个法典中呢?是出于功利的需要,或曰由于贫困的压迫,因为折断自由人一骨的,把加害人也折断一骨不能解决他的问题。俗话说,伤筋动骨一百天,受害人需要养伤,而当时的人们极度贫困,不劳动就不能过活,因此,只能靠加害人提供的罚金度过这一养伤期了。这方面法律的进步可以是国家权力增强,也可以是由于当事人贫困愿意接受实惠而非出气的处理,是后一原因造成结果。

300 阿斯的罚金价值几何?它是 300 磅铜,即 136 公斤铜。前文已述,每吨铜价值 44 066 元,每公斤铜价值 40.066 元,乘以 136,等于 5 993 元。150 阿斯则相当于 2 996 元。这笔赔偿金不低。因为 2016 年福建省的年平均工资是 61 973 元②,月平均工资是 5 164 元,自由人的折骨罚金略多于福建人一个月的工资。受害人在三个月的养伤期的第一个月完全可以靠此等罚金生活。所以,骨折导致的养伤需要映衬出了同态复仇的局限,是促进以罚金取代同态复仇的一个步骤。

---

① Cfr. Mario Talamanca, Istituzioni di diritto romano, Giuffrè,Milano,1990, p. 615.
② 参见王红茹:《23 省份 2016 年平均工资出炉:北京平均工资最高》,载 http://www.ceweekly.cn/2017/0703/196169.shtml,2018 年 1 月 10 日访问。

最后必须注意到本条在罚金数额的确定上实行身份差别原则,自由人的多于奴隶的达一倍,尽管遭受的伤害是同样的,养伤的需要是差不多的。

四、对人施行其他侵辱的,处 25 阿斯的罚金。

本条是一个口袋规定,对前 3 条不能包括的侵权行为以罚金进行概括处理,处以固定金额的罚金。本条还创立了侵辱的概念,该词的原意是不法(Iniuria),其内容包括身体侵害、财产侵害和精神侵害,基于这种三元性,黄风把它妙译为"侵辱"。"侵",指身体损害;"辱",指精神损害。

根据后世罗马法学家的研究,侵辱包括以下类型的行为:1.殴打; 2.谩骂;3.假充债权人占有他人财产,这样就侵害了他人的信用权; 4.书面诽谤;5.唆使他人实施侵权行为;6.骚扰他人;7.侵害他人贞操等(I.4,4,1)。[①] 都是对人身的侵害。

如果我们承认本条包括了对精神损害的罚金处理(例如骚扰他人),我们就必须承认《十二表法》就确立了精神损害金钱赔偿的原则。而且,赔偿额不小,达 25 阿斯,即 11.3 公斤铜。价值 452.7 元人民币。如果由于一次谩骂要付出这样的代价,在当代中国也算沉重的。

本条的打击力度以阿斯的币值不变为前提,但问题在于阿斯要随通货膨胀的发生贬值。拉贝奥在其《论〈十二表法〉》中记载:一个叫作路求斯·维拉求斯(Lucius Veratius)的坏人喜欢遇人就打一个耳光取乐,他身后跟着一个带着钱袋的奴隶,主人打完后就掏出 25 阿斯作为赔偿。于是,裁判官认为应废除本条,决定应由主审法官估计造成的侵

---

① 参见[古罗马]优士丁尼:《法学阶梯》(第二版),徐国栋译,中国政法大学出版社 2005 年版,第 445 页。

辱决定赔偿额。① 原因很简单,在制定《十二表法》的时代,一个阿斯的重量是 10—11 盎司,到公元前 269 年,只剩下 1 盎司。到公元前 217 年,只剩下 0.5 盎司。到公元前 89 年,只剩下 0.25 盎司了。② 假设路求斯·维拉求斯是拉贝奥的同时代人,拉贝奥大约生于公元前 54 年,死于公元 17 年,这个时候,阿斯已经贬值至原来的 1/44—1/40。过去,打人一个耳光要赔 452.7 元,现在,实施同样的行为只要赔 11.3 元或 10.28 元,所以,路求斯·维拉求斯觉得很合算,就打人不倦了。

以上说了本条未考虑通货膨胀的缺陷,它还有不考虑侵辱的对象、侵辱情节的差异一体定赔偿额的缺陷,所以,裁判官后来采用一种侵辱估价诉(actio iniuriarum aestimatoria)的罚金诉权取代它。该诉规定了越来越多的侵辱案型,甚至包括了对人的尊严、荣誉的损害。从此,不再有固定的罚金,而是由受害人规定加害人应向他赔多少钱(这就是估价的含义)! 这等于说,对精神损害不能实行固定的赔偿,必须根据受害人的身份、实施损害的场景等因素定赔偿额。

五、……损害……就赔。

本条的信息量太少,不够分析。可以认为,它昭示了侵权法的"有损害就必须赔偿的"一般原则。

六、四足动物损害他人的,由其所有人把它投偿于被害人,或赔偿估定的损失。

本条为关于四足动物致人人身损害的规定。由于动物没有理性,

---

① Cfr. Aulo Gellio, Notti Attiche, Traduzione Italiana di Luigi Rusca, Volume Secondo, BUR, Milano, 2001, p. 1301.
② 参见[美]唐·帕尔伯格:《通货膨胀的历史分析》,孙忠译,中国发展出版社 1998 年版,第 15 页。

不可能有什么故意过失,因此本条属于特殊侵权行为规定。所谓的四足动物,指马、牛、骡等家养大型动物(I.4,9pr.)①,其特点是可用作劳动工具、价值较大,同时具有一定的野性,由于后一属性,它们有伤人的较大可能;由于前两个属性,它们本身就有可能抵偿被害人的损失,使损害投偿之诉成为可能。

所谓损害投偿之诉,是管理人责任。具体说,家父对其家子、奴隶和牲口负有管领责任,如果这三者导致他人损害,家父可以选择赔偿受害人的实际损失,也可选择交出加害者免责,因此,损害投偿责任本质上是保护管理人的有限责任,因为他承担的责任以他管领的人或物的价值为限,超过部分免责。所以,在法律史上,本条应看作较早或最早的关于有限责任的规定。

本条不适用于野兽,例如熊,尽管它们有四足,但天然就是野的,伤人是其天性。也不适用于两足动物,例如鸡,因为它们的价值低微,没有被投偿的可能。因此,对于本条,尽管历代罗马法学家有很多解释,但都似乎没有把本条的效力扩展到一般的动物,这与我国《民法通则》第127条的规定②不同。因此,两足动物致人损害应如何处理,在《十二表法》中属于立法漏洞。

如果四足动物为数人共有,他们都对整个的赔偿额承担责任(D.9,1,1,14)。③受害人可起诉他们中的任何一人,因为他们承担连带责任。

---

① 参见[古罗马]优士丁尼:《法学阶梯》(第二版),徐国栋译,中国政法大学出版社2005年版,第497页。

② 其辞曰:饲养的动物造成他人损害的,动物饲养人或者管理人应当承担民事责任;由于受害人的过错造成损害的,动物饲养人或者管理人不承担民事责任;由于第三人的过错造成损害的,第三人应当承担民事责任。

③ See The Digest of Justinian, Vol. 1 edited by Mommsen and Alan Watson, University of Pennsylvania Press, Philadelphia, 1985, p. 277.

如果动物在证讼前死亡,基于本条的诉权消灭(D.9,1,1,13)。[①]基此判断,责任人似乎还是被立法者认定为牲口,而非其监管人。

本条没有规定对致害他人的奴隶的投偿,构成一个漏洞,需要第十二表第 2 条加以填补。

七、他人的果实落在自己的田地里被牲畜吃掉的,不根据放牧之诉,也不根据四足动物致人损害之诉承担责任。

本条是对第七表第 10 条的配套和例外规定。说"配套",是因为两条处理的是同一问题的不同方面;说"例外",是因为本条对第七表第 10 条规定的原则做出了限制。该原则承认自家所有权的"域外"效力,本条则限制此等效力,提出了"吃了白吃"的规则,掉落在邻地的果实在其所有人实际拾取它们前被邻地所有人的牲畜和其他来源的牲畜吃掉的,土地所人人不承担责任。如此安排的理论依据如何?我认为,其一,是基于动物没有理性的前提,因此,反过来说,如果是人吃掉了掉落的果实,应构成盗窃。其二,是基于掉落的果实曾汲取了邻地的雨露阳光生长的缘故,因此,本条发展下去,必然导致日耳曼法式的承认邻地所有人取得掉落果实所有权的规定。

由于掉落的果实不在其所有人的控制下,邻地的牲口又可自由吃此等果实,法律又未规定邻地所有人的保护义务,这对他的诚信水平提出了考验。

本条提到了放牧之诉,它是对把自己的牲畜在他人的土地中牧放

[①] See The Digest of Justinian, Vol.1, edited by Mommsen and Alan Watson, University of Pennsylvania Press, Philadelphia, 1985, p. 277.

的人提出的诉讼。① 它与四足动物致人损害之诉不同,前者是人的责任,属于盗窃的一般侵权行为;后者是动物的责任,属于特殊侵权行为。

八、a 对庄稼念咒语者……
b……而未通过念咒语把他人的庄稼引过来……

本条禁止以魔法毁损或盗窃他人庄稼。a 条涉及毁损他人庄稼的情形,例如通过呼唤风暴的方式破坏他人庄稼。② 古人相信,朱庇特的儿子达尔达努斯(Dardanus)有能力通过一定的巫术摧毁大地上的果实。③ 摧毁的方式之一是让它们消失④,它们将消失在非常稀薄的空气中。⑤

b 条涉及盗窃他人青苗的情形,它是对 a 条的展开。念咒语不仅可毁损他人庄稼,而且也可移动他人庄稼⑥,它与本表第 1 条关于对人实施魇镇的规定恰成配合。本条反映了当时人的迷信观念,他们相信可以咒语毁坏他人的庄稼,几个古代作家都记载了这种实践。⑦ 通过咒语移动他人庄稼的手段是毒药,在维吉尔的《牧歌》中,提到一个姑娘

---

① 参见[意]彭梵得:《罗马法教科书》,黄风译,中国政法大学出版社 1992 年版,第 407 页。
② See James B. Rives,Magic in the XII Tables Revisited, In The Classical Quarterly, New Series, Vol. 52, No. 1 (2002),p. 273.
③ Voir Diderot et d'Alembert, Encyclopédie ou Dictionnaire Raisonné des Sciences, Tome 4,Des Arts et des Métiers,1754,Paris, p. 631.
④ See James B. Rives,Magic in the XII Tables Revisited, In The Classical Quarterly, New Series, Vol. 52, No. 1 (2002),p. 276.
⑤ See Clyder Pharr, The Interdictum of Magic in Roman Law, In Transactions and Proceedings of the American Philological Association, Vol. 63,1932,p. 277.
⑥ See James B. Rives,Magic in the XII Tables Revisited, In The Classical Quarterly, New Series, Vol. 52, No. 1 (2002),p. 274.
⑦ See James B. Rives,Magic in the XII Tables Revisited, In The Classical Quarterly, New Series, Vol. 52, No. 1 (2002),p. 275,note 27.

试图通过仪式的手段把她的爱人从城里唤回来,用了草和毒药①,由此证明当时的人们认为毒药是一种移动工具。此外,老普林尼记载了适用 b 条的一个案例。一个叫作克雷西姆斯(C. Furius Cresimus)的解放自由人有一个小农庄,收成却很好,其邻人非常富有,有一个大农庄,收成却不如克雷西姆斯的,于是,克雷西姆斯被怀疑用毒药移动了邻人的庄稼到自己地里而根据本条受到控告(18,8,43)。② 这一案件由营造官主持在部落大会审理。克雷西姆斯把所有的农具和他的农工都带到法庭上,说它们加上我的辛劳和汗水,就是我用的毒药。最终,法院判处他开释。

由此可见,a、b 条都处理移动他人庄稼问题,区别在于使用的手段不同,前者使用咒语的手段,后者使用毒药的手段。

这两条都未保留下制裁部分。西塞罗提供的信息是对实施这两种犯罪者都适用死刑。③

在中国古代,人们有类似的思维,例如《水浒传》中的公孙赞就有类似的魔法。但现代人把这看作魔术,没有人相信这种可能,因此本条失去了其现代意义。

奇怪的是,本条不规定盗割他人庄稼运走的行为,因为这种行为过于明显地属于犯罪,无须规定,可由关于盗窃的规定涵盖。而且,《十二表法》也不追求面面俱到,只规定了一些典型的情况。④

---

① See James B. Rives, Magic in Roman Law: The Reconstruction of a Crime, In Classical Antiquity, Vol. 22, No. 2 (Oct., 2003), p.314.

② See Gaius Plinius Secundus, The Natural History, Translated by John Bostock, Vol. Ⅳ, London,1856,p.17.

③ See James B. Rives, Magic in the XII Tables Revisited, In The Classical Quarterly, New Series, Vol. 52, No. 1 (2002),p.277.

④ See James B. Rives, Magic in the XII Tables Revisited, In The Classical Quarterly, New Series, Vol. 52, No. 1 (2002),p.278.

本条反映了当时罗马人在农产品占有量上不均引起的社会紧张，根本的解决是消除土地的不公平分配，但立法者舍本求末，把这种紧张的原因归之于魔法，为大家的嫉妒和怨恨提供了一个出口，实际上，所谓的魔法不过是替罪羊而已。①

九、夜间在快要熟的庄稼地放牧的，或收割此等庄稼的，如为适婚人，则判死刑，吊在树上祭谷神；如为未适婚人，则按长官的决定鞭打，处以加倍于损害的罚金或投偿于受害人。

本条为关于夜盗农作物的规定，涉及放牲口吃他人农作物的行为和收割此等农作物的行为，前种行为本表第 7 条也有规定。对于行为人，本条区分身份规定刑罚，对适婚人处以死刑的重罚，原因一在于他们是夜间犯罪，在罗马法中这从来是一个加重情节；二在于他们是针对快成熟的庄稼犯罪，这样，犯罪的利得很大，因此付出的代价也应该更大。对这种犯罪人，处以世俗的和宗教的双料刑罚，宗教方面的处罚是将罪犯吊在树上祭谷神，即通过在树上晒死或冻死的方式向神谢罪。为何如此？因为此等人在收获前没有举行收获物奉献仪式，也没有念规定的套语，构成对谷神的亵渎。② 另外的说法是：谷神第一个犁开土地，创造了第一块农田及其边界，所以，针对农田和收成的犯罪都侵害了谷神。③ 谷神原是希腊人的神，既是粮食又是法律的发明者。④ 她

---

① See James B. Rives, Magic in the XII Tables Revisited, In The Classical Quarterly, New Series, Vol. 52, No. 1 (2002), p. 279.

② Cfr. Bernardo Santalucia, Diritto e processo penale nell'antica Roma, Giuffrè, Milano, 1998, p. 14.

③ See The Entry of Ceres, On https://en.wikipedia.org/wiki/Ceres_(mythology), 2016 年 12 月 29 日访问。

④ 参见［意］维科:《新科学》，朱光潜译，人民文学出版社 1986 年版，第 301 页。

是农神的女儿,朱庇特的姐妹,与利伯尔(liber)和利伯拉(Libera)同为三位农业神之一。她下辖12个小神,她们分别负责农业生产的不同方面。罗马人在公元前496年引进此神,此时罗马正发生大饥荒。公元前3世纪,罗马人设立了谷神节,在每年的4月12—19日举行。后来,平民阶级特别崇拜谷神。①

对于未适婚的犯罪人,本条规定从轻处罚,处以鞭打的肉刑和罚金。长官决定的鞭打不是刑罚,而是强制权的行使。如果未适婚人的管理人不愿承担无限责任,也可以把他交给受害人处置,此时他处于准奴隶的地位,要以劳动抵偿自己造成的损害。按第十二表第2条的规定如此。

本条证明《十二表法》的制定者已区分年龄段适用刑罚,年龄较轻成为一种享受优惠的身份,开创了现代法这方面规定的先河。这是本条的善德。但本条的"成年人"仅仅有14(男)或12岁(女),也是孩子,却承担成年人的刑罚,很残忍。

此条的内容在本表出现两次,第一次出现在本条;第二次出现在本表第24b条。此处强调的是夜间收获他人庄稼或放任牲口吃他人成熟庄稼的后果因行为人适婚与否而不同。

十、烧毁房屋或堆放在房屋附近的谷物堆的,如以明知且预见的方式实施,则捆绑而鞭打之,然后把他烧死;如为意外,则赔偿损失;如属能力有欠缺者,则从轻处罚。

本条为关于罗马城区火灾的刑事规定,区分了明知且预见的放火和出于意外的失火。前者为针对他人房屋或堆放在房屋附近的谷物堆

---

① See the Entry of Ceres, On http://en.wikipedia.org/wiki/Ceres_(mythology),2010年4月28日访问。

纵火的行为,对行为人处以捆绑并鞭打的附加刑,然后施以处死的主刑。处死的方式是烧,报复的色彩很浓,具有同态复仇的痕迹。① 这一严厉规定的目的在于保护罗马城市,该城市在尼禄 64 年大火前多为砖制建筑,且缺乏规划,房屋彼此钩心斗角,一燃俱燃,需要特别地防火。之所以要提到"房屋附近的谷物堆"的情节,乃因为这样的谷物堆着火后会很快蔓延到房屋,一房屋起火了又会蔓延到其他房屋。本条反映罗马公民的房屋附近常有谷物堆,反映了当时的罗马是个城邦的现实,人们居住在城里,但从事农业劳动。

本条中的"意外",其拉丁原文为"Casus",传达本条的盖尤斯的 D. 47,9,9 将之解为"疏忽"。② 有人认为还可以解为"意外火灾",例如闪电造成的火灾。盖尤斯的"疏忽"解释限缩了十人委员会用语的含义。因此,按折中说,由于 Casus 的火灾,既应包括过失失火,也应包括意外火灾。③ 依本条的规定,对这种火灾只要求赔偿损失,与纵火行为的处罚差别很大。

本条进一步规定了能力有欠缺者造成失火的处理。能力有欠缺,指行为人年龄不到适婚或精神有毛病等情况。对他们从轻处罚,或许体现为缩减赔偿责任,换言之,不全赔,而只赔一部分。

十一、不法砍伐他人树木的,每棵判处 25 阿斯的罚金。

本条为保护林木的规定,针对两种行为。第一,砍伐他人树木并带走,此构成盗窃;第二,砍倒他人树木而不带走,这可能是来不及带走

---

① Cfr. L. Minieri, Norme Decemvirali in tema di Incendio, In 7(2000), Ius Antiquum, Mosca, p. 43.

② See The Digest of Justinian, Vol. 4, edited by Mommsen and Alan Watson, University of Pennsylvania Press, Philadelphia, 1985, p. 770.

③ Cfr. L. Minieri, Norme Decemvirali in tema di Incendio, In 7(2000), Ius Antiquum, Mosca, p. 44.

(D.47,7,7,1)①,也可能是为了泄愤,此构成破坏森林罪。本条对砍树人判处每棵 25 阿斯的罚金,相当于 452.7 元人民币许,相当于侵辱他人一次的代价。

在程式诉讼时代,本条构成砍伐他人林木之诉的依据。当事人提出诉求时必须主张自己的树木被砍伐了,否则不能适用本条。为了扩张本条的效力,法学家孜孜不倦地对之进行了解释,主要着力于扩张"树木"和"砍伐"两语的外延。就前者之扩张而言,"树木"变得包括了葡萄藤(D.47,7,7,2)②、常春藤和芦苇、树苗(D.47,7,4)③;就后者之扩张而言,"砍伐"变得包括了"剥皮"和"锯",由此使本条变为一个更有普遍意义的规范。尤其是关于砍伐包括剥皮的解释,更彰显了本条在打击破坏森林罪方面的意义。

本条规定的诉权与《阿奎流斯法》第 3 条规定的诉权存在竞合关系。后种诉权针对杀害他人奴隶或四足动物外的所有其他损害。④ 拉贝奥认为,树木所有人只能选择行使一种诉权,但特雷巴求斯和保罗主张树木所有人可以同时行使两种诉权,但总的赔偿额不能超过实际损失。⑤ 这样的安排显然由于本条规定的赔偿额经过多年的通货膨胀后变得太低,让所有人能行使另一种诉权更有利于其利益之恢复。

本条具有环保意义。树木属于私人财产的一种,而私人财产众多,《十二表法》为何仅明文保护包括树木在内的几种私人财产?这要么因

---

① See The Digest of Justinian, Vol. 4, edited by Mommsen and Alan Watson, University of Pennsylvania Press, Philadelphia, 1985, p. 764.

② See The Digest of Justinian, Vol. 4, edited by Mommsen and Alan Watson, University of Pennsylvania Press, Philadelphia, 1985, p. 764.

③ See The Digest of Justinian, Vol. 4, edited by Mommsen and Alan Watson, University of Pennsylvania Press, Philadelphia, 1985, p. 764.

④ 参见徐国栋:《优士丁尼〈法学阶梯〉评注》,北京大学出版社 2011 年版,第 484 页。

⑤ 参见黄文煌:《阿奎流斯法——大陆法系侵权法的罗马法基础》,中国政法大学出版社 2015 年版,第 53 页。

为立法者认为树木特别重要,要么因为盗伐他人树木的行为频频出现。我认为前种可能更大。为何如此?因为树木不仅有财产价值,而且有景观价值。保罗在其《告示评注》第 67 卷(D.43,24,16,1)中这样说:"如果某人以暴力或隐匿砍伐了不结果实的树木,例如柏树,仅所有人可请求授予此等令状。但如果这种树木能让人赏心悦目,在提供感官享受这个意义上可以说用益权人也享有利益,他也可请求授予此等令状。"①这一法言为我们揭示了本条适用的审美意义和生态意义。所以,本条经常被罗马环境法的作者作为论据运用。②

本条像本表第 4 条一样以不变应万变,所以周枏先生对本条的评价是中肯的,即不论树木的种类和数量,也不问是大树小树,一概处以相同的罚金,显然会出现惊人的不平和可笑的结果。③ 试问,砍一颗百年老树和砍一颗十年嫩树都是罚 25 阿斯,合适吗?显然不合适。导致此等不合适的原因是美索不达米亚方法。由此,《十二表法》没有规定抽象的盗窃罪,而是规定了几种盗窃的类型,例如夜盗庄稼、盗伐树木。按照希腊方法,应规定一般的盗窃罪,盗伐树木只是被作为盗窃的一种类型处理。

十二、夜间行窃,如被处死,应视为合法。

本条为第 9 条的配套规定。第 9 条规定农作物的夜盗,本条规定对其他财产的夜盗。对夜盗者允许受害人以自力救济处以死刑,表明

---

① See The Digest of Justinian, Vol. 4, edited by Mommsen and Alan Watson, University of Pennsylvania Press, Philadelphia, 1985, p.609.

② Véase José Luis Zamora Manzano, Precedentes romanos sobre el Derecho ambiental la contaminación de aguas, canalización de las aguas fecales y la tala ilícita forestal, Edisofer, Madrid, 2003. Cfr. Mario Fiorentini, Precedenti di diritto ambientale a Roma, In Index vol. 34 (2006), Jovene, Napoli, p.357.

③ 参见周枏:《罗马法原论》(上),商务印书馆 1994 年版,第 42 页。

了本法对私有财产的高度保护,以至于承认所有人的极端防卫权。按现在的刑法理论,此种防卫当为不对称防卫或无限防卫。盗贼侵犯的是所有人的财产权,所有人损害的是盗贼的生命权,两种权利的层级不同,本条采用了财产权高于生命权的选择。为何如此?离开了对《十二表法》的时代背景的理解,就说不清楚这一问题。

首先因为《十二表法》时的罗马法盗窃与抢劫不分,没有独立的抢劫罪名,它被吸收于盗窃中。罗马人尚武,《十二表法》时期实行民兵制,全民皆兵,每家都有武器,盗贼武装行窃十分自然。所以,按武装抢劫的背景设想本条,表面看来存在的权利比较的不对称性就没有那么强了。

其次,本条涉及的犯罪发生在夜间,当时并无路灯,黑灯瞎火,被害人对盗贼-抢犯的人数多少、是否携带武器、动机等难以精确判断,在不知的情形,允许人们从最坏处——判断为携带武器的抢劫——考虑,并根据此等考虑采取相应的防卫措施,因此,本条是关于财产所有人的正当防卫权的规定。

十三、白天……如果用武器自卫……应叫证人来。

本条规定对盗贼-抢犯白天非法取得他人财产之行为的处理:召来证人杀死,是在由盗窃转化为抢劫的情况下关于财产所有人的正当防卫权的规定。为保护犯罪人的生命,限制过度的自力救济,又以叫证人的方式减缓了防卫的力度。

本条和下条增加了"用武器"的情节。罗马法把暴力分为使用武器的暴力或公开的暴力与不使用武器的暴力或私下的暴力,以前者为重。至于什么是武器?本条中该词的原文为 Telum,为投掷武器的总称,如标枪、剑、长矛,盖尤斯的《〈十二表法〉评注》对这一概念进行了扩张解释,使之包括用手投掷的一切东西,例如石头、木块、铁块①,如此,专门的武器发展为业余的武器。优士丁尼继续把武器扩张为包括盾牌和盔、棍棒②,如此,进攻的武器发展为防卫的武器。每一种扩张都对盗贼-抢犯不利。

十四、白天行窃的窃贼不用武器自卫的,如为自由人,处
　　　鞭打后交给被窃者;如为奴隶,处鞭打后投塔尔贝
　　　雅岩下;如为未适婚人,按长官的判决处鞭打并
　　　赔偿损害。

本条为区分身份对现行盗窃犯进行处理的规定,由于设定了白天行窃并不用武器自卫的前提,它排除了武装抢劫,只规制单纯的盗窃和非武装抢劫。罗马人把盗窃区分为现行盗窃和非现行盗窃,前者由本条规定,后者由本表第16条规定。所谓现行盗窃,是 Manifestus 盗窃。理解现行盗窃,首先要搞清 Manifestus 何意。该词是清楚的、由直接证据证明的、被定罪的意思。③ 用这一意思界定现行盗窃,它是被直接证明的盗窃。用这一意思说明非现行盗窃,可以把它解为未被直接证明的盗窃。然而,无论在盖尤斯的《法学阶梯》还是在优士丁尼的《法学阶梯》中,对于非现行盗窃,都是一语带过。前者云:非现行盗窃是不那么明显的盗窃(Gai.3,185)。④ 后者云:非现行盗窃,不是严格意义上的盗窃行为,而是盗窃的牵连犯(I.4,1,3)。两者都从来不举例

---

　　① 参见[古罗马]优士丁尼:《法学阶梯》(第二版),徐国栋译,中国政法大学出版社2005年版,第535页。
　　② [古罗马]优士丁尼:《法学阶梯》(第二版),徐国栋译,中国政法大学出版社2005年版,第563页及以次。
　　③ 参见谢大任主编:《拉丁语汉语词典》,商务印书馆1988年版,第338页。
　　④ 参见[古罗马]盖尤斯:《法学阶梯》,黄风译,中国政法大学出版社1996年版,第268页。

说明、类型化,所以让人不知所云。由此催生出各代学者对现行盗窃与非现行盗窃的对位法的不同解释。比利时学者德·威谢尔(Fernand De Visscher,1885—1964年)认为,Manifestus 中的 Festus 是 Infestus 一词的重要成分,后者的意思是:有敌意的、逆向的、威胁性的。① 英国学者大卫·帕格斯利(David Pugsley)认为,Manifestus 由 Manum-Festus 构成,意思是侵犯了 Manus(权力)或 Mancipium(所有权)。由此出发,他认为现行盗窃就是以要式物(Res mancipi)为客体的盗窃,非现行盗窃就是以非要式物为客体的盗窃。② 这样的解释尽管有些武断,但为最清楚的,也最面临挑战:因为要式物只有土地、房屋、奴隶、驮畜、乡村地役权五种,其中只有奴隶和驮畜是动产,盗窃的客体通常是动产。如果把现行盗窃定性为以要式物为客体的盗窃,这样的盗窃外延十分狭小。而且,把有生命的奴隶、驮畜盗走,如何把它们藏起来也是盗贼面临的巨大问题。

现行盗窃包括以下情形:第一,在实施盗窃过程中被当场抓住;第二,离开盗窃现场在到达目的地之前被人看到手拿赃物并被抓住。③ 这些情节都非常符合普通拉丁语中 Manifestus 一词的意思,遗憾的是其反义词的所指过于不明。

本条对刑罚的运用贯彻了身份原则,区分自由人和奴隶、未适婚人和适婚人两对身份课刑。对前者的处罚轻,对后者的处罚重,差别达到生死的程度,因此,自由人和未适婚人成为获得优惠的身份。区分自由人与奴隶适用刑罚的做法如今已无存在依据,但区分适婚人和未适婚人的身份的做法转化为区分成年人和未成年人适用刑罚的做法保留下

---

① See David Pugsley,Furtum in the XII Tables,In 4(1969),Irish Jurist N. S. p. 140.
② See David Pugsley,Furtum in the XII Tables,In 4(1969),Irish Jurist N. S. p. 140.
③ [古罗马]优士丁尼:《法学阶梯》(第二版),徐国栋译,中国政法大学出版社 2005 年版,第 466 页。

来。这证明未成年人作为一种优惠身份在法律上获得肯定的必要。

本条对自由人盗贼的惩罚是鞭打后交给被窃者处置,被窃者可以把他们作为债奴自用或出卖于国外。① 如果贼偷窃了数人,他为几个受害人的共有债奴。债奴要当多久?不明,应该当到弥补损失为止。这一规定过于严酷,后来裁判官将之改为 4 倍罚金之诉。② 这样惩罚就成了一次性的。

本条对实施盗窃的奴隶规定的惩罚是"鞭打后投塔尔贝雅岩下摔死"。塔尔贝雅岩是罗马市中心的卡皮托尔山上的一处断崖,过去有 30 米高,因罗马守卫卡皮托尔山要塞司令官的女儿得名,她因受贿卖国被从这个悬崖抛下去处死,开启了后来罗马人把犯叛国罪的人都从此处抛下去摔死的传统。③

十五、a 对被搜获赃物者和转置赃物者,处 3 倍的罚金。
b……手持一盘,以亚麻布遮羞……

本条为关于盗窃的牵连犯,即关于被搜获赃物和转置赃物两种过犯行为的规定。前者为于证人在场下在某人处所寻找并找到了被盗物的情况,被搜获赃物的人可能是盗贼本人,也可能不是盗贼本人④;后者为把赃物移转于某人的所在,此等物在此等地方被搜获的情况,放物的人可能是盗贼本人,也可能是其他人。

"被搜获赃物"依托的是流行于印欧人民中的在被盗后追寻赃物的

---

① 参见周枏:《罗马法原论》(下),商务印书馆 1994 年版,第 787 页。
② 参见[古罗马]盖尤斯:《法学阶梯》,黄风译,中国政法大学出版社 1996 年版,第 268 页。
③ 参见[苏联]乌特琴科:《恺撒评传》,王以铸译,中国社会科学出版社 1986 年版,第 366 页注释 3。
④ 参见[古罗马]盖尤斯:《法学阶梯》,黄风译,中国政法大学出版社 1996 年版,第 268 页。

习俗。柏拉图的《法律篇》记载了雅典的这种风俗。

> 如果谁搜查其他某个人的家,那么,在这种情况下,他必须裸体,或只穿一件短袍,不系带子,并在法律认可的神面前发誓,他只是想找出他所寻找的东西。而另一方,必须打开自己的家门,无论是上锁的物品还是未上锁的物品,都让其检查。如果谁不让希望搜索的人进行检查,那么,被阻挠的人,应当对正在寻找的物品的价格做出估价后提起诉讼。在被诉者被判有罪的场合,他必须支付相当于估价的两倍的损害赔偿。如果这一家的主人碰巧不在家,那么,家里的人可以让搜索者自由地检查未上锁的物品,而上锁的物品可以由搜索者贴上自己的封条,指定某位愿意的人,让其在五天内保管它。但是,如过了五天该家的主人仍未回来,就可以将警察请来,打开上锁的物品进行检查,然后,当着该家家人和警察的面,和以前一样,再次将其上锁。①

如上文字详细说明了主人接受搜查和不接受搜查两种情形、主人在家和不在家两种情形,以及被搜查对象上锁和未上锁两种情形的搜赃操作,可以作为理解本条中关于"被搜获赃物"制度的参考,因为本条极为残缺,不如柏拉图的记述保留得完整。而且,雅典同样制度的存在允许我们设想本条体现的制度是十人委员会从希腊学来的可能性,因本条与其可能的雅典蓝本具有搜查人要近乎裸体的共同点,不同点是法律要求罗马的搜查人手中端一个空盘子,为何要求裸体?这是为了

---

① 参见[古希腊]柏拉图:《法律篇》,张智仁、何勤华译,上海人民出版社 2001 年版,第 407 页。译文根据《柏拉图全集》的意大利文本第 1385 页有改动[Platone tutte le opera,(a cura di Giovanni Puglise Carratelli)Sansoni,Milano,1993]。

消解被搜查者的愤怒。① 为何要端一盘？盖尤斯说，如此是为了防止他以带入的物品栽赃。② 费斯都斯认为这是让裸身进入他人家里的搜查者在该家的女主人和大姑娘面前显得谦卑。③ 还有人认为此等盘子是用来盛赃物或在发现赃物后放在赃物之上的。④ 诸种说法的作者都离《十二表法》的时代很近，不敢怀疑他们中的任何一个，故全录他们的观点备读者选择。

当代荷兰学者比尔克斯（A. J. B. Birks）合并说明了裸身端盘的意义：一种平息家宅之神的愤怒的宗教仪式，此怒起于不请自来且入的行为。⑤ 德国学者 J. G. 沃尔夫甚至认为这两者是一个牺牲仪式的一部分，类似于随军祭司向侵权人民要求返还自家人民被夺去的财产的仪式。提到的盘，甚至可能不是空的，而是盛着奠酒。⑥

要指出的是，搜赃是证讼以后的一个解决争议的程序：这一证讼程序依附于出示之诉，其中，屋主被怀疑藏有赃物，但他否认，于是，原告宣誓未做诬告，然后开始搜查。⑦

一个近乎全裸的成年男子进入他人中有主妇和大姑娘的家屋，当

---

① Cfr. Francesco Paolo Gullí, Del furtum conceptum secondo le XII Tavole e la legislazione posteriore, Bologna, 1884, p. 9.

② 参见［古罗马］盖尤斯：《法学阶梯》，黄风译，中国政法大学出版社 1996 年版，第 270 页。

③ Cfr. Francesco Paolo Gullí, Del furtum conceptum secondo le XII Tavole e la legislazione posteriore, Bologna, 1884, p. 10.

④ Cfr. Francesco Paolo Gullí, Del furtum conceptum secondo le XII Tavole e la legislazione posteriore, Bologna, 1884, p. 10.

⑤ See A. J. B. Birks, Furtum and Manus/potestas, In 81(2013), Tijdschrift voor Rechtsgeschiedenis, p. 487.

⑥ See A. J. B. Birks, Furtum and Manus/potestas, In 81(2013), Tijdschrift voor Rechtsgeschiedenis, p. 491.

⑦ Cfr. Francesco Paolo Gullí, Del furtum conceptum secondo le XII Tavole e la legislazione posteriore, Bologna, 1884, p. 9.

然构成对他人住宅的侵入,但本条似乎把对所有权的保护置于对住宅权的保护之上,那种认为本条体现了罗马对住宅的保护①的观点,是值得怀疑的。对于拒绝搜查的屋主,裁判官授予搜查者拒绝搜查赃物之诉(actio furti prohibiti)对抗之,其后果是四倍于赃物的罚金。② 比搜出赃物的罚金还多一倍,等于说:拒绝搜查等于藏有赃物,并且要为拒绝付出被盗物价值一倍的代价。法律赋予屋主的救济是要求搜查不能是泛泛的,必须有特定目标。按保罗的说法,搜查者应事先说清他寻找的物品的名称和性质。而且,如果在搜查中有不法损害行为,搜查者要根据《阿奎流斯法》承担不法损害的责任。③

搜查者搜查无锁闭的物品,无须说明,遇到锁闭的物品怎么办?我认为应该按雅典的方式办。

另外,搜查的对象不限于无生命的财产,也包括有生命的奴隶。藏有他人逃奴的屋主,也要经受这种搜查。

搜查完毕,重归诉讼。搜得赃物的,对屋主处以被盗物价值三倍的罚金。但盖尤斯又说,搜得赃物的法律后果是按本表第 14 条规定的现行盗窃罪处理,即将屋主鞭打后交给受害人为奴。④ 这就矛盾了。如何解释此等矛盾?通常的解释是:按本条规定的正式程序搜查且搜得赃物的,屋主构成现行盗窃。按非正式程序搜查且搜得赃物的,处屋主相当于被盗物价值三倍的罚金。所谓的非正式程序,就是在证人在场

---

① Véase Luisa López Hueguet, El régimen jurídico del domicilio en derecho romano, Universidad de Rioja, 2012, pag. 104.

② See Adolf Berger, Encyclopedic Dictionary of Roman Law, The American Philosophical Society, Philadelphia, 1991, p. 481.

③ Cfr. Francesco Paolo Gullí, Del furtum conceptum secondo le XII Tavole e la legislazione posteriore, Bologna, 1884, p. 16.

④ Gai. 3,194. 参见[古罗马]盖尤斯:《法学阶梯》,黄风译,中国政法大学出版社 1996 年版,第 270 页。

下进行搜查的程序,换言之,搜查人无须裸体端盘。①

至于未搜到赃物的怎么办？本条未规定这一问题。但后世的法律对此的处理是：失主要承担诬告的责任,将被判处一定的罚金。② 至于罚金的数额,按照贾文范的《十二表法》译本的想象,是盗赃的两倍。

如前所述,在其家屋中搜获赃物的人不见得是盗贼,赃物可能是他继承来的、他买来的房屋中所包纳的,但屋主是盗贼本人或否,无关紧要,所以,假设本条适用到并非盗贼的屋主,他们是拟制的盗贼。③ 要他们承担被盗物价值三倍的罚金,实在是冤,本条为他提供了"转置赃物"之诉的救济。据此他可诉追把此等赃物交给他的人。如果胜诉,则转嫁自己承受的三倍罚金。④ 当然,转置者自己也可能并不知道他转置的是赃物,他自己也可能是一个被转置者,他由此可以追诉他占有的赃物的前手,一直找到真正的责任人为止。⑤

本条反映出《十二表法》时代对盗窃的镇压国家的干预少,而是委诸受害人的积极性来处理。直到奥古斯都时代,盗窃罪才被公罪化,但他也未就盗窃罪设立常设刑事法庭。⑥

---

① Cfr. Renato La Rosa, La repressione del furtum nell'età arcaica, Edizione scientifiche italiane, Napoli, 1990, p. 67.

② 根据比萨大学法律系罗马法教授阿尔多·贝特鲁奇 2017 年 12 月 25 日给我的电子邮件中的说明。

③ See A. J. B. Birks, Furtum and Manus/potestas, In 81(2013), Tijdschrift voor Rechtsgeschiedenis, p. 488.

④ See A. J. B. Birks, Furtum and Manus/potestas, In 81(2013), Tijdschrift voor Rechtsgeschiedenis, p. 489.

⑤ See David Daube, Some Comparative Law-Furtum Conceptum, In 15 (1937), Tijdschrift voor Rechtsgeschiedenis, p. 70.

⑥ Cfr. Ivana Jaramaz Reskušić, Il Furto nel Diritto Romano: Delictum privatum e delictum publicum, 2006 年 6 月 25 日在第四届罗马法国际会议："罗马公法和私法：几个世纪以来欧洲法律发展的经验"(莫斯科)上提交的论文。

十六、实施非现行盗窃者,加倍赔偿损失。

本条继续第 14 条,对盗窃根据有无某种性质实行二分法分类,不是现行盗窃的盗窃就是非现行盗窃。这种分类最大的缺点是没有揭示非现行盗窃本身的属性,它是从反面得到说明的,只说了它不是什么,而没有说它是什么。① 所以,自古至今的法学家,从来没有人以痛快且令人信服的方式说明什么是非现行盗窃。

对于本条,至少有两个摆脱"非现行盗窃"译法的翻译尝试。贾文范的本条译文把本条当作前条的续篇,规定搜赃无果的后果,其辞曰:"贼证未能由所指之人搜得者,处盗赃二倍之罚金。"这是一种处理。另一种处理为以色列学者雅农(Reuven Yaron)所采,他认为本条规定的是诬告他人盗窃行为。其理由如下:首先,《十二表法》的每个规定侵害行为的条文都会点明具体的侵害行为,例如折断人一骨,本条只点明非具体的非现行盗窃行为,不合理。其次,本条译文中的"实施"的拉丁原文是 adorat,意思是"说"。这个"说"可以解为"控告"。再次,包括《汉穆拉比法典》在内的东方法典中都有的关于诬告盗窃的规定《十二表法》中没有,这不合理,所以,本条很可能是这方面的规定。② 实际上,此说与贾文范对本条的理解并无根本矛盾,因为搜查无果也是诬告。而且,按照前引贝特鲁奇的说法,《十二表法》本身未规定搜查无果的法律后果,但后世的法律规定搜查者要承担诬告的责任。三种学说,在诬告的基础上可获得统一。不过,按照盖尤斯的说法,原告诬告的法律后

---

① 参见于飞:《违背善良风俗故意致人损害与纯粹经济损失保护》,《法学研究》2012 年第 4 期,第 57 页。

② See Reuven Yaron, Si adorat Furto, In 34 (1966), Tijdschrift voor Rechtsgeschiedenis, p. 514.

果是占标的物价值 1/10 的罚金,①而非双倍罚金,由此让如上三种学说面临挑战。

所以,英国学者凯利(J. M. Kelly)坚持非现行盗窃的译法。他认为,在《十二表法》的时代,现行盗窃并非当场拿获的盗窃的意思,而是有充分证据证明的盗窃的意思。例如按前条规定的程序查获赃物的盗窃。相应地,非现行盗窃并非没有在现场拿获的盗窃的意思,而是没有充分证据证明的盗窃的意思。② 德国学者昆克尔(Wolfgang Kunkel)认为,两种盗窃的区分在于证明手段的不同,以当场拿获以外的手段证明的盗窃都是非现行盗窃。③

既然非现行盗窃是未得到充分证明的盗窃,对它的处罚力度就不能与得到充分证明的盗窃齐平,所以,本条只课加被告相当于被盗物价值双倍的罚金,比前条规定的罚金少一半。

十七、盗窃物不能以时效取得。

本条为排除盗窃物符合取得时效的标的适格要件的规定。后人概括出罗马法中完成取得时效的五大要件:标的适格(Res habilis)、名义(Titulus)或原因(Causa)、诚信(主观的)、占有、一定期间的经过。④ 在《十二表法》的时代,取得时效尚无诚信的要件,因为该制度在当时主要起弥补法律行为形式要件缺陷的作用,双方当事人肯定都是恶信的,因

---

① Gai.4,175.参见[古罗马]盖尤斯:《法学阶梯》,黄风译,中国政法大学出版社 1996 年版,第 370 页。

② Cfr. Renato La Rosa, La repressione del furtum nell'età arcaica, Edizione scientifiche italiane, Napoli, 1990, p. 77.

③ Cfr. Renato La Rosa, La repressione del furtum nell'età arcaica, Edizione scientifiche italiane, Napoli, 1990, p. 79.

④ Cfr. Alberto Burdese, Manuale di diritto privato romano, UTET, Torino, 1993, p. 310.

此我认为,本条应该是《十二表法》关于"诚信"的间接规定,它并非对占有人确信自己未侵犯他人的权利的状态的要求,而是对他遵守了不以"盗窃"占有他人财产的方式义务的要求。它的规制对象很可能是盗贼本人(第一占有人),而非盗贼的后手占有人(第二占有人),目的在于阻止前者以时效取得他盗窃的物,以免该制度成为对违反客观诚信之行为的鼓励。① 当然,从纯粹的理论可能性来看,本条也有解释成从盗贼购得赃物者不能以时效取得它的余地,但我们必须记住,当时的罗马是个小规模的、在交易上实行严格的形式主义的社会,要式买卖的严格程式使持有明显不合法的财产的人难以进行交易,买受人很少可能在明知物的法律上的缺陷的基础上取得物,故买受人方面的诚信当时尚不构成一个问题。②

本条的规定曾由公元前 150 年的《关于盗窃物的阿提纽斯法》(Lex Atinia de rebus subreptis)重申。随着盗窃与抢劫在概念上得到界分,在 100 多年后,公元前 78—前 63 年的《关于暴力罪的普劳求斯法》(Lex Plautia de vi)还确立了以暴力占有之物不能以时效取得的禁令。直到公元前 17 年,恺撒或奥古斯都还颁布了一个《关于暴力的优流斯法》(Lex Iulia de vi)重申这一禁令。③ 对这些重复性的立法有两种可能的解释,第一,《十二表法》第八表第 17 条的规定长期以来都形同虚设,因而共和晚期需要制定三个法律重申《十二表法》的规定,如此,则《十二表法》的威信也太低了。但我们知道,《十二表法》在罗马人的心

---

① Cfr. E. Volterra, Istituzione del diritto privato romano, Edizione Ricerche, Roma, 1960, pp. 402s. Cfr. M. Talamanca(sotto la direzione di), Lineamenti di Storia del Diritto Romano, Giuffrè, Milano, 1989, p. 422.

② Cfr. M. Talamanca(sotto la direzione di), Lineamenti di Storia del Diritto Romano, Giuffrè, Milano, 1989, pp. 424s.

③ Cfr. E. Volterra, Istituzione del diritto privato romano, Edizione Ricerche, Roma, 1960, p. 402.

目中具有崇高的地位,被奉为一切公法和私法的源头受到尊重。甚至到了 6 世纪的优士丁尼时代,立法者还把《法典》分为 12 卷以纪念这一最早的法典,因此,"重申说"的根据不足。第二,共和晚期的这三个法律尽管也规定了盗窃物和抢劫物不能以时效取得的问题,但它们涉及的主体已经发生了改变,由窃贼本人改成了从此等窃贼以各种方式取得被盗物之占有的人,因此,它们不是重复立法,而是对《十二表法》的规定做出变通处理。我持这种"主体改变说"。英国罗马法学者约洛维奇也认为,《阿提纽斯法》不可能是对既有法律的重述,最为可能的是对本条可能的双重含义的解释,本条原先仅适用于窃贼本人对赃物的时效取得,现在《阿提纽斯法》将之扩展适用于窃贼的后手占有人的时效取得。① 在一个相对文明安定的时代,盗贼不能以时效取得被盗物已是当然之理,问题在于通过正常交易从盗贼取得物的人能否以时效取得该物?容忍赃物的恶信买受人的取得赃物对于盗窃行为无疑是一种间接的鼓励。为了遏制原发性的犯罪行为,就必须打击派生性的犯罪行为,这是刑事政策学中的一条屡试不爽的真理。所以在我国《刑法》中,为了遏制盗窃,对以超乎寻常的低价买受物的人,推定为知晓其为赃物而买受之,亦使其承担刑事责任。② 罗马人肯定面临我们今天同样的问题并做出了同样的处理,在我看来,共和晚期的这三个立法禁止盗窃物、抢劫物的第二占有人以时效取得这些赃物,目的无非在于进一步遏制盗窃和抢劫行为。如此,诚信悄悄地从对第一占有人的外在行为的要求转变为对第二占有人的内心状态的要求。最后,到了优士丁

---

① See H. F. Jolowicz and Barry Nicholas, Historical Introduction to the Study of Roman Law(Third Edition), Cambridge University Press, Cambridge, 1972, p. 153.

② 媒体屡有对抢劫他人婴儿并出卖的犯罪行为的报道。警方认为,不打击买受婴儿的人,就无以从根本上制止盗窃、抢劫他人婴儿的行为。说的是我国《刑法》长期只打击拐卖人口者,不打击买受者,力度不够,造成拐卖人口犯罪长期禁而不止。2010 年修改《刑法》,我国终于开始也打击买家。

尼时代,还经过一个为我不知的转折,这些赃物的第二占有人即使为诚信,也不能以时效取得它们,因为法律关于被盗物和抢劫物的规定,已从关乎行为人的行为本身演变为关乎行为的对象。人们塑造了"标的适格"的取得时效完成要件,根据它,被窃物和被抢物不能被任何人以时效取得(I.2,6,3)①,因为它们成了有污点的物,除非通过回到原所有人手中洗清污点,不能成为取得时效的标的物(I.2,6,8)。②

十八、a 利息不得超过 8.33%。
b 超过该利率的,处 4 倍的罚金。

本条为限制高利贷的规定。它紧接着规定盗窃的条文,表明了立法者把高利贷视为盗窃的立场。本条还是保护债务人的规定。它以公法规范对私人的合同自由在利息事项上进行限制,目的在于缓和阶级矛盾,因为古代的阶级斗争往往采用债务人和债权人之间斗争的形式,这一说明尤其对罗马共和时期贵族与平民之间的阶级关系真实。

在罗马共和时期,高利贷是一种普遍现象,塔西佗将之描述为"一种根深蒂固的恶",甚至元老们也操此业,这种现象屡屡成为动乱的根源,因此,本条对此做出限制性的规定,以达到维持社会安定的目的。如此,《十二表法》除了前几表体现的有利于债权人原则外,还有了有利于债务人的例外规定:对放高利贷的债权人课加 4 倍的罚金,这是罗马法中最高额的罚金。

本条来自塔西佗的《编年史》6,16,其中说告密人开始检举高利贷者。塔西佗顺便讲到了罗马人限制利息的历史:"在最初,是有钱的人

---

① 参见[古罗马]优士丁尼:《法学阶梯》(第二版),徐国栋译,中国政法大学出版社 2005 年版,第 149 页。
② 参见[古罗马]优士丁尼:《法学阶梯》(第二版),徐国栋译,中国政法大学出版社 2005 年版,第 151 页。

随意地规定贷款的利息,继而《十二表法》规定年息不得超过 8.33%"。①
8.33%的利息的拉丁原文是 Unciarium faenus,前一词是"1/12"的意思,也就是 1 盎司,即 1 镑的 1/12。在远古时期,罗马人用盎司来指称被借出的阿斯的增加部分,用盎司与阿斯的比例表示利率②;后一词是"利息"的意思。那么,这一利率是以月为基准呢还是以年为基准? 如果是月息,非常高;如果是年息,则很低。③ 而且,如果当时的罗马历法只有 10 个月,年利是 10%;如果有 12 个月,则年利是 8.33%,两者相差不小。所以,就塔西佗的 Unciarium faenus 一语究竟何指,学者间展开了讨论。

尼布尔和蒙森认为当时的利息不可能很低,把 Unciarius 解释为本金的 1/12,即年利 8.33%,当然,这以每年有 12 个月为前提。这一前提可以得到满足,因为第二任王努马已把每年的月份数从 10 增加到 12。④ 2012 年,意大利学者里卡尔多·卡尔迪里教授作专文研究此问题,赞同 8.33%说。⑤ 阿道尔夫·伯格(Adolf Berger)的《罗马法百科

---

① 参见[古罗马]塔西佗:《编年史》(上),王以铸、崔妙因译,商务印书馆 1981 年版,第 283 页。

② Cfr. Riccardo Cardilli, Plebiscita et Leges Antiusura. Leges Fenebres, Ius Civile ed 'Indebitamento' della Plebe: a proposito di Tac. Ann. VI, 16, 1-2, Su http://www.dirittoestoria.it/7/Memorie/ Cardilli-Plebiscita- leges-antiusura. htm#_A._Faenus_unciarium_e_Legge_delle_X,2010 年 4 月 5 日访问。

③ 参见[德]贝诺贺:《与暴利行为的两千年抗争》,胡博砚、陈宵译,《第四届"罗马法、中国法与民法法典化"国际研讨会论文集》2009 年 10 月 24—25 日,第 83 页。

④ 参见[古罗马]塔西佗:《编年史》(上),王以铸、崔妙因译,商务印书馆 1981 年版,第 283 页注释 4。

⑤ Cfr. Riccardo Cardilli, Plebiscita et Leges Antiusura. Leges Fenebres, Ius Civile ed 'Indebitamento' della Plebe: a proposito di Tac. Ann. VI, 16, 1-2, Su http://www.dirittoestoria.it/7/Memorie/Cardilli-Plebiscita-leges-antiusura. htm#_A._Faenus_unciarium_e_Legge_delle_X,2010 年 4 月 5 日访问。

全书词典》也持这种观点。①

孟德斯鸠说这样的年息是100%（按每月每阿斯的1/12算）。② 有点离谱，太高了。

那么，本条有些译文中的12%的最高利率何以来？这是共和末期的年利率，最初在行省实行，后来传到罗马。公元前51年，西塞罗在当西里西亚总督时发布告示，规定年利率不得超过12%，并禁止复利。这个利率在整个元首制时期都维持，戴克里先皇帝和君士坦丁皇帝都曾重申它，它一直到优士丁尼法中都适用。③ 这个利率很高，比起我国比照同期银行利率确定的4倍的利率限制，还是很高的，但比起当时罗马实际使用的48%的利率来④，这已很低了。为何有如此高利？孟德斯鸠的解释是，罗马人往往要借贷上战场，他们的幸运使他们有可能战后还债。⑤

本条对高利贷的制裁是4倍罚金。此数是对双倍罚金的翻番。如果债务人拒付规定的利息，他要对债权人付加倍的利息。所以，在高利贷者被定罪后，如果债务人采取法律手段要求返还利息，高利贷者要像非现行盗窃者一样把所得利息加倍后返还给过去的债务人。但在法定最高限额以下的利息是合法的，债务人仍要支付之。⑥

---

① See Adolf Berger, Encyclopedic Dictionary of Roman Law, The American Philosophical Society, Philadelphia, 1991, p. 469.
② 参见[法]孟德斯鸠：《论法的精神》（下册），张雁深译，商务印书馆1963年版，第102页。
③ See Sebastiano Tafaro, La limitazione dei debiti, In Rev. Stiinte Juridice 24(2007), pp. 26s.
④ 参见陈可风：《罗马共和宪政研究》，法律出版社2004年版，第190页。
⑤ 参见[法]孟德斯鸠：《论法的精神》（下册），张雁深译，商务印书馆1963年版，第102页。
⑥ Cfr. Riccardo Cardilli, Plebiscita et Leges Antiusura. Leges Fenebres, Ius Civile ed 'Indebitamento' della Plebe: a proposito di Tac. Ann. VI, 16, 1-2, Su http://www.dirittoestoria.it/7/Memorie/Cardilli-Plebiscita-leges-antiusura.htm#_A._Faenus_unciarium_e_Legge_delle_X, 2010年4月5日访问。

第四章 《十二表法》后五表解读

对于此条的以后改革是:公元前 367 年颁布的《关于土地规模的李其纽斯和绥克斯求斯法》规定债务人在还本时要从本金中扣除已付的利息,其余部分分三次平均返还。① 公元前 357 年,保民官兑流斯(Marcus Duilius)和梅涅尼乌斯(Lucius Meneius)提议制定了一个法律,把年利率降为 1‰②,等等。

在本条的适用史上,还产生了由于规避该条引起的内国法的域外效力问题。本条迫使高利贷者以邻国公民(盟邦人和拉丁人)的名义放贷来逃避它。而且他们这样做有利率差巨大的原因,罗马的利率上限为 8.33%,但行省的利率可以达到 48%。③ 在这种情况下,有关高利贷的实在法没有约束力,借贷者得不到保护。为了禁止这种行为,通过了一项特定的法令。它规定,有关高利贷的罗马法对作为罗马公民的债权人的拉丁人和盟邦人同样具有约束力。④ 为了把对高利贷的打击落到实处,罗马人这样就把内国法扩张适用于外国了。

李维的《建城以来史》第 35 卷第 7 章对这一问题是这样记载的:"……现在公民们受到高利贷的压迫,由于借贷者的贪婪受到许多法律的压制,他们开始走诈欺之路,他们以不根据这些法律承担责任的同盟者的名义登记自己,这样债务人就受到不受控制的借贷者的糟蹋。为了寻找一种手段控制高利贷,人们确定了亡灵节(Feralia)⑤后的一天,在该日之后,借款给罗马公民的同盟者要承认自己的金钱,从那天开始

---

① 参见[法]孟德斯鸠:《论法的精神》(下册),张雁深译,商务印书馆 1963 年版,第 103 页。

② 参见[法]孟德斯鸠:《论法的精神》(下册),张雁深译,商务印书馆 1963 年版,第 103 页。

③ 参见[日]盐野七生:《罗马人的故事 VII:恶名昭著的皇帝》,彭士晃译,三民书局 2002 年版,第 173 页。

④ 参见[德]萨维尼:《法律冲突与法律规则的地域和时间范围》,李双元等译,法律出版社 1999 年版,第 44 页。

⑤ 罗马人在 2 月 21 日过的一个崇拜死者的日子。

至以后,债权人要根据债务人选择的法律接受审判。因此,经这样的承认后,发现了大量的求诸这种谋略的债务。于是,平民保民官马尔库斯·森普罗钮斯(Marcus Sempronius)根据元老们的授权向平民提出了一个法案,根据它,就债务制定的法律,不仅对罗马公民有效,而且对同盟者和有拉丁人权的同盟者也有效。……"①

关于本条的适用效果,孟德斯鸠持消极评价,适用此条后,债权人没有安全感,导致罗马一切诚实的借贷手段灭绝,最后是债务人吃亏:他们不仅要给所借的钱出利息,也要给债权人受到法律惩罚的危险出钱。②

最后要说的是,本条只规制陆商利息,就海事借贷而言,由于高风险伴随高利润,其利率无限制,通常的利率是 33.3%。③

十九、对于寄托案件,授予双倍之诉。

本条是将盗窃罪扩用于寄托的规定。寄托曾是一种信托质(Fiducia)关系,在它成为一种典型合同前,按盖尤斯的记载,它采用移转所有权的朋友信托的形式。委托人要把标的物的所有权移转给受托人,后者是否返还,完全凭良心,前者的权利无诉权保证。本条创立寄托之诉,把这种生活关系法律化了。尽管如此,它还保留寄托之诉产生前的信任关系的特征,被定位为诚信诉讼。对不诚实的受托人,以双倍的罚金惩罚之。所谓的不诚实,是侵吞寄托物之意。可以表现为保管人否

---

① 参见[德]萨维尼:《法律冲突与法律规则的地域和时间范围》,李双元等译,法律出版社 1999 年版,第 46 页及以次。

② 参见[法]孟德斯鸠:《论法的精神》(下册),张雁深译,商务印书馆 1963 年版,第 101 页。

③ Cfr. Giafranco Purpura, Tabulae Pompeianae 13 e 34: Due Documenti Relativi al Prestito Marittimo, In Atti del XVII Congresso Internazionale di Papirologia, Napoli, 1984, p. 1253.

认寄托之存在，一旦查实寄托确实存在，保管人要承担两倍于标的物的罚金，当然还要返还他打算"黑"掉的寄托物。此外还要受破廉耻宣告，这是一种公法上的处罚。极为有意思的是，现代人视为公法问题的许多事项被罗马人视为私法事项，而现代人视为私法事项的寄托关系中的背信，却被罗马人在一定意义上视为公法事项，被看作广义的盗窃，施以公法的制裁手段，这表明了古今价值观的极为不同，也表明了信义关系对于罗马社会的重要意义。

按照罚金的倍数区分各种诉权，是罗马人的法律实践之一，有单倍罚金之诉、双倍罚金之诉、三倍罚金之诉、四倍罚金之诉等形式。本条既然把不诚实的保管人视为盗贼，却只授予"被盗人"双倍罚金之诉，与第14条、第15条对盗窃罪的处理矛盾。第14条是关于现行盗窃的规定，对盗贼的处罚是死刑和肉刑，显然，《十二表法》的制定者并未把不诚实的保管人视为现行盗窃犯。那么，是否把他们视为非现行盗窃犯呢？第15条就是规制这种盗窃犯的，为其规定的处罚是三倍罚金，而本条规定的是双倍罚金，因此，本条规定的并非现行盗窃和非现行盗窃，而是规定的一种"准盗窃"，并对之课加了既非针对现行盗窃，也非针对非现行盗窃的处罚。

为何如此？因为不论是现行盗窃还是非现行盗窃，都针对的是既可能是抢劫，又可能是本来意义上的盗窃的行为，抢劫的因素把对这两种行为的处罚力度抬高了。而保管人盗窃寄托人，肯定排除了暴力的因素，因此不适合对之适用为可能包含暴力因素的行为课加的处罚，立法者于是降低了处罚标准。因此，本条的处罚规定的独特性，反映了区分盗窃和抢劫的立法要求。

罗马法中的寄托是无偿的，为此保管人的责任得到减轻，他尽一个懈怠或粗心的人的注意从事保管即可。

二十、a 监护人不诚实的，处以……

b 如果诸监护人偷了被监护人的物，授予双倍之诉对抗他们。每人都对全部赔偿额承担责任。

本条是关于监护人的背信罪的规定。本条中的"诚实"为廉洁之意。不诚实，指侵吞了被监护人的财产。本条紧挨着关于盗窃的规定，表明了立法者把监护人僭取被监护人财产的背信行为比照盗窃罪处罚的立场。之所以说"比照"，乃因为它对不诚实的监护人既未适用针对现行盗窃的处罚，也未适用针对非现行盗窃的处罚，而是自创了双倍罚金的处罚。

必须说明的是，监护关系在罗马法中是准契约关系，属于诚信关系。按照罗马人的习俗，第一要保护的是自己的被监护人；第二就是门客；第三是客人；第四是亲戚和朋友。① 可见监护关系诚信性之强。所以，监护人侵犯被监护人利益的行为，是对诚信义务之强烈违反，要在双倍罚金之诉中承担责任。非独此也，监护人还要承担破廉耻的公法上的责任。

本条隐含了监护人的在开始监护前的制作财产清单义务和结束监护职务前的账目汇报义务，通过这两个环节，才可以判断监护人是否盗窃了被监护人的财产。我们已知道，在《十二表法》的时代，监护人多是被监护人的亲属，为了保障自己的继承权的期待利益担任后者的监护人，这些安排体现了监护为监护人的利益而设的色彩；本条却体现了监护为被监护人利益而设的色彩。监护制度就是为了保护这两种利益创制的。

---

① Cfr. Aulo Gellio, Notti Attiche, Traduzione Italiana di Luigi Rusca, Volume Primo, BUR, Milano, 2001, p. 429.

b条还隐含着共同监护制度,设定了监护人有数人,他们全部或其中有人侵占了被监护人的财产,由他们全体承担连带责任,以保护被监护人利益的情形,这表明《十二表法》的制定者已知道运用连带责任的立法处置。

二十一、恩主欺诈门客的,让他做牺牲。

本条来自王法第 15 条①,反映了《十二表法》时代罗马的一种阶级关系。到目前为止,我们已触及的《十二表法》时代的阶级关系有贵族-平民关系、自由人-奴隶关系,现在我们进入恩主-门客关系。这种关系在罗马人的生活中十分重要。如前所引,按照罗马人的习俗,第一要保护的是自己的被监护人;第二就是门客;第三是客人;第四是亲戚和朋友。法学家毛苏流斯·萨宾对此略有调整,把客人的重要性顺位前置于门客。② 无论哪种安排,门客的地位都高于亲戚和朋友,仅次于被监护人。门客与被监护人位置的邻近也暗示门客与恩主的关系也是保护关系。

恩主-门客关系的建立通常要经过宣誓的程序,当事人双方——恩主和门客保证彼此以信相待(Prestazione di fides)。③ 一旦确立,这种关系是世袭性的。其内容包括:恩主应该决定门客的权利,为他们解决争议。如果他们受到了侵辱,应起诉。相应地,门客应帮助恩主及其子女,例如提供财政帮助。恩主若被海盗绑了票,门客有义务四下奔走筹

---

① Cfr. Luigi Capuano, Dottrina e Storia del Diritto Romano, Salvatore Marchese, Napoli, 1878, p. 298.

② Cfr. Aulo Gellio, Notti Attiche, Traduzione Italiana di Luigi Rusca, Volume Primo, BUR, Milano, 2001, p. 429.

③ Cfr. Roberto Fiori, Sodales: 'Gefolschaften' e diritto di associazione in Roma arcaica (VII-V. a. C), In Societas-Ius, Munuscula di Allievi a Feliciano Serrao, Jovene, Napoli, 1999, p. 144.

资将其赎回。恩主参加公职竞选,门客要到广场去拉票。① 在共和时期,恩主-门客关系是政治斗争中的重要依托。在竞选中,门客要作为追随者全程陪同其恩主候选人。贵族能够通过其门客的投票在民众会议中来操纵选举。②

在诉讼中,恩主-门客的关系也十分重要。双方如果有一方被控告,另一方决不会上庭作证,由此避免了因亲密关系不得不作伪证的尴尬。③ 马尔库斯·加图甚至写道:可以提供不利于亲戚的证言,但决不可对门客如此。④ 否则就是违反了信义,因为恩主和门客的誓言由信义女神保证执行,因此,当事人承担的不仅是法律义务,而且是道德-宗教义务。

本条把这种义务法律化,但仍然保留了其制裁的宗教性。"做牺牲",是做地狱的神灵——维迪奥维斯(Vediovis)神的牺牲。其庙宇处在卡皮托尔山之上。⑤ 这是罗马城的中心地点,设其庙于此,表明了罗马人对此神承担的工作的高度重视。该神具有青年男子的形象,手持一束箭,身旁有一只公羊。人们以母山羊献祭之。⑥ 每年的1月1日、3月7日和5月21日为其节日。

当然,维迪奥维斯神也是罗马人的医药之神、火山之神(管理沼泽

---

① Voir Denys D'Halicarnasse, Antiquités Romain, 2, 10, Sur http://remacle.org/bloodwolf/historiens/denys/livre2-2.htm,2014年3月4日访问。

② 参见徐国栋:《共和罗马的阶级分权与政党政治》,《河南工业大学学报》(社会科学版)2015年第1期。

③ Voir Denys D'Halicarnasse, Antiquités Romain, 2, 10, Sur http://remacle.org/bloodwolf/historiens/denys/livre2-2.htm,2014年3月4日访问。

④ Cfr. Aulo Gellio, Notti Attiche, Traduzione Italiana di Luigi Rusca, Volume Primo, BUR, Milano, 2001, p. 429.

⑤ 参见[古罗马]奥卢斯·革利乌斯:《阿提卡之夜》(1—5卷),周维明等译,中国法制出版社2014年版,第280页。

⑥ 参见[古罗马]奥卢斯·革利乌斯:《阿提卡之夜》(1—5卷),周维明等译,中国法制出版社2014年版,第281页。

地和地震)、奴隶的保护神、骗子(欺骗敌人的)之神等。① 所有这些神都是帮助人的某一方面的。维迪奥维斯神之所以如此多功能,乃因为其名称中的 iovis 词素来自 Iuvare,即帮助。②

按常理,恩主与门客的权力义务应该是相互性的,双方互负忠诚义务,任何一方违反义务都要承担法律责任,但本条仅规定了恩主违反自己义务的法律后果,未规定门客违反自己义务的法律后果,只能认为在这两者的关系中,门客是弱者,法律采取了优先保护他们的立场。如果把恩主理解为统治阶级,门客为被统治阶级,统治阶级制定的法律做出了不利于自己的安排,这非常奇怪。对此只能有一个解释,恩主不滥用门客对自己的信赖对维持当时的罗马社会的稳定极为重要,故本条做出如此规定。

但在神法上,恩主与门客的关系似乎具有相互性。根据维吉尔的史诗《埃涅阿斯纪》,罗织门客罪名的主人和破坏对主人的誓约的人(应该是门客),都住在地狱里。③

走出了氏族的大门,门客的法律地位如何呢?蒙森认为,"在私法上,罗马人的门客与全权的公民处在平等的地位。所有的人法和财产法的制度、家族权、监护、所有权、债、继承,所有这些,都以同样的形式适用于门客"。④

最后讲罗马史上关于恩主与门客的关系的一个案例。公元前48年,恺撒和庞培即将决战,尽管恺撒的副帅提图斯·拉卞努斯(Titus

---

① See the Entry of Vejovis, On https://en.wikipedia.org/wiki/Vejovis, 2017 年 11 月 9 日访问。

② 参见[古罗马]奥卢斯·革利乌斯:《阿提卡之夜》(1—5 卷),周维明等译,中国法制出版社 2014 年版,第 280 页。

③ 参见[古罗马]维吉尔:《埃涅阿斯纪》,杨周翰译,译林出版社 1999 年版,第 161 页。

④ Cfr. Theodor Mommsen, Disegno del diritto pubblico Romano, CELUC, Milano, 1973, p.42.

Labienus)清楚地知道其主官将胜出,却投奔了庞培阵营,因为他们一家几代人都是庞培家的门客。恺撒对其毫无怨言,将其行李派人送了过去,因为他遵守了门客应有的信义,是在按罗马人的准则行动。①

二十二、在场的证人和司秤拒绝作证的,应判他不诚实并不能作证。

本条为关于要式法律行为的证人拒绝作证的法律后果的规定。要求证人和司秤参加的法律行为有要式买卖和债务口约,它们相当于我们今天的经公证的法律行为,因此,证人和司秤是社会公信力的体现。如果他们出席法律行为甚至因此得到一定的好处,但在关键的时候拒绝作证,将使公证的法律行为形同虚设,社会信用资源遭到破坏,因此,本条规定了对这种特殊的背信行为的制裁。

本条中的不诚实,指不能当证人,即丧失积极的作证能力;此处的不能作证,指不能请人当证人,即丧失消极的作证能力。作证能力是权利能力的一种,是依附于罗马公民身份的八大能力②之一,因行为人在有关方面的丑行剥夺其在这方面的权利能力,为失权制度,本条为世界法律史上较早的关于失权制度的规定。现代有相关的制度,例如,《拍卖法》第 15 条规定的拍卖师舞弊经发现后在五年内不得从事拍卖师职业的失权。由于《十二表法》的时代要式法律行为很多,不能作证将导致受惩处者的极大的麻烦,相当于法国对支票诈欺者科处的不能用支票为支付的处罚,根据犯罪学调查,此种处罚比徒刑更加有效。不能请

---

① 参见[苏联]乌特琴科:《恺撒评传》,王以铸译,中国社会科学出版社 1986 年版,第 276 页。

② 即交易权、通婚权、遗嘱能力、作证能力、投票权、担任公职权、向人民的申诉权、从军权。

人作证，意味着不能结婚、收养、立遗嘱、出售重要财产，给受判者带来很多麻烦，等于间接剥夺了他们进行这些重要交易的能力。

此外，拒绝作证者还要承受其他也许是圣法上的制裁，对此参见第二表第3条。

二十三、因作伪证受判处者，投于塔尔贝雅岩下。

本条为第22条的姊妹规定，第22条规定拒绝作证的法律后果，本条规定作伪证的法律后果：一种特殊的死刑，很严厉。这是根据本法制定前的习俗做出的规定，在诞生本条前，已有伪证者以这种方式受到了处罚。蒙森认为，从塔尔贝雅岩上摔下是一种私刑，由保民官实施，因为保民官并非长官，但意大利学者布尔兑塞（Alberto Burdese，1927—2011年）认为这是一种公罚。① 当然是布尔兑塞正确，因为把《十二表法》规定的刑罚说成私刑，过于离谱。无论如何，对伪证的规制从此成为罗马刑法的一种传统。

本条一直适用到被公元前81年的《关于伪造的科尔内流斯法》（Lex Cornelia de falsariis）取代，该法判处刑罚于虚假书写、盖章、朗读、展示遗嘱或其他文件的人，或在明知的情况下，以恶意诈欺制造、雕刻或盖用假印章的人，以及作伪证的人。该法对奴隶的处罚是极刑；对自由人的刑罚是禁绝水火。② 本条没有区分自由人或奴隶定刑罚，似乎暗含奴隶没有作证能力的意思。

---

① See M. H. Crawford(edited by), Roman Statutes, Vol. II, Institute of Classical Studies, University of London, London, 1996, p. 692.

② Véase Juan Antonio Alejandre Garcia, El delito de falsedad testimoiale en el derecho histórico español, En Historia. Instituciones. Documentos, III, 1976, pag. 21.

二十四、a 如果某人并非想投掷武器,但武器脱手的,应处以以公羊一只祭神。
b 夜间在庄稼地偷偷放牧的,或收割此等庄稼的,判死刑,比杀人还判得重。

a 条是关于过失伤人的规定。当时并无过失的概念,所以只好通过描述具体过失行为的方式表达过失的观念。① 它似乎暗示,以牙还牙的对象不仅包括故意造成的杀戮或伤害,而且包括过失造成的。在一个中间期间,以奉献一只公羊给受害人的血亲取代报复,这是一个进步,公羊是一种赔偿品。最后发展为不对受害人的亲属为赔偿,而是向神献祭,这一规定似乎假定武器脱手是神操纵的,与人无关,但为了避免神再为此等行为,应以公羊一只祭奠之。

根据英国学者克罗福德的研究,a 条最早来自罗马的第二任王努马的王法,不过规定公羊要献给受害人的血亲。② 由于本条规定的处罚很轻,有学者认为它只涉及过失伤人,不涉及故意杀人。确实,塞内加的作品证实本条规定只涵盖过失杀人。③ 无论如何,本条表明《十二表法》时期的罗马人已区分了故意和过失规定刑罚。

b 条的内容在本表出现两次,第一次出现在第 9 条。此处强调的是夜间收获他人庄稼或放任牲口吃他人成熟庄稼的后果重于杀人。

---

① 参见[意]里卡尔多·卡尔迪里:《罗马法学家思想中对归责问题的经验把握与过错概念的扩张》,徐国栋译,徐国栋主编:《罗马法与现代民法》第 8 卷,厦门大学出版社 2014 年版,第 289 页。

② See M. H. Crawford(edited by), Roman Statutes, Vol. II, Institute of Classical Studies, University of London, London, 1996, p. 693.

③ See M. H. Crawford(edited by), Roman Statutes, Vol. II, Institute of Classical Studies, University of London, London, 1996, p. 694.

二十五、……致死毒药……

本条的文本来源为盖尤斯的保留在 D.50,16,236pr. 中的法言："说毒药杀人,应加上好或坏的定语,因为毒药也是一种药"。① D.48,8,3,2 说拉丁文中的 Venenum 相当于希腊文中的 Farmakon,它指草、麻药(有益的或有害的)、药、施魔法用的方剂、春药、符咒、咒语、魔咒、毒药、生产某物的工具、染料、颜料或颜色。② 所以,本条涉及的"毒药"的含义比中文中的毒药一词的含义要广得多,至少各种各样的咒是不包含在中文的毒药的含义之中的。按照这种宽泛的毒药理解,毒药问题与魔法问题是相关的。如此,可把本条解释为关于贩卖违禁物品的规定。

罗马法中无自然解放制度,故家子虽然成年,如不蒙家父解放,仍将处于其权力下,没有自主权,故一些家子以杀害家父的方式抢班夺权。毒药是家子杀害家父的工具之一。公元前 55 年,庞培提议制定的《关于杀亲罪的庞培法》(Lex Pompeia de parricidio)规定,购买毒药杀害家父的家子要作为杀亲罪犯被惩罚,尽管他没有机会使用此等毒药。③ D.48,9,7 规定,明知家子借钱购买毒药毒杀家父仍出借的借贷人也按杀亲罪承担责任。④

---

① See The Digest of Justinian, Vol. 4, edited by Mommsen and Alan Watson, University of Pennsylvania Press, Philadelphia, 1985, p. 954.

② See Clyder Pharr, The Interdictum of Magic in Roman Law, In Transactions and Proceedings of the American Philological Association, Vol. 63, 1932, pp. 272s.

③ See Eva Cantarella, Fathers and Sons in Rome, In The Classical World, Vol. 96, No. 3 (Spring, 2003), p. 294.

④ See The Digest of Justinian, Vol. 4, edited by Mommsen and Alan Watson, University of Pennsylvania Press, Philadelphia, 1985, p. 822.

二十六、夜间不得在城市内聚集人。

本条是预防共同侵权行为的规定。私犯既有个人实施的,也有集体实施的。本表前面的规定都针对前一种私犯,本条针对后一种私犯。

罗马的城邦生活中经常发生人的聚集。这种聚集有好有坏。就好的聚集而言,有公职竞选者的支持者的聚集。按罗马的习俗,候选人要在每天的一个或几个固定时段出现在集议场上,让自己的行为规律化。这样,其"粉丝"可以轻松地在集议场找到他。① 追随者越多,造势的效果越好,显得候选人越有人望。就坏的聚集而言,聚集的目的是去侵占他人土地或实施其他侵权行为。对此,后世的裁判官发布告示说:"如果某人被主张以恶意诈欺、以聚集的人做了致人损害的某事;或某人的财产被主张已被抢走,对被主张做了这些事的人,我将给予对抗他的诉权。同样,如果奴隶被主张实施了这样的行为,我将给予对抗其主人的损害投偿诉权"(D.47,8,2pr.)。② 这个告示还告诉我们,被聚集者可以是奴隶。当然,还有政治性的聚集,例如举行策划骚乱或叛乱的会议(D.47,6,3)。③ 这些坏的聚集,都有危罗马城的治安,由多个法律限制或打击,本条只限制夜间的聚集,因为黑夜使人的被监督感下降,恶欲膨胀,更容易实施侵权行为甚至犯罪行为。白天的聚集,交给其他法律调整。所以,本条属于公安行政法。

---

① 参见刘小青:《罗马共和晚期的执政官选举:以公元前64年为例》,华中师范大学硕士学位论文,2009年,第34页。
② 参见[意]桑德罗·斯奇巴尼选编:《民法大全选译·债·私犯之债(II)和犯罪》,徐国栋译,中国政法大学出版社1998年版,第79页。
③ 参见[意]桑德罗·斯奇巴尼选编:《民法大全选译·债·私犯之债(II)和犯罪》,徐国栋译,中国政法大学出版社1998年版,第191页。

二十七、社团的成员,只要不违反公法,可随意订立其组织的规范。

本条接续前条,继续在侵权行为法的框架内预防社团作为集体侵权行为的主体。

但《十二表法》的许多解释者都脱离本条的上下文,把本条解释为关于古罗马的政治结社问题的规定。其来源为 D.47,22,4,盖尤斯在其中说:"会员(Sodales)是属于同一团体的成员,希腊语称之为 Hetaireian。一个法律赋予他们缔结其喜欢的任何协议的权力,只要他们不与这个公法冲突。该法似乎是从梭伦的法律中采用的,它规定:如果某个城区或郊区的居民为举行宗教活动、为共餐、为葬礼保障、为组建俱乐部、为组织营利企业而组成团体,只要不违反公法,他们的一切协议都是合法的。"[①]这个法言不在侵权法的框架内考虑结社。

对本条的解释,基于 Sodales 的关键词,有如下四种学说。

首先是德国学者蒙森的宗教团体说,认为古罗马存在三类社团:其一,宗教社团;其二,职业社团;其三,同志小组。蒙森认为本条只涉及宗教社团,所谓 sodalitas,不过是氏族礼拜活动的团体,不涉及共餐、葬礼保障、俱乐部等社团。[②]

其次是意大利学者乌果·科里(Ugo Coli)的综合团体说,认为 sodalitas 是古代的兄弟会、共餐会和宗教团体,它们有时也具有政治的

[①] See The Digest of Justinian, Vol.4, edited by Mommsen and Alan Watson, University of Pennsylvania Press, Philadelphia, 1985, p.793.

[②] Cfr. Roberto Fiori, Sodales: 'Gefolschaften' e diritto di associazione in Roma arcaica (VII-V. a. C), In Societas-Ius, Munuscula di Allievi a Feliciano Serrao, Jovene, Napoli, 1999, p.103.

功能。① 这种学说把本条调整的社团的范围扩大了，尤其是包括了政治性的社团。

其三是威尔斯内尔(H. S. Versnel)在蒙森学说基础提出的同志会说，认为本条涉及的 sodalitas 包括两种类型：其一，蒙森说的宗教社团；其二，著名人物的追随者组成的同志小组（德文用"扈从"的表达），协助此等著名人物从事政治和军事事业。② 此说的意义在于把科里学说中提到的政治社团具体化为经常见诸罗马史记载的政治团体。事实上，罗穆鲁斯就建立过叫作牧神团(Luperci)的这样的团体，其成员为年轻人，他们与罗穆鲁斯一起进行抢劫并分享战利品。③ 他的比肩王塔求斯(Tatius)也有这样的心腹团体，正由于他们虐待了洛兰图姆(Laurentum)人的使者，塔求斯才被该民族的人杀死。④ 这种传统保留下来，在共和时期，不仅贵族的著名人物，而且平民的相应人物都有自己的这样的同志小组，把它们用于政治斗争。其成员似乎成了新型的门客。政治领导人物就是利用"同志"、门客和奴隶于最暴烈的政治冲突中。有些平民家族之所以有力量，能和贵族竞争，就是因为他们模仿

---

① Cfr. Roberto Fiori, Sodales: 'Gefolschaften' e diritto di associazione in Roma arcaica (VII-V. a. C), In Societas-Ius, Munuscula di Allievi a Feliciano Serrao, Jovene, Napoli, 1999, p. 104.

② Cfr. Roberto Fiori, Sodales: 'Gefolschaften' e diritto di associazione in Roma arcaica (VII-V. a. C), In Societas-Ius, Munuscula di Allievi a Feliciano Serrao, Jovene, Napoli, 1999, p. 105.

③ Cfr. Roberto Fiori, Sodales: 'Gefolschaften' e diritto di associazione in Roma arcaica (VII-V. a. C), In Societas-Ius, Munuscula di Allievi a Feliciano Serrao, Jovene, Napoli, 1999, p. 112.

④ Cfr. Livio, Storia di Roma, a cura di Guido Vitali, Oscar Mondadori, Bologna, 1994, p. 77.

贵族的家庭建立了类似的以 sodales 和门客为成员的家庭组织。① 这样的组织以协议为基础，成员彼此宣誓以信相待，其成员承担的义务不仅是道德-宗教上的，而且由于本条规定成为法律上的。协议成为联系社团成员并调整他们间的关系的工具。②

其四是商社说。肖海军认为本条中的 sodalitas 是商人和手工业团体的行业联谊会。③ 可惜他未展开论证。故本书对其论点存而不论。

萨尔瓦多勒·唐多认为本条讲的是结社自由④，但费奥利认为，在制定本条时，罗马的社团是客观存在的，赋予这样的社团以结社自由和自治，没有什么意义，相反，本条应该是限制已有的社团自治的规定，对社团的章程提出不得违反公法的要求。⑤ 它是应平民的要求为限制贵族的 sodalitas 而制定的，以打消贵族的政治优势，实现平民与贵族的平等。⑥

无论如何，本条反映了罗马社会从氏族到结社的社会组织形式的

---

① Cfr. Roberto Fiori, Sodales: 'Gefolschaften' e diritto di associazione in Roma arcaica (VII-V. a. C), In Societas-Ius, Munuscula di Allievi a Feliciano Serrao, Jovene, Napoli, 1999, p. 132.

② Cfr. Roberto Fiori, Sodales: 'Gefolschaften' e diritto di associazione in Roma arcaica (VII-V. a. C), In Societas-Ius, Munuscula di Allievi a Feliciano Serrao, Jovene, Napoli, 1999, p. 144.

③ 参见肖海军：《西方国家商会组织的源起与制度范式之比较》，《中国商法年刊》(2007)，第 327 页。

④ Cfr. Salvatore Tondo, Profilo di storia costituzionale romana, Giuffrè, Milano, 1981, tomo I, p. 280.

⑤ Cfr. Roberto Fiori, Sodales: 'Gefolschaften' e diritto di associazione in Roma arcaica (VII-V. a. C), In Societas-Ius, Munuscula di Allievi a Feliciano Serrao, Jovene, Napoli, 1999, p. 143.

⑥ Cfr. Roberto Fiori, Sodales: 'Gefolschaften' e diritto di associazione in Roma arcaica (VII-V. a. C), In Societas-Ius, Munuscula di Allievi a Feliciano Serrao, Jovene, Napoli, 1999, p. 148.

变迁。过去的团体形式是氏族,对它的从属是由出生决定的;现在的团体形式是社团,对它的从属是当事人通过契约选择的,不同氏族的人可以共处于一个团体中。后者取代前者,是一场从身份到契约的运动。①与同样是非氏族组织的门客比较,社团成员是平等的,而门客与恩主间是纵向关系,因此,社团对门客制度的取代,也是一种进步,它成为组织一个非血缘性的市民社会的基本工具。它模仿氏族的形式创立了一种关系网,使人们可以利用它获得政治和军事权力,成为精英阶级的真正的力量来源。②

以上讲的是社团的积极方面,但它们也有消极方面。例如上述一些社团设有冲锋队(decuriate),即政治人物用于政治目的的打手队伍。③ 它们的成员在政治冲突中大打出手,造成流血事件。又如,人们还可能设立一些以选举舞弊为目的的俱乐部,妨碍选举公正。④ 所以,本条具有限制社团的消极方面的旨趣。作为本条的继续,公元前64年的元老院决议禁止街坊团⑤;公元前55年的《关于非法结社罪的李其纽斯法》(Lex Licinia de sodaliciis)针对的是为了选举舞弊而特别设立的一些团体,此种团体通过不正当的手段来支持一个候选人参加选举,

---

① Cfr. Roberto Fiori, Sodales: 'Gefolschaften' e diritto di associazione in Roma arcaica (VII-V. a. C), In Societas-Ius, Munuscula di Allievi a Feliciano Serrao, Jovene, Napoli, 1999, p. 150.

② Cfr. Roberto Fiori, Sodales: 'Gefolschaften' e diritto di associazione in Roma arcaica (VII-V. a. C), In Societas-Ius, Munuscula di Allievi a Feliciano Serrao, Jovene, Napoli, 1999, p. 156.

③ See Donald Montgomery, Ambitus: Electoral Corruption and Aristocratic Competition in the Age of Cicero, Thesis for Master Degree, McMaster University, 2005, p. 72.

④ 参见徐国栋:《罗马的第三次征服:罗马法规则对现代公私法的影响》,中国法制出版社2016年版,第60页。

⑤ 参见[苏联]乌特琴科:《恺撒评传》,王以铸译,中国社会科学出版社1986年版,第139页。

该法对此种非法结社者规定了禁绝水火刑。①

第四节 第九表释义

一、不得针对任何个人制定特别的法律。

本条是关于法律的普遍性的规定。它非常早地指出了,所谓的特权,不过是对普遍性之违反。在拉丁文中,特权为 privilegium,它由 privus(为特殊的、个别的之意)加 lex 构成,指针对任何个人的立法。② 针对个人的立法有两种形式:第一,为了某人的利益;第二,为了某人的不利益。因此,周枏先生将本条翻译为"不得为任何个人的利益,制定特别的法律",只说对了一半。事实上,塔拉曼卡认为本条可能是为了废除有利于单个平民的平民会决议做出的规定。③ 故本条是保护贵族利益的规定,针对平民会决议颁布命令性的所谓法律而设。

无论是通过立法授予某人利益或不利益,都是对法律的普遍性之违反,就是揭开了正义女神的遮眼布(这个设计表明西方人对正义女神本身的人性或神性都不信任!)让她看菩萨填颜料。正因为这样,西塞罗像我一样惊叹:"我们的祖辈表现出的远见真是惊人。当时他们不允许颁布针对个人的特别法律,即'特权'。由于法律的意义在于对所有的人适用和有效,因此有什么比那样的立法更不公平呢?"④ 违反普

---

① See Henrik Mouritsen, Plebs and Politics in the Late Roman Republic, Cambridge University Press, 2001, p.149.

② 参见陈可风:《罗马共和宪政研究》,法律出版社 2004 年版,第 4 页注释 4。

③ Cfr. Mario Talamanca(sotto la direzione di), Lineamenti di Storia del Diritto Romano, Giuffrè, Milano, 1989, p.184.

④ 参见[古罗马]西塞罗:《论共和国·论法律》,王焕生译,中国政法大学出版社 1997 年版,第 278 页。

遍性的法律西班牙语叫作私斗法(Leyes privativas)。① 因此,本条是一项保障立法平等的措施。本条还表现为罗马人对法律与命令的区别的早熟认识,针对个别人的立法只是命令,不是法律。说白了,第1条不过是对立法权的限制。整个的第九表都是对各种公权力的限制,每条限制的对象不一样。而这样的限制,必定出于性恶论的认识,必定出于平民对贵族就其滥用权力行为进行斗争的丰富经验。

在本条的范围内,罗马法史留下了一些非常有意思的案例。

君士坦丁一世即位前与米涅维娜(Minervina)姘合,305年生子克里斯普斯(Crispus),其弟李其纽斯(Licinius)与女奴同居,313年生子李其尼亚努斯(Licinianus)。为了解决这两个非婚生子的合法地位问题,他们决定与姘居者正式结婚。他们可以专门就这两个个案制定法律来解决之,但《十二表法》规定,不得针对任何个人制定特别的法律。于是,君士坦丁于314年颁布敕令,规定此后一年内凡姘合的男女正式结婚的,如果他们无婚生子女,则其婚前所生的子女即取得婚生子女的地位。② 由此,不光他本人及其弟弟的私生子,而且所有类似的私生子,都可通过这个法律成为婚生子了。本案表明《十二表法》的本条在314年仍然有效,得到了君士坦丁皇帝的尊重。

但有一个更早的相反案例。49年,克劳丢斯(Tiberius Claudius)皇帝出于与外甥女阿格里披娜结婚的欲望,曾强迫元老院做出允许舅舅与外甥女结婚的决议。这是制定有利于个人的法律,因此,君士坦丁二世和君士坦斯两帝在342年废除了这一决议。③

还有一个正面的案例。罗马古法禁止元老阶层与从事贱业者(如

---

① Véase Karla Pérez Portilla, Principio de igualdad: Alcances y Perspectivas, UNAM, Mexico, 2005, pag. 53.
② 参见周枏:《罗马法原论》(上),商务印书馆1994年版,第172页。
③ 参见周枏:《罗马法原论》(上),商务印书馆1994年版,第186页。

娼妓、女演员、开妓院者)结婚。但优士丁尼在位前与女演员狄奥多拉相恋,后者为马戏团的女演员,其父亲为同团的马车夫。优士丁尼恳求其舅父优士丁颁布敕令,规定演员只要放弃现在的工作,不再操旧业,就可终止其不名誉的身份与任何高尚的人结婚,因为根据基督教教义,上帝允许人们忏悔改过,获得宽宥,于是优士丁取消了演员与高尚人士的结婚限制。优士丁尼接任后,又于542年以第117号新律扩大上述规定于其他贱业。① 本案中,优士丁尼仍然是以普遍性的方式解决了自己的利益问题。

最后的案例是反面的。在恺撒如日中天之时,赫尔维乌斯·秦纳起草法案允许恺撒多妻以便多生。② 这是一个拍马屁的法案,最后未通过。如果通过,它也是一个违反本条的法律。

二、处公民死刑的判决,非经百人团大会不得为之。

本条为关于罗马死刑案件管辖权的规定,规定了百人团大会对极刑案件的专属审判权,以限制长官的刑杀权。

首先要考虑的问题是哪些长官可判处死公民?执政官可以如此,另外,保民官也可如此,他们享有强制权,可以处以罚金、没收财产、拘捕公民和长官(甚至执政官)以及实施死刑,至少令罪犯跳塔尔贝雅岩摔死,这是《十二表法》已见证了的保民官的死刑权的行使形式。③ 根据学者的研究,本条尤其针对保民官对长官的死刑权而设,因为在《十二表法》之前,保民官曾经多次对贵族头面人物因其违反了保民官的人身不得侵犯的法律将他们处死。保民官特别对一些曾担任长官的人,

---

① 参见周枏:《罗马法原论》(上),商务印书馆1994年版,第188页。
② 参见[古罗马]苏维托尼乌斯:《罗马十二帝王传》,张竹明等译,商务印书馆1995年版,第27页。
③ 参见陈可风:《罗马共和宪政研究》,法律出版社2004年版,第86页。

因其违反职责,尤其是军事指挥中的过错将其处以死刑。①

杀亲罪审判官对可能处以死刑的犯罪进行预审,然后将之提交百人团大会审判。《十二表法》时代,罗马有 193 个百人团,按每个百人团有 60—80 人计,共有 11 580 或 15 440 人,难以进行讨论,没有这样的预审,不可能做出决定。百人团分两次投票。第一次投个人票,每个百人团的成员都参加本团的票决,多数票决定本团的这一票的投向。如果某团认为被告无罪,就在板上写上 A 或 L,为 Absolvo 和 Libero 的缩写,意思分别是"我开释"和"我令自由";如果认为有罪,则写上 C 或 D,分别为 Condemnatio 和 Damno 的缩写,意思是"定罪"和"我判定有罪";如果案情不明,则写上 NL,为 Non lique 的缩写,意思是"不清楚",为弃权之意。② 如果多数票认为有罪,则批准死刑判决。

本条体现了慎死刑的原则,以人民的权力制约长官的权力的原则,类似于重大事情全民公决的现代做法。也表明了贵族们对保民官权力过大的忧虑和采取的相应措施。

三、依法委派的法官或仲裁员,被确认在判案过程中收受金钱的,处死刑。

本条针对司法腐败罪,规定了罗马的两种审判人员在司法过程中收受贿赂时应承担的死刑后果。

法官是法律诉讼时期的事实审审判机关,为指定产生。由于只负责事实审,又称不完全法官。由原告在长官编制的法官名单中自由选择一人,由裁判官任命。如原告提供的人选被告不同意,则由原告另选一人,依此类推,直到被告完全同意为止。这一任命程序类似于选定仲

---

① 参见徐国栋:《罗马公法要论》,北京大学出版社 2014 年版,第 58 页。
② 参见[古罗马]西塞罗:《论共和国·论法律》,王焕生译,中国政法大学出版社 1997 年版,第 273 页。以及陈可风:《罗马共和宪政研究》,法律出版社 2004 年版,第 135 页注释 2。

裁员。如被告固执不同意原告的人选,则以抓阄的方法决定。后立法限制被告可以拒绝的次数。

法官资格在各个时期变化不定,有时须元老阶级成员才能担任,其名单公布在广场供当事人选择公元前70年的《奥勒流斯审判法》(Lex Aurelia indiciaria)后,也允许骑士阶级成员当法官。无论何种来源的法官,他们都是一个人处理案件,因此又称独任法官。

上述《奥勒流斯审判法》规定:在法官的名单中元老的人数、骑士的人数和司库长(tribuni aerarii)阶级的人数应当相等,每次诉讼从各类别人员中以抽签的方式选出同等数额的法官。①

法官的性质是公役,一经任命,无正当理由不得拒绝。就职时要做忠于职务的宣誓。他们只对案件为判决,执行由胜诉方自理。② 另外,由于誓金之诉中当事人提供的誓金为公款,如果法官贪污它们,要处死刑(I.4,18,9)。③ 法官除了为其审判活动承担刑事责任外,还承担民事责任,如果作了偏袒的判决,哪怕是出于过失,也要按准私犯承担罚金责任(I.4,5pr.)。④

仲裁员实际上是广义的法官,不同在于法官独任审判,仲裁员合议审案。例如,按本法第七表第5条的规定,关于地界的诉讼,就由三名仲裁员会审。还有人认为,法官的自由裁量权比仲裁员小。⑤

仲裁员如果受贿,与法官的处罚同。

---

① 参见齐云、徐国栋:《罗马的法律和元老院决议大全》,徐国栋主编:《罗马法与现代民法》第8卷,厦门大学出版社2015年版,第180页。

② 参见周枏:《罗马法原论》(下),商务印书馆1994年版,第860页及以次。

③ 参见[古罗马]优士丁尼:《法学阶梯》(第二版),徐国栋译,中国政法大学出版社2005年版,第539页。

④ 参见[古罗马]优士丁尼:《法学阶梯》(第二版),徐国栋译,中国政法大学出版社2005年版,第453页。

⑤ 参见周枏:《罗马法原论》(下),商务印书馆1994年版,第861页。

关于本条的位置,迪里贝尔多教授认为应在第一表或第二表,因为按古人的思维方法,与诉讼相关的事项应规定在一起。①

本条的适用留下了斯塔雷努斯案。盖尤斯·埃流斯·斯塔雷努斯(Gaius Aelius Stalenus)是个生卒年月不详的人物,他应该是西塞罗的同时代人,即共和晚期的人物。他审理过公元前74年的奥皮雅尼库斯(Oppianicus)案件,其中受贿。奥皮雅尼库斯是富有的罗马骑士克鲁恩求斯(Cluentius)的岳父,他谋杀了克鲁恩求斯的父亲,娶其母,他发现如果克鲁恩求斯死亡,其财产将归其母亲继承,于是他图谋毒死克鲁恩求斯,但被发现并受控告。案件由16个法官审理,斯塔雷努斯为其中之一,他首先接受了奥皮雅尼库斯64万塞斯特斯的贿赂,但对他投了有罪票,因为他又从克鲁恩求斯收受了数目更大的贿赂。但在交付贿赂时被马麦尔库斯·埃米流斯(Mamercus Aemilius)手下的曾担任行省副总督、市长官、军事保民官的西塞罗的好友提图斯·阿纽斯(Titus Annius)听见了,于是遭到审判,但未导致死刑。②

四、死刑案件由杀亲罪审判官主持。

本条与第2条配套,规定罗马的死刑案件的预审程序。

为了准确理解本条,不妨把它的来源全部译出,以助理解。本条出自 D.1,2,2,23 中彭波尼的一个法言。原文如下:"因为正如我们所说的,执政官除非根据人民的命令,不许管辖罗马公民的死刑案件,因为人民设立了杀亲罪审判官主持死刑审判,他们被称作杀亲罪的审判官,

---

① 参见[意]迪里贝尔多:《关于时下对〈十二表法〉的研究现状的一些思考》,徐国栋译,徐国栋主编:《罗马法与现代民法》第7卷,厦门大学出版社2010年版。
② 参见徐国栋:《地方论研究:从西塞罗到当代》,北京大学出版社2016年版,第133页及以下。

《十二表法》就是这么提到他们的"。① 此一法言表明了刑事司法官与行政官的分离,正犹如裁判官与执政官的分离。

那么,什么是"杀亲罪审判官"(Quaestor)？他们是罗马最古老的长官之一,在罗慕鲁斯和努马的时代,都设有两名人民选举的杀亲罪审判官,其职能是审理死刑案件并管理公库,如出售属于国家的财产(奴隶、战利品等),另外还监管国家文件、珍宝和军旗等,由于后一个职能,人们又把 Quaestor 译为"财务官"。到优士丁尼时代,仍有"圣宫的财务官"之设,实际上就是司法大臣。② 但其最初的职能就是镇压犯罪,寻找犯罪嫌疑人,因此,其词根就是"寻找"的意思。由于这个职能,现在意大利的"警察局"(Questura)就以"杀亲罪审判官"一词为词源。

为何审判官前冠以"杀亲"二字？拉特(K. Latte)认为意在强调该职官的职责只涵盖故意杀人,排除过失杀人。③ 克洛德(Duncan Clod)认为,努马的法律把杀害罗马公民与杀害亲戚等同,旨在强调以公力救济取代私人报复。④ 后说更为有理。

杀亲罪审判官最初有 2 人,直接由执政官任命,后来,其数目增加到 4 人、20 人,改为由人民大会选举产生。分化为国库财务官、军事财务官、行省财务官——财务官通过抽签选择自己任职的行省——和市政财务官。⑤

杀亲罪审判官与百人团大会对死刑案件的审判权的关系如何呢？

---

① See The Digest of Justinian, Vol. 1, edited by Mommsen and Alan Watson, University of Pennsylvania Press, Philadelphia, 1985, p. 6.

② 参见[古罗马]优士丁尼:《法学阶梯》(第二版),徐国栋译,中国政法大学出版社 2005 年版,第 5 页。

③ See K. Latte, The Origin of the Roman Quaestorship, In Transactions and Proceeding of the American Philological Association, Vol. 67, 1936, p. 24—33.

④ See J. D. Cloud, Parricidium: From the Lex Numae to the Lex Pompeia de Parricidiis, In Zeitschrift der Savigny-Stiftung für Rechtsgeschichte. R. A. 1971. Bd. 88. p. 19.

⑤ 参见黄风:《罗马法词典》,法律出版社 2002 年版,第 211 页。

根据学者的研究,其职能是为百人团大会提供预审,其内容为审前侦查、召集商议会实施控告,最后在判决后还负责执行。① 商议大会(Contio)是百人团大会前的预备会。阿尔多·贝特鲁奇教授认为,为审判进行的商议大会要举行3次,每次相隔7天。其任务是提出证据。②

由于杀亲罪审判官的权力太大,容易造成百人团大会审判走形式,所以,公元前123年的《森普罗纽斯市民死刑法》(Lex Sempronia de capite civium)改革本条:废除杀亲罪审判官的预审程序,把嫌疑人直接交百人团大会审判。③

2世纪时,设立了常设的刑事法庭承担杀亲罪审判官和百人团会议的职能,杀亲罪审判官才消亡。公元前1世纪前期,罗马人建立了9个常设刑事法庭审理刑事案件,它们由裁判官或前营造官主持。与我们的法院不同的是,它们是专业化的,实行一法一罪、一罪一庭的体制。由多名法官参与审案,人数多的有51人。不设公诉人,由私人起诉。④

本条证明,罗马的民事诉讼与刑事诉讼是分开的,由不同的官员负责。⑤ 在《十二表法》中,前者规定在前面,后者规定在后面。

具有讽刺意味的是,罗马的民事诉讼与刑事诉讼皆有死刑,前者中

---

① See Vera V. Dementyeva, The Functions of the Quaestors of Archaic Rome in Criminal Justice, In Diritto@ Storia, N. 8, 2009.

② 参见[意]阿尔多·贝特鲁奇:《罗马的宪法和行政法》,赵毅译,2014年罗马公法国际暑期学校讲稿。

③ 参见齐云、徐国栋:《罗马的法律和元老院决议大全》,徐国栋主编:《罗马法与现代民法》第8卷,厦门大学出版社2015年版,第228页。

④ See Frank Frost Abbott, Roman Politics, Marshall Jones Company, Boston, 1923, p. 96.

⑤ 但周枏先生说:"古罗马由于商品经济的发展,民法部分远较刑法部分为发达,故诉讼法的发展,有关刑诉方面即因袭和附属于民诉。"参见周枏:《罗马法原论》(下),商务印书馆1994年版,第926页。这显然是错误的。

的死刑由债权人决定,程序随便,后者中的死刑由百人团大会决定,程序严格。前种死刑是侵犯他人财产的结果,把生命看得劣后于财产,没有正当性;后种死刑是个人侵犯了共同体的秩序的结果,具有充分的正当性。

五、凡煽动外国人起事或把公民交给外国人的,处死刑。

本条为对叛国罪处死刑的规定。针对两种行为:第一,煽动外国人反对罗马;第二,把罗马公民交给外国人。先说第一种。

第一种行为有如下案例。其一,被驱逐的末代王塔克文叛国案。李维的《建城以来史》2,9及以下记载,共和初期,高傲者塔克文寄居埃特鲁斯城邦克鲁西乌姆,煽动其王波尔塞纳发兵围攻罗马,为自己谋求复辟。①

其二,马喜阿斯叛国案。阿庇安的《罗马史》记载,罗马政治家马喜阿斯(Gaius Marcius Coriolanus)竞选执政官失败并被放逐,于是他煽动服尔喜人进攻自己的祖国,后自杀。②

其三,瓦库斯叛国案。公元前330年,芬迪(Fondi)③公民瓦库斯(Vitruvius Vaccus)率军反叛罗马。他被罗马军捕获,在凯旋式后被处死,其财产被没收。他在帕拉丁山上的房子被摧毁。④ 本书根据沃依格特的研究《十二表法》的专著增加这一案例。但瓦库斯可能不具有罗马公民身份,对他能否适用本条,值得怀疑。

其四,图斯库鲁姆人叛国案。图斯库鲁姆位处罗马西北25千米的

---

① Cfr. Livio, Storia di Roma (I-III), Oscar Mondadori, Bologna, 1994, pp. 219ss.
② 参见[古罗马]阿庇安:《罗马史》(上册),谢德风译,商务印书馆1979年版,第29页。
③ 在罗马与拿波里之间的一个城市。
④ Cfr. Livio, Storia di Roma (VII-VIII), A cura di Guido Vitali, Oscar Mondadori, Bologna, 1994, p.191.

阿尔巴山上,其居民于公元前381年取得了罗马公民权,成为拥有投票权的自治市,并被纳入帕皮流斯部落。公元前323年,图斯库鲁姆反叛罗马,劝说并帮助维利特拉(Velitrae)①人和普利维尔努姆(Privernum)②人与罗马开战。罗马人战胜敌人后,保民官马尔库斯·弗拉维尤斯(Marcus Flavius)要求审判叛国的图斯库鲁姆人。全部图斯库鲁姆人带着老婆孩子来到罗马,穿着丧服等待审判。他们挨个部落磕头求情,所有的部落都拒绝了保民官弗拉维尤斯的提议,只有波利尔(Polliae)部落除外。这个部落的处理意见是:图斯库鲁姆的所有成年男子要被鞭打后杀死,妇女和小孩要按战争法被卖为奴隶。③ 这个案例告诉我们,叛国罪不仅有个人性的罪犯,而且有团体性的罪犯。对于这样的团体犯罪,要按战争法而非普通法处理。当然,是否处理,取决于多数部落的意见。

关于第二种行为的规定表现了罗马人的同胞之情。我们看到第三表第5条已有罗马人不得为罗马人之奴的规定表达了同样的感情。这一规定与下面的第6条的精神一致,是对罗马公民的生命和自由权的对外保障。

但为什么别的民族要求把某些罗马公民交给他们?这是因为,早期的罗马人处在战争的环境中,与其他民族经常有侵权与报复的互动。如果罗马人侵略了某个民族又战败,往往就要被迫使交出其统帅,这是万民法上的交出加害人制度的内容。但如果交出,有辱罗马人的尊严,故做出这一规定。因此,本条规定的两种行为都是以"国际"舞台为背景的。

---

① 一个与图斯库鲁姆相邻的城邦。
② 一个拉丁姆地区的城邦。
③ Cfr. Livio, Storia di Roma (VII-VIII), A cura di Guido Vitali, Oscar Mondadori, Bologna, 1994, p. 243.

但罗马人并非完全不交出自己的公民给外邦,而是这种交出必须满足一定的理由和程序。历史上有不少这方面的记载。

执政官 C. 奥斯蒂利奥·曼西诺在经历了努曼齐亚人的围困后,被打败并与努曼齐亚人缔结了被认为是不光彩的和平誓约。元老院并不认为这一协议是有效的,把执政官曼西诺作为"被交出者"给予了敌人。由于敌人不愿意接受他,他返回了罗马(D.50,7,17;奥流斯·杰流斯:《阿提卡之夜》6,9,12)。① 如果他被接受,将成为被害国家的奴隶。②

沃依格特提供了这方面的另一个案例:雷纳斯(C. Popilius Laenas)是公元前 172 年的执政官。他率军与高卢的提吉利尼人作战,败绩,接受了屈辱的投降条件。保民切流斯(C. Coelius)控告他犯有叛国罪,雷纳斯未等审判就自我流放。③ 这个案例告诉我们,把罗马公民交给敌人是罗马人的保民官能干的事情。

本条到了罗马帝政时期,为《关于国事罪的优流斯法》(Lex Iulia maiestatis)所取代。④ 该法颁布于公元前 8 年,由奥古斯都提议。它将所有损害皇帝尊严的行为规定为国事罪,它们包括:1. 破坏已故皇帝的纪念物;2. 破坏皇帝的雕像和其他形象;3. 杀害人质;4. 在未得皇帝命令的情况下鼓动战争;5. 拒绝承认皇帝为神。该法授权长官对罪犯实

---

① 参见[秘鲁]埃尔维拉·门德斯·张:《作为跨民族法适用于罗马与其他民族的随军祭司法》,肖崇明译,梁慧星主编:《民商法论丛》第 13 卷,法律出版社 1999 年版。

② 参见周枏:《罗马法原论》(上),商务印书馆 1994 年版,第 232 页。

③ 参见[古罗马]西塞罗:《论法律》,王焕生译,世纪出版集团,上海人民出版社 2006 年版,第 217 页。Vgl. Moritz Voigt, Die XII Tafeln; Geschichte und System des Civil-und Criminal-Rechtes, wie-Processes der XII Tafeln nebst Deren Fragmenten, Leipzig, 1883, S. 791.

④ Cfr. Eugenio Lelievre, Commentatio Antiquaria de legge XII Tabularum Patria, 1826, Lovanii, p. 158.

施拷打。对该犯罪规定了死刑,以投放野兽或烧死的方式执行。① 不难看出,《关于国事罪的优流斯法》主要惩罚大不敬行为,以不再以叛国行为为主要考虑对象。

六、任何人非经审判,不得处死刑。

本条是对国家的刑事惩罚权的限制性规定,它是对公民的生命权的保障,蕴含着现代的法治原则和正当程序原则。

应参照本表第 2 条理解本条。综合两条,得出《十二表法》时代之罗马的死刑案件程序:1.杀亲罪审判官初审这样的案件;2.杀亲罪审判官向百人团会议提交案件供正式审议。如此,一可限制私刑,二可限制长官滥刑。

本条显得是第 2 条的重复,但两条的侧重点不同。第 2 条强调的是百人团会议对死刑案件的最终决定权,本条强调的是死刑案件全部程序的正当性,因此,本条所言的审判,依情形包括有杀亲罪审判官的预审和百人团会议的决审,两个程序都不可缺。

本条的适用留下了以西塞罗为当事人的著名案例。西塞罗在担任执政官期间处理过卡提林纳案件。卡提林纳出身于没落贵族,是苏拉的追随者,历任裁判官、阿非利加总督等职。公元前 66 年返回罗马。公元前 64 年和公元前 63 年两度竞选执政官失败,遂纠集同党(裁判官林德鲁等),准备组织没落贵族和苏拉的前部下发动武装政变。公元前 63 年,当时的执政官西塞罗在元老院发表演说,反对卡提林纳阴谋并予以镇压。卡提林纳出逃,直到次年才战败被杀,但出逃前他的五名同党落在西塞罗手里。据费希特的评论,这些人罪当流放,如果要处死他

---

① 参见齐云、徐国栋:《罗马的法律和元老院决议大全》,徐国栋主编:《罗马法与现代民法》第 8 卷,厦门大学出版社 2015 年版,第 208 页。

们,则第一,必须把他们提交给民众法庭;第二,死刑必须公开执行。但西塞罗迫于情急,两样都未做到:他未将被告交给百人团会议,而是交由元老院审判;另外,他在监狱中执行被告们的死刑,甚至把一些"坏蛋"——例如奥鲁斯·富尔维尤斯(Aulus Fulvius)——交给其家父做诛杀处理。更有甚者,他没有给予被告申诉权。由于他的这些过犯,保民官克洛丢斯(P. Clodius Pulcher)于公元前58年提出法案,以禁绝水火即流放的刑罚处罚不经审判便判处罗马公民死刑的高级官吏,西塞罗穿上丧服乞求权贵们不让这一法律适用于他,无效,只好自我流放到希腊。①

这可能是西方历史上的第一个正当程序案件,体现了即使在维护国家安全时,暴力手段也不能例外地违背正当程序行使的原则。

尽管如此,违反程序杀害格拉古的路求斯·欧皮缪斯却由于盖尤斯·卡尔博出色的辩护逃脱了惩罚。事情是这样的:公元前124年,盖尤斯·格拉古(公元前159—公元前121年)当选为保民官。他提出了一系列改革方案。首先是土地法,限制每人可占有的公地的数额;其次是打破元老阶级的司法垄断,允许骑士阶级的成员进审理搜刮钱财罪等罪的常设刑事法庭。它们触犯了元老阶级的既得利益,格拉古在卸任后被谋杀。② 具体的经过是这样的:公元前122年,是年的执政官路求斯·欧皮缪斯发布元老院最后决议(相当于紧急状态,据此,对于谋反者,执政官可不经审判处死之)后,悬赏以等量黄金取盖尤斯·格拉古的人头。在绝望中,后者的奴隶杀死盖尤斯·格拉古后自杀,欧皮缪

---

① 参见梁志学主编:《费希特选集·以知识学为基础的自然法权基础》(第2卷),商务印书馆1994年版,第541页。提到这一故事的还有卢梭的《社会契约论》,见该书的中译本第166—167页。另参见[苏联]乌特琴科:《恺撒评传》,王以铸译,中国社会科学出版社1986年版,第14页及以次。

② 参见杨共乐:《罗马史纲要》,东方出版社1994年版,第132页。

斯还不经审判杀害格拉古党人3 000多人。① 公元前120年,欧皮缪斯因为上述暴行受审,其辩护人盖尤斯·卡尔博说他是为了国家安全这样做的,欧皮缪斯因此脱罪。②

由此可见,本条的效力受到紧急状态法的限制。

第五节　第十表释义

一、不得在市区内埋葬或焚化死者。

本条是关于公共卫生的规定,旨在避免在市区内土葬或火葬尸体带来的污染以及在城内火化尸体的引起火灾危险。③

本条反映当时的罗马实行土葬与火葬两种处理遗体的方式。这反映了罗马文明的混合性,因为在有史时期,维拉诺瓦和铁器时代的其他北方部落实行火葬;皮切诺以南某些部落实行土葬,它们汇入罗马文明后,可能都把自己的习俗带了进来。④ 但西塞罗说,罗马人先实行土葬,从苏拉开始实行火葬,但遗骨仍被撒上泥土。⑤ 此举可能是为了让逝者的灵魂得到安息。也有人说,平民实行土葬,贵族实行火葬。⑥ 到

---

① 参见[日]盐野七生:《罗马人的故事Ⅲ:胜者的迷思》,林雪婷译,三民书局1998年版,第48页。

② 参见[古罗马]西塞罗:《论演说家》,王焕生译,中国政法大学出版社2003年版,第287页。

③ 参见[古罗马]西塞罗:《论共和国·论法律》,王焕生译,中国政法大学出版社1997年版,第247页。

④ 参见[意]路易吉·萨尔瓦托雷利:《意大利简史——从起源到当代》,沈珩、祝本雄译,商务印书馆1998年版,第5页。

⑤ 参见[古罗马]西塞罗:《论共和国·论法律》,王焕生译,中国政法大学出版社1997年版,第246—247页。

⑥ Cfr. Francesco Casavola, Studi sulle azioni popolari Romane, Fondazione Nuove Proposte Martina Franca, Napoli, 1958, p. 60.

基督教推广后,因为相信复活后参与最后审判的可能,火葬被废除。①

但罗马的土葬与火葬间无截然的界线。如前所述,火葬后的遗骨还是要埋起来,形成坟墓。这样,火葬并不能起到节约土地的作用,比单纯的土葬更为奢侈。

本条中的"市区",拉丁文为 Urb,最初指罗慕鲁斯建城时用犁犁出来的城界,界内的为城区,界外的为乡村。城界用术语 Pomerium 表示。第六任王塞尔维尤斯·图流斯建造了城墙区分城内城外,该墙用大块凝灰岩建成,高 10 米,底宽 3.6 米,长 11 千米。到共和末期和帝政初期,罗马城已扩展到城墙之外,奥古斯都将罗马分为 14 个区,其中,只有第 2、3、4、6、8、10、11 区在城墙内,其他区在城墙外。② 也就是说,只有一半的区在城墙内。到了恺撒时期,罗马帝国已无可以惧怕的敌人,而且相信最好的防守是进攻,遂拆掉了城墙。此时,本条的禁止土葬火葬区应以城区为准,而非以城墙为准。

这个城区的范围有多大? 在奥古斯都时期,罗马城的面积大约为 2 000 公顷③(等于 20 000 000 平方米,即 20 平方千米),大约是每平方千米住 6 千人。④ 这样的人口密度很高。所以,如果在如此人口密度的地方搞土葬火葬,由此产生的公共卫生的风险实在太大!

但本条有例外。在颁布《十二表法》前后,有些知名人士仍然埋在罗马城内,例如普布利科拉、图贝尔图斯(公元前 505 年和公元前 503 年的执政官,曾统帅对萨比尼人的战争)和盖尤斯·法布里基乌斯(公

---

① 参见[意]卡斯蒂廖尼:《医学史》(上册),程之范主译,广西师范大学出版社 2003 年版,第 185 页。

② Cfr. Salvatore Aurigemma, Le mura "serviane", l'aggere e il fossato all'esterno delle mura, presso la nuova stazione ferroviaria di Termini in Roma, In 78(1961—1962), Bullettino della Commissione Archeologica Comunale di Roma, pp. 19—36.

③ Cfr. Jerome Carcopino, La vita quotidiana a Roma, Laterza, Roma-Bari, 2003, p. 31.

④ 参见徐国栋:《罗马公法要论》,北京大学出版社 2014 年版,第 189 页。

元前282年、公元前278年、公元前273年的执政官),享有这种特权的人,其后代也有同样的特权。① 不过,这一规矩到后世改了,列奥皇帝(457—474年在位)的敕令允许任何人埋在城内。② 这个规定有点倒行逆施。

本条针对的是罗马人的土葬旧俗,因为起初,人们都把尸体埋在家里。③ 这可能说的是丧家把家人的尸体埋在自家的菜园或耕地里,而不是埋在房间的地面下。适用本条后,沿着阿庇亚大道,形成了不少零散的名人墓,证明人们已把死者埋在城外了。罗马人当时尚无把死者集中掩埋、形成公墓的习惯,那是基督教时代以后的事情。

出于同样的卫生考虑,威尼斯仍保留在城外的一个岛上埋葬死者的习惯。但采用这种做法肯定有一个过程,这里有葡萄牙的案例。1830年代,葡萄牙的当政者科斯塔·加布拉尔(Costa Cabral,1803—1889年)进行了公共卫生立法,规定尸体必须埋在城外的墓地。而葡萄牙人的传统做法是:把尸体安放在教堂中的尸骨存放房内,一直到腐烂得只剩下骨头,然后再把这些骨头放在家族地窖中的一个受到尊重的安息地。据说西班牙人也是这样做的。这两个国家颁布公共卫生法律取消这种做法时,都引起了强烈的反对,西班牙甚至为此爆发了农民革命。所以,到最近,西班牙王室成员的尸体还是按传统的方式处理。④ 由此可以想见,本条是针对陋俗制定的,在它之前有比较不卫生

---

① 参见[古罗马]西塞罗:《论共和国·论法律》,王焕生译,中国政法大学出版社1999年版,第248页。

② See the Civil Law including The Twelve Tables, The Institutes of Gaius, The Rules of Ulpian, The Opinions of Paulus, The Enactments of Justinian, and The Constitution of Leo, Trans. and edited by S. P. Scott, Cincinnati, 1932, Vol. XVII, p. 253.

③ See The Etymologies of Isidore of Seville, Translated into English by Stephen A. Barney et altri, Cambridge University Press, 2006, p. 313.

④ See David Birmingham, A Concise History of Portugal, Cambridge University Press, 1993, p. 123.

的尸体处理办法。但本条通过后,没有对罗马的殖民地葡萄牙(当时叫卢西塔尼亚)和西班牙产生什么影响。

本条没有规定罚则,所以为不完全法。

二、……火葬用的木柴,再也不得用斧削光。

在进行火葬时,罗马人用木柴做一个火葬堆,把木柴摆成祭坛的形状。① 这个祭坛可能很大,荷马告诉我们,帕特罗克洛斯的火葬堆长百步、宽百步。② 荷马说的是希腊的情况,但可为了解属于同一文化圈的罗马的相应情况的参考。这么大的火葬堆,需要大量的木柴,才能覆满整个火葬区并产生大的热力,以便把尸身快速地烧干净,当时可没有汽油之类的化石燃料帮忙。然而,并非一切木料都用于火葬,通常用橡木、山毛榉(前两者占 86%)和桤木(占 11%)。③ 由于用量很大,现成的木料可能不够用,很可能要临时伐树。帕特罗克洛斯的火葬堆就是临时伐树制成的,而且被伐的是橡树。④ 之所以选择这种树,乃因为它是圣树,是献给朱庇特的祭品。⑤ 被伐倒的橡树等要被分解为大块才能运到焚尸场。为了制作火葬堆,还要把大块木料再分解为小块。此等过程已耗费了大量人力物力,如果要进一步地把每根火葬用的木柴

---

① See John L. Heller, Burial Customs of the Romans, In The Classical Weekly, Vol. 25, No. 24 (May 2, 1932), p.196.

② 参见[古希腊]荷马:《伊利亚特》,罗念生、王焕生译,人民文学出版社 2003 年版,第 591 页。

③ See Koen Deforce, Kristof Haneca, Ashes to Ashes. Feulwood Selection in Roman Cremation Rituals in Northern Gaul, In 39(2012), Journal of Archaeological Science, p.1347.

④ 参见[古希腊]荷马:《伊利亚特》,罗念生、王焕生译,人民文学出版社 2003 年版,第 589 页。

⑤ See The Natural History of Pliny,12,2, On http://www.perseus.tufts.edu/hopper/text? doc=Perseus%3Atext%3A1999.02.0137%3Abook%3D12%3Achapter%3D2, 2017 年 1 月 6 日访问。

削光,则浪费人力不说,而且会把火葬需要的时间拖长,增加很多是非,所以本条禁止之。但在《十二表法》颁布之前,曾有削光火葬用木柴的做法,故本条使用了"再也不得"的表达。

以上为对本条的传统解释。据说这种解释开始于雅科博·古特流斯(Jacopo Gutherius)于1638年完成的《论亡灵的权利》(De iure Manium)。① 但《论高卢人的宗教》(De Religione Gallorum)的无名作者认为,该条的意思是禁止以铁质或青铜质的工具挖埋葬用的沟。所以本条不涉及火葬,而是关于土葬的。② 但当代意大利学者奥斯瓦尔多·萨基认为,本条还是处于火葬的语境,不过,禁止用斧头削光火葬用的木柴并非为了限制奢侈,而是出于远古罗马人对铁器的禁忌,因为用斧头削火葬用木柴会造成不洁。③ 此说挑战传统解释以及西塞罗报道本条的《论法律》一书的上下文,但论之有据,故存此备闻。

三、死者的丧衣限于三件,外加一件紫色小外套,乐手以十名为限。

本条是关于入殓和葬礼游行的规定。无论是土葬还是火葬,死者都要穿上寿衣。本条允许遗属给死者穿上三件内衣,一件外套,可谓宽松,因为梭伦的立法只允许死者穿三件衣服。④ 这样,本条的规定就多

---

① Cfr. Osvaldo Sacchi, Ascia dedicare e Tab. X. 2: rogum ascea ne polito. Alla ricerca di un'antica ratio, In Fides Humanitas Ius: Studi in onore di Luigi Labruna, VII, Editore Scientifica, Napoli, 2007, p. 4869.

② Cfr. Osvaldo Sacchi, Ascia dedicare e Tab. X. 2: rogum ascea ne polito. Alla ricerca di un'antica ratio, In Fides Humanitas Ius: Studi in onore di Luigi Labruna, VII, Editore Scientifica, Napoli, 2007, p. 4882.

③ Cfr. Osvaldo Sacchi, Ascia dedicare e Tab. X. 2: rogum ascea ne polito. Alla ricerca di un'antica ratio, In Fides Humanitas Ius: Studi in onore di Luigi Labruna, VII, Editore Scientifica, Napoli, 2007, p. 4892.

④ 参见[古罗马]普鲁塔克著,黄宏煦主编:《希腊罗马名人传·梭伦传》(上册),吴彭鹏译,商务印书馆1990年版,第190页。

让了死者穿了一件外套。这个外套是紫色的,罗马人以紫色为尊,只有拥有谕令权的大长官才可以穿紫色长袍。而染紫衣的燃料需要从腓尼基进口,非常昂贵。① 所以,允许死者穿紫色小外套,属于一个反奢侈立法中对一种奢侈的小容忍。它证明罗马人比梭伦更相信灵魂不灭,遗属在做,死者在看,前者要尽量做得让后者开心。尽管如此,这四件衣服是要在坟墓里烂掉或在火葬堆上烧掉的。在火葬的情形,与遗体同烧的还有香料、死者的衣服、用品、宠物等②,更是奢侈,所以,立法者还是对这些在世俗观点看来的浪费做一些限制。

罗马人在死者遗体入殓后停灵数日,时间的长度与死者的富有程度成正比。停灵以后就是葬礼游行。这是一个展示家族力量和富有程度的机会。游行的队伍首先是乐手,他们有吹笛的、吹喇叭的,还有吹号角的。③ 他们的人数越多葬礼越气派,没有钱的人看了越生气,所以,为了安抚后者,本条规定乐手不得超过十人。由此试图防止穷人嫉妒富人,在葬礼方面消除人们财产上的差别。④

本表的如下条文涉及这样的葬礼游行的其他方面,所以这里一并讲完游行队伍的构成,以助对后面条文的理解。

在乐手后面的是火炬手,然后是哭丧妇。如果死者是大人物,接下来有哑剧演员组,他们戴着面具,穿着死者的衣服模仿其动作。普通人的葬礼游行队伍没有这一组。在哭丧妇之后是肖像组,该组的人举着

---

① 参见徐国栋:《优士丁尼〈法学阶梯〉评注》,北京大学出版社 2011 年版,第 182 页及以次。

② See John L. Heller, Burial Customs of the Romans, The Classical Weekly, Vol. 25, No. 24 (May 2, 1932), p.196.

③ See John L. Heller, Burial Customs of the Romans, The Classical Weekly, Vol. 25, No. 24 (May 2, 1932), p.195.

④ 参见[古罗马]西塞罗:《论共和国·论法律》,王焕生译,中国政法大学出版社 1999 年版,第 248 页。

死者的画像以及丧主家族祖先的面具,这是游行队伍的最重要部分,它代表游行的目的:证明死者是一个伟大传统的一部分。再然后是荣誉组,组员高举死者获得过的奖杯、征服的城市的模型、碑匾、题词、市民冠。再然后是受惠人组,由死者以遗嘱解放的奴隶组成,他们穿着丧服,戴着解放自由人的帽子。再然后是死者的灵床,由其儿子们、近亲或解放自由人抬着。再然后是死者的亲戚和朋友。这支长长的队伍路过集议场时要在宣讲台前停下,由死者的儿子或近亲登上讲坛,发表颂扬死者的葬礼演说。然后游行队伍到城外的火葬地或埋葬地。处理完尸体后举行宴会。最后,完成葬礼后,还要哀悼八天,第九天举行宴会。① 此即第二表第 2 条提到的葬礼后的成神节,旨在庆祝死去的亲人从此成为神灵。这个时候,才可以说对死者的发送已经结束。

四、妇女不得抓伤面颊,也不得号丧。

按罗马人的葬礼程序,丧主家的妇女在葬礼的几个阶段都有哭泣的义务。首先,在停灵阶段要哭丧。其次,在游行的阶段也要哭。自己哭不过来就请专业的哭丧妇哭。但在市中心于大庭广众之下哭嚎,能够煽动家族间的复仇情绪,挑起家族间的宿怨和仇杀,导致城邦内部的长期斗争。② 故柏拉图在其《法律篇》中提到,城邦禁止出殡途中有哭泣和哀悼的行为。③ 梭伦做得更绝,干脆只许在黎明时举行葬礼,这时候,公众都在睡觉,妇女哭嚎,顶多影响一下睡眠,挑起仇恨的概率就小了。尽管本条借鉴自梭伦立法,但没有做得那么绝,还是允许天亮后举

---

① See John L. Heller, Burial Customs of the Romans, The Classical Weekly, Vol. 25, No. 24 (May 2, 1932), pp. 195s.
② 参见白雪:《古风时代希腊人的葬仪》,《古代文明》2014 年第 2 期,第 12 页。
③ 参见[古希腊]柏拉图:《法律篇》,张智仁、何勤华译,上海人民出版社 2001 年版,第 414 页。

行葬礼。尤里安皇帝(331—363年)曾想恢复在黎明时举行葬礼的古制,但未成功。① 其三,在下葬或举行火葬的时候要哭,以示哀恸,让尚有感觉的死者看得见。最后,在下葬完成后的八天哀悼期要哭。本条不许妇女号丧是不让她们高声哭,夹杂着一些不利于团结的言辞哭,但轻轻地哭或啜泣,还是可以的。妇女抓伤面颊是拉丁女人表达哀伤的一种方式,现在意大利南方的人还这么做。

本条还提倡对死亡的坦然态度。认为死是自然的,应顺乎此一自然。远古罗马的哲人恩尼乌斯就说:"愿人们不要在我殡葬时哀悼哭泣,那样毫无意义",因为他认为死亡意味着灵魂也随之解体,永远消亡。②

对妇女的哭嚎进行国家管控的做法延续到后世。在一份出土的《为圣事的十五人祭司团关于为举行百年节减少妇女哀悼的告示》碑铭中,规定出于神圣和庄重目的严禁妇女于此期间悲恸。③ 是呀,在一个举国庄严、静穆的日子里,一个或一些私家妇女哭得死去活来,确实有辱国家尊严,不雅相。

五、a 不得保存死者的骸骨为之举行葬礼。

b 但死于战场或外邦的除外。

本条a款禁止一尸两葬以节约资源。按照罗马的葬俗,对于火化者,要切下几节手指另外土葬,此等手指谓之 os resectum(割下来的骨头),④还要土葬之,这样就形成了一尸两葬的浪费,故本条禁止之。罗

---

① See John L. Heller, Burial Customs of the Romans, The Classical Weekly, Vol. 25, No. 24 (May 2, 1932), pp. 195ss.

② 参见王焕生:《古罗马文艺批评史纲》,译林出版社1998年版,第127页。

③ See Allan Chester Johnson, Paul Robinson Coleman-Norton, Frank Card Bourne, Ancient Roman Statutes, New Jersey: The Lawbook Exchange LTD, 2003, pp.115s.

④ See J. M. C Toynbee, Death and Burial in Roman World, JHU Press, 1996, p.94.

马人对于战死者通常就地火葬,以免以后被敌人掘墓辱尸,为此理由,埋骨地不留标记。但战友们割下死者的几节手指[①],在有便时带回国内,埋入家族墓地,以尽叶落归根之意。行旅之中死于外国者,遗体不便运回罗马,只能就地火葬,在火化前由同伴割几节手指带回国归葬,道理与战死者同。

本条对我国有现实意义。我国1997年颁布《殡葬管理条例》,原则上禁止土葬,实行火葬,并提倡以骨灰寄存的方式以及其他不占或少占土地的方式处理骨灰(第5条)。骨灰堂为骨灰寄存所,"其他不占或少占土地的骨灰处理方式"有海葬、树葬等。所谓海葬,是在完成火葬后把骨灰按照尊敬死者的仪式抛入大海的骨灰处理方式。所谓树葬,即把骨灰撒在树下,以树为碑的骨灰处理方式,两者都有节约土地之效。但在实践中,许多人为追求入土为安,购买墓地埋葬骨灰,墓地的尺寸与土葬墓地的尺寸不相上下,造成了一尸两葬,推行火葬节约土地的目的完全落空,并且往往有两次葬礼的奢侈。所以,应把此条引入到我国《殡葬管理条例》的未来修订版中,确立一尸不得两葬的原则。

六、a 废除对奴隶的尸体涂油、在各种丧宴上豪饮、奢侈地奠酒、太大的花环和用香炉焚香的做法。
b 不得用没药水撒在死者身上。

本条是禁止葬礼奢侈的规定,涉及葬礼的多个环节。

涂油发生在停灵阶段,此时丧主家的妇女要把遗体放在棺架上,合上死者的口眼,然后洁净尸体,再为之涂油。按照本条,对于自由人死者进行涂油是可以的,对于奴隶则不可以,以贯彻葬礼的身份差别待遇原则。

---

① See Valerie Hopo, Trophies and Tombstones: Commemoratin the Roman Soldier, In Vol. 35(2003), World Archaelogy, p. 87.

在丧宴上豪饮,涉及葬礼后的墓地宴会阶段。葬礼后第九天又有宴会,也在墓地进行,死者被认为参加。这次宴会有文艺表演。本条禁止在这些宴会上豪饮,以此张扬葬礼的严肃性。

奠酒在多个阶段运用。首先是把酒洒在火葬用的木柴上。其次是在火化结束时,以酒浇灭余火以便捡出骨殖。第三是在把骨殖装入瓮中前以酒洗涤。如此需要用大量的酒,尤其在浇灭余火的时候。放任对酒的这种使用,将造成极大浪费。

太大的花环涉及游行阶段。花环当是与花圈相若的葬礼用品。如果做得太大,也会造成浪费并引发攀比。

香炉焚香,既涉及停灵阶段,也涉及火化阶段。前一阶段通常持续七天,穷人减之,人们通过焚香来减少停灵日久的尸体的腐败气味。[①] 在后一阶段,在木柴上投放香料也可减少火化过程中产生的不宜人的气味。不许使用香炉焚香,客观上具有促进减少停灵天数,尽快下葬的效果。

没药是一种贵重香料,有防腐功效。撒没药,是为了让尸体多停放一段时间。不许用没药水洒在死者身上,实际上是间接地要求丧家减少停灵时间,尽快下葬。

七、对曾经因自己或属于其财产的人的荣誉或美德获得的荣冠,可以摆出来。

本条涉及葬礼游行中的荣誉组,该组在家族先人像之后,组员高举死者得过的奖杯、征服的城市的模型、碑匾、题词、市民冠。[②] 本条涉及

---

① See John L. Heller, Burial Customs of the Romans, The Classical Weekly, Vol. 25, No. 24 (May 2, 1932), p.194.

② See John L. Heller, Burial Customs of the Romans, The Classical Weekly, Vol. 25, No. 24 (May 2, 1932), p.195.

两种人,其一,主人;其二,家子或奴隶("属于其财产的人"),克罗福德告诉我们:儿子的荣冠归父亲。本条告诉我们,奴隶的荣冠归主人,他们得到的荣典可以在主人的葬礼上展示。

奖杯。可能是死者得到过的体育运动锦标奖品。古罗马早在公元前6世纪就有了相当成熟的体育节庆,"在节庆游行中,民众结对前往竞技场,该场位于帕拉丁山和阿文丁山之间,四周竖木桩为界,内有比武场和观众台。"①竞技项目包括战车比赛、骑马竞赛、步行竞赛、斗拳等,每种竞技仅举行一次,且竞赛者不超过两人。在奖励上,"胜者获得花冠,花冠由朴素的树枝编成,法律规定,允许胜者死后将花冠置于灵柩之上,引以为荣。"②

征服的城市的模型。只有能统率罗马军队的人有机会获得这样的荣誉。他们战胜某个民族后,往往获得某某民族的征服者的称号。

碑铭、题词。当是政治领导人对于死者的嘉奖表示。

市民冠用来表彰在战斗中拯救了战友生命的战士,以橡叶做成。③与它相若的有金冠、海军冠、首登冠、壁垒冠、凯旋冠等。金冠授予百人队长或其他军官,表彰他们在单人决斗中杀死敌人或坚守阵地到战斗结束的功绩。海军冠用来表彰在海战中第一个登上敌船的战士;首登冠用来表彰在攻城战斗中第一个攻上敌人城头的战士。壁垒冠(Corona vallaris)用来奖励第一个越过敌人营地围墙的战士。④ 凯旋冠用月

---

① 参见[德]特奥多尔·蒙森:《罗马史》(第一卷),李稼年译,商务印书馆1994年版,第208页。

② 参见[德]特奥多尔·蒙森:《罗马史》(第一卷),李稼年译,商务印书馆1994年版,第208—209页。

③ 参见[日]盐野七生:《罗马人的故事 VI:罗马和平》,张丽君译,三民书局1998年版,第26页。

④ See Anonymous, The List of Roman Military Terms, On http://www.arthistoryclub.com/art_history/List _of_Roman_ military_terms,2007年4月19日访问。

桂树叶做成,用来奖励在对外战争中取得重大胜利的将军。受这些冠的奖励者取得极大的荣耀。

本条是承认死者的荣誉权的规定。罗马人认为,"荣誉奖赏也适用于死者"。① 他们从来不受权利能力终于死亡的戒条的约束否认死者的荣誉权。本条还表现了古罗马荣誉权的团体性:家子和奴隶为博得荣誉的行为人,但荣誉权却归家父,所以,荣誉并非个人的荣誉,而是家族的荣誉。在这里,户成了荣誉权的主体,因为家父不过是户的法定代表人而已。

八、死者不得有金饰随葬,但如牙齿是用金镶的,把它们随同尸体火化或埋葬的,不构成对本法的欺诈。

本条限制把死者的黄金首饰当作随葬品。黄金是贵金属,产量低微,所以价值高,人们也普遍珍惜之。所以,无论是土葬还是火葬,都要把死者的金首饰去掉,留给活人用。但本条也兼顾了死者的尊严,允许他们戴镶金牙入葬。因为镶金牙已成为其身体的一部分,故不得在埋葬前剥离,否则会影响尸体完整,不敬死者,也伤害家属感情。这样的安排实际上是把镶金牙视为人格财产,它与美国发生过的把债务人的金牙剥下来还债的做法形成对照。②

但罗马人也带银饰和铜饰等,它们用来随葬,不受限制。

我对本条的解释使用了镶金牙的术语,未使用金牙的术语,为何?根据对罗马古墓的发掘资料,很少发现有包金牙或金假牙,因为当时的罗马人尚不知糖——这种食物要到12世纪十字军才在东方发现,然后

---

① 参见[古罗马]西塞罗:《论法律·论共和国》,王焕生译,中国政法大学出版社1997年版,第249页。
② 参见新华社供本报特稿:《口中金牙套被列入没收名单,美疑犯险遭强行"拔牙"》,《厦门晚报》2006年4月9日第6版。

逐步引入欧洲——也不知以蜂蜜做甜食,所以,古罗马人少有今人常遇的龋牙问题,牙口较好。牙科手术主要用来解决因为打击或其他意外事故造成的牙齿松动或掉牙问题。对于前者,使用黄金牙箍解决;对于后者,通过以兽骨做成假牙,以黄金细条固定在其他牙齿上解决。① 所以,本条中提到的金镶牙,最可能意指的是黄金牙箍,这就比金假牙价值低多了。

本条反映了古罗马人的正齿学,故为许多研究齿科学的著作援引。② 当然,所有这些举措,除了解决功能问题,还解决美学问题:牙齿经过如上处理的人可以发出更有魅力的微笑。

九、不得在他人房屋的 60 尺以内进行火葬或建造新的坟墓,经所有人同意的除外。

本条是关于城市卫生管理的规定,也涉及相邻环保关系和防险关系。禁止在距邻人房屋 60 尺(等于 18.288 米)以内的地方进行火葬或土葬,可使邻人免受不良气味袭扰,但邻人为友谊等缘故自愿承受此等袭扰的,不在此限,这又尊重了当事人的意思自治权。另外,本条之适用也可防止火灾,西塞罗在《论法律》2,23,58 中评论这一条说:"这或许是由于火化危险"。③

本条适用于罗马郊区和乡村地方,因为本表第 1 条已禁止在城内进行土葬和火葬。

---

① Cfr. Annalisa Venditti, Il mal di denti nell'antica Roma, Su http://www.specchioromano. it/fondamentali /Lespigolature/2006/Giugno% 202006/Il% 20mal% 20di% 20denti% 20nell%E2%80%99antica%20Roma. htm,2018 年 1 月 12 日访问。

② Cfr. Anonimo, Storia delle protesi dentarie, Su http://www.conometriche.it/storia_protesi. htm,2018 年 1 月 12 日访问。

③ 参见[古罗马]西塞罗:《论共和国·论法律》,王焕生译,中国政法大学出版社 1999 年版,第 247 页。

但本条没有溯及力,对于在颁布《十二表法》以前在郊区或乡村地方已有的火葬池或坟墓,本条维持现状,只禁止建造这类新的安魂设施而已。由此可见,《十二表法》之前无这方面的禁令,在这一问题上,《十二表法》具有变革传统的意义。

十、墓地及焚尸地,不能以时效取得。

本条是关于尸体处理地点法律地位的规定,此等地点对于土葬,是墓地;对于火葬,则是焚尸地。它们的法律地位是安魂地,属于神法物。神法物为不可有物,即私人不得拥有之物,故不能以时效取得。实际上,以其他方式(例如买卖)也不能取得。

安魂地的拉丁文是 locus religious,从字面上看,是"宗教的地方",维科对此释义,认为,人们围绕着坟场有许多宗教仪式或对神的恐怖,所以拉丁人把这些埋葬场所特地叫作"宗教的场所"。[①] 此种解释不无道理,但我仍然按照用语传统,把 locus religious 解为安魂地。

本条反映了罗马人对包括坟地在内的安魂地非常崇敬,认为把死者埋葬于氏族坟地之外为天律所不容。[②] 故在其刑法中,有专门的侵犯坟墓罪。任何建造坟墓的人,对侵犯坟墓者都可请求科处 10 000 塞斯特斯的罚金,谓之葬礼罚金(amemnde funeria),此等罚金归入大祭司公库。[③]

罗马人的墓与中国普通人的土馒头式的墓(皇陵例外)不同,除地下设施外,还有上层建筑。此等建筑有门和房间,不光用来储存棺材和

---

① 参见[意]维科:《新科学》,朱光潜译,人民文学出版社 1986 年版,第 99 页,第 256 页。

② 参见[古罗马]西塞罗:《论共和国·论法律》,王焕生译,中国政法大学出版社 1999 年版,第 245 页。

③ Voir Theodor Mommsen, Le droit public romain, III, Traduit du Frédéric Girard, Libraires Thorin et Fils, Paris, 1893, p. 79.

骨灰瓮,而且用来礼拜死者,像个房子,而且附有花园。所以,在这样的坟墓居住都是可以的,乌尔比安在其《告示评注》第25卷中提到了这种情况(D.47,12,3,6)。① 这就形成了构成取得时效重要原因的占有。申言之,墓地和焚尸地多处在荒郊野外,死人长眠于此或从此驾鹤西去,活人偶尔来之,平时都无人占有,因此,最容易因为活人的疏于管理而被他人长期占有以时效取得,长此以往,人们将无处焚尸或埋葬遗体。为避免此类情况的产生,本条把这两种土地设定为客体能力缺陷,使之不能以时效取得。

---

① See The Digest of Justinian, Vol. 4, edited by Mommsen and Alan Watson, University of Pennsylvania Press, Philadelphia, 1985, p. 786.

第五章 《十二表法》经增补的两表及"位置不明的片段"解读

第一节 第十一表释义

从体系来看,第十一表是对前五表的增补,正犹如第十二表是对后五表的增补。如本书第二章第一节所述,它们是第二十人委员会制定的。

一、平民不得与贵族通婚。

本条通过设定人的身份限制跨阶级通婚,是最早的关于通婚权的规定,潜台词是平民不具有与贵族结婚的权利能力。贵族与平民是《十二表法》时期最有法律意义的两种身份,它们对于权利义务的分配具有巨大的意义。本条的制定尽管有平民的参与,但仍反映了贵族顽固的歧视平民的立场。我们知道,《十二表法》是平民为了追求与贵族的平等强迫贵族制定的,贵族尽管在立法问题上做出了让步,但在通婚问题上仍不让步,并公开表明对平民的鄙视。贵族认为,"如果与平民通婚,所生的子女就会是 Ipsa discors,这是一种混杂的具有双重性格的怪物,一半是英雄或贵族的;另一半是野蛮的平民的"。① 因此,到《十二

---

① 参见[意]维科:《新科学》,朱光潜译,人民文学出版社1986年版,第282页。

表法》的制定,平民与贵族的平等仍未完全实现。

但本条未规定制裁措施,换言之,如果一个平民悍然与贵族结婚,后果如何?参照后世关于罗马市民与外邦人结婚的后果,可设想此等后果:不能取得家父权,家庭关系不具有权利义务性,等等。

尽管如此,有些学者认为,本条规定被平民以实施事实婚的方式规避,并得到社会的认可。① 这样,本条就与第六表第 5 条勾连起来了。事实婚大概是通过完成时效转化为法律婚的。

由于本条的存在,第十一表在以后的文献传统中被称为"不公平的一表"。

平民的第三次撤离导致本条迅速被废除。这次撤离发生在公元前 445 年。是年,保民官盖尤斯·卡努勒尤斯(Gaius Canuleius)提议允许贵族与平民通婚,同时允许从平民中产生执政官,遭到贵族的反对。保民官的应对是在大敌当前的情况下反对征兵,而执政官在保民官行使否决权的情况下不能通过元老院做任何事情,只好在私家开会。盖尤斯·克劳丢斯(Gaius Claudius)主张武装执政官对抗保民官,但昆克求斯·辛辛那图斯(Quinctius Cincinnatus)和昆克求斯·卡皮托利努斯(Quinctius Capitolinus)都反对流血,并反对违反保民官神圣不可侵犯的誓言,折中的结果是允许设立军事保民官,他们既可从贵族,也可从平民选出,但选出的三个此等保民官都是贵族。② 同时,允许平民与贵族通婚。这些成果体现在《关于贵族与平民结婚的卡努勒尤斯法》(Lex Canuleia de Conubio Patrum et Plebis)中。③

---

① 参见尹春海:《论婚姻家庭法的道德基础》,《绵阳师范学院学报》2009 年第 3 期,第 33 页。

② See Livy, The History of Rome, II, Books III, and VI, Translated into English by B. O. Foster, Harvard University Press, William Heinemann Ltd., 1922, p. 277.

③ 参见[古罗马]李维著,[意]斯奇巴尼选编:《自建城以来》(第一至十卷选段),王焕生译,中国政法大学出版社 2009 年版,第 137 页。

维科认为本条是禁止平民缔结正式婚姻的规定,因为正式结婚权只属于贵族。①

二、历法的改变必须经人民同意。

本条规定人民对于历法变更享有决定权。罗马的历法一直变动。第一任王罗穆鲁斯时期,1年是10个月,阴历月与阳历月不分,有的月份不到20天,有的有35天甚至更多。② 这样的历法在现在看来很粗糙,但比比邻居可能还是先进的,所以萨宾人与拉丁人合并后,采用了后者的历法。③ 第二任王努马对上述历法进行了改革,算出阴历年与阳历年相差11天,前者1年354天,后者1年365天。他每2年设1个闰月(罗马人叫作墨克狄努斯,有22天),另外增加2个月。过去为1月的Martius变成了3月。④ 如此降低了战神⑤地位,有偃武修文的意思。但努马历还是不精确,误差累积下来,到了恺撒的时代,它表征的时间比实际的时间差3个月,造成奇怪的情况:冬天暖和,夏天寒冷,因此需要改历法。就此,人们尝试改革。公元前191年,执政官格拉布利欧(Manius Acilius Glabrio)提议制定了《关于增加闰日的阿其流斯法》(Lex Acilia de intercalando),授权大祭司增加闰日以调整历法,从而避免历法上的节气与实际的节气不符。⑥ 但大祭司的干预效果不

---

① 参见[意]维科:《新科学》,朱光潜译,人民文学出版社1986年版,第338页及多处。
② 参见[古罗马]普鲁塔克著,黄宏煦主编:《希腊罗马名人传·努马传》(上册),吴彭鹏译,商务印书馆1990年版,第151页。
③ 参见[古罗马]普鲁塔克著,黄宏煦主编:《希腊罗马名人传·罗慕洛传》(上册),吴彭鹏译,商务印书馆1990年版,第66页。
④ 参见[古罗马]普鲁塔克著,黄宏煦主编:《希腊罗马名人传·努马传》(上册),吴彭鹏译,商务印书馆1990年版,第151页。
⑤ Martius就是"属于战神"Mars的意思。传说Mars是第一任王罗慕鲁斯的父亲。
⑥ 参见齐云、徐国栋:《罗马的法律和元老院决议大全》,徐国栋主编:《罗马法与现代民法》第8卷,厦门大学出版社2015年版,第174页。

佳,所以,公元前 45 年,罗马还得要采用恺撒的新历法,以图纠正过去的偏差。但恺撒并不强制推行其历法,故不少地方新旧历并用①,这可能因为恺撒改历法未经过人民同意。为何改历法要经过人民同意?因为历法涉及人民的生产生活,一旦改动,会造成很大的震荡,小而言之,连大家的生日都会改变;中而言之,利率的计算依据都会改变;大而言之,官僚的选举时间和任职期限都会改变,当然要取得人民的同意了。因为大祭司常因政治关系任意增减闰月的日数或不加闰月,导致公元前 46 年,罗马历与太阳历相差 90 天。② 他们也可能运用历法改变权把自己人当政的年份延长,把对手当政的年份缩短。例如,恺撒就把自己当政的年份延长过。③

本条的适用例有:公元前 44 年,当时的执政官马可·安东尼(Marcus Antoninus,公元前 83—公元前 30 年)提议把第五月改为尤流斯月以纪念恺撒(恺撒的生日就是 7 月 12 日),得到通过。公元前 8 年,通过了一个类似的法律,把第七月改称奥古斯都月,因为奥古斯都是从该月开始其第一个执政官任期的。④

三、只有在听讼日才可进行诉讼。

本条是关于法院开庭期的规定,关涉神事。为了维护神的和平,人们在特定的日子不能工作,诉讼是工作之一,也禁止之。王政时期即有这方面的规定,当时的听讼日太少,人民不便,第二任王努马增加之。

---

① 参见[日]盐野七生:《罗马人的故事 V:恺撒时代(卢比孔之后)》,黄红杏译,三民书局 1998 年版,第 246 页及以次。
② 参见[古罗马]阿庇安:《罗马史》(下卷),谢德风译,商务印书馆 1976 年版,第 232 页。
③ See the Entry of Roman Calendar, On http://en.wikipedia.org/wiki/Roman_calendar#Nundinal_cycle,2014 年 4 月 26 日访问。
④ See William Ramsay, A Manuale of Roman Antiquities, Richard Griffin and Company, London and Glasgow, 1863, p. 362.

第五章 《十二表法》经增补的两表及"位置不明的片段"解读

制定本表时,为了确定可以进行诉讼和其他公共活动的日子,第二十人委员会公布了一个日历,称之为 Fasti Antiates Maiores,其中包括某些重要的和容易记的节日作为全年的重要时间节点。以红色标注了赶集日,用字母 F(fasti 的简称)表示听讼日,用 N(nefasti 的简称)表示不听讼日。用 EN(endotercisus 的简称)标注上午和傍晚不听讼,下午听讼的期日。另外标注了公民大会日(dies comitiales),即可以召开公民大会的期日。① 通常的情况是节日不能听讼,而罗马人节日众多,固定节日有 120 多个②,而且一些节日持续几天,加上从外国引入的节日日渐增多,造成了听讼日渐少的情况。以 2 月为例,节日达 22 天。申言之,2 月 7 日到 17 日是灶神节(Fornace)、2 月 13 日到 21 日是先人节(Parentalia)、2 月 13 日到 15 日是牧神节(Lupercalia)、2 月 17 日是罗慕鲁斯节(Quirinalia)、2 月 21 日是亡灵节(Feralia)、2 月 22 日是家庭友爱节(Caristia)、2 月 23 日是地界神节(Terminalia)、2 月 24 日是国王外逃节(Regifugium)、2 月 27 日是战神节(Equirria)。③ 罗马人的生活差不多是主要过节,抽空上班,所以,一年只有 40 多个听讼日。④ 除了节日外,实际上在集市日(每 7 天一次)也不能开庭。⑤ 正义由此难以伸张,公元前 287 年的《关于平民会决议的沃尔滕修斯法》(Lex Hortensia de plebiscitis)排除集市日为不听讼日,增加了当事人的诉讼机会。⑥

---

① Cfr. Attilio Degrassi, Una nuova opera sul calendario romano, In Latomus, Tomo 28, Fac. 2(avril-juin 1969), p. 463.
② 参见[法]让-诺埃尔·罗伯特:《古罗马人的欢愉》,王长明、田禾、李变香译,广西师范大学出版社 2005 年版,第 54 页。
③ Cfr. La voce di festività romana, Su https://it.wikipedia.org/wiki/Festivit%C3%A0_romane,2016 年 12 月 29 日访问。
④ 参见周枏:《罗马法原论》(下),商务印书馆 1984 年版,第 860 页。
⑤ 参见周枏:《罗马法原论》(下),商务印书馆 1984 年版,第 860 页。
⑥ 参见周枏:《罗马法原论》(下),商务印书馆 1984 年版,第 860 页。

因为只有听讼日可以诉讼,它又被称为有用日。① 相当于现代人说的工作日。

第二节　第十二表释义

一、对购买供祭神之用的动物不付价金的人,在出租驮畜以租金购买祭神用的动物的情况下不付租金的承租人,设立扣押财产之诉对抗之。

本条调整祭祀活动中的牺牲动物的购买和出租。《十二表法》时代,罗马人信仰多神教,神祇众多,本土的神可大致分为出生神类、死亡神类、夫妻关系神类、田地神类、其他五类。② 另外还有从希腊等地方引进的神如朱庇特等。敬拜这些神,并非一定都要屠杀动物作为牺牲,只有如下神需要如下动物作为牺牲。其一,战神,每年的10月15日以马献祭之;其二,谷神,每年1月以猪献祭之;其三,牧神,每年的2月15日以山羊献祭之。③ 人们认为献祭对维持神的存活不可或缺,在神的祭坛上宰杀的动物越多,神们就变得越强劲。④ 本条告诉我们,用来牺牲的动物系购买得来,购买者当是负责的祭司,例如,战神就有专门的祭司。他们用公款进行此等购买,此等公款一方面由国库的专门拨

---

① 参见[古罗马]优士丁尼:《法学阶梯》(第二版),徐国栋译,中国政法大学出版社2005年版,第333页。
② Cfr. Renato Del Ponte, La religione dei Romani, Rusconi, Milano, 1992, p. 285.
③ Cfr. Renato Del Ponte, La religione dei Romani, Rusconi, Milano, 1992, p. 295.
④ 参见[意]弗朗切斯科·西尼:《罗马宗教—法律制度中的人与神:神的和平、神的时间(节日、祭日)、牺牲》,徐国栋译,徐国栋主编:《罗马法与现代民法》第3卷,中国法制出版社2002年版,第17页。

款构成,另一方面从誓金之诉中的罚金、葬礼罚金构成。① 在罗马人的意识形态中,祭神的活动涉及人与神的和平之维持,关系到公共安全,因此属于国务活动。如果有关的祭司购买祭神用的动物而不付价金,就会形成"国家"对私人的凌迫,本条制裁之。所以,本条调整了罗马国家与私人的财产关系。前述的国库专门拨款、誓金之诉中的罚金、葬礼罚金构成大祭司的公库(Arca pontificum),这些钱由大祭司团按照基金会的模式经营,其中的一种方式是购买驮畜用来出租以获得收益,所谓驮畜,是牛、马、骡、驴等能负重的动物,它们被租给一些运输企业或个人,大祭司团收取租金用来购买祭神用的动物。如果承租人拒付租金,对国家的祭祀活动构成妨害,本条赋予大祭司团扣押财产之诉对抗之。

扣押之诉是法律诉讼中的执行诉讼,据此,在原告胜诉后,法官允许他扣押债务人财产迫使其履行判决。但原告在为扣押前须召集证人,而且,扣押只是强迫被告履行的手段,扣押物不得直接用于抵债。② 通过扣押财产之诉,迫使被告缴纳租金,由此国家的祭祀活动得以顺利进行。

本条被不少现代学者③视为租赁合同的起源,这个没有问题。本条也被许多学者④视为质押制度的起源。此说稍嫌勉强,因为扣押财产之诉是一种执行手段,与债务人订约时提供质物保障债权人权利的

---

① Cfr. Cristiana Rinolfi, Livio 1. 20. 5-7, sacra, ius sacrum, In Diritto@storia, N. 4, 2005, p. 9.

② 参见周枏:《罗马法原论》(下),商务印书馆1994年版,第870页。

③ Cfr. Roberto Fiori, La Definizione della 'Locatio Conductio': Giurisprudenza Romana e Tradizione Romanistica, Napoli, Jovene, 1999. Véase Luz Amparo Serrano Quintero, Breves Notas acerca del Origen del Contrato de Arrendamiento en Derecho Romano, En Revista De Derecho UNED, Núm. 9, 2011.

④ 参见向东:《罗马法中的 pignus 和 hypoteca》,《广西大学学报》(哲学社会科学版)2014年第6期,第130页。Cfr. J. C. Naber, Observatiunculae de iure Romano (Continued), In Mnemosyne, New Series, Vol. 31, 1903, p. 213.

安全的制度应有相当距离。不过,扣押之诉中的"扣押"(pignoris)倒是与后世表示质押的拉丁词 pignus 形似,说两者间有关联,差强可也。

惜乎无人提到本条可能是基金会制度的表现,大祭司团得到用来祭祀的资产后,并未让它们睡觉,而是把它们转换成可出租财产获益,用此等获益来维持祭祀。这完全是基金会的运作方式。

二、a 如果奴隶实施盗窃或其他私犯……
b 家子或奴隶实施私犯的,父亲或主人有权赔偿损害或把他们投偿于被害人。

本条是关于家父对自己管辖的他权人的损害承担责任的规定,确立了管理人对其管理下的人致人损害时要承担的有限责任。管理者对自己属下的人致人损害承担责任,有两种可能:一是无限责任,即代加害人赔偿受害人的全部损失;二是有限责任,将加害人交给被害人即为已足。就第二种可能而言,第八表第 6 条规定了四足动物致人损害时其主人的损害投偿权,对奴隶和家子致人损害时家父的损害投偿权,第八表第 9 条规定了夜牧牲口于他人快成熟的庄稼地的情形和盗收他人庄稼的情形,不够一般化,本条完成此等一般化。

在本条中,儿子与奴隶的地位等同。黑格尔说,罗马人把儿子当作奴隶,是其耻辱。[①] 原因何在?因为罗马的奴隶许多为主人与女奴所生,有一半甚至 3/4 的罗马血统,在这种意义上,他们也是主人的儿子。[②] 所以他们的地位与儿子差别不大,一样的低下而已。

家子的投偿采用要式买卖的方式。[③] 被投偿者处在受害人的买主

[①] 参见[德]黑格尔:《法哲学原理》,范扬、张企泰译,商务印书馆 1961 年版,第 188 页。
[②] See Alan Watson, Rome of the XII Tables, Persons and Property, Princeton University Press, New Jersey, 1975, p. 84
[③] 参见周枏:《罗马法原论》(上),商务印书馆 1994 年版,第 234 页。

权下。那么,只有一个加害人,有数个受害人的情况怎么办？根据解释,偷窃数人的贼由几个受害人共有。加害人以其劳动赔偿受害人的损失。赔完了损失要解放他们,因为他们只是半奴隶,被害人对他们的权利不是永久性的。

奴隶的投偿也采用要式买卖的方式。不同在于其权利的移转是永久性的。①

受害人也可将被投偿的加害人出卖给外邦人为奴。② 关于可否将现行盗窃犯直接罚为被害人的奴隶还是须卖到外邦,罗马法学家有争论。在共和末年,可以直接罚为被害人的奴隶,因为此时罗马国土大为扩展,台伯河对岸已不是外邦,而真正出卖到国外又不切实际,故如此行。③

盖尤斯的一个残篇告诉我们,交出家子或奴隶的尸体,也算完成投偿。对此可参看我对第三表第 6 条的评注。

要指出的是,家子投偿制度在共和末期少用,因为此举过于薄情寡义,尤其是女儿被投偿后,很容易成为性奴,所以,此制到了优士丁尼时代被废除,但对奴隶的投偿保持(I.4,8pr.)。④

三、如果某人提起了无依据的物权诉求,如果愿意,裁判官应指定三个仲裁员,根据他们的裁量,按照损害的双倍赔偿损失,外加孳息。

本条在第二表第 1a 条的基础上进一步规定了滥诉赔偿问题,其中

---

① 参见周枏：《罗马法原论》(下),商务印书馆 1994 年版,第 806 页。
② 参见周枏：《罗马法原论》(上),商务印书馆 1994 年版,第 123—232 页。
③ 参见周枏：《罗马法原论》(上),商务印书馆 1994 年版,第 232 页。
④ 参见[古罗马]优士丁尼：《法学阶梯》(第二版),徐国栋译,中国政法大学出版社 2005 年版,第 493 页。

的"物权诉求",拉丁原文是 Vindiciae,费斯都斯说它是系争物。① 秦求斯说它是从土地取出带到法庭上的土块。② 我们从盖尤斯知道,在对物誓金之诉中,必须把标的物带到法庭。如果物不能被方便地带到法庭,则带其一部分。例如,如果系争物是土地,则从中拿一个土块。③ 所以,本条的适用对象是以土地为标的的誓金之诉。原告滥诉的,当然要丧失提交的誓金。在此基础上,裁判官可根据自己的裁量确定是否进一步追究滥诉人。如果他做出肯定的决定,则指定三个仲裁员确定被告的损失,然后以此为基数加倍赔偿被告,外加孳息。由于诉讼标的是土地,在它被原告占有的期间当然会发生孳息。既然原告对土地的占有非法,他从此等土地取得的孳息就构成不当得利,应返还于被告。要求原告返还标的物的孳息,等于间接地说他是恶信的。在罗马法中,孳息的归属富于政策意味。诚信占有人通常不需返还孳息,此等孳息的授予是对他的诚信的奖励。相反,恶信占有人总是要返还孳息,此等返还是对其恶信的惩罚。④

通过此条,我们看到《十二表法》对滥诉者的打击力度不小。首先让他们丧失誓金;其次让他们双倍赔偿被告的损失;第三让他们返还占有标的物生成的孳息。通常情况下只对滥诉者进行第一层次的打击。是否进入第二和第三层次的打击,取决于裁判官的决定。如果他做出了这样的决定,仲裁员就依本条对滥诉行为进行深入打击。

---

① Cfr. Sexti Pompei Festi, De Verborum Significatu quae Supersunt cum Pauli Epitome, Pars I, Budapestini, 1889, p.516.

② Cfr. Sexti Pompei Festi, De Verborum Significatu quae Supersunt cum Pauli Epitome, Pars I, Budapestini, 1889, p.516.

③ 参见[古罗马]盖尤斯:《法学阶梯》,黄风译,中国政法大学出版社1996年版,第294页。

④ 参见徐国栋:《民法基本原则解释——诚信原则的历史、实务、法理研究》,北京大学出版社2013年版,第119页。

要指出的是,第十二表的规定是对前五表的增补,也就是说,在第一十人委员会完成第二表第1a条关于以丧失誓金打击滥诉的立法后,第二十人委员会发现其前任留下了立法漏洞:尽管以罚没誓金于国库的方式打击了滥诉,但誓金并未到滥诉者相对人的手中,如此,他的损失未被填补,于是补设此条解决这一问题。但滥诉者的相对人并不必然有损失,所以立法者把是否发动本条规定的程序的权力交给裁判官。但此时的立法者仅考虑了滥用物权之诉造成的相对人损失问题,未考虑滥用债权之诉可能造成的同样问题,由此又留下了一个新的立法漏洞。今人克劳福德试图以解释性的翻译填补这一漏洞,故把本条的第一句译为"如果某人提出了无根据的请求……"①这一文句就可把滥用物权之诉和债权之诉都包罗进来了,但可能并非罗马人的本意。

总之,本条和第二表第1a条开创了罗马法打击滥诉的传统。在尔后的罗马法中,一直有制裁滥诉的制度,发展起 Calumnia 制度。民诉中的 Calumnia 指任何无依据和无证据支持的诉讼、抗辩、诉讼外请求,更一般地说,一切滥用诉讼地位的行为,它们客观上增加了相对人蒙受不公正损害的危险,与诬告人的故意或过失无关。② 另外发展起民事诬告制度。I.4,4,1 规定,在明知他人不负欠自己任何东西的情况下,冒充其债权人占有其财产的人,实施了侵辱。③ 该法言揭示了民事诬告的一种形态。

本条对滥诉的打击由裁判官依职权进行,这种做法为一些现代国家的立法所承继,例如《阿根廷民商诉讼法典》第 45 条就规定:当在诉

---

① See M. H. Crawford(edited by), Roman Statutes, Vol. II, Institute of Classical Studies, University of London, London, 1996, p. 719.

② Cfr. Salvatore Sciortino, Intorno a Interpretatio Theodosiani, 9,39 'De caluminatoribus', In Annali del seminario giuridico, Vol. 52(2007—2008) p. 217.

③ 参见[古罗马]优士丁尼:《法学阶梯》(第二版),徐国栋译,中国政法大学出版社 2005 年版,第 445 页。

讼中全输或部分输的某人被宣告其在诉讼中的行为为鲁莽或恶意时，法官可根据案件的具体情况课加败诉当事人或为其鼓劲的律师或两者共同承担的罚金。其金额相当于诉讼标的的 10% 到 30%，或者在 5 000 到 10 000 比索之间。如果诉讼标的额不确定，应按有利于他方当事人的原则确定罚金额。① 不难看出，此条与《十二表法》的本条如出一辙，一脉相承。

四、系争物不得作为祭品，违者处该物价值两倍的罚金。

本条为关于系争物的身份的规定，它处在神法和人法的接合部。系争物是作为诉讼标的的物，其所属处在不确定状态，取决于特定诉讼的结果。祭品是人类对于神的赠予。祭品有动物性的，通常为在祭礼上宰杀的牺牲，如马、山羊、猪等。也有非动物性的，例如新收获的谷物，尤其是二粒小麦。献祭的牺牲的身体应无缺陷，谓之"洁净"。所以，在献祭前，必须先做一个检查，宣布此等牺牲是经选择的、卓越的、与群脱离的，因此适合于宰杀。但这只是问题的一个方面：事实上的洁净。同时，献祭的物品在法律上也必须是洁净的，换言之，不存在任何权利争议，这样才能证明献祭者对神保持着虔敬，神也会高兴地接纳这样的贡品，相反的做法会得罪神。如果以有争议之物敬神，有借花献佛之嫌，而且恶化了相对人的地位，因为物一旦献给神了，他即使有理也不能拿回物了(D. 44,6,3)。② 本条规定违反行为的后果是两倍的罚金。之所以处罚金，乃因为不虔敬的行为是危害共同体的公共安全，不

---

① Véase Carlos J. Colombo, Inconducta Procesal: Temeridad o Malicia, En Marcos M. Cordoba(Director), Tratado de la Buena Fe en el Derecho, Tomo I, 2004, Buenos Aires, La Ley, pag. 823.

② See The Digest of Justinian, Vol. 4, edited by Mommsen and Alan Watson, University of Pennsylvania Press, Philadelphia, 1985, p. 639.

是个人的私事,因此要以公权力的名义处罚。

物的身份往往体现为限制其流转,例如国家财产不能以时效取得,被监护人的财产不能由监护人任意处分等,犹如人的身份体现为限制主体可以参与的民事活动的范围。

从事理之性质来看,系争物不可转让,因为在争讼得到裁决前,转让人不能保证自己享有标的物的所有权,而罗马法中有任何人不得把自己不曾有的权利转让给他人的规则。但在实际生活中,不乏转让讼争物的事例,此时,第六表第 3 条规定的权利瑕疵担保制度负责保障受让人的利益。

五、人民新发出的命令应视为法律。

本条为允许将来以其他法律补充《十二表法》的规定,因此,本条保持了法典的开放性。《十二表法》被许多学者认为是一个法典,即使如此,我们可看到其作者并不认为它可以涵盖一切,而是允许以新规定来补充它甚至替换它,在替换的情形,当然是新法取代旧法,根本不用说到新法优先于旧法。所以,许多人认为本条是新旧法的冲突规则。

本条还承认了人民主权原则,确定了民主条件下的法律的定义——人民的命令,这是一个类似于分析法学派的法律定义的定义。要指出的是,此处的"人民"一语的含义与我们理解的不同,不是指全体人口,而是指百人团会议的全体成员,他们都是成年男子,由此排斥了女子和未成年人。

本条的适用例可在罗马人后世的选举舞弊立法中找到。从公元前 432 年到公元前 18 年,罗马人共颁布了 13 个这方面的法律,它们是:公元前 432 年的《关于选举舞弊罪的披那流斯、富流斯和波斯图缪斯法》、公元前 358 年的《关于选举舞弊罪的佩特流斯法》、公元前 314 年的《关于选举舞弊罪的法律》、公元前 184 年的《关于选举舞弊罪的法律》、公元前181年的《关于选举舞弊罪的科尔内流斯和贝比尤斯法》、公元前179年的《关于选举舞弊罪的科尔内流斯和富尔维尤斯法》、公元前81年的《关于选举舞弊罪的科尔内流斯法》、公元前70年的《关于选举舞弊罪的奥勒流斯法》、公元前67年的《关于选举舞弊罪的阿其流斯和卡尔布尔纽斯法》、公元前63年的《关于选举舞弊罪的图流斯法》、公元前61年的《关于选举舞弊罪的奥菲丢斯法》、公元前52年的《关于选举舞弊罪的庞培法》、公元前18年的《关于选举舞弊罪的优流斯法》。① 这些法律规定同样的主题,按照本条,应是后法取代前法。

第三节 "位置不明的片段"释义

一、一般说明

(一)"位置不明"的说法的妥当性问题

首先要说的是,我认为"位置不明"(Incertae sedis)的提法不确,此处采用布农斯、舍尔、里科波诺、吉拉尔和尚等先驱者的提法而已。为何这么说?理由一,这一部分的有些片段说的是《十二表法》的用词方法,例如,盖尤斯的《〈十二表法〉评注》第5卷(D.50,16,237):在法律中,两个否定词叠用表示的是允许而不是禁止。塞尔维尤斯也是这么说的。② 以及费斯都斯的《论字义》第258号残篇:……在《十二表法》中,"quando(当……时候)"这个词应写成quandoc,加C作为最后一个

---

① 关于这13个法律的详细内容,参见徐国栋:《罗马的第三次征服:罗马法规则对现代公私法的影响》,中国法制出版社2016年版,第41页及以次。

② 此语当说的是第一表第3条后一句:Si nolet, arceram ne sternito。直译是:如果不愿意,不得准备轿子,构成双重否定,顺过来说,就是:如果愿意,可以准备轿子。

字母。① 它们不能被归入任何一表中的任何一条。这样的描述适用于《十二表法》整体,不存在位置不明的问题。理由二,有些片段涉及《十二表法》使用的货币单位,例如盖尤斯的《法学阶梯》1,122:从前只使用铜币,它们是阿斯、两阿斯、半阿斯、1/3 阿斯,当时尚未使用金币和银币,我们可从《十二表法》中了解到这一点。这一描述可能涉及多个表中的多个条文。它也给我们一定的启示,现在我们见到的《十二表法》还原本只使用阿斯的大单位,显得大气,在《十二表法》的原貌本中,可能使用一些小于阿斯的货币单位,显得小气和斤斤计较。

(二) 位置不明的片段的甄别问题

克罗福德对前人留下的 12 个位置不明的片段进行了甄别,认为如下 2 个片段不属于《十二表法》。

1. 奥古斯丁的《论上帝之城》21,11:图留斯在《论法律》中写道,有 8 种刑罚:罚款、镣铐、鞭打、同态复仇、破廉耻、放逐、死刑、罚为奴隶 (伊西多勒的《词源》5,27 也这么说)。克罗福德认为,奥古斯丁并未主张这 8 种刑罚存在于《十二表法》,不过是对西塞罗在其《论演说家》I.193-5 列举的 6 种刑罚的展开而已。② 《论演说家》1,193-5 列举的 6 种刑罚是:罚款、破廉耻、镣铐、鞭打、放逐、死刑。③ 事实上,西塞罗的《论义务》3,23 也列举了 4 种刑罚。它们是:死刑、放逐、监禁、罚款。④ 先驱者们把奥古斯丁的上述转述认定为关涉《十二表法》,还是受到了早

---

① 此语当说的是第六表第 9 条:Quandoque sarpta, donec dempta erunt。不过,并没有看到 Quandoc,而是看到了 Quandoque。由此可见,我们现在得到的该条的拉丁原文还不是该条在公元前 450 年的面目。

② See M. H. Crawford(edited by), Roman Statutes, Vol. II, Institute of Classical Studies, University of London, London, 1996, p.574.

③ 参见[古罗马]西塞罗:《论演说家》,王焕生译,中国政法大学出版社 2003 年版,第 137 页,译文有改动。

④ 参见[古罗马]西塞罗:《论义务》,王焕生译,中国政法大学出版社 1999 年版,第 266 页及以次,译文有改动。

期还原者持有的西塞罗的《论法律》中的"法律"就是《十二表法》的观念的支配。如本书第二章第三节所述,这种观念从狄尔克申开始就被放弃了。

2. 西多纽斯·阿波里纳里斯:《书信集》8,6,7:大约在那个时候,按十人委员会的说法,"宣布"了一个规定 30 年的诉讼时效的法律。确实,从上下文来看,整个文本说的是演说家弗拉维尤斯·尼切求斯(Flavius Nicetius)在高卢宣布了一个关于 30 年诉讼时效的法律,西多纽斯只是用《十二表法》中用过的"宣布"(Proquiritata)这一古词来描述弗拉维尤斯·尼切求斯的宣布行为,并把 Proquiritata 说成是"十人委员会的说法"。所以,这个片段不能证明《十二表法》规定过 30 年的诉讼时效,只能证明《十二表法》用过 Proquiritata 这个词。实际上,这个被宣布的时效法很可能是瓦伦丁尼安三世于 449 年颁布的,该法把康斯坦求斯和康斯坦斯两个皇帝在《狄奥多西法典》4,11,2 中规定的 40 年时效限缩为 30 年。这样的时效期间尔后得到了马约里安(Majorian)皇帝的重申。① 尽管如此,先驱者们把西多纽斯·阿波里纳里斯的《书信集》8,6,7 列为《十二表法》的残存也未错,至少保留了《十二表法》用过的 Proquiritata 这个古词。

(三)位置不明的片段的分类

可以对 12 个位置不明的片段进行基本的分类,把它们分为法律上的和语言学上的。后者不能被归入某表某条,前者则可以。以下讨论法律上的 6 个片段包含的重要法律制度。

二、"位置不明的片段"中包含的重要制度

(一)公法制度

1. 国势调查制度。这部分第 12 条 a 款中,菲洛森努斯在其《拉丁

---

① See D. W. Lafferty, The Edictum Theodrici: A Study of a Roman Legal Document from Ostrogothic Italy, Thesis for the Degree of Doctor of Philosophy, Department of History, University of Toronto, 2010, pp. 109s.

—希腊词汇表》中提到了《十二表法》中有第二个登记,b 款中,费斯都斯在其《论字义》中解释,所谓的 duicensus 就是父子共同进行人口登记。b 款验证了 a 款,两者共同证明《十二表法》中规定了国势调查制度,并允许以户为单位进行登记。国势调查制度是罗马的第六任王塞尔维尤斯·图流斯(于公元前 578—公元前 535 年在位)创立的,目的是搞清公民的人数作为人力资源的基数,并搞清公民们的财产状况以便划分他们的等级。罗马公民根据财产的多寡被分为五个等级。财产在 10 万阿斯以上者被列为第一等级;在 75 000 至 100 000 阿斯之间者为第二等级;在 50 000 至 75 000 阿斯之间者为第三等级;在 25 000 至 50 000 阿斯之间者为第四等级;在 11 000 至 25 000 阿斯之间者为第五等级。① 越富的等级承担的公共负担越多,此等负担包括提供兵员,最富的第一等级要提供 80 个百人团(百人团的总数为 193 个)。百人团大会成为罗马新的公民大会。这种军事民主制在进入共和后得到了沿袭,所以,《十二表法》既规定了作为"因"的国势调查制度,又在其第九表第 2 条规定了作为"果"的百人团大会制度。两者共同构成对当时罗马的宪政框架的描画。

与现代的个人主义主体制度不同,《十二表法》时代乃至尔后时代的罗马实行家族主义的主体制度,家子在私法上不是独立于家父的主体,而是从属于家父,所以,允许家子作为家父的附从登记于人口登记簿。这暗示以家父为其法定代表人的"户"的主体地位。

2. 向人民申诉制度。这部分第 5 条中,西塞罗在其《论共和国》2,31,54 说:《十二表法》的许多规定都表明,就所有的判决和所有的罚金,都允许向人民申诉。此处的申诉(provocatio),并非上诉或作为审判监督程序的申诉,而是对于长官施加的行政处罚措施的复议请求,复

---

① Cfr. Storia del diritto romano, Edizione Simone, Napoli, 1993, pp. 58—59.

议的主体是百人团大会。在复议完成前,长官的行政处罚措施不得实施。我们知道,向人民申诉制度是公元前509年颁布的《瓦雷流斯申诉法》创立的,但只适用于鞭打和死刑两种处罚。① 按照西塞罗的上述记述,《十二表法》继承了《瓦雷流斯法》规定的申诉制度,并扩张了其适用范围。其一,扩张适用于罚金刑;其二,适用于所有的判决。这是一个概括性的说明,所指为适用鞭打、死刑、罚款之外刑罚的判决。因为申诉权是限制长官的权力,保障人民的自由和人权的,所以,《十二表法》对申诉权的扩张,表明了它着意于强化权力约束、保障人民权利的立场。

3. 宣誓法。这部分的第6条中,西塞罗在其《论义务》中说:我们的祖辈们认为,没有什么比宣誓法对维护信义更有效。《十二表法》表明了这一点。此条告诉我们,《十二表法》中存在宣誓法(Ius iurandum)。② 从该条所处的上下文来看,这种宣誓法主要适用于国际关系,即使誓言的受益人是敌人,誓言也要认真遵守。也适用于罗马人间的关系,例如发誓做某事或不做某事。公元前494年在罗马贵族与平民间达成的《神圣约法》就是一个团体的成员以集体宣誓保证遵行的法,以消除将来有人放弃此等法律的可能。③ 许多学者甚至把《神圣约法》与宣誓看作一回事。④ 为了保障宣誓的集体性,拒绝宣誓者将被立即处死。⑤ 发誓者还要彼此保证遵守誓言。背誓者将激起神怒。所

---

① 参见徐国栋:《罗马公法要论》,北京大学出版社2014年版,第46页。
② 德国学者Benedikt Hopffer和Friedrich Benjamin Speidel著有《道德论断:论宣誓法》(Disputatio Moralis, De iure iurando, Kernerus,1677)一文。类似的论述还有一些,此处从略。
③ Cfr. Ferdinando Zucotti, Giuramento collettivo e leges sacratae, In Studi per Giovanni Nicosia, Vol. I, Giuffrè, Milano,2007, p. 538.
④ Cfr. Pasquale Marottoli, Leges Sacratae, L. Morara, Roma,1979, p. 35.
⑤ See Kurt von Fritz, Leges Sacratae and Plebei scita, In Schriften zur griechischen und römischen Verfassungsgeschichte und Verfassugstheorie, De Gruyter,1976, p. 377.

以,宣誓法具有宗教性,负责监督践行誓言的是信义女神。

(二) 私法制度

1. 质押制度。这部分第 1 条中,费斯都斯在其《论字义》的第 166 号残篇中说:Nancitor 在《十二表法》中的意思是取得、获取。拉丁盟约中也有这样的话:"某人获取的金钱,停止流通"。也这样说:"如果取得了对某物的扣押,停止流通"。按照安东尼·格拉夫顿(Anthony Grafton)的解释,上述文字描述的是这样的制度安排:首先,债权人应在判决做出后十天内得到偿付,如果得不到,他可要求得到一个质物。其次,如果罗马人与拉丁人发生争议,也用提供质物的方法来保障判决的执行。① 质物处在权利人的占有下后,当然停止流通。此属于第十二表第 1 条规定的扣押财产之诉的效力。但债权人无权出卖质押物抵债。当然,如果债务人履行了债务,质押物可恢复流通。

2. 交付制度。这部分的第 3 条中,费斯都斯在其《论字义》第 309 号残篇中说:如果有人说"我求你们"(多是在祈祷中这么说),意思是"我恳求你们",如同法律中的"他将喊出"(endoque plorato)和"他将交出"(transque dato)。② 该残篇讲词汇的变迁,意思是:"我求你们"等于"我恳求你们";transque dato 等于 transdatoque,后来变成 traditoque;endoque plorato 等于 endoploratoque,后来变成 imploratoque。③ 严格说来,这个片段讲的是《十二表法》中的一些词汇的变迁,因为 endoque plorato 这个词组出现于第八表第 13 条中,原意是"在[屋]里面喊"(意译为"叫证人来")。该词后来演变成 imploratoque 也

---

① 参见向东:《罗马法中非所有权移转型物的担保制度研究》,厦门大学 2015 年博士学位论文,第 16 页。

② 译文参考 Allan Chester Johnson, Paul Robinson Coleman-Norton, Frank Card Bourne, Ancient Roman Statutes, New Jersey: The Lawbook Exchange LTD, 2003, p. 12.

③ See Allan Chester Johnson, Paul Robinson Coleman-Norton, Frank Card Bourne, Ancient Roman Statutes, New Jersey: The Lawbook Exchange LTD, 2003, p. 18.

不奇怪,因为end本来就是in的远古形式,im是in在特定条件下的变体。而que是一个表示"和"的可移动后缀。由此可见,本片段中提到的"法律"是《十二表法》。既然如此,人们就有理由认为同一片段中的transque dato也是《十二表法》的用语,这个形式的该词的意思是"让通过",法律术语的意味不浓,变成traditoque后就浓了,意思是"交付",即为了落实债权行为实施的物权行为。

对于罗马法中有交付制度,学界没有疑问。该制度最早出现于盖尤斯(其生卒年月大概是从100年到180年)于161年出版的《法学阶梯》2,19,其辞曰:略式物可以通过交付完全归他人所有,只要它们是有体物且因此可以实行交付。① 该法言被I.2,1,40② 沿袭。不过,在这两个法言中,表达"交付"的拉丁词是traditio,与第3号片段中用的tradito略有区别,但意思无别。学者认为,德国法学家萨维尼从traditio出发,创立了物权行为理论,在他看来,物权行为不是债权合同的履行行为,而是一个独立的移转物的所有权的契约,它的效力不取决于债权契约的效力,因而具有无因性。③ 上述说明都以未发现《十二表法》中包含关于交付的规定为基础,故默示地把161年(即盖尤斯《法学阶梯》出版的时间)当作交付制度得到创立的时间,但对第3号片段的上述解读将挑战这一假定,由此可以把罗马法中债权行为与物权行为的二分上溯到早得多的《十二表法》。既然这种二分的主要考虑是赋予交付行为无因性,那么,《十二表法》赋予了交付行为无因性,也不是不可

---

① 参见[古罗马]盖尤斯:《法学阶梯》,黄风译,中国政法大学出版社1996年版,第84页,译文有改动。

② 其辞曰:通过交付,我们也根据自然法取得物。事实上,没有什么比肯定想转让自己的物的所有人的意志更符合自然的公平了,因此,任何种类的有体物,均可被交付,并通过所有人的交付让渡。……

③ 参见陈华彬:《罗马法中的traditio、stipulatio与私法上无因性概念的形成》,《中国法学》2009年第5期,第69页。

设想的。理由一：交付只适用于略式物，也就是不甚重要的物，以此等物为标的的交易，即使债权行为有瑕疵，也可以忽略，不影响交付行为的效力，以保障交易的安全。当然，对于以要式物为标的的交易，可以采取另外的立场，让物权行为的效力取决于债权行为的效力。理由二：罗马人对于无因性并不陌生，在信用委任中，保证人（兼贷款人）对债务人的相对人承担的保证责任就不受债务人与此等相对人交易的合法与否的影响，以此保障交易安全。① 后人做出的这样的无因性安排有其远古先祖，是完全可能的。

3. 恶意诈欺（故意）的概念。这部分的第 4 条中，多纳图斯在其《特伦求斯的〈阉奴〉评注》3,3,9 中说："恶意诈欺"……如果加上"恶意"，要么指故意，先贤们在《十二表法》中就是这样写的，要么排除暂时性的恶意，因为此时的恶意是长久的。此语中，多纳图斯把 dolus 当作一个基础词，为它增加不同的配词得出具有不同意思的组合体。加上 Malus 后，变成故意，这是精心策划的坏念头，与混乱的坏念头对反。而且与善意诈欺（Dolus bonus）对反。善意诈欺，例如医生为安慰病人说的善意谎言。加上"长久的"后，变成暂时的恶意的对反。② 通过多纳图斯对《十二表法》中的恶意诈欺概念的比较性说明，我们可以知道该法使用的恶意诈欺概念是一番心理学研究的成果，等于故意，据此课加故意者更重的责任。这样的处理为后世罗马法广泛采用，尽管保留至今的《十二表法》条文没有一个条文包含恶意诈欺术语。只有第八表第 10 条规定引起火灾者的责任时使用的"以明知且预见的方式实施"的表达类似于恶意诈欺或故意。

---

① 参见徐国栋：《罗马法中的信用委任及其在现代法中的继受——兼论罗马法中的信用证问题》，《法学家》2014 年第 5 期，第 163 页。

② See James C. Abbot Jr., Roman Deceit: Dolus in Latin Literature and Roman Society, Dissertation for Doctor Degree of Emory University, 1997, p. 77, note 12.

4. 民会遗嘱订立制度以及自权人收养制度。这部分第 10 条中，盖尤斯在其《〈十二表法〉评注》第 6 卷（D. 50,16,238）中说："Detestatum"意指在证人面前宣告。正好，共和时期罗马的著名法学家塞尔维尤斯·苏尔毕求斯·路福斯写过一本 De Sacris Detestandis 的小书，书名中包括 Detestatum 的词素，其中讨论遗嘱（Testamentum）这个词的构成①，表明这本书很可能是讲遗嘱的。波兰学者扬·扎布洛斯基认为，这本书的拉丁名称应译作《论在证人面前完成的圣事》，此等圣事即由大祭司团主持的民众大会（Comitia calata）②，这是罗马最古老的公民大会，每年的 3 月 24 日和 5 月 24 日在卡皮托尔山上举行，只有贵族能参加。在会上宣告重要信息，例如关于未来一个时期的历法的信息，并承担重要的法律行为——例如订立遗嘱——公证的功能，以免遗嘱人死后就其最后意志的内容发生争议，尽管如此，与会的公民并不就遗嘱的有效无效进行投票。③ 所以，民众大会是一个订立正式遗嘱的场合。此等大会被说成圣事，大概由于它由古罗马的大祭司主持而非由执政官或裁判官主持并由祭司（Flamen）致开场白。所以，盖尤斯留下的法言中说到的"宣告"，即遗嘱人宣告自己的遗嘱，此等宣告以全体罗马公民为证人，由此形成一份公证遗嘱。

上述民众大会是库里亚大会（Comitia curiata）的特别形式，普通形式的库里亚大会不光作证，而且投票表决法律、进行审判，曾是王政时期的最高权力机关。在第六任王塞尔维尤斯·图流斯的改革后，百人团大会取代了过去的库里亚大会的地位，库里亚大会沦为一个公证机

---

① Cfr. Aulo Gellio, Notti Attiche, Traduzione Italiana di Luigi Rusca, Volume Primo, BUR, Milano, 2001, p. 555.

② Cfr. Jan Zabłocki, Le più antiche forme del testamento romano, In Ius Romanum: schola sapientiae, Warsavia, 2009, p. 554.

③ Véase la entrada de comitia calata, Sobre https://es. wikipedia. org/wiki/Comitia_Calata, 2018 年 1 月 13 日访问。

构。"位置不明的片段"第10条见证了库里亚大会的这种形式的残存。而《十二表法》第九表第2条则见证了百人团大会的主导地位。当然,这个大会不是订立私人遗嘱的舞台。

但残存的库里亚大会还可能承担自权人收养行为的审查机构的功能。这是萨维尼开创的观点。所谓自权人收养,顾名思义,是以自权人为被收养人的收养,不同于以他权人为被收养人的普通收养。此时的自权人通常是家父,也有幼年人因为尊亲都死亡成为自权人的情形。萨维尼认为,Sacrum detestatio 是被收养人当着公众的面以正式的方式抛弃过去家庭的圣事,转而采用养亲家的圣事,由此,从一个家庭转到另一个家庭。[1] 我们知道,罗马人的圣事有公的和私的,这里涉及的显然是后者,它又分为家庭的圣事和氏族的圣事,其内容为祭拜灶神(Penates)和家神(Lares),前者看管一个家庭的食物、葡萄酒、油和其他日用品,是持续的家庭生活的象征,对它的祭拜方式是吃饭时扔部分食物到灶火里供其享用;[2] 后者看管炉灶、田地、边界、收获等。[3] 氏族的圣事是全体氏族成员共同敬拜某种神灵或动物。例如,有些氏族崇拜智慧女神密涅瓦,有的氏族崇拜太阳神阿波罗,有的氏族崇拜猪。[4] 在自权人收养的情形,被收养人不仅要改变自己家庭的圣事,而且要改变氏族的圣事,因为家庭存在于氏族之中,家庭的改变意味着氏族的同时改变。

但是,在库里亚大会进行的自权人收养要有与会者的投票同意程

---

[1] Cfr. Pierfrancesco Arces, Note in tema di sacrorum detestation, In Diritto@storia, N. 5(2006), Su http://www.dirittoestoria.it/5/Tradizione-Romana/Arces-Detestatio-sacrorum.htm, 2018年1月13日访问。

[2] Cfr. Renato Del Ponte, La religione dei Romani, Rusconi, Milano, 1992, p. 69.

[3] Cfr. Renato Del Ponte, La religione dei Romani, Rusconi, Milano, 1992, p. 59, p. 65.

[4] See William Smith, A Dictionary of Greek and Roman Antiquities, London : John Murray, 1890, p. 2578.

序。大会的主持者要问在场的民众是否准许实施此等收养。① 其措辞是这样的:"你们愿意并命令路求斯·瓦雷流斯根据法并依据法律成为路求斯·蒂丘斯的儿子,仿佛他早就进入后者家庭并成为其成员,拥有同样的父亲和母亲吗?你们愿意并命令他的新父亲对他享有父亲对儿子的生杀权吗?哦!罗马人!你们的所言就是事情的结果,请你们决定吧!"②同意的方式当然是票决,这样,库里亚大会就不只起公证作用,而起决定作用了。所以,尽管都在库里亚大会进行,订立遗嘱行为和收养自权人行为的性质是不同的。故现在的通说倾向于本条只关涉订立公证遗嘱。③

三、小结

综上所述,"位置不明的片段"中的 12 个片段,在排除错置者 2、语言学者 2、货币学者 1 后,发现只有其中的 7 个片段具有规范意义。其中 3 个属于公法、4 个属于私法。依据它们分别可还原出《十二表法》固化了国势调查制度,扩张了向人民的申诉制度的适用范围,规定了跨界的宣誓法。非独此也,还规定了质押制度、交付制度、民会前的遗嘱订立制度以及自权人收养制度,并确定了相当于故意的恶意诈欺概念。这些由于不处在正表内被研究者忽视的制度的发现很有意义,它可以让《十二表法》的更多内容得到展示,从而丰满它在今人心目中的形象,例如,该法关于一切判决皆受人民的复议权制约的规定可让人窥见当

---

① 参见[古罗马]盖尤斯:《法学阶梯》,黄风译,中国政法大学出版社 1996 年版,第 38 页。

② Cfr. Aulo Gellio, Notti Attiche, Traduzione Italiana di Luigi Rusca, Volume Primo, BUR, Milano, 2001, p. 445.

③ Cfr. Pierfrancesco Arces, Note in tema di sacrorum detestation, In Diritto@storia, N. 5(2006), Su http://www. dirittoestoria. it/5/Tradizione-Romana/Arces-Detestatio-sacrorum. htm,2018 年 1 月 13 日访问。

时对公权力的制约水平,并可颠覆一些既有的假定,例如,关于交付制度起源于盖尤斯的《法学阶梯》的假定就是如此。

研究"位置不明的片段"最有魅力的工作是设想得到证实的 7 个片段可能处在何表。我认为,关于国势调查的规定应处在第九表。宣誓法也应处在第九表,因为它们属于公法规定。向人民申诉制度涉及全部附有罚则的条文,不处在任何一表,可能处在所有这些条文的尾部。但周枏先生的《十二表法》译本将这一制度安排在第九表第 4 条,也有一定道理。该制度属于公法,第九表被人们相信是专门规定公法的。

当然,质押制度应处在第十二表,因为该表第 1 条也规定了这一制度。交付制度可能规定在第六表第 2 条,在规定要式现金借贷和要式买卖的第 1 条之后。关于恶意诈欺的规定则应处在第八表,这是一个集中规定侵权法规范的地方,而恶意诈欺或故意是侵权法的重要问题。关于民会遗嘱订立程序以及收养自权人程序的规定,虢德弗罗瓦将之放在第十一表第 3 条[①],我从之,尽管第五表是规定遗嘱和继承的,但可能第一十人委员会遗漏规定民会前遗嘱的订立程序,第二十人委员会补充之。第十一表是对前五表的补遗,它可能规定了第五表所遗漏的这一制度。

[①] Cfr. Jacques Godefroy, Fragmenta XII Tabularum, Heidelberg, 1616, p. 130.

第六章 《十二表法》对优士丁尼罗马法的影响及其局部过时

第一节 对《十二表法》影响优士丁尼罗马法的概括说明

优士丁尼罗马法即优士丁尼的法典编纂成果,严格说来,它们只包括《法典》《学说汇纂》和《法学阶梯》,它们被合称为优士丁尼法典。但在制定完它们后,优士丁尼又颁布了168项新律调整新问题或改变旧规则,它们被后人汇编为《新律》,它也是优士丁尼罗马法的一部分。

优士丁尼罗马法是《十二表法》的继承人,两者相差1 000多年,那么,这一立法成果接受《十二表法》影响的具体情况如何呢?我们还是以数据说话来回答这个问题吧!

以"十二表法"为检索词对上述4部法律文件的电子版本进行检索,发现《法典》涉及《十二表法》的敕令有11条,《学说汇纂》涉及《十二表法》的法言有56个,《法学阶梯》涉及《十二表法》的法言有20个,《新律》涉及《十二表法》的敕令只有1个。它们总计88个,体现了《十二表法》对优士丁尼罗马法的影响。当然,还有很多没有援用《十二表法》的法言也强烈地反映了《十二表法》的影响。

这88个法言分为如下类型:其一,讲述制定《十二表法》的经过;其二,记叙《十二表法》的某项规定;其三,比较《十二表法》与后世某一法律就类似事项做出的规定,协调它们间的关系;其四,扩张解释《十二表法》中的某个用语,以满足实际生活的需要;其五,批评《十二表法》某项规定的谬误。以下分述。

第二节 讲述《十二表法》制定经过的法言

这样的法言有四个,全部出自彭波尼的《教本》。D.1,2,2,4 记叙了两个十人委员会的设立以及它们制定《十二表法》的活动。[①] D.1,2,2,6 提到与《十二表法》并列的市民法,以及法律诉讼。[②] D.1,2,2,8 提到了平民会决议对以上三种法的补充以及此等决议产生的阶级斗争背景。[③] D.1,2,2,23 提到《十二表法》设立了杀亲罪审判官。[④]

彭波尼的《教本》是一部法制史教科书,它把《十二表法》作为罗马法的奠基文件加以介绍和论述,证明了《十二表法》的崇高地位。

第三节 记叙《十二表法》的某项规定的法言

这样的法言共计 22 条,它们是还原《十二表法》之文本的素材。以下按先人法后物法的顺序介绍它们。

一、关于保护制度的规定

盖尤斯在其《行省告示评注》第 12 卷(D.26,2,1pr.)中告诉我们:

---

① 参见罗智敏译:《学说汇纂》(第一卷),中国政法大学出版社 2008 年版,第 23 页。
② 参见罗智敏译:《学说汇纂》(第一卷),中国政法大学出版社 2008 年版,第 25 页。
③ 参见罗智敏译:《学说汇纂》(第一卷),中国政法大学出版社 2008 年版,第 27 页。
④ 参见罗智敏译:《学说汇纂》(第一卷),中国政法大学出版社 2008 年版,第 37 页,译文有改动。

《十二表法》允许尊亲为其子女指定遗嘱监护人,不论此等子女是男性还是女性,只要他们处在权力下。①

优士丁尼在其《法学阶梯》中(I.1,15pr.)告诉我们:对没有赋予遗嘱监护人的人,宗亲根据《十二表法》成为监护人,他们被称作法定监护人。②

盖尤斯的法言告诉我们遗嘱监护人是第一顺位的监护人,优士丁尼的法言告诉我们,宗亲是第二顺位的监护人。法定监护是遗嘱监护的补充,这跟法定继承是遗嘱继承的补充的道理是一样的。这个"道理",就是相信遗嘱人的判断和选择是好的。

乌尔比安在其《萨宾评注》第1卷中接着谈到了保护制度的另一分支——保佐的《十二表法》起源:《十二表法》禁止浪费人管理其财产,这一规则原来是从习俗采用的。但今天,如果裁判官或总督发现了既没有规定其花费的时间限制,也没有规定其范围限制的人,他们以奢侈行为和放荡糟蹋其资产,通常类推精神病人为他们指定一个保佐人。精神病人在恢复其心智前处在保佐下,浪费人在恢复其感觉前也如此。当此等恢复发生时,他们自动停止处在其保佐人的权力下(D.27,10,1pr.)。③

乌尔比安接着告诉我们两种保佐产生的时间先后不一,精神病人的保佐发生在先,浪费人的保佐发生在后,后者乃为前者之模仿,而且产生于习俗,但它们同时出现在《十二表法》中,所以,它们出现时间的

---

① See The Digest of Justinian, Vol. 2, edited by Mommsen and Alan Watson, University of Pennsylvania Press, Philadelphia, 1985, p. 747.

② 参见[古罗马]优士丁尼:《法学阶梯》(第二版),徐国栋译,中国政法大学出版社2005年版,第69页。

③ See The Digest of Justinian, Vol. 2, edited by Mommsen and Alan Watson, University of Pennsylvania Press, Philadelphia, 1985, p. 812.

先后是在《十二表法》颁布之前的事情(D. 27,10,1pr.)。① 所以,乌尔比安的这个法言揭示了《十二表法》前的罗马一个方面的法制史。

优士丁尼接着谈到了保佐的承担者。谓:精神病人和浪费人,就算是 25 岁以上的人,但根据《十二表法》处在宗亲的保佐下。而在罗马,由市长官或裁判官;在行省,则由总督,通常通过调查为他们指定保佐人(I.1,23,3)。② 此语揭明《十二表法》确立了宗亲对精神病人和浪费人的保佐,并扩展说明了《十二表法》本身不曾说明的此等保佐人的任命方法。

盖尤斯在其《行省告示评注》第 3 卷(D. 27,10,13)中还告诉了我们保佐人职责的细节:根据《十二表法》,通常对精神病人和浪费人的人身照料指定一个人,而裁判官把财产管理交给另一个人。例如,在法定继承人看来不适合这一工作时。③ 保佐,尤其是浪费人的保佐是为了其财产免受糟蹋,所以,可以认为保佐人的职责是管理被保护人的财产。对精神病人和浪费人的人身照料则可能委托给被保护人的其他亲属,尤其是女性亲属。这样我们就理解了现代法把对精神病人的保护当作监护,《十二表法》把同样的工作看作保佐的差异之原因:现代人把这一工作看作兼关涉人身方面和财产方面,所以将其定性为监护,罗马人只认为这一工作关涉财产方面,所以将其定性为保佐。能做到这一点,乃因为人身照料的职责被保佐人以外的人承担了。

而管理财产需要专业的技能,如果法定的保佐人即被保佐人的法定继承人不具有此项技能,则由其他专业人士代他们为保佐。这样,保

---

① See The Digest of Justinian, Vol. 2, edited by Mommsen and Alan Watson, University of Pennsylvania Press, Philadelphia, 1985, p. 812.

② 参见[古罗马]优士丁尼:《法学阶梯》(第二版),徐国栋译,中国政法大学出版社 2005 年版,第 87 页。

③ See The Digest of Justinian, Vol. 2, edited by Mommsen and Alan Watson, University of Pennsylvania Press, Philadelphia, 1985, p. 813.

佐就脱离了血缘性,逐渐向专业性发展。

如果保护人侵害了被保护人的利益,怎么办？乌尔比安在其《告示评注》第 35 卷中告诉我们,《十二表法》以监护人嫌疑罪处置此等情形(D.26,10,1,2)①,优士丁尼《法学阶梯》重申了这一事实(I.1,26pr.)。②

二、关于继承制度的规定

遗嘱继承优先于法定继承是《十二表法》的安排,以此彰显对私法自治的认可。故乌尔比安在其《优流斯和帕皮尤斯法评注》第 2 卷(D.50,16,130)中说：某人说根据遗嘱授予遗产并非不当,因为《十二表法》已确认遗嘱继承。③ 优士丁尼的第 22 条新律第二章则援引了《十二表法》第五表第 3 条的规定：以遗嘱处分自己的财产,具有法律上的效力。并引申道,任何人皆可以合适的方式处分其遗产,其遗嘱将是合法的。④《十二表法》的此条认可了遗嘱的法律效力,但要求遗嘱人以合适的方式为处分,换言之,不合适的处分不合法,将导致无效。这样的说明暗示特留份制度的存在,事实上,该制度早就被打造出来了。⑤

顺便指出,第 22 条新律是 535 年发布的,隔《十二表法》的颁布已有 985 年之多。一个规定在间隔近千年后还被立法者引用,可见其生

---

① See The Digest of Justinian, Vol.2, edited by Mommsen and Alan Watson, University of Pennsylvania Press, Philadelphia, 1985, p.777.
② 参见[古罗马]优士丁尼：《法学阶梯》(第二版),徐国栋译,中国政法大学出版社 2005 年版,第 103 页。
③ See The Digest of Justinian, Vol.4, edited by Mommsen and Alan Watson, University of Pennsylvania Press, Philadelphia, 1985, p.944.
④ See the Civil Law including The Twelve Tables, The Institutes of Gaius, The Rules of Ulpian, The Opinions of Paulus, The Enactments of Justinian, and The Constitution of Leo, Trans. and edited by S.P.Scott, Cincinnati, 1932, Vol.XVI, p.112.
⑤ 公元前 40 年,在奥古斯都的支持下颁布了《关于遗赠的法尔其丢斯法》,它将遗嘱人可以遗赠的财产总数量化为 3/4,留给全部继承人的遗产不过 1/4。

命力。

遗嘱继承不成才会有法定继承。I.3,1,1 和 I.3,2pr.告诉了我们《十二表法》规定的法定继承人顺位。前者规定:事实上,无遗嘱而死者的财产,根据《十二表法》,首先属于自权继承人。① 后者规定:如果无任何自权继承人、裁判官或敕令认为是自权继承人的人;或他们不以任何方式进行继承,那么,根据《十二表法》,遗产归最近亲等的宗亲。② 此语中,自权继承人处在法定继承的第一顺位,宗亲处在第二顺位。从第一顺位过渡到第二顺位,有两个原因。其一,第一顺位的继承人阙如;其二,虽不阙如,但他们不能继承,这或许因为他们被剥夺了继承资格。

自权继承人是在被继承人死亡时处在其权力下的直系卑血亲,可以是儿子,也可以是孙子甚至重孙子,由此发生辈分相对高的与相对低的自权继承人之间的关系问题。戴克里先和马克西米安皇帝在293年7月发布给弗隆托努斯(Frontonus)的一个敕答(C.6,55,3)中告诉我们:《十二表法》明确规定:儿子以及另一在被继承人死亡时已无遗嘱而死的儿子所出的孙子,如果他们都处在家父权下,同等地继承。裁判官法也遵循一规则。③ 这样,辈分低的自权继承人是代其死去的父亲与辈分高的自权继承人一起继承。如此就形成了自权继承人顺位的继承同时包括了本继承和代位继承的局面。

处在上述顺位中的法定继承人有男有女,他们的继承机会是否因为性别而受影响呢？优士丁尼在其《法学阶梯》中(I.2,13,5)中告诉我

---

① 参见[古罗马]优士丁尼:《法学阶梯》(第二版),徐国栋译,中国政法大学出版社2005年版,第251页。
② 参见[古罗马]优士丁尼:《法学阶梯》(第二版),徐国栋译,中国政法大学出版社2005年版,第289页。
③ See the Civil Law including The Twelve Tables, The Institutes of Gaius, The Rules of Ulpian, The Opinions of Paulus, The Enactments of Justinian, and The Constitution of Leo, Trans. and edited by S. P. Scott, Cincinnati, 1932, Vol. XIV, p.79.

们:……古代的《十二表法》以同样的方式召集所有的人进行无遗嘱继承……①换言之,《十二表法》赋予男女法定继承人的机会和份额是一样的,贯彻了男女平等原则,但《十二表法》以后的中期法学,即公元前2世纪之前的法学通过进行男权主义的解释限制了女性的法定继承权,优士丁尼认为这样不对,于是回到《十二表法》的男女平等规定。最可道者,优士丁尼还给出了《十二表法》这样做的理由:男女两性在人类的生殖中执行着类似的自然功能。② 他在531年发布给大区长官约翰的敕答(C.6,58,14pr.)中展开说明了这一理由:《十二表法》为了很好地保持罗马人种的繁荣,规定,不存在区分婚生子女中的男性和女性的做法,这一规则也必须适用于遗产,如同它也适用于孩子们本身一样,不许在他们的继承上有所区分,因为自然给予两者不同的身体,以便在配合中维持不死并相互帮助,所以,如果一性被驱除,另一性也将衰亡。③ 这是一种男女平等的新依据,有别于赋予具有相同属性者同样法律地位的平等观,或曰亚里士多德式的平等观,而是具有不同属性者由于它们的彼此依存应被授予同样的法律地位的平等观,这在平等思想史上,尤其在男女平等思想史上很有创意,但被现代人超越。他们认为在人类的生殖中,妻子的贡献比丈夫更大,承受了更多的牺牲和负担,所以妻子可以不告知丈夫单独决定流产自己腹中的孩子。④

然而,优士丁尼在 I.3,2,3b 中提出的否定中期法学的男女继承权

---

① 参见[古罗马]优士丁尼:《法学阶梯》(第二版),徐国栋译,中国政法大学出版社2005年版,第193页。

② 参见[古罗马]优士丁尼:《法学阶梯》(第二版),徐国栋译,中国政法大学出版社2005年版,第193页。

③ See the Civil Law including The Twelve Tables, The Institutes of Gaius, The Rules of Ulpian, The Opinions of Paulus, The Enactments of Justinian, and The Constitution of Leo, Trans. and edited by S. P. Scott, Cincinnati, 1932, Vol. XIV, p.93.

④ 参见徐国栋:《民法哲学》(增订本),中国法制出版社2015年版,第255页。

不平等的另一理由却未被现代人超越:缺乏相互性。他质问道:为什么处在同一血缘亲等的人,根据同等的标准不分男女地被授予了宗亲的名号,而男性确实被允许继承所有的宗亲,而处在宗亲中的任何妇女,仅姐妹除外,却完全不被给予对宗亲的继承呢?所以,他把一切都完全地恢复原样,向《十二表法》的规则看齐,以一个敕令确定:一切法律规定为宗亲的人,换言之,男系的卑亲属,不论是男性还是女性,都同等地根据其亲等的优先权被召集参加无遗嘱情况下的法定继承,姐妹也不因不拥有共父关系而被排除。①

优士丁尼还在 C.6,58,15pr. 和 C.6,58,14,6 中重申了自己对《十二表法》关于男女平等继承的规定的赞赏和追随。前者曰:朕记得自己曾发布的神圣敕令,其中,朕根据《十二表法》命令,所有的合法卑亲属,无分男女,都可依据卑亲属的权利取得遗产……534 年发布。② 后者曰:在这些情形,朕通过遵循《十二表法》并修订一个新近制定的法律,并受人道的动机驱使,希望将来只有一个顺位,且遗产将依据血亲权移转于法定继承人,并不区分性别,所以,不仅兄弟的儿子和女儿将被召集继承其叔父伯父,而且同一血统的姐妹,或同母的姐妹的儿子和女儿,而且其他的卑亲属,将与男性一起,有权继承其舅舅的遗产……531年发布。③ 后者具有改变继承依据的意图:以前的依据是宗亲,现在的依据是血亲,如此,外甥也可继承舅舅。进而言之,按照权利义务相一

---

① 参见[古罗马]优士丁尼:《法学阶梯》(第二版),徐国栋译,中国政法大学出版社 2005 年版,第 293 页。
② See the Civil Law including The Twelve Tables, The Institutes of Gaius, The Rules of Ulpian, The Opinions of Paulus, The Enactments of Justinian, and The Constitution of Leo, Trans. and edited by S. P. Scott, Cincinnati, 1932, Vol. XIV, p. 94.
③ See the Civil Law including The Twelve Tables, The Institutes of Gaius, The Rules of Ulpian, The Opinions of Paulus, The Enactments of Justinian, and The Constitution of Leo, Trans. and edited by S. P. Scott, Cincinnati, 1932, Vol. XIV, p. 94.

致的原则,甥舅之间也互有保护责任。

遗产只有一份,但继承人可能有多个,怎么办?有两种可能,其一,各继承人不分割遗产,形成共有(叫作"不分遗产的共同体")。其二,各继承人分割遗产。尽管前一种选择也长期存在于罗马人的法律生活中①,但《十二表法》似乎更倾向于第二种选择,因为盖尤斯在其《行省告示评注》第7卷中告诉我们:分割遗产之诉起源于《十二表法》。因为当共同继承人们希望时,设立这样一种诉讼是必要的(D. 10,2,1pr.)。②《十二表法》之所以如此选择,可能还是出于罗马人的"共有是讼争之源"的理念。

但并非所有的人都可主张分割遗产,乌尔比安在其《告示评注》第19卷(D. 10,2,2pr.)中告诉我们:依据遗嘱继承或无遗嘱继承,或依据《十二表法》,或依据其他的法令抑或元老院决议抑或敕令得到的遗产,仅在其可被请求分割的情况下才可分割。③ 那么,什么遗产不可请求分割?至少墓地不可分割,必须为家族成员共有(C. 3,44,4)。④ 道理很简单,每个坟墓属于一个先人,其后人很多,每个继承人不可能独自继承一个先人的坟墓,因为这个先人还是其他继承人的先人,而坟墓具有不可分性。

以上是对遗产中的有体物的分割,就作为债权的无体物的分割,哥

---

① 参见徐国栋:《罗马法与现代意识形态》,北京大学出版社2008年版,第337页。
② 参见[意]桑德罗·斯奇巴尼选编:《婚姻·家庭和遗产继承》,费安玲译,中国政法大学出版社2001年版,第535页。
③ 参见[意]桑德罗·斯奇巴尼选编:《婚姻·家庭和遗产继承》,费安玲译,中国政法大学出版社2001年版,第535页,译文有改动。
④ See the Civil Law including The Twelve Tables, The Institutes of Gaius, The Rules of Ulpian, The Opinions of Paulus, The Enactments of Justinian, and The Constitution of Leo, Trans. and edited by S. P. Scott, Cincinnati, 1932, Vol. XII, p. 344.

尔迪亚努斯皇帝的一个敕答(C.3,36,6①)告诉我们,《十二表法》规定债权债务按各继承人获得遗产的比例当然分割,例如,取得1/3遗产的人,也分得同样比例的债权和债务。如果债的标的可分,各继承人自然可按比例满足自己的债权。但《十二表法》还规定,如果债的标的不可分,例如,就路权、通行权、驱畜通行权订立的要式口约的标的不可分(D.10,2,25,9),②复数的继承人只能共同地享有此等路权等权利,如果其中的一人或数人被拒绝行使,他们都可请求全额的赔偿,然后再在其他继承人中按照继承遗产份额的比例分派赔偿金。

根据《十二表法》,不仅债权可分,而且债务也可分。保罗在其《告示评注》第23卷(D.10,2,25,13)中告诉我们:同样的法律规则适用于遗嘱人允诺的金钱,但以此等允诺附加了罚金条款为条件。因为尽管根据《十二表法》,这样的债可以分割,然而,继承人之一支付自己的份额并无助于帮助他逃脱罚金。……③此语中,"同样的法律规则"指复数继承人对于履行遗嘱人对第三人的承诺承担连带责任的规则。具体而言,此语涉及的是一个遗嘱人要求复数继承人对第三人给付一份遗赠,并以罚金保障这些继承人履行"二传手"义务的案件。按照《十二表法》,这样的给付义务可以在复数继承人间分割,但相应的罚金责任却并不能分割。所以,一个按份继承人履行了自己份额的债务,其他继承人未履行的,他仍要就整体的罚金承担责任,以此保障受遗赠人权利的实现。

---

① See the Civil Law including The Twelve Tables, The Institutes of Gaius, The Rules of Ulpian, The Opinions of Paulus, The Enactments of Justinian, and The Constitution of Leo, Trans. and edited by S. P. Scott, Cincinnati, 1932, Vol. XII, p. 328.

② See The Digest of Justinian, Vol. 1, edited by Mommsen and Alan Watson, University of Pennsylvania Press, Philadelphia, 1985, p. 314.

③ See The Digest of Justinian, Vol. 1, edited by Mommsen and Alan Watson, University of Pennsylvania Press, Philadelphia, 1985, p. 315.

三、关于物权的规定

在这一方面,后世学者和立法者最关注的是《十二表法》创立的已造横梁之诉制度,八个这方面的法言有五个关乎它,另外三个只能关乎"其他"了。

保罗在其《告示评注》第 21 卷(D.6,1,23,6)中告诉我们:根据《十二表法》,被架入建筑物的他人的木梁是不能被要求返还的,也不能因此提出出示之诉,除非被起诉者是明知还将木梁架入。但是关于被架入的木梁存在一项古老的诉权,标的是木梁价金的双倍罚金,这起源于《十二表法》。① 此语区分今法和古法谈论对被架入他人房屋的梁木的处置。古法是《十二表法》,按照它,梁木一旦被架入他人房屋,其主人即不得要求原物返还,只能要求赔偿双倍的价金。按照今法,被架入他人房屋的梁木是否可被要求原物返还,取决于架入人的主观状态。诚信架入的,即误把他人的梁木当作自己的梁木架入的,不得要求原物返还,也不得要求出示;恶信架入的,即明知梁木属于他人仍然将其架入自己房屋的,则梁木主人既可要求原物返还,也可要求出示,以贯彻道德于法律,哪怕把一个造好的房子拆得七零八散,房主一家无处可居。② 这样的法律道德化消减了《十二表法》有关规定的忍小恶求大善的苦心。"小恶",即盗窃他人梁木架入自家房子之恶,或使用他人以不

---

① 参见陈汉译:《学说汇纂(第六卷):原物返还之诉》,中国政法大学出版社 2009 年版,第 39 页。
② 然而,德国学者经过考证,认为上述法言中的"除非被起诉者是明知还将木梁架入"一语是优士丁尼的《学说汇纂》编纂班子添加的。Cfr. E. Levy & E. Rabel, Index interpolationum quae in Iustiniani Digestis inesse dicuntur, Tomus I. Ad libros digestorum I-XX pertinens, Weimar, 1929, p.84. 这样的考据并非无理,因为保罗的法言背离《十二表法》的规定十分突然。但保罗未说的就是优士丁尼 6 世纪的《学说汇纂》编纂班子说的,这些编纂者认为应区分架入者的诚信与否定是否允许盗赃所有人行使原物返还请求权。

同寻常的低价出售或赠予的梁木架入自家房子之恶。"大善",即基于一座房子的价值大于构成它的建筑材料价值之总和的信念坚持不得拆房以保全社会财富、同时给予梁木所有人加倍的经济补偿的处置。如此,梁木的架入被理解为附条件地添附于房子。房屋为"尊",梁木为"卑","卑"添附于"尊"。由此,参与结合的两个物的主人中的一个要成为新物的主人,另一个只能接受此等主人的赔偿,以债权的方式实现自己的权利。保罗时代的今法显然降低了对"小恶"的容忍度,从而也损害了对"大善"的追求度,这是令人遗憾的。

但梁木所有人的原物返还请求权并非消灭,只是"沉睡"。盖尤斯在其《论日常事务》第2卷(D.41,1,7,10)中告诉我们,"如果房子因为某种原因倒塌,材料所有人此时可提起原物返还诉,并享有出示建筑材料的诉权"。[①] "某种原因",可能是建造质量差,房屋倒塌,也可能是地震或其他灾害摧毁了房屋。此时,《十二表法》有关规则的生态意义消失,允许梁木所有人行使过去被压抑的所有权。

然而,一个人可以把他人的梁木架入自己的房子,也可把他人的其他建筑材料——例如砖瓦、大理石、檩条——纳入自己的房子,一旦发生这样的事情,允许材料所有人提起原物返还诉或出示之诉一样会给房子造成极大的损害,所以,有必要通过解释扩张《十二表法》有关规则的涵盖范围。盖尤斯就这么做了,他在其《行省告示评注》第13卷(D.50,16,62)中如此为。曰:"《十二表法》中的'梁木'指构成建筑物的各种建筑材料"。[②] 这样就突破了《十二表法》有关规则的决疑性,把它上升为一个普遍的规则。

[①] See The Digest of Justinian, Vol. 3, edited by Mommsen and Alan Watson, University of Pennsylvania Press, Philadelphia, 1985, p. 489.

[②] See The Digest of Justinian, Vol. 4, edited by Mommsen and Alan Watson, University of Pennsylvania Press, Philadelphia, 1985, p. 939.

尽管如此,《十二表法》的原规则和盖尤斯的扩张都给人一种房屋建造人以自己的材料为主,兼用他人材料建房的印象,优士丁尼进一步扩张,曰:在某人于自己的土地上以他人的材料为建筑的情况下,该人被认为是建筑物的所有人,因为在土地上建筑的一切,添附于土地(I.2,1,29)。①此语中,添附人全部用他人的材料建房,被添附者不再是自家的房子以及自家的其他建筑材料,而是土地。这样,新建的房子一股脑地属于土地所有人。这样的扩张不可谓不奇伟!

已造横梁之诉解决都市不动产一个方面的添附问题,对于乡村不动产的类似添附问题,乌尔比安在其《告示评注》第37卷(D.47.3.1pr.)中告诉我们:《十二表法》不许要求归还与葡萄藤连在一起的支木,以免葡萄园的培育受到干扰。② 此语涉及种葡萄时用他人的材料做葡萄藤的架材的情况,而这样的材料是葡萄园的主人偷来的。小偷人人痛恨,私有权人人皆曰要保护,在这种形势下,最痛快的处理莫过于把种好的葡萄藤推翻,抽出架材还给其主人了!但如此葡萄园被毁,社会财富受损,智者不为也!于是,《十二表法》不许架材的主人马上讨还材料,只许他向葡萄园主双倍诉追架材的价值,只有在葡萄种植收获周期终结的情形下才可取回架材的原物。此等规定与关于已造横梁之诉的规定细节不同,精神同一,那就是社会利益高于个人利益的精神。

其他三个在优士丁尼法中得到援引的《十二表法》规定都关乎地役权。第一个关乎采光。乌尔比安在其《告示评注》第71卷(D.43,27,1,8)中告诉我们:《十二表法》规定,土地所有人应刈除自己土地上的树木

---

① 参见[古罗马]优士丁尼:《法学阶梯》(第二版),徐国栋译,中国政法大学出版社2005年版,第125页。

② 参见[意]桑德罗·斯奇巴尼选编:《民法大全选译·债·私犯之债(II)和犯罪》,徐国栋译,中国政法大学出版社1998年版,第70页。

高于15尺的树枝,以免此等树枝的阴影损害邻人的土地。① 确实,自家大树的阴影投射到邻地上,会让其上的庄稼长不旺。第二个关乎引水防险。保罗在其《萨宾评注》第16卷(D. 43,8,5)中告诉我们:如果通过公共地方的引水渠损害了私人,依据《十二表法》,赋予一个诉权给此等私人以填补其损害。② 此语讲的是一个私人根据导水权从公共的地方引水,引水渠途经(可能是从空中)另一个私人的土地,如果由于漏水或渡槽坍塌等事故损害了后一个私人,《十二表法》要求前一个私人赔偿之,由此实现两个私人间的利益均衡。第三个关乎供役地所有人通行权行使条件之提供。盖尤斯在其《行省告示评注》第7卷(D. 8,3,8)中告诉我们:根据《十二表法》,道路的宽度,直的地方为8尺,转弯处为16尺。③ 本条规定供役地所有人对需役地所有人提供的道路应有8尺宽(相当于2.4384米),转弯处应有16尺宽,这是为了使重载的车辆快速通行转弯时有回旋余地。

四、关于债法的规定

优士丁尼《法学阶梯》(I. 2,1,41)为我们复述了《十二表法》设立的标的物所有权转移与价金支付挂钩的规则:……出卖并交付之物,除非买受人对出卖人偿付了价金,或以其他方式对他做出了担保,例如对他提出了保证人或质物,买受人不能取得其所有权。《十二表法》确实也对此做了规定。……④这样,交付只转移对标的物的占有,并不转移所

---

① See The Digest of Justinian, Vol. 4, edited by Mommsen and Alan Watson, University of Pennsylvania Press, Philadelphia, 1985, p. 615.

② See The Digest of Justinian, Vol. 3, edited by Mommsen and Alan Watson, University of Pennsylvania Press, Philadelphia, 1985, p. 576.

③ See The Digest of Justinian, Vol. 1, edited by Mommsen and Alan Watson, University of Pennsylvania Press, Philadelphia, 1985, p. 259.

④ 参见[古罗马]优士丁尼:《法学阶梯》(第二版),徐国栋译,中国政法大学出版社2005年版,第133页及以次。

有权。这样的处理与现代法的交付导致所有权移转式的规定①颇为不同,但更有利于保护出卖人的利益:他以对自己物的所有权担保自己的价金请求权的安全。

乌尔比安在其《告示评注》第 18 卷(D.9,1,1pr.)中告诉了我们《十二表法》关于动物侵权的规定:四足动物被主张损害了他人的,由其所有人把它投偿于被害人,或赔偿已造成的损失。② 前种选择是有限责任,后种选择是无限责任。但前种选择不见得不利于被害人,因为四足动物如马骡驴,都比较大型,都可作为耕畜使用,受害人得到它们后可使用许多年。它们多年的服务应能补偿受害人的损失。

五、关于刑法的规定

盖尤斯在其《行省告示评注》第 7 卷(D.9,2,4,1)中告诉了我们《十二表法》对夜盗和昼盗的不同处置。对于前者,在捕获的情况下可直接杀死,但要高声喊叫邻人以求证明。但对于后者,只有当其以武器抵抗时才可杀死,同时要高声叫喊向众人宣布。③ 夜盗的危险大,故得到严厉处置。昼盗的危险较小,故受到相对温和的处置。

马尔西安在其《法学阶梯》第 14 卷中告诉了我们《十二表法》规定的叛国罪及其处罚:煽动外国人进攻罗马或将罗马公民交给外国人构成此罪,相应的刑罚是极刑,④也即死刑。⑤ 悠悠万恶,最恶者莫过于

---

① 我国《合同法》第 133 条规定:标的物的所有权自标的物交付时起转移,但法律另有规定或者当事人另有约定的除外。

② See The Digest of Justinian, Vol.1, edited by Mommsen and Alan Watson, University of Pennsylvania Press, Philadelphia, 1985, p.276.

③ 参见米健、李钧译:《学说汇纂(第九卷):私犯、准私犯与不法行为之诉》,中国政法大学出版社 2012 年版,第 15 页。

④ 参见薛军译:《〈学说汇纂〉第 48 卷(罗马刑事法)》,中国政法大学出版社 2005 年版,第 47 页。

⑤ 参见[意]桑德罗·斯奇巴尼选编:《民法大全选译·债·私犯之债(II)和犯罪》,徐国栋译,中国政法大学出版社 1998 年版,第 78 页。

叛国，立法者深恨之，对其的处置不可谓不严厉。

第四节　比较《十二表法》与后世新法同事异决的法言

一、继承法方面的

优士丁尼《法学阶梯》[I.3,5,5(4)]比较了《十二表法》与裁判官法允许宗亲继承的规定。按照前者，即使处在十亲等的宗亲也被允许继承遗产，但裁判官只允许在六亲等以内的血亲，以及处在七亲等的表侄孙、表侄孙女、堂侄孙、堂侄孙女的儿子或女儿，以近血亲的名义占有遗产。① 显然，裁判官把宗亲看作了血亲并限缩了可以参与继承的这种宗亲的范围。说"看作"，乃因为宗亲也是血亲，不过是依据父系发生的血亲，表侄孙、表侄孙女、堂侄孙、堂侄孙女的儿子或女儿都是依据父系产生的亲属。裁判官之所以"看作"，是为了把继承的依据逐渐从仅仅是父系血亲改为父母两系血亲。说"限缩"，乃因为《十二表法》允许任何亲等的宗亲充当第二顺位的法定继承人，而裁判官只允许七亲等以内的宗亲如此。

优士丁尼《法学阶梯》(I.3,1,9)还进一步比较了《十二表法》与裁判官法对被解放子女的不同态度。按照前者，他们不是法定继承人，因为作为法定继承人要么在尊亲死亡时要处在其权力下，要么还保留宗亲身份，但解放使这两种可能都失去，被解放者不过是被继承人的血亲，而血亲在《十二表法》规定的继承制度中没有意义，这样的处理显然

---

① 参见[古罗马]优士丁尼：《法学阶梯》(第二版)，徐国栋译，中国政法大学出版社2005年版，第309页。

有违自然公平,在这种公平观的推动下,裁判官授予他们为了子女的遗产占有①,让他们以迂回的方式实际得到遗产,由此完成继承依据从宗亲到血亲的转化。

以上两个古今对比的结论是今比古好,但也有今不如古的比较。优士丁尼《法学阶梯》(I.3,2,3a)告诉我们:在继承问题上,《十二表法》是男女平等的,所以,宗亲无分男女,都被召集继承,但后世的法学把女性宗亲完全排除出宗亲继承,这一对良好古法的背离到晚近才被裁判官纠正,他们授予女宗亲为了血亲的遗产占有②,让她们回复到了《十二表法》授予的地位。

今不如古的另一例也被优士丁尼《法学阶梯》报道(I.3,1,15)。《十二表法》在儿子死亡的情况下,召集孙子或孙女、曾孙子或曾孙女代其父亲之位继承祖父。在这种代位继承中,男女卑亲的继承份额并无区别。但后来由于重男轻女观念的流行,只有儿子诞育的女性卑亲属被承认为宗亲,排除了女儿所出的女性卑亲属的这种地位,后来的皇帝们尽管恢复了此等女性卑亲属的宗亲地位,但让她们的继承份额比正宗的宗亲少1/3。到优士丁尼立法,才让她们在继承份额上与正宗宗亲完全平等。③

在人格减等是否导致法定继承权消灭问题上,又形成了今比古好的比较。乌尔比安在其《萨宾评注》第12卷(D.38,17,1,8)中告诉我们:只有《十二表法》赋予的旧的继承权因人格减等消灭,但新的依据其他法律或元老院决议取得的继承权不因人格减等消灭。因此,如果某

---

① 参见[古罗马]优士丁尼:《法学阶梯》(第二版),徐国栋译,中国政法大学出版社2005年版,第281页。

② 参见[古罗马]优士丁尼:《法学阶梯》(第二版),徐国栋译,中国政法大学出版社2005年版,第293页。

③ 参见[古罗马]优士丁尼:《法学阶梯》(第二版),徐国栋译,中国政法大学出版社2005年版,第287页及以次。

人经受了人格减等,他仍享有法定继承权,经受人格大减等即丧失公民权的情形除外,例如被放逐小岛的情形。① 优士丁尼《法学阶梯》(I.3,4,2)则告诉我们乌尔比安提到的"其他法律或元老院决议"指《特尔图鲁斯元老院决议》和《奥尔菲图斯元老院决议》。② 前者赋予母亲继承子女的权利,后者赋予子女继承母亲的权利。要言之,两者都把血亲也当作继承权的依据。而血亲关系属于自然法,宗亲关系属于市民法,市民法的规则不能影响自然法上的权利。市民法的规则把继承权与公民身份挂钩,导致此等身份丧失的人格大减等和中减等,都引起法定继承权的丧失。而两种人格减等都是政治评价的结果,此等结果让继承的养老育幼的功能个案性地死亡,当然有欠人道。让基于血亲关系的继承权不因刑事处分消灭,等于在刑事责任与继承权的享有之间做了一个区隔,当然比不做这样的区隔好。

《关于俘虏的科尔内流斯法》也与《十二表法》在死于被俘状态的儿子是否能取得父亲遗产的问题上形成同事异决。尤里安在其《学说汇纂》第62卷(D.28,6,28)中告诉我们:如果适婚的儿子在父亲生存时被俘,然后在其父亲死于城邦中后死于被俘状态中,父亲的遗产依据《十二表法》属于最近的宗亲,而不是依据《关于俘虏的科尔内流斯法》属于儿子。③ 此语说的是:父亲已订立遗嘱指定其儿子为继承人,但儿子在父亲活着时被敌人俘虏,父亲死后他也死在敌人手里,由此,遗嘱继承落空,转入法定继承。遗产按《十二表法》的规定归第二顺位的法定继承人,即最近亲等的宗亲。但《关于俘虏的科尔内流斯法》把所有

---

① See The Digest of Justinian, Vol. 3, edited by Mommsen and Alan Watson, University of Pennsylvania Press, Philadelphia, 1985, p. 369.

② 参见[古罗马]优士丁尼:《法学阶梯》(第二版),徐国栋译,中国政法大学出版社2005年版,第305页。

③ See The Digest of Justinian, Vol. 2, edited by Mommsen and Alan Watson, University of Pennsylvania Press, Philadelphia, 1985, p. 855.

被俘的罗马公民都拟制为在被俘的时刻已死亡于罗马,其遗嘱有效,所以,在上述案例中,遗嘱继承继续,并不转入法定继承。于是,仍在被俘状态的儿子取得遗产,然后再把此等遗产传给他自己的继承人。这样处理,法律关系过于复杂,所以尤里安主张此时不适用《关于俘虏的科尔内流斯法》,而适用《十二表法》。

二、债法方面的

《十二表法》规定了盗窃等私犯,后世的《阿奎流斯法》也规定了私犯,由此发生如何适用法律的问题。

乌尔比安在其《告示评注》第 18 卷(D.9,4,2,1)中告诉我们:杰尔苏区分了《阿奎流斯法》和《十二表法》就奴隶实施私犯做出的不同规定。按后者,如果主人知晓其奴隶实施了盗窃或其他私犯,不会以自己的名义应诉,而以奴隶的名义应诉。按前者,主人将以自己的名义应诉。之所以不同处理,乃因为《十二表法》希望奴隶是不听从主人命令实施私犯的;而《阿奎流斯法》则倾向于宽恕服从主人命令的奴隶,以免他会被处死。① 不难看出,后者开脱了主人,前者开脱了奴隶。

《阿奎流斯法》颁布后,并未马上取代《十二表法》的相关规定,而是形成两法并存、人们择法而用的局面。② 保罗在其《萨宾评注》第 9 卷(D.47,7,1)中告诉我们:拉贝奥说:如果盗伐树木,必须要么按《阿奎

---

① 参见米健、李钧译:《学说汇纂(第九卷):私犯、准私犯与不法行为之诉》,中国政法大学出版社 2012 年版,第 113 页。

② 乌尔比安认为,《阿奎流斯法》的颁布,废除了《十二表法》中包含的关于不法损害的规范(D.9,2,1pr.)。但黄文煌分析后认为,《阿奎流斯法》只废除了《十二表法》中与其重复的规定,并导致一些并存性的关于财产损害的规定在实践中逐渐被废弃。到乌尔比安的时代,《阿奎流斯法》才完成了侵权法方面对《十二表法》的有关规定的完全取代。参见黄文煌:《阿奎流斯法——大陆法系侵权法的罗马法基础》,中国政法大学出版社 2015 年版,第 47 页及以次。

流斯法》,要么按《十二表法》给予诉权。但特雷巴求斯说,必须这样地给予这两种诉权,以便法官在后一种诉讼中减去根据前一种诉权所得到的,并根据余额做出宣判。① 此语说的是:拉贝奥主张原告只能在两个法中选用一个,但特雷巴求斯主张可选用两个法,但原告的所得总额不得超过赔偿数额较高的那个诉讼的赔偿额。如果他先提起赔偿额高的诉讼后再提起另一个诉讼,他不会得到两份赔偿。如果他先提起赔偿额低的诉讼,他可提起另一个诉讼获得第一个诉讼不能取得的赔偿部分。② 这样的两诉皆宜论显然增加了法院的负担。

以上是两个法律竞合的情形,还有三个法律竞合的情形。盖尤斯在其《行省告示评注》第10卷(D.19,2,25,5)中告诉我们:如果他自己伐树,他不仅根据出租之诉,而且根据《阿奎流斯法》,还根据《十二表法》就盗伐树木承担责任,并且根据关于暴力与欺瞒的令状承担责任。③ 这个法言说的是一个承租他人土地的人砍伐租赁地上的树木,他首先要承担违约责任,也即根据出租之诉担责,因为租赁关系中无让承租人砍伐租赁地上树木的内容。其次他要根据《阿奎流斯法》和《十二表法》承担侵权责任。最后,如果他在诉讼系属期间继续砍伐树木,因为出租人(同时也是原告)已要求他不要砍树,他仍瞒着出租人砍之。此时,裁判官颁布关于暴力与欺瞒的令状,要求他自己或承担费用恢复原状。④

---

① 参见[意]桑德罗·斯奇巴尼选编:《民法大全选译·债·私犯之债(II)和犯罪》,徐国栋译,中国政法大学出版社1998年版,第76页。
② 参见黄文煌:《阿奎流斯法——大陆法系侵权法的罗马法基础》,中国政法大学出版社2015年版,第53页。
③ See The Digest of Justinian, Vol. 2, edited by Mommsen and Alan Watson, University of Pennsylvania Press, Philadelphia, 1985, p. 565.
④ See Adolf Berger, Encyclopedic Dictionary of Roman Law, The American Philosophical Society, Philadelphia, 1991, p. 511.

另外，保罗在其《告示评注》第 22 卷（D.47,7,11）中告诉了我们三个法律竞合的另一种情形：如果对砍伐树木的行为已根据《阿奎流斯法》起诉，在颁布了关于暴力与欺瞒的令状的情况下，只要头一个判决已充分地制裁了被告，他将被开释，根据《十二表法》的诉权仍然维持。① 这个法言中的砍树人占有树所生之土地的依据并非租赁，而是其他原因。当土地所有人向他诉追土地时，他想捞一把，在脱离占有前砍几棵树图利。土地所有人遂依据《阿奎流斯法》第 3 条②起诉他，同时请求裁判官颁布关于暴力与欺瞒的令状。他获得胜诉，其损害得到了填补，但他并不丧失《十二表法》赋予他的诉权。此乃因为《十二表法》对于盗伐他人树木的行为只罚款 25 阿斯。由于通货膨胀，这笔钱到保罗的时代已微不足道，所以保罗允许原告两诉并举，不似拉贝奥只允许原告获得一个诉的利益。

第五节　反映《十二表法》的规定被后法发展的法言

一、关于高官豁免监护的规定

保罗在其《告示评注》第 38 卷（D.26,2,20,1）中告诉我们：我们可以以遗嘱指定任何人为监护人，不论他是裁判官还是执政官，因为《十

---

① 参见[意]桑德罗·斯奇巴尼选编：《民法大全选译·债·私犯之债（II）和犯罪》，徐国栋译，中国政法大学出版社 1998 年版，第 78 页。

② I.4,3,13. 如果某人伤害了奴隶或属于牲畜的四足动物，伤害或杀死了不属于牲畜的四足动物，例如狗或野兽，本条赋予了诉权。就所有其他动物，同样，就所有无生命的物实施的不法损害，都可根据这一条提起诉讼。事实上，如果某物被焚毁、打碎或折断，根据本条被授予诉权。

二表法》对此确认。① 此语的意思是《十二表法》不承认担任高官者可豁免公役,这也许因为在《十二表法》的时代,罗马社会的规模不大,所以,裁判官和执政官都不十分忙,所以还有时间履行监护职责。但到了马尔库斯·奥勒留皇帝的时代(121—180年),情况已改变,所以,他在《半年录》中批复:管理皇库财产的人,在进行这种管理的期间,可被豁免监护或保佐(I.1,25,1②)。皇库裁判官的职位肯定低于执政官,按照举轻明重的原则,执政官当然豁免承担监护职责。

二、关于恩主丧失对解放自由人继承权的原因的规定

乌尔比安在其《优流斯和帕皮尤斯法评注》第 10 卷(D.37,14,11)中告诉我们:恩主对其解放自由人依《十二表法》授予的法定继承权因前者对后者提起了导致重刑的控告而丧失。③ 所谓重刑,指死刑和流放之刑。修改《十二表法》有关规定的新法,很可能是乌尔比安评注的《优流斯和帕皮尤斯法》。这一规定颇为独特,通常都要求解放自由人不得为不利于恩主的行为,这里也要求恩主不得为严重不利于解放自由人的行为,否则得不到继承后者的好处。恩主的这种自抑构成容隐,它以牺牲对严重犯罪的打击为代价维护了恩主与解放自由人关系中的信义。

三、关于法定继承人范围的规定

《十二表法》规定的法定继承人的范围也被后法发展了。乌尔比安

---

① See The Digest of Justinian, Vol. 2, edited by Mommsen and Alan Watson, University of Pennsylvania Press, Philadelphia, 1985, p.750.

② 参见[古罗马]优士丁尼:《法学阶梯》(第二版),徐国栋译,中国政法大学出版社 2005 年版,第 93 页。

③ See The Digest of Justinian, Vol. 3, edited by Mommsen and Alan Watson, University of Pennsylvania Press, Philadelphia, 1985, p.317.

在其《告示评注》第46卷(D.38,7,2,4)中告诉我们:但召集一切在无遗嘱的情形是继承人的人进行这种遗产占有,他们要么是《十二表法》规定的法定继承人,要么根据其他法律、元老院决议如此。……[1]此语中,《十二表法》规定的法定继承人包括宗亲和族亲。其他法律、元老院决议规定的法定继承人有《特尔图鲁斯元老院决议》规定的被继承人的母亲,以及《奥尔菲图斯元老院决议》规定的被继承之母亲的子女。通过新法,母亲及其子女被增加到了法定继承人的行列中。

四、遗产占有制度的确立

《十二表法》规定的法定继承被裁判官创立的遗产占有补充了。乌尔比安在其《告示评注》第49卷(D.38,14,1,2)中告诉我们:如果某人根据《十二表法》取得遗产,他并不能依据告示的这一部分提出申请,而是依据"应该成为其继承人"的名目申请该种遗产占有,仿佛法律专门授予了他此等遗产占有一样。[2] 此语中的"这一部分",指裁判官颁布的"只要根据任何法律或元老院决议应当如此,我将授予遗产占有"(D.38,14,1pr.)的告示。遗产占有是裁判官法上的继承,尽管无继承之名,但有其实。遗产占有分为很多类型,本法言涉及两类。第一类是"依据法律或元老院决议的遗产占有";第二类是"应该成为其继承人"的遗产占有。"应该成为其继承人"是另一个裁判官告示中包含的短语,全句是"如果某人无遗嘱而死另一人应成为其继承人",所以,这是一种授予市民法上的法定继承人的遗产占有,只授予父系亲属,而"依据法律或元老院决议的遗产占有"可能授予自然法上的亲属,例如被继

---

[1] See The Digest of Justinian, Vol. 3, edited by Mommsen and Alan Watson, University of Pennsylvania Press, Philadelphia, 1985, p. 347.

[2] See The Digest of Justinian, Vol. 3, edited by Mommsen and Alan Watson, University of Pennsylvania Press, Philadelphia, 1985, p. 363.

承人的母亲和祖母。

五、关于取得时效客体要件的规定

《十二表法》关于取得时效的标的物适格的要件也被后世的法律发展了。优士丁尼《法学阶梯》(I.2,6,2)告诉我们：被盗物或以暴力占有的物，虽然在上述长期期间内被以诚信占有，也不能以时效取得。事实上，被盗物由《十二表法》和《阿梯纽斯法》禁止，以暴力占有之物由《优流斯和普劳求斯法》(Lex Iulia et Plautia)禁止以时效取得。[①] 此语中，按照《十二表法》，以暴力占有之物原来不构成标的不适格，因为当时盗窃与抢劫不分，在《优流斯和普劳求斯法》的时代，盗窃和抢劫得以区分，所以该法增加了这种抢劫物不适格的情形。

如前所述，《阿梯纽斯法》表面看重申了《十二表法》关于被盗物不得以时效取得的规定，实际上是把盗贼本人不能完成取得时效的原规定改造为从盗贼手里获得赃物的人也不能完成取得时效的新规定。[②]

第六节　扩张解释《十二表法》中的某个用语以满足实际生活的需要的法言

一、扩张不能出庭原因的法言

《十二表法》第二表第 2 条规定：患重病、受另一个审判，或者定好了为外邦人做出庭担保的期日、参加祭祀、家人葬礼以及葬礼后的成神

[①] 参见[古罗马]优士丁尼：《法学阶梯》(第二版)，徐国栋译，中国政法大学出版社 2005 年版，第 149 页。
[②] 参见徐国栋：《民法基本原则解释——诚信原则的历史、实务、法理研究》，北京大学出版社 2013 年版，第 104 页。

节,如果遇到这些障碍之一,法官、仲裁员或被告应另日诉讼。该条只把患重病、受另一个审判,或者定好了为外邦人做出庭担保的期日、参加祭祀、家人葬礼以及葬礼后的成神节作为延期审理的理由,显然太窄,因为只包括人文的障碍,未包括自然的障碍。于是,乌尔比安在其《告示评注》第 74 卷(D.2,11,2,3)中对此加以扩张:如果某人允诺出庭,但为健康问题、风暴或洪水所阻不能出庭,可得到抗辩的帮助,无罪。尽管这样的允诺要求他出庭。① 这是类比《十二表法》的上述规定所为之决定,把风暴和洪水的自然灾害补充到了不能出庭的可原谅原因中。

二、扩张或限缩已造横梁之诉的适用的法言

已造横梁之诉本来用以解决盗窃他人建筑材料建造自己房子的赃物处理问题,但罗马人逐渐把它抽象成添附制度。按照这一制度,由于各种原因被聚合成一物的两物,虽在物理上可以分割,但为了保护形成的新物不受破坏,法律禁止分割,让新物成为参与物的一方主人的所有,而责令他对参与物的另一方主人提供补偿。一旦达到了这样的高度,已造横梁之诉原初的案例性便被消解,法学家把它适用到更广阔的情境中。

保罗在其《内拉蒂评注》第 3 卷(D.24,1,63)中把它适用于妻子的嫁资对于丈夫财产的添附。按照罗马法,嫁资的所有权归妻子,经营管理权归丈夫。一旦丈夫死亡或实施离婚,便发生归还妻子嫁资问题。但两口子的财产已融为一体,如何实现分离呢?保罗认为,如果妻子的物被混合到丈夫的建筑里,应该认为可根据《十二表法》提起诉讼,因为

---

① See The Digest of Justinian, Vol. 1, edited by Mommsen and Alan Watson, University of Pennsylvania Press, Philadelphia, 1985, p. 54.

没有别的诉讼。但《十二表法》的规则要变通适用:妻子要等到自己的物分离出来,才可要求归还,在此之前,不能根据《十二表法》要求此等物的双倍价值:因为被混合之物并不是偷来的,而是在妻子知情的情况下与丈夫的建筑发生添附的。① 这时的妻子似乎吃亏,但考虑到她与丈夫曾有过的情谊关系,也不得不忍受这种局面了。

保罗在其《问题集》第 15 卷(D.46,3,98,8)中把已造横梁之诉扩用于被允诺的土地被人建造了公寓楼的情形:我允诺给你一个他人的地块,其所有人在上面建造了一个公寓楼,或问,要式口约是否消灭?② 之所以发生这样的问题,乃因为允诺的标的物已发生改变,土地上被添附了一个公寓楼。而且,公寓楼的价值大于地块,土地添附于它。保罗认为,此时并不构成履行不能,故债权人依然可主张地块,但得不到原物,可得到其价值。但他最后援引《十二表法》承认建筑材料可以是原物返还诉的客体,但禁止拆除建筑物,只能给付其价金的规定③,暗示如果公寓楼将来灭失,债权人仍可主张土地本身。

但保罗在其《萨宾评注》第 14 卷(D.10,4,6)中排除把已在横梁之诉适用于两个贵重物品间发生添附的情形:一个人把自己的美玉镶嵌于他人的金器或雕像上,保罗认为,不能提起原物返还诉,因为从法学的意义来看,原物已不存在而成为新物的一部分。但可提起出示之诉,这是提起原物返还诉的前提诉,尤其在添附案件中。提起出示之诉是为了证明原物还存在,由此可以成为原物返还诉的对象。原物的出示取决于剥离的成功,如果剥离失败,被告出示不了原物,则只能提起损

---

① 参见黄美玲译:《学说汇纂(第二十四卷):夫妻间财产关系》,中国政法大学出版社 2016 年版,第 111 页。

② See The Digest of Justinian, Vol. 4, edited by Mommsen and Alan Watson, University of Pennsylvania Press, Philadelphia, 1985, pp.719s.

③ See The Digest of Justinian, Vol. 4, edited by Mommsen and Alan Watson, University of Pennsylvania Press, Philadelphia, 1985, pp.719s.

害赔偿之诉了。① 所以保罗说:这与已造横梁之诉不同,不能对此等梁木提起出示之诉,因为《十二表法》禁止拆除梁木。但根据同一法律,可根据已造横梁之诉提起双倍诉讼。② 不同的原因显然,拆除一座房子损害社会财富大,拆除一个首饰的社会财富损害小或没有。所以,法律做不同的处理。

三、对重要术语进行扩张解释的法言

很多时候,扩张解释一个规定中包含的关键词就扩张了该规定的适用范围。有些规定产生于个案,其包含的关键词含义狭窄,经解释才得以拓宽,所以,扩张解释的过程,往往也是把得自案例的规则普遍化的过程。罗马法学家是进行这样的扩张的老手,他们在这方面的能力尤其表现在他们对《十二表法》中某些规定的关键词的处理中。

乌尔比安在其《告示评注》第 24 卷(D.10,4,7pr.)中把《十二表法》第六表第 8 条中的"梁木"一语解释为包括一切建筑材料。③ 从此出发,已造横梁之诉成为罗马法中宽广的添附制度的起点。乌尔比安还在其《告示评注》第 71 卷(D.47,7,3pr.-1)中把树木解释为包括葡萄藤、常春藤和芦苇④,这样就扩大了盗伐树木罪的适用范围。盖尤斯在其《行省告示评注》第 13 卷(D.47.2.55.2)中把《十二表法》中在正当防卫语境中使用的"武器"一语解释为包括剑、棍棒、石头以及任何能造

---

① See George Mousourakis, Fundamentals of Roman Private Law, Springer Science & Business Media, 2012, p.151.

② See The Digest of Justinian, Vol.1, edited by Mommsen and Alan Watson, University of Pennsylvania Press, Philadelphia,1985,p.332.

③ See The Digest of Justinian, Vol.1, edited by Mommsen and Alan Watson, University of Pennsylvania Press, Philadelphia,1985,p.332.

④ 参见[意]桑德罗·斯奇巴尼选编:《民法大全选译·债·私犯之债(II)和犯罪》,徐国栋译,中国政法大学出版社 1998 年版,第 76 页及以次。

成伤害的东西。① 实际上,《十二表法》中的"武器"一语原文是"用弓发射的东西",也指一切用手投掷的物体(I. 4,18,5)②,含义狭窄得很。

要指出的是,法学家们通过以上操作,把《十二表法》的方法论基础由美索不达米亚式改为希腊式,从个案经验中抽象出能适用于更广泛的情况的法律规则。

伽里斯特拉杜斯在其《问题集》第 2 卷(D. 50,16,220pr.)中把子女的术语解释为包括孙子和重孙子,并一口咬定《十二表法》把所有这些都包括在子女的术语中……③实际上,《十二表法》中"子女"的拉丁原文是 Filius,仅指儿子,连女儿都不包括。把 Filius 解释为包括一切卑亲属,旨在让他们都有人监护。

保罗在其《论亲等和姻亲》单卷本(D. 38,10,10,2)中说:《十二表法》称之为宗亲的人也是血亲,但他们是同一家庭中的通过父系形成的血亲,而通过女性形成的亲属仅被称为血亲。④ 此语旨在扭转《十二表法》的宗亲本位主义,把宗亲也是血亲的一种的事实揭示出来,为把继承权建立在血亲关系基础上张目。

彭波尼在其《昆图斯·穆丘斯评注》第 18 卷(D. 40,7,29,1)中扩张解释《十二表法》中包含的 Emptio 术语,说:《十二表法》似乎把每一种转让都包括在"买受"(Emptio)的术语中,并不区分当事人依据什么

---

① See The Digest of Justinian, Vol. 4, edited by Mommsen and Alan Watson, University of Pennsylvania Press, Philadelphia, 1985, p. 752.

② 参见[古罗马]优士丁尼:《法学阶梯》(第二版),徐国栋译,中国政法大学出版社 2005 年版,第 535 页。

③ See The Digest of Justinian, Vol. 4, edited by Mommsen and Alan Watson, University of Pennsylvania Press, Philadelphia, 1985, p. 934.

④ See The Digest of Justinian, Vol. 3, edited by Mommsen and Alan Watson, University of Pennsylvania Press, Philadelphia, 1985, p. 353.

方式成为奴隶的所有人。① 彭波尼旨在通过这样的解释解决一个遗嘱解释问题：家父在遗嘱中这样写：如果我的奴隶安德罗尼库斯（Andronicus）给我的继承人 10 个币，让他获得自由。这是根据第七表第 12 条实施的附条件解放奴隶的遗嘱。结果遗嘱继承人的继承权遭到法定继承人的争议，遂占有遗产，但法官做出了不利于他的判决。然后，安德罗尼库斯提出这样的问题：他已给付了自称的法定继承人 20 个币，而该人得到了有利的判决，他应该获得自由。怎么处理他的请求？遗嘱人的意图显然是让安德罗尼库斯给钱于遗嘱继承人，但他实际加倍付给了法定继承人，这样的给付是否导致他获得自由权？昆图斯·穆丘斯、拉贝奥和阿里斯托都认为，可导致安德罗尼库斯获得自由。安德罗尼库斯以这种方式获得自由的原因何在？在于遗嘱人已经把对他的所有权以他自己付费的方式转让给得到法院胜诉判决的人，然后再由该人解放他。②

顺便指出，查《十二表法》的诸拉丁文本，除了虢德弗罗瓦的还原本外，并未发现有 Emptio 一词，这可能因为在彭波尼的时代，有一个采用当时拉丁语的文本中有这个词，但这个文本没有留传给我们。③

四、通过解释形成新的法律制度的法言

有些规定，《十二表法》本身没有，但包括其法理，依据此等法理，法学家们把它们由隐而显，解释成制度。

---

① See The Digest of Justinian, Vol. 3, edited by Mommsen and Alan Watson, University of Pennsylvania Press, Philadelphia, 1985, p. 465.

② See The Digest of Justinian, Vol. 3, edited by Mommsen and Alan Watson, University of Pennsylvania Press, Philadelphia, 1985, p. 465.

③ Alan Watson 对此持不同看法，他认为《十二表法》中的 emptio 一词就是"拿走"的意思。See Alan Watson, Emptio, "Taking", In (1975). Scholarly Works. Paper 563. http://digitalcommons.law.uga.edu/fac_artchop/563.

首先,恩主监护其解放自由人的制度是这样来的。优士丁尼《法学阶梯》(I.1,17pr.)告诉我们:根据上述《十二表法》,男女解放自由人的监护属于恩主及其卑亲属,这也被称作法定监护。并非因为该法指名地规定了这种监护,而是通过解释,这种监护得到了接受,完全如同该法的文句采用了这种监护一样。事实上,由于该法命令,如果男女解放自由人无遗嘱而死,其遗产归恩主及其卑亲属的事实本身,古人相信,该法也愿意把监护归之于这些人,因为它命令,被召集继承遗产的宗亲,也做监护人,因为在通常情况下,哪里有继承权的利益,哪里也应有监护的负担。……①乌尔比安在其《萨宾评注》第14卷(D.26,4,1pr.)②、第38卷(D.26,4,3pr.)③中有类似的说明。三个法言的共同理路是:得到遗产的人有义务监护遗产的给予者,以贯彻权利义务相一致原则。

乌尔比安在其《萨宾评注》第38卷(D.26,4,3,1)中进一步厘清了恩主监护的不同原因:不论解放者是自愿解放还是按照信托被迫使实施解放,解放者都是被解放者的监护人。④ 自愿解放是奴隶的主人自己实施的解放,信托解放是此等主人委托自己的继承人实施的解放。基于前种解放产生的监护是解释得来的,基于后种解放产生的监护是进一步解释得来的,它被用来解决适用一个解释得来的规则时必然要出现的新问题。

---

① 参见[古罗马]优士丁尼:《法学阶梯》(第二版),徐国栋译,中国政法大学出版社2005年版,第75页。
② See The Digest of Justinian, Vol.2, edited by Mommsen and Alan Watson, University of Pennsylvania Press, Philadelphia, 1985, p.753.
③ See The Digest of Justinian, Vol.2, edited by Mommsen and Alan Watson, University of Pennsylvania Press, Philadelphia, 1985, p.753.
④ See The Digest of Justinian, Vol.2, edited by Mommsen and Alan Watson, University of Pennsylvania Press, Philadelphia, 1985, p.753.

既然解放奴隶的恩主负责监护后者,解放未适婚子女的尊亲就不管后者了吗?乌尔比安在其《告示评注》第35卷(D.26,4,5pr.)中说:没有任何人指定法定监护人,但《十二表法》指定了监护人。① 这个法言太短,孤立看它不知所云,但它所处的上下文是解放子女的尊亲的法定监护,所以它规定的是尊亲对被解放子女的法定监护。如果说恩主对解放自由人的监护是解释出来的,尊亲对被解放子女的监护应产生在它之后,更是解释出来的,而且可能是比照恩主监护解释出来的,但乌尔比安硬说"《十二表法》指定了监护人",实际情况并非如此。

兄弟属于宗亲,所以也是第二顺位的法定继承人,他们是否也承受保护被继承人的负担呢?《十二表法》本身对此无规定,但阿纳斯塔修斯皇帝(Flavius Anastasius,430—518年)在其致人民的敕答(C.5,70,5)中根据该法的精神演绎出这样的规定,曰:朕并无意让被解放的兄弟或兄弟们不承受监护的负担而享有继承的不当利益,朕根据《十二表法》规定:他们可合法地被指定为其疯了的兄弟或姐妹的保佐人。② 这个敕答由此根据权利义务相一致原则创立了兄弟间的保佐。

《十二表法》本身并未承认胎儿的继承能力,但乌尔比安在其《萨宾评注》第14卷(D.38,16,3,9)中却说:《十二表法》授予法定继承权给在母腹中的人,但以他活着出生为条件。③ 显然,这样的胎儿继承权产生于法学家的解释。乌尔比安进一步演绎了胎儿享有继承权的两种情形。其一,在他这一亲等只有他一人,这样,他优先于顺位在他之后的

---

① See The Digest of Justinian, Vol. 2, edited by Mommsen and Alan Watson, University of Pennsylvania Press, Philadelphia, 1985, p. 754.

② See the Civil Law including The Twelve Tables, The Institutes of Gaius, The Rules of Ulpian, The Opinions of Paulus, The Enactments of Justinian, and The Constitution of Leo, Trans. and edited by S. P. Scott, Cincinnati, 1932, Vol. XIII, p. 277.

③ See The Digest of Justinian, Vol. 3, edited by Mommsen and Alan Watson, University of Pennsylvania Press, Philadelphia, 1985, p. 367.

宗亲。我们知道,《十二表法》授予遗产于最近亲等的宗亲。如果不算这一亲等中的胎儿,下一亲等的宗亲就得到继承机会了,法学家关于胎儿享有继承能力的解释剥夺了他们的机会。其二,在他这一亲等还有其他人,例如有一个已出生的哥哥,或一个被继承人的已出生的侄儿的情形,这时胎儿与这些已存在的人分享遗产。①

五、法律适用性解释

法律非经解释,不得适用,此乃因为法律是一般的,案件是特殊的,适用法律时有必要把抽象的规则具体化。下面分为人法和物法两个方面谈后世法律人对《十二表法》有关规范的解释。

（一）人法方面的

戴克里先和马克西米安皇帝于290年6月发布的致菲尔米娜(Firmina)的敕答(C.5,30,1)解释了法定监护人是否包括血亲的问题。曰:《十二表法》未把对男性的监护授予舅舅,而授予了叔叔和伯伯,但以他们未受到豁免为限。②《十二表法》把宗亲的法定继承人资格与法定监护人资格挂钩。所谓宗亲,是父系的亲属,舅舅是母系的亲属,舅舅不能充当外甥的法定监护人,毫无疑问,不需要解释。可能在戴克里先的时代出现了提高血亲地位的思潮,故有人质疑《十二表法》的规定,而戴克里先和马克西米安比较保守,故做出了维护传统的解释。但较晚的优士丁尼比较有革新精神,在531年发布的一个敕答(C.6,58,14,6)中承认外甥可以继承舅舅,以此为舅舅监护外甥创造了前提。

---

① See The Digest of Justinian, Vol. 3, edited by Mommsen and Alan Watson, University of Pennsylvania Press, Philadelphia, 1985, p. 367.

② See the Civil Law including The Twelve Tables, The Institutes of Gaius, The Rules of Ulpian, The Opinions of Paulus, The Enactments of Justinian, and The Constitution of Leo, Trans. and edited by S. P. Scott, Cincinnati, 1932, Vol. XIII, p. 227.

《十二表法》对僭夺被监护人财产的监护人比照盗窃课加双倍之诉的责任,但在多数人担任一个人的监护人,他们彼此间有分工的情况下如何适用这个规则是个问题。特里芬尼努斯在其《论断集》第 14 卷(D.26,7,55,1)中为我们提供了这方面的案例及其解决方案:三个人监护一人。第一人负责管理,后来破产。第二人委托蒂求斯进行管理,后者确实实施了一些管理行为。第三人未进行任何管理。此时,如果监护人自己盗窃了被监护人的财产,《十二表法》规定的针对监护人的双倍之诉是否适用呢?特里芬尼努斯认为,第二个监护人因为已接受管理,他应被认为背信行事而非违背所有人的意志僭夺其财产。所以,他不要就双倍之诉承担责任,而要就交还财产或偿付其价值承担责任。① 通过这样的解释,特里芬尼努斯填补了《十二表法》未考虑到监护人的背信行为的立法漏洞。

尤里安在其《学说汇纂》第 59 卷(D.38,16,6)中还考察了《十二表法》的规则对于如下案件的适用可能:蒂求斯剥夺了其儿子的继承权,附条件地指定一个家外人为其继承人。蒂求斯死后条件仍处于悬置状态,其儿子已结婚并当了父亲,然后死亡,而课加于继承人指定的条件后来不成就,祖父的遗产是否可以无遗嘱继承的方式移转给其遗腹的孙子?尤里安的意见是:在其祖父死后受孕的人不能作为自权继承人法定继承祖父,也不能作为血亲实施遗产占有,因为《十二表法》召集被继承人死亡时生存的人继承遗产。② 这样的解释确定了《十二表法》不承认上述胎儿的继承权,继承人在被继承人死亡时必须存在。

---

① See The Digest of Justinian, Vol. 2, edited by Mommsen and Alan Watson, University of Pennsylvania Press, Philadelphia, 1985, p. 772.

② See The Digest of Justinian, Vol. 3, edited by Mommsen and Alan Watson, University of Pennsylvania Press, Philadelphia, 1985, p. 367.

待自由人是被其主人附条件解放,但此等条件尚未成就时的奴隶。这种可能成为自由人的奴隶可否出售?莫特斯丁在其《区别集》第9卷(D.40,7,25)中回答了这个问题:按照《十二表法》可以出售,但以恶劣的条件出售他们,例如禁止他们在某些地区服务或在任何时候被解放,则完全不对。① 此等解释基于待自由人的奴隶现实性做出,没有什么不对。《十二表法》第七表第12条确实有关于出售待自由人规定。其辞曰:在遗嘱中被宣布解放的人,以向继承人支付10 000阿斯为条件的,即使继承人出卖了他,他应通过向买受人给付上述金钱获得自由。莫特斯丁对《十二表法》的这个规定做了适用性解释:不许以恶劣条件出售待自由人。

有些法言认定的《十二表法》的规定是假托的。这方面的例子有I.3,5,1。它规定:受人格减等的宗亲及其后代,不被《十二表法》认为是法定继承人……② 目前有的《十二表法》的还原本中并无这样的规定,在排除《十二表法》中确实有该规定,但它未留传给我们的前提下,它只能是对其有关规定的适用性解释。由此在法定继承关系中增加了政治色彩,因为人格减等大多是重罪犯人承担的刑罚的附加后果,而且,优士丁尼还把这样的刑罚效果株连性地扩张到受刑人的后代。

(二) 物法方面的

我们知道,受赠人对于赠予人有感恩义务,一旦忘恩负义,赠予人可撤销赠予。而解放是一种特殊的赠予,对它是否适用赠予的一般规则,保罗在其《普劳提评注》第9卷(D.50,16,80)中对此做了肯定的回

---

① See The Digest of Justinian, Vol. 3, edited by Mommsen and Alan Watson, University of Pennsylvania Press, Philadelphia, 1985, p. 464.

② 参见[古罗马]优士丁尼:《法学阶梯》(第二版),徐国栋译,中国政法大学出版社2005年版,第307页。

答：根据《十二表法》的精神，一般地撤销遗赠，也包括撤销自由之赋予。① 此语中使用了"《十二表法》的精神"的表达，清楚地表明，保罗谈到的制度并非出自《十二表法》的文字规定，而是出于解释。

替补继承是遗嘱人在他指定的继承人先于他死亡时指定另一人继承后者的情形。那么，替补继承人可以有几个？彭波尼在其《萨宾评注》第 2 卷(D. 50,16,162pr.)中认为只能有一个，曰：在普通的替补中，替补继承最后死的继承人的人，被正确地理解为是唯一的替补者，根据《十二表法》的先例，最近亲等的宗亲只包括一个宗亲。② 这个法言涉及这样的情形：某人指定了两个继承人，其中一个是另一个的替补继承人，后来，第三人又被指定为后者的替补继承人，此等第三人是两个继承人中最后死者的替补继承人，由于两个继承人彼此发生了继承，他可得到两个份额。这样安排，出于模仿《十二表法》关于最近亲等的宗亲只有一个的规定。替补继承和法定继承一样具有顺位性，"第三人"构成替补继承的一个顺位，"最近亲等的宗亲"也是一个顺位，两者都只能有一人。通过类比推理达成这种效果。

在法定继承中，遗腹子的地位如何？前文已讲到尤里安不承认胎儿的继承权，但戴克里先和马克西米安皇帝承认之。他们在 293 年致马尔切拉(Marcella)的一个敕答(C. 6,55,4)中说：按照《十二表法》规定的继承顺序，如果某人无遗嘱而死，其遗腹子优先于他的姐妹。③ 此语承认遗腹子即胎儿是死者的当然继承人，处在法定继承的第一顺位。

---

① See The Digest of Justinian, Vol. 4, edited by Mommsen and Alan Watson, University of Pennsylvania Press, Philadelphia, 1985, p. 940.

② See The Digest of Justinian, Vol. 4, edited by Mommsen and Alan Watson, University of Pennsylvania Press, Philadelphia, 1985, p. 947.

③ See the Civil Law including The Twelve Tables, The Institutes of Gaius, The Rules of Ulpian, The Opinions of Paulus, The Enactments of Justinian, and The Constitution of Leo, Trans. and edited by S. P. Scott, Cincinnati, 1932, Vol. XIV, p. 79.

死者的姐妹属于宗亲,处在法定继承的第二顺位,故"胎儿"优先于"姐妹"。《十二表法》本身并无关于胎儿的规定,这一敕答通过解释,把胎儿的法定继承权确立下来了,填补了《十二表法》的一个漏洞。

《十二表法》的另一个漏洞由乌尔比安在其《萨宾评注》第 41 卷(D.19,5,14,3)中发表的法言填补了:该法对于你的橡实落在我的土地上,此等橡实被牲畜吃掉的情形没有规定。对于这种情形不能适用放牧之诉,因为该诉针对的是我在你的土地上牧放我的牲畜的情形,本案的情形是我的牲畜吃掉你的树木掉落在我自己的土地上的橡实。也不能适用四足动物致人损害之诉,因为该诉只适用于四足动物因为撒野导致他人人身损害的情形,而本案的情形是财产损害。所以,只能提起事实之诉。① 而事实之诉就是弥补法律漏洞之诉。

《十二表法》规定的盗伐树木考虑的是盗贼来到他人土地砍树带走的情形,未考虑土地承租人盗伐出租人的树木的情形,这一漏洞被保罗在其《萨宾评注》第 18 卷(D.12,2,28,6)中点出:因为租赁地上的树木被盗伐,佃户被依据租赁之诉当了被告。此时有两种可能:树木极可能是佃户自己盗伐的,对于这种情形,已有前文讲到过的 D.19,2,25,5 加以处理;也可能是他人盗伐的。如果佃户宣誓他不曾盗伐,他可以援用已经发誓的抗辩对抗依据《十二表法》规定的盗伐树木赔偿请求权。② 这个时候,树木的主人只能去寻找另外的被告了。

能否时效取得被盗的女奴的婴儿? 是一个《十二表法》不曾规定的问题,尤里安在其《学说汇纂》第 44 卷(D.41,3,33pr.)中对此做了回答:不仅诚信买受人,而且一切根据通常会引起取得时效的原因为占有

---

① See The Digest of Justinian, Vol. 2, edited by Mommsen and Alan Watson, University of Pennsylvania Press, Philadelphia, 1985, p. 577.

② See The Digest of Justinian, Vol. 1, edited by Mommsen and Alan Watson, University of Pennsylvania Press, Philadelphia, 1985, p. 369.

的人,都可以通过取得时效取得被盗的女奴的婴儿……因为只要《十二表法》和《阿提纽斯法》未设置障碍,能根据某一原因以时效取得女奴的人就必然能按同样的原因以时效取得其婴儿,只要他在知道母亲是被盗的以前孩子是在他家里受孕的就行了。① 此语中,女奴被一个家父依据合法原因之一诚信占有,这个家父处在第二占有人的地位,此等女奴是被第一占有人盗来的,但第二占有人对此不知,所以他构成诚信,基此他可时效取得上述女奴,但是,他遇到了《十二表法》和《阿提纽斯法》的障碍,这两个法律都规定赃物不能以时效取得,除非它们曾回到原所有人手中,涤除了赃物的污点,但本法言中的女奴未经过此等涤除,所以她不能被时效取得。但她在第二占有人家里受孕并出生的婴儿却可以被时效取得,因为他并非赃物。但如果他是在其母亲被第二占有人占有前就受孕,被其母亲带到第二占有人家,那他也是赃物了。② 为了彰显他的非赃物属性,尤里安在本段中特别强调"孩子是在他(指第二占有人)家里受孕的"。婴儿没有赃物的污点,但要时效取得他必须有合法的原因。这是这个婴儿没有的,法学家解决这个难题的方法是把他母亲的被占有原因也当作他的被占有原因。在本段的情形,他母亲显然是被买来的,所以,此等婴儿的被占有原因是"作为买受人"。

罗马法中有遗产破产制度。债务人一死,如果其债权人诉追过来,受遗赠人是否要就死者的债务承担责任? 是个问题。戴克里先和马克西米安皇帝在294年致阿波劳斯图斯(Apolaustus)的一个敕答(C.4,16,7)中对此做了否定的回答:遗产的债权人无权对受遗赠人提起债权

---

① See The Digest of Justinian, Vol. 3, edited by Mommsen and Alan Watson, University of Pennsylvania Press, Philadelphia, 1985, p. 523.

② Cfr. Paolo Feretti, In rerum natura esse, in rebus humanis nondum esse, Giuffrè, Milano, 2008, p. 59.

之诉,因为《十二表法》已明确让继承人对这一诉权承担责任。① 实际上,《十二表法》中只有"继承的债权和债务,依法按其继承的遗产份额分派给继承人"(第五表第 9 条)这样的规定,其中包含继承人承担遗产债务的意思,但也可把受遗赠人解释成广义的继承人让他们承担死者债务,而戴克里先和马克西米安没有进行这样的扩张,对受遗赠人进行了保护,为此牺牲了遗产债权人的利益。这或许因为考虑到遗赠在有些情形具有酬劳性质,在有些情形具有做公益性质。

"继承的债权和债务,依法按其继承的遗产份额分派给继承人"这样的规定是否适用于被继承人的被抵押财产被执行后造成的亏损的分摊?《十二表法》对此无规定,瓦勒里安和加里恩努斯(Gallienus)皇帝在其于 257 年致陶鲁斯的一个敕答(C.8,32,1)中补充之:如果债权人死亡,留下几个继承人,而债权已按照《十二表法》在他们中分割,被抵押财产的整个金额由他们中的每个人负担。② 这样,就明列了继承人要分摊的死者债务的一个具体类型。

然而,继承人达成的分割债务的协议的效力是有限的,戴克里先和马克西米安皇帝在 294 年 10 月致科尔内利娅的一个敕答(C.2,3,26)中告诉我们:债务人的继承人依据《十二表法》达成的遗产的债务按他们的继承份额的比例分割的简约不能让债务人之一免对债权人偿付整个债额,在继承人依据裁判官法为继承时,也适用这一规则。所以,你可以在你的利益相关的范围内起诉共同继承人之一,迫使出示他们书

---

① See the Civil Law including The Twelve Tables, The Institutes of Gaius, The Rules of Ulpian, The Opinions of Paulus, The Enactments of Justinian, and The Constitution of Leo, Trans. and edited by S. P. Scott, Cincinnati, 1932, Vol. XIII, p. 29.

② See the Civil Law including The Twelve Tables, The Institutes of Gaius, The Rules of Ulpian, The Opinions of Paulus, The Enactments of Justinian, and The Constitution of Leo, Trans. and edited by S. P. Scott, Cincinnati, 1932, Vol. XIV, p. 282.

面的共同承认债务文书,或确认他们尚未达成分割债务的决定的事实。① 这一敕答确立了继承人之间的法定连带以保护债权人的利益。

以上是债务不可分割的情形,还有以地役权为标的的合同不可分割。保罗在其《告示评注》第 23 卷(D. 10,2,25,9)中告诉我们:如果一个人在就路权、通行权、驱畜通行权订立了要式口约后死亡,根据《十二表法》,这样的要式口约的标的不可分,因为它不能分。所以,分割遗产之诉不能涵盖此等要式口约,如果继承人被拒绝行使路权,他们中的每个人都可援用针对全额的诉权,判罚将按照他们继承遗产份额的比例做出。② 如此,尽管合同的标的不可分,但违约赔偿金可分。

第七节　批评《十二表法》某项规定的谬误的法言

一、对过度的遗嘱自由的批评

尽管《十二表法》的多数规定受到尊崇,但也有少数不妥规定受到后人的批评和更正。它关于绝对的遗嘱自由权的规定即为其中之一。事实上,根据《十二表法》,遗赠权可完全自由行使,甚至允许把全部遗产开支为遗赠。由于继承人根据遗嘱一无所得,倾向于拒绝接受毫无利益或只有极小利益的遗产,导致遗嘱人无遗嘱而死。这是罗马人最不愿发生的事情之一。就此,罗马人先后颁布了《富流斯法》《沃科纽斯法》谋求解决,但都效果不佳。最后颁布了《法尔其丢斯法》,规定,不许

---

① See the Civil Law including The Twelve Tables, The Institutes of Gaius, The Rules of Ulpian, The Opinions of Paulus, The Enactments of Justinian, and The Constitution of Leo, Trans. and edited by S. P. Scott, Cincinnati, 1932, Vol. XII, p. 172.

② See The Digest of Justinian, Vol. 1, edited by Mommsen and Alan Watson, University of Pennsylvania Press, Philadelphia, 1985, p. 314.

遗赠超过全部财产的 3/4，换言之，指定的继承人不论是一个还是多个，要为他或他们保留 1/4 的份额（I.2,22pr.）。① 由此创立了特留份制度，平衡了遗嘱自由、受遗赠人的利益和继承人的利益三者。申言之，继承人的利益是 1/4 的遗产；受遗赠人的利益是进入法定继承之避免，如果避免不了，他得到遗赠物的期望将泡汤。遗嘱自由得到了保全，但确实被折减了一部分，目的在于赋予遗嘱社会功能，因为遗嘱人的家人如果不能从遗产中得到扶养，而他们又没有自养的能力，扶养他们的负担将移转给国家或社会，此所谓家庭保障之所弃，社会保障之所取也！

二、对用词不当的批评

对《十二表法》个别规定的用词不当构成批评之二。在继承权落到第二顺位的法定继承人的情况下，如果有多数亲等的宗亲，《十二表法》明确地只召集最近亲等的亲等。但《十二表法》规定召集最近的亲等时用的是单数，而在多数亲等之中才有"最近亲等"（I.3,2,5）。② 所以，如果《十二表法》在召集最近的亲等时用的是复数，那就对了。

三、对法定继承权不够男女平等的批评

前文多次说过，《十二表法》在继承问题上持男女平等的立场，但这种平等只给宗亲范畴内的男性和女性，不给血亲范畴内的女性，所以，该法只采用有限的男女平等。实际上，它在后一方面采取有利于男性子嗣、排斥通过女系亲属的继承权，甚至不给予母亲、儿子或女儿相互

---

① 参见[古罗马]优士丁尼：《法学阶梯》（第二版），徐国栋译，中国政法大学出版社 2005 年版，第 251 页。

② 参见[古罗马]优士丁尼：《法学阶梯》（第二版），徐国栋译，中国政法大学出版社 2005 年版，第 295 页。

间的取得遗产权。裁判官看出了《十二表法》这一规定的缺陷,召集这些人作为近血亲继承,给予他们为了血亲的遗产占有(I.3,3pr.)。① 如此补救了《十二表法》的一个缺陷,此等补救本身就构成对《十二表法》不当规定的批评。

第八节　未援用《十二表法》但强烈地反映了该法影响的法言

一、受普遍性制度影响的法言

盖尤斯在其《法学阶梯》1,3 中说：法律是由人民批准和制定的。② 这一体现人民主权论的法言与第十二表第 5 条的规定"人民新发出的命令应视为法律"何其相似乃尔！

第九表第 1 条关于法律普遍性的规定"不得针对任何个人制定特别的法律"也回响在如下法言中：

D.1,3,8。乌尔比安：《萨宾评注》第 3 卷：法不是为了单个人制定的,而是为了所有人。③

二、受身份占有制度以及相应的时效取得制度影响的法言

D.40,12,41pr.。保罗：《论自由权案件》单卷本：如果自由权案件

---

① 参见[古罗马]优士丁尼：《法学阶梯》(第二版),徐国栋译,中国政法大学出版社 2005 年版,第 297 页。

② 参见[古罗马]盖尤斯：《法学阶梯》,黄风译,中国政法大学出版社 1996 年版,第 2 页。

③ See The Digest of Justinian, Vol.1, edited by Mommsen and Alan Watson, University of Pennsylvania Press, Philadelphia, 1985, p.12.

中被告的身份不明,在审理案件前,先要按照其愿望授予对自由的占有。① 这一法言是对第六表第7条之规定的适用,把该条的"授予临时的自由人身份"转换为"对自由的占有",从而张扬了问题的身份占有方面。

D. 40,12,10。乌尔比安:《告示评注》第55卷:我们的表达"享有自由"应理解为指在自由权案件中受审的人没有证明他是自由人,但证明了他无诈欺地享有自由。但让我们考虑"无诈欺"究系何指?尤里安说,所有认为自己是自由人的人都无诈欺地享有自由,只要他们如同自由人行事,尽管他们是奴隶。但瓦鲁斯写道:"一个知道自己将获得自由的人如果逃亡,将不被认为无诈欺地享有自由,但一旦他不再躲藏,而像自由人一样行事,他就无诈欺地享有自由了,他从那一刻开始无诈欺地享有自由。尤里安还说:知道自己将获得自由,但像逃奴一样行事的人是像奴隶一样行事的人,这仅仅因为他在逃亡。"② 这一法言揭示了自由身份占有的样态:诈欺地占有和无诈欺地占有,逃亡视为诈欺。言下之意是只有无诈欺的自由身份占有才能有占有的效果。

C. 7,22,2。戴克里先和马克西米安皇帝于302年7月初一致卡尔奇努斯:合法取得的自由人身份占有绝对可通过取得时效维持,因此关于这一问题的倾向和正当的理性都主张时效应给占有了自由人身份20年的人带来利益,他们的权利不受任何试图干扰他们的人追夺,他们因此成为自由人和罗马公民。③ 这一敕答更进一步,让对自由身份的合法占有产生身份时效取得的法律效果。

---

① See The Digest of Justinian, Vol. 3, edited by Mommsen and Alan Watson, University of Pennsylvania Press, Philadelphia, 1985, p. 483.

② See The Digest of Justinian, Vol. 3, edited by Mommsen and Alan Watson, University of Pennsylvania Press, Philadelphia, 1985, p. 478.

③ See the Civil Law including The Twelve Tables, The Institutes of Gaius, The Rules of Ulpian, The Opinions of Paulus, The Enactments of Justinian, and The Constitution of Leo, Trans. and edited by S. P. Scott, Cincinnati, 1932, Vol. XIV, p. 154.

C. 7,39,4。阿纳斯塔修斯皇帝致大区长官马特罗尼亚努斯：任何在上述期间（即40年的时效期间——徐国栋按）依无争议的原因占有无任何诉争的财产的人，将得到此等财产的所有权；任何奴隶，在上述期间届满后其案件未被提交法院调查的，也将获得此等利益，根据这一最有益的法律的规定成为自由人。① 这一敕答打通了对物的占有和对自由人身份的占有的界限，一体地赋予两者时效取得的效力。

第九节 《十二表法》的局部过时

法律一经制定，即逐渐与时代脱节，《十二表法》也不例外。在罗马政治体存续的时期，《十二表法》中的一些规范就已过时。2世纪的罗马作家奥鲁斯·杰流斯在其《阿提卡之夜》16,10,8中对此做了一个概述：有关无产者、庄园主、萨那特斯人、保证人、副保证人、25阿斯、同态复仇、双手举着一个盘子、腰围遮羞布，所有这些《十二表法》中的古代规范都过时了，《关于非常执法官的艾布求斯法》废除了它们，只留下了百人团大会审判的内容。② 下面以杰流斯的上述言论为基础，补充其他资料分公法和私法两方面介绍《十二表法》中过时的规范。在私法方面，又分为人身法和财产法两个方面介绍。

一、公法方面规定的过时

（一）百人团大会审理死刑案件的制度

尽管奥鲁斯·杰流斯的上述说明昭示百人团大会审判在他的时代

---

① See the Civil Law including The Twelve Tables, The Institutes of Gaius, The Rules of Ulpian, The Opinions of Paulus, The Enactments of Justinian, and The Constitution of Leo, op. cit., p. 175.

② Cfr. Aulo Gellio, Notti Attiche, Traduzione Italiana di Luigi Rusca, Volume Secondo, BUR, Milano, 2001, p. 1111.

(125—180年)仍然保留,但他的说明可能并不确切,因为公元前149年颁布的《关于搜刮钱财罪的卡尔布尔纽斯法》(Lex Calpurnia de pecuniis repetundis)建立了一个惩治如题罪名的常设刑事法庭,从此开始,以法官团审判为特色的常设刑事法庭制度逐步取代百人团大会的民众审判制度。在共和时期,罗马共设立了九个刑事法庭。它们是:搜刮钱财罪法庭、杀人和投毒罪法庭、杀亲罪法庭、伪造罪法庭、国事罪法庭、选举舞弊罪法庭、贪污罪法庭、暴力罪法庭、侵辱罪法庭。[1] 到奥古斯都时期,又增加了通奸罪法庭和妨碍生活资料供应罪法庭。[2] 它们可就国事罪、公开出售毒药罪(杀人罪的一种)、杀亲罪、贪污罪、伪造罪、强奸罪(暴力罪的一种)等罪行适用死刑。[3] 由此,百人团大会审理死刑案件的制度消亡。

(二)第三人出庭担保制度

奥鲁斯·杰流斯在其《阿提卡之夜》16,10,8中说到的"无产者、庄园主、保证人、副保证人"都是出庭保证的主体,从属于法律诉讼制度,颁布于公元前199年到公元前126年间的《关于非常执法官的艾布求斯法》废除了法律诉讼,启用程式诉讼。这些术语可能跟着法律诉讼被废除了。《十二表法》的特点是让第三人对被告拒不出庭承担责任,如此牵连面太广,裁判官后来改革为让原告与被告订立要式口约解决出庭保证问题。最后,代之以出庭担保允诺制度,这是被告对法庭做出的再出庭承诺,有时无须提保,有时要求提供誓言,有时要求提供物保,但

---

[1] Cfr. Pietro Cerami, Antonio Metro, Alessandro Corbino, Giafranco Purpura, Roma e il diritto, Jovene, Napoli, 2010, pp. 205ss.

[2] See Olga Tellegen-Couperus, A Short History of Roman Law, Routledge, London, 1993, p. 88.

[3] 参见徐国栋:《优士丁尼罗马法中的公诉犯罪及其惩治——优士丁尼〈法学阶梯〉中的"公诉"题评注》,《甘肃政法学院学报》2010年第6期。

都不涉及第三人。①

（三）对物誓金之诉中的标的物展示程序

第六表第 6a 条表现了对物誓金之诉中的标的物展示程序：当事人要把手放在标的物之上以宣示自己的所有权，如果标的物是不动产，当事人和裁判官要走到标的物所在的现场进行这样的程序，但后来罗马国土扩大，裁判官忙于许多法律事务，感到亲临现场查看标的物的不便。于是进行改革，违反《十二表法》的规定，允许当事人在法庭外完成这一程序。也就是说，双方互相传唤到法庭要求讼争财产，然后一同出发到财产所在的地方，取回一个土块带到罗马的裁判官法庭前，把这个土块当作讼争土地的代表进行要求返还之诉。② 如此简化了诉讼程序，提高了诉讼效率。

（四）处死破产债务人的制度

该制度在昆体良（35—95 年）的时代已停止适用，因为昆体良的《演说术阶梯》3,6,84 记载："确实，有些做法依自然不值得赞许，但依法允许，例如在《十二表法》中，就允许在债权人中分割债务人的尸体，这一法律后来根据公共道德被废除了。"③罗马的破产法由人身执行向财产执行发展，依次发展出拍卖财产制度、零卖财产制度、财产让与制度，后者是自愿破产制度，由恺撒通过公元前 46—45 年的《关于财产让与的优流斯法》（Lex Iulia de bonis cedendis）创立，前两者是强制破产制度，这些制度递进最终导致了罗马破产法的升华。④

---

① See Adolf Berger, Encyclopedic Dictionary of Roman Law, The American Philosophical Society, Philadelphia, 1991, p. 757.

② Cfr. Aulo Gellio, Notti Attiche, Traduzione Italiana di Luigi Rusca, Volume Secondo, BUR, Milano, 2001, p. 1333.

③ Cfr. L'Istituzione Oratoria di Marco Fabio Quintiliano, A cura di Rino Faranda e Piero Pecchiura, Vol. I, UTET, Torino, 1979, p. 389.

④ 参见徐国栋：《罗马公法要论》，北京大学出版社 2014 年版，第 398 页及以次。

(五) 福尔特斯人和萨那特斯人的身份

到奥鲁斯·杰流斯生活的2世纪,罗马已扩张成一个以地中海为内湖的大帝国,最多时有55个行省。属于罗马称霸拉丁姆地区时代的福尔特斯人和萨那特斯人的身份当然随着罗马进入称霸地中海时代而终结。此时,福尔特斯人和萨那特斯人的后代已被吸收进享有特权的意大利人的范畴中,与罗马人一起分享作为霸主享有的各种利益。

二、私法方面规定的过时

(一) 人身法方面的

1. 监护成年妇女的制度。公元前44年颁布的《关于妇女监护的克劳丢斯法》(Lex Claudia de tutela mulierum)废除了宗亲对生来自由妇女的法定监护。① 这是一个过程的高潮,此前,立法者把取消监护作为刺激妇女生育的措施运用,妇女生了3个孩子的免受监护。②

2. 25阿斯的固定人格侵权赔偿金制度。由于通货膨胀,25阿斯的赔偿金由数额很大变成很小,裁判官采用侵辱估价诉对之改革,据此由受害人自己估计加害人要赔他多少金钱,然后权衡做出判决。

3. 时效婚。盖尤斯在其《法学阶梯》1,111中说,这一规则后来被法律废除,另一方面,在习惯中也被弃置不用。③ 然而,这一制度是何时,被什么法律废除的? 不详。据说,在西塞罗的时代,时效婚还存在。西塞罗在《为弗拉库斯辩护》35(84)中说:在其妻子瓦雷利娅无遗嘱而死时,弗拉库斯像遗产属于他一样管理她留下的生意。人们质疑他这

---

① 参见齐云、徐国栋:《罗马的法律和元老院决议大全》,徐国栋主编:《罗马法与现代民法》第8卷,厦门大学出版社2015年版,第186页。

② 参见[古罗马]普鲁塔克著,黄宏煦主编:《希腊罗马名人传·努马传》(上册),吴彭鹏译,商务印书馆1990年版,第141页。

③ 参见[古罗马]盖尤斯:《法学阶梯》,黄风译,中国政法大学出版社1996年版,第40页。

样做的正当性。弗拉库斯回答:瓦雷利娅处在其丈夫的夫权下。于是人们问是按时效婚还是买卖婚处在这样的权力下的?① 此问可证明时效婚在西塞罗时代的存活。另外,塔西佗的《编年史》记载:尼禄皇帝的手下奥托与波培娅同居,尚未完成时效。奥托向尼禄介绍自己的女伴,后者与尼禄同居了两夜,到第三夜的时候,波培娅就说自己是有夫之妇,她不想抹掉与奥托的关系,要求停止同宿。于是得罪尼禄,奥托被外放卢西塔尼亚做官。② 波培娅第三夜不愿与尼禄同寝,是不想让时效中断。这证明在尼禄时代还有时效婚。③

4. 族亲继承。《十二表法》把族亲作为第三顺位的法定继承人。但这种继承到西塞罗时期只有一个残迹了。在西塞罗的《论演说家》1,39,176 中保留了这方面的一个案例。其中,马尔切鲁斯和贵族克劳丢斯争一个解放自由人之子的遗产。马尔切鲁斯属于克劳丢斯氏族中的平民支派。马尔切鲁斯解放了一个奴隶。被解放者采用解放者的族名,因而属于克劳丢斯氏族。该解放自由人没有子女且无遗嘱而死,此时其遗产应归族亲继承,克劳丢斯氏族据此要求继承其遗产,马尔切鲁斯支派依据同样的理由要求继承,到了这里,问题成了遗产到底归大氏族还是归小氏族继承。该案由百人法院审理,最终的处理结果未知。④ 到了优士丁尼《法学阶梯》,法定继承中已没有了族亲的顺位,其过去的

---

① See Marcus Tullius Cicero, The Orations of Marcus Tullius Cicero, Translated into English by C. D. Young, Vol. 2, On http://www.perseus.tufts.edu/hopper/text? doc=Perseus:text:1999.02.0019:text=Flac,2016 年 12 月 12 日访问。

② 参见[古罗马]塔西佗:《编年史》(上),王以铸、崔妙因译,商务印书馆 1981 年版,第 442 页。

③ Cfr. Lorenzo Franchini, La desuetudine delle XII tavole nell'età arcaica, Vita&Pensiero, Milano, 2005, p. 23.

④ 参见[古罗马]西塞罗:《论演说家》,王焕生译,中国政法大学出版社 2003 年版,第 119 页,第 121 页注释 1。

位置为最近的血亲代替。①

5. 民会前的遗嘱制度。《十二表法》"位置不明的片段"中保留了对这种遗嘱制度的记载,它在古典时期不再存在。② 古典时期即从公元前 27 年起,至 285 年戴克里先即位止的时期。③ 这种遗嘱形式被废除的原因可能是它太难订立。库利亚大会一年召开两次,人们订立遗嘱的机会因此太少。而且太把私法问题公法化,在公民大会审查一个私人的遗嘱有此等效果。于是,称铜式遗嘱逐渐取代了它,订立遗嘱也逐渐变成一种私人事务。非独此也,库里亚大会的公证功能在后世也找到了替代物。乌尔比安(170—228 年)大概是第一次提到公证人(Tablliones)的法学家。到了优士丁尼,他就颁布(分别于 528、536、538 年)专门的法律规定公证人的法律地位了。④

(二) 财产法方面的

1. 建筑物之间的间隔距离。第七表第 1 条规定建筑物之间应留 2 尺半的空地。但公元前 390 年,罗马人遭遇塞农人入侵,城市被焚。重建时由于人口日增,地价高涨。于是,新建房屋多不再遵守留空地的规定,而是多毗连而建,以墙分界。⑤ 甚至一墙为两屋共用,形成共用墙或界墙,毗邻的房屋成为半屋(Semihause)。如果一屋两面都有共有墙,谓之排屋(Row hauses),由此反推,《十二表法》时代的每家的独立屋宇就是全屋(Detached hause)了。⑥ 从此,界墙成为法学家的一个新

---

① 参见徐国栋:《优士丁尼〈法学阶梯〉评注》,北京大学出版社 2011 年版,第 356 页。
② See Rodolf Sohm, The Institutes of Roman Law, Translated into English by Erwin Grueber, Oxford at The Clarendon Press, 1892, p. 453.
③ Cfr. Antonio Guarino, Diritto privato romano, Jovene, Napoli, 1994, p. 93.
④ Cfr. Giorgio Concetti, Dal Tabellione Romano al Notaio Medievale, In Il notariato veronese attraverso i secoli. Catalogo della mostra in Castelvecchio, Verona, Collegio notarile di Verona, 1966, p. 19.
⑤ 参见周枏:《罗马法原论》(上),商务印书馆 1994 年版,第 326 页。
⑥ 据我的经历,全屋在美国、澳大利亚多见,半屋和排屋在荷兰多见。

的研究主题,例如,普罗库鲁斯在其《书信集》第 2 卷(D.8,2,13,1)中谈道:按卡皮托的意见,以大理石被覆界墙,是可以的,正犹如我被允许在界墙上安置价值高昂得多的画。如果邻人拆毁此墙,可提起潜在损害担保的要式口约之诉。此等绘画不应被估价得高于普通的灰泥层。这一规则也必须适用于以大理石为被覆的情形。① 这个法言处理了在界墙上所做的画在拆毁界墙时毁坏的赔偿问题。另外,优士丁尼时代的一些都市地役权以不存在建筑物之间的间隔距离为基础,例如此邻人支持彼邻人房屋的负担的役权、允许在自己的墙上由邻人支搭梁木的役权(I.2,3,1)②等。如果还有建筑物之间留空地制度,这些制度无由成立。

2. 涤清法律行为形式要件瑕疵意义上的取得时效制度。《十二表法》中的取得时效本主要是洗白形式上有瑕疵的法律行为的制度,基本并无督促权利人行使权利的意蕴,所以其时效期间都很短。进入帝国时期后,诸多皇帝创立和发展的长期占有制度才有督促权利行使的旨趣。到了优士丁尼时期,把两个制度合并,仍称取得时效,但其本旨重在督促权利之行使,为了使权利人不那么轻易地失去其权利,所以把时效期间定得很长(动产的取得时效为 3 年;不动产的取得时效依据占有人和原所有人是否居住在一个县而不同。住在一个县的,为 10 年;不住在一个县的,为 20 年)。③ 从这个意义上来说,《十二表法》规定的取得时效过时了,它转化成了另一个制度。④

---

① 参见徐国栋:《罗马的第三次征服:罗马法规则对现代公私法的影响》,中国法制出版社 2016 年版,第 234 页。

② 参见[古罗马]优士丁尼:《法学阶梯》(第二版),徐国栋译,中国政法大学出版社 2005 年版,第 139 页。

③ I.2,6pr.参见[古罗马]优士丁尼:《法学阶梯》(第二版),徐国栋译,中国政法大学出版社 2005 年版,第 249 页。

④ 参见徐国栋:《优士丁尼〈法学阶梯〉评注》,北京大学出版社 2011 年版,第 212 页。

3. 双手举盘、腰围遮羞布寻盗赃制度。该制度来源于大祭司法，到了盖尤斯的时代已经变得可笑，改为当作证人的面查获赃物制度。①直到帝政晚期，罗马仍有家内侦查制度，不过取消了原始的仪式。②

4. 同态复仇制度。该制度为金钱赔偿损害取代。过程是这样的：实行同态复仇者要经过法官的裁量，有时他会建议追索人接受一笔罚金。渐渐地，罚金取代了报复。③ 到了优士丁尼时代，改为由受害人估价赔偿额，如果合理，则法官接受之。如不合理，则法官自行判决赔偿额(I. 4, 4, 7)。④

5. 侵权行为法制度。据阿道尔夫·贝格称：《十二表法》这方面的规定被《阿奎流斯法》的相应规定取代。⑤ 但我在前文中已援用黄文煌的研究成果说明，这样的取代是渐进的，到乌尔比安的时代(3 世纪)才完成。

第十节 结 论

从以上展示的后世罗马人对《十二表法》的多次援用和广泛分析来看，该法很受罗马人尊重。其一些规定得到赞美，作为改革今法的依

---

① Cfr. Lorenzo Franchini, La desuetudine delle XII tavole nell'età arcaica, Milano, Vita & Pensiero, 2005, p. 44. 另参见[古罗马]盖尤斯：《法学阶梯》，黄风译，中国政法大学出版社 1996 年版，第 268 页。

② Véase Luisa López Hueguet, El régimen juridico del domicilio en derecho romano, Tesis doctoral de Universidad de Rioja, 2007, pag. 103s.

③ Cfr. Aulo Gellio, Notti Attiche, Traduzione Italiana di Luigi Rusca, Volume Secondo, BUR, Milano, 2001, p. 1309.

④ 参见[古罗马]优士丁尼：《法学阶梯》(第二版)，徐国栋译，中国政法大学出版社 2005 年版，第 449 页。

⑤ See Adolf Berger, Encyclopedic Dictionary of Roman Law, The American Philosophical Society, Philadelphia, 1991, p. 547.

据。只有少量规定受到批评,奇怪的是,该法那样严酷的破产法无人批评。这些都可用来证明《十二表法》的先锋性和永久性。但有些法学家对《十二表法》的解释彼此矛盾,尤其在胎儿是否有继承权的问题上。

在《十二表法》遗留下来的规定中,3 个规定最受关注:其一,已造横梁之诉,9 个法言涉及它,占 88 个被考察法言的 10.2%。它们是:D.6,1,23,6、D.41,1,7,10、D.50,16,62、D.47,3,1pr.、D.24,1,63、D.46,3,98,8、D.10,4,6、D.10,4,7pr.、I.2,1,29。罗马法学家以这个产生于盗窃案件的规则为基础,打造了以社会公共利益抑制个人利益的添附制度,并演绎了其种种可能的适用,构成一个在不利地基上盖起漂亮高楼的法解释学典范。其二,遗产债权债务的分割制度,6 个法言涉及它。它们是:C.3,36,6、C.8,32,1、C.2,3,26、D.10,2,25,13、D.10,2,25,13、D.10,2,25,9,占被考察法言总数的 6.8%。《十二表法》的规定原本非常简单:分得遗产者也分得遗产上的债权债务,但罗马法学家通过解释把这个简单的规则精致化,打造出担保之债可分论、地役权之债不可分论、债务分割不导致责任分割论,等等,甚至可分之债的理论也以此为出发点。其三,取得遗产与承担保护挂钩的权利义务相一致原则,2 个法言涉及它。它们是:I.1,17pr.、C.5,70,5,占被考察法言总数的 2.2%。前者运用这一原则解释出了恩主监护解放自由人的制度;后者运用这一原则解释出了健全的兄弟承担患精神病的兄弟的保佐的制度。

《十二表法》中最受赞美的规定是其在宗亲继承上男女平等的安排,有 4 个法言进行这样的赞美。它们是:I.2,13,5、I.3,2,3a、C.6,58,14pr.、C.6,58,14,6。之所以需要赞美,乃因为经过中期法学的解释,这种平等消失了,女性宗亲在继承上劣后于男性宗亲,赞美者希望在这个问题上恢复《十二表法》的规定并达成了这一目标。尽管如此,《十二表法》在性别平等上的可称赞性有限,因为在血亲范畴内的女性不能与男性平等继承。

在被研究的88个法言中,有3个法言断言《十二表法》中有某项规定,但在我们现在掌握的《十二表法》文本中找不到它们。首先有D.26,2,20,1宣称的裁判官、执政官不得豁免监护的规定;其次有I.3,5,1宣称的受人格减等的宗亲及其后代不得当法定继承人的规定;最后有D.40,7,29,1宣称的《十二表法》中包含Emptio一词的说明。对这样的古人宣称有今人不见其存可以这样解释:可能《十二表法》真有这样的规定或用语,但后人的还原没有体现出来。这是第一种可能,第二种可能是宣称者是在进行假托,把一个不存在于《十二表法》的规定或表达宣称为存在,以达到自己的某种目的。何种可能为真? 需要进一步的研究和资料发现。

尽管如此,《十二表法》仍发生局部过时。不难看出,《十二表法》中过时的多是一些落后的制度,它们的过时意味着罗马法的进步。还有一些基于迷信的制度,例如对施放诅语(念诅语害人害庄稼,并移动他人的庄稼)行为进行惩罚的制度也是落后的,它们肯定也经受了我们不知其确切发生时间的过时或废除,因为在优士丁尼的法典编纂成果中,它们已不见了。

当然,遭受过时的有些制度并不落后,例如涤除瑕疵性的取得时效制度,但经过了转化。现代仍有这种涤除性的取得时效制度,用来救济对过去事实的举证困难。例如,土地本是我买的,土地证后来丢失了,但我已占有这块土地达到时效期间,这一事实就可证明土地是我的。[①]这样,我的权源瑕疵就由时效涤除了。

---

① 参见[日]矢泽久纯:《取得时效制度的存在理由》,刘永光译,《苏州大学学报》(法学版)2017年第2期,第130页。

第七章 《十二表法》制度在现代西方公私法中的存活和发展

第一节 概 述

一、意大利学界有关研究的阙如

如同我在本书的序言里说的,意大利人不研究《十二表法》对后世西方法的影响,只有波兰人华沙大学教授玛利亚·扎布洛斯卡和美国人杰弗里·韦伟进行这方面的研究。

二、波兰学者扎布洛斯卡的研究成果及其评价

2002 年,扎布洛斯卡在拿波里大学的罗马法刊物《诸法:罗马法与古代法国际杂志》(Iura:Rivista internazionale di diritto romano e antico)上发表了《〈十二表法〉——当代法律原则的渊源》一文[①],阐述了《十二表法》确立的一些制度和原则在现代法,尤其是在波兰法中的存活。这些原则有:1.新法废止旧法;2.强行法与任意法的区分;3.法律的普遍性;4.法律行为可以附停止条件;5.非经法院判决不得处死任何

---

① 该文被娄爱华翻译为中文,发表于徐国栋主编:《罗马法与现代民法》第 7 卷,厦门大学出版社 2010 年版,第 276—292 页。

人;6.为被告参加诉讼提供方便的原则;7.诉讼可以和解的原则;8.对不出庭者做出不利判决的原则;9.妻子的丈夫被推定为孩子的父亲的原则;10.对精神病人和浪费人进行保佐的制度;11.遗嘱继承优先于法定继承的体制;12.死者的债权债务按继承遗产的比例在各继承人间分割的制度;13.物权与债权的区分;14.追夺担保制度;15.动物侵权责任;16.盗伐树木者的赔偿责任;17.人格侵权责任;18.窝赃罪;19.对未成年人犯罪从轻处罚的原则;20.区分故意和过失定责任大小的原则;21.处罚任何诈欺。作者援用塔德乌希·欣林斯基(Tadeusz Zieliński)的话作为结论:"《十二表法》是古罗马所有后来的法律的核心。且这一法律如此完美,以致所有的文明国家都接受并适用了它——并且至今这部法律对我们仍有用处"。[1] 此语信哉!

扎布洛斯卡的上述研究具有填补空白的意义,它归纳了《十二表法》仍存活于现代法中的21个制度,由此证明《十二表法》并未因为时间的流逝死亡,而是经受了扬弃:没有生命力的制度死亡,有生命力的制度存活下来。

然而,扎布洛斯卡对有些《十二表法》制度在现代法中的存活性的论证过于迂回,而且有不少遗漏。迂回者例如,《十二表法》中并无强行法与任意法的明确区分,扎布洛斯卡认为,"社团的成员,只要不违反公法,可随意订立其组织的规范"的规定体现了这样的区分。实际上,该规定把公法当作强行法不错,但没有涉及任意法。所谓任意法,是当事人可以选择是否适用的规范[2],它是由法律提供的而非当事人自定的。所以,社团成员随意订立的组织的规范并非任意法。遗漏者例如,《十

---

[1] 参见[波兰]玛利亚·扎布洛斯卡:《〈十二表法〉——当代法律原则的渊源》,娄爱华译,徐国栋主编:《罗马法与现代民法》第7卷,厦门大学出版社2010年版,第276—292页。
[2] 参见许中缘:《论任意性规范——一种比较法的视角》,《政治与法律》2008年第11期,第63页。

二表法》规定的已造横梁之诉衍生出后世的添附制度,对现代法影响很大,但扎布洛斯卡对此未提及。

三、杰弗里·韦伟的研究成果

杰弗里·韦伟于 2015 年 12 月 14 日上传了《〈十二表法〉及其对现代法的影响》到 Prezi 网站。此文认为《十二表法》是平民革命的成果,它与美国的《权利法案》类似。两者都讲合法与非法之别、什么罪有什么罚、承认个人在共同体内的权利、勾画出一般的法律、确定政府与人民福利、个人自由的界限、解释法院和审判程序。① 此文挖掘了《十二表法》的宪政意义并与现代的对应物比较,确定前者影响了后者,很有开创性。

四、其他研究成果

扎布洛斯卡和杰弗里·韦伟进行的是《十二表法》对后世西方法的综合性的研究,还有一些作者研究了《十二表法》的个别制度对于现代西方法的影响。例如,穆邱·帕姆巴罗尼的《论已造横梁之诉》研究了《十二表法》中的已造横梁之诉,同时也说明了该制度在 1865 年《意大利民法典》的存活,体现为该法典的第 449 条、第 451 条、第 452 条。② 前者辞曰:以他人的材料为建筑、种植或施工的土地所有人,应偿付此等材料的价值。在恶信或重过失的情形,也要负赔偿责任。但材料所有人无权拆除其材料,此等拆除能以不毁灭建成的工程或弄死已种植的作物的方式为之的情形除外。中者辞曰:如果种植、加工或其他作业

---

① See Jeffery Wever, The Twelve Tables and Their Impact on Modern Laws, On https://prezi.com/o_vlznr5rfnu /the-twelve-tables-and-their-impact-on-modern-laws/,2017 年 1 月 6 日访问。

② Cfr. Muzio Pampaloni, De Tigno Juncto, Bologna, 1883, pp. 166ss.

由第三人以他人的材料实施,材料所有人无权要求原物返还,但可以从实施此等使用的第三人取得赔偿,不足部分,也可向土地所有人要求赔偿材料的价金。后者辞曰:如果在建造房屋时诚信地占据了邻地的一部分,邻人知道建筑的事实且未提出反对,可以宣布建造人为建筑物以及它占据的土地的所有人,但必须向土地所有人支付被占据的土地的双倍的价值外加损害赔偿金。① 这些规定不仅继承,而且发展了《十二表法》的相应规定,例如,第三人实施的添附、对添附人诚信还是恶信的区分、允许无损害的拆除、建房时对邻地的诚信小幅侵占等,《十二表法》都没有规定。另外,拉伊蒙德·莫聂尔的《已造横梁之诉》也告诉我们《德国民法典》第 946 条、《瑞士民法典》第 671 条等有已造横梁之诉式的规定。② 他们从微观的角度证明了《十二表法》中的合理制度对现代西方法的影响。

五、《十二表法》对后世有影响的制度清单

看来,《十二表法》对后世西方法的影响无可置疑。研究此等影响,不妨先列出一个《十二表法》开创的公私法制度的清单,再寻找它们在当代西方法中的对应物,即可完成工作。

我认为,《十二表法》至少在宪法、民诉法、刑事法、行政法等方面开创了如下公法制度:

宪法方面的有:法律的普遍性制度、集会制度、结社制度、向人民的申诉制度、国势调查制度、宣誓制度。

民诉法方面的有:照顾外邦人参加诉讼的制度、出庭担保制度、押

---

① Cfr. Folansa Pepe(a cura di), Codice Civile(1865), Codice di Commercio(1882), Edizione Simone, Napoli, 1996, p. 73s.

② Voir Raymond Monier, Le Tignum Iunctum, Librairie Recueil Sirey, Paris, 1922, pp. 258ss.

后审理制度、仲裁制度、滥诉制裁制度、和解制度。

刑事法方面的有:无罪推定制度、故意的概念、对未成年人减轻刑责制度、剥夺能力刑、正当防卫制度、意外事件导致免刑责制度、伪证罪、拒绝作证罪、盗伐树木罪、限制高利贷制度、叛国罪、司法受贿罪、监护人嫌疑罪、限制死刑制度。

行政法方面的有:建筑物间留空制度、禁止在市区埋葬和焚化死者的公共卫生制度、限制葬礼奢侈制度。

另外至少开创了如下私法上人身法和财产法方面的制度:

人身法方面的有:人格权保护制度、荣誉权制度、父亲身份推定制度、身份占有制度、保护制度、遗嘱继承优先于法定继承的安排、遗嘱监护优先于法定监护的安排、宗亲的继承权男女平等原则。

财产法方面的有:要式物与略式物的区分、强制添附制度、交付制度、所有权保留制度、追夺担保制度、质押制度、取得时效制度、雨水处理制度、邻地果实取得制度、调整地界之诉、附条件法律行为制度、同时履行抗辩制度、共同监护人的连带责任制度、动物租赁制度、恩惠期制度、损害投偿制度。

共计53个制度,在5 000多字的篇幅里有如此多的建构,不可谓不奇异。以下分述它们,为求简短,我通常只选用一个现代立法例证明某一《十二表法》制度在现代法中的存活,在有必要的地方说明其发展。

第二节 《十二表法》制度对现代公法的影响

一、宪法上的

(一)法律的普遍性制度

《十二表法》第九表第1条规定:不得针对任何个人制定特别的法律。1789年的《人和公民的权利宣言》第6条规定:……法律对于所有的人,无论是施行保护或处罚都是一样的……①这一规定既反特权,也反歧视,体现了法律的普遍性。正义女神的蒙眼布即为此等普遍性的体现,以便让该女神不管适用对象的美丑、友好或敌对一体地适用法律。

(二)集会制度

《十二表法》第八表第 26 条规定:夜间不得在城市内聚集人。《荷兰王国宪法》第 9 条第 1 款规定:法律承认集会和游行的权利,但不得违反法律规定的个人责任。②《十二表法》从否定的角度为规定,《荷兰王国宪法》从肯定的角度为规定。

(三)结社制度

《十二表法》第八表第 27 条规定:社团的成员,只要不违反公法,可随意订立其组织的规范。《荷兰王国宪法》第 8 条规定:法律承认结社权利,为维护公共秩序,议会法令得此权利规定限制。③

(四)向人民的申诉制度

《十二表法》的"位置不明的片段"第 5 条说:《十二表法》的许多规定都表明,就所有的判决和所有的罚金,都允许向人民申诉。杰弗里·韦伟简单地认为该制度相当于现代法中的人身保护令(Habeas corpus)。④ 人身保护令起源于英国普通法,是一种法院颁发的保护臣民的自由的令状,旨在保证释放那些被非法监禁在监狱、医院或者处于私

---

① 参见姜士林、陈玮主编:《世界宪法大全》(上卷),中国广播电视出版社 1989 年版,第 761 页。

② 参见姜士林、陈玮主编:《世界宪法大全》(上卷),中国广播电视出版社 1989 年版,第 794 页。

③ 参见姜士林、陈玮主编:《世界宪法大全》(上卷),中国广播电视出版社 1989 年版,第 794 页。

④ See Jeffery Wever, The Twelve Tables and Their Impact on Modern Laws, On https://prezi.com/o_vlznr5rfnu/the-twelve-tables-and-their-impact-on-modern-laws/,2017 年 1 月 6 日访问。

人监禁之中的人,以便让他们出庭。后来演变为赋予法院审查拘禁当事人行为正当性的制度,①并且被美国等国采用。韦伟的此比有一定道理但不确切,"有一定道理",乃因为两种制度都旨在制约行权者的权力,保障被行权者的人权,"不确切",乃因为《十二表法》把公民大会设定为人权保障机构,英国普通法则把法院设定为这样的机构。当然,前种设定更为有力,而后种设定更有可操作性。

(五)国势调查制度

《十二表法》的"位置不明的片段"第 12 条 a 款规定了国势调查制度。《美国宪法》第 1 条第 2 款第 3 项规定,每 10 年进行一次国势调查。国势调查包括人口普查和财产普查,前者是实施美国式的选举制度的基础,因为该国的众议员的数目取决于产生他们的州的人口总数,基本原则是每 3 万人由一个众议员代表。② 基于此,美国于 1790 年举行了第一次国势调查,这被认为是近代史上第一次这样的调查。③《美国宪法》的制定者对罗马的蓝本做了一次创造性的转换:把本来的资源调查转换成了为了实施民主的调查。尔后,各国都采用了国势调查制度。

(六)宣誓制度

在《十二表法》中,宣誓制度可能既运用于国际法,也运用于内国法,既运用于私法,也运用于公法。为了论述的方便,我把这一问题放在宪法部分中讲述,兼论及它在私法中的适用。

《美国宪法》第 2 条第 1 款第 7 项规定:总统在就职之前,应宣誓如

---

① 参见[英]戴维·M.沃克:《牛津法律大辞典》,李双元等译,法律出版社 2003 年版,第 494 页。

② 参见法学教材编辑部《外国法制史》编写组:《外国法制史资料选编》(上册),北京大学出版社 1982 年版,第 459 页。

③ 参见孙兢新:《人口普查的历史》,《江苏统计》2000 年增刊,第 38 页。

下:我郑重宣誓:我必忠诚地执行合众国总统的职务,并尽我最大的能力,维持、保护和捍卫合众国宪法。① 第6条第3款规定:参议员及众议员,各州州议会议员,合众国政府及各州政府之一切行政及司法官员,均应宣誓拥护本宪法。② 第1条第3款第6项规定:所有弹劾案,只有参议院有权审理。在开庭审理弹劾案时,参议员们均应宣誓。③ 宣誓本是一项以神力补人力不足的制度,《美国宪法》的制定者把它世俗化,用来保障宪法的遵循,颇有创意。

宣誓制度运用于私法的典型例子是《法国民法典》第1358条及以下数条的规定。第1358条规定:裁判上的宣誓分以下两种:1.一方当事人要求他方当事人进行宣誓,以使诉讼之判决系于此种宣誓者,称为决讼宣誓;2.由法官依职权命令一方当事人进行的宣誓。④ 第1361条规定:如受要求进行宣誓的人拒绝宣誓,或者不同意要求其进行宣誓的对方当事人也宣誓,或者受反要求宣誓的对方当事人拒绝宣誓,诉讼请求应予驳回,或者抗辩不予采纳。这两条与《十二表法》第二表第1条规定的誓金之诉非常类似,都是借神力为审判,使拒绝赌誓者败诉,只是没有规定相应的誓金额。

二、民诉法上的

(一) 照顾外国人参加民事诉讼的制度

《十二表法》第二表第2条规定民事案件在审理时间安排上礼让涉

---

① 参见法学教材编辑部《外国法制史》编写组:《外国法制史资料选编》(上册),北京大学出版社1982年版,第465页。
② 参见法学教材编辑部《外国法制史》编写组:《外国法制史资料选编》(上册),北京大学出版社1982年版,第468页。
③ 参见法学教材编辑部《外国法制史》编写组:《外国法制史资料选编》(上册),北京大学出版社1982年版,第460页。
④ 参见罗结珍译:《法国民法典》(下册),法律出版社2005年版,第1057页及以次。

外案件,这体现了照顾外国人参加民事诉讼的精神。这一精神得到了后世立法的承继。例如,《意大利民诉法》第 122 条尽管规定了使用意大利语诉讼原则,但同时规定,在听取不懂意大利语的当事人的陈述时,法官可以指定译员。第 123 条规定:在需要审查非用意大利语写成的文件时,法官可以指定翻译。① 这样就便利了外国人参加意大利的民事诉讼,从而让他们得到了保护其权利的机会。另外,多数国家都承认外国人在内国参加民事诉讼可像内国人一样获得法律援助,有的国家无条件如此,有的国家设定了互惠的条件,有的国家要求提出申请的外国人在内国有住所或官方居所。②

(二) 出庭担保制度

《十二表法》第一表第 4 条规定了出庭担保制度。现代民事诉讼已不实行原告自行传唤被告的体制,所以已无实行出庭担保制度的必要。这一制度移转到了刑事诉讼中,演变为保释金制度。该制度产生于英国,适用于被告涉嫌犯罪的情形。如果他所在的社区有人保证他出庭受审,被捕者可获得释放。后来,人保为物保取代,发展出保释金制度。被告以缴纳一定金钱的方式免受羁押,并保证出庭。③

(三) 押后审理制度

《十二表法》第二表第 2 条规定当事人、法官遇到不可克服的障碍可押后审理案件。《罗马尼亚民事诉讼法典》第 103 条规定:1.除法律另有规定,或当事人由于不可抗拒的事由不能按期参加诉讼活动外,逾期即丧失上诉和进行其他诉讼程序的权利。2.法院认为当事人逾期理

---

① Cfr. Codice di procedura civile, Su http://www.altalex.com/documents/news/2014/10/29/disposizioni-generali-degli-atti-processuali,2018 年 1 月 19 日访问。
② 参见郭中亚:《谈国民待遇原则与外国人在华的法律援助》,《河南司法警官职业学院学报》2004 年第 1 期,第 78 页。
③ 参见亚微:《美国的保释金制度》,《民主与法制》2008 年第 18 期,第 60 页。

由正当的,在障碍消除后的 15 天内,可以继续完成诉讼活动。在此期间还应追究障碍产生的原因。[①] 该条首先规定不按期到庭的后果,然后允许有正当原因的押后审理。

(四) 仲裁制度

《十二表法》开创了民事案件审判与仲裁的双轨制,法国和德国等国从之。法国 1807 年的《民事诉讼法典》对仲裁做了专编规定。德国 1877 年的《民事诉讼法典》具体规定了仲裁程序、仲裁协议的形式和效力、仲裁员、仲裁庭审程序和裁决的效力以及执行等事项。[②]

(五) 滥诉制裁制度

《十二表法》第十二表第 3 条打击滥诉者的基本的理路是"一案两审",在审完当事人间的争议后再审如果有的滥诉案。滥诉成立的,让滥诉者双倍赔偿相对人的损失。这一理路为后世的许多立法继承。2012 年的《智利民诉法典草案》第 50 条规定:"1. 终审判决执行完毕 6 个月,或审判已终止,或继续此等审判已不可能,胜诉的当事人可以向审理一审或具有专属管辖权的同一法院要求其相对人赔偿他发动的恶信诉讼或鲁莽诉讼给他造成的损失和损害;2. 此等审判按简易程序进行,亲自通知被请求人到庭后才可做出决定。[③] 这一规定还是采取《十二表法》第十二表第 3 条创立的"一案两审"路径。法院在审结一案后应当事人的请求审理滥诉问题,此等审理采用简易程序,这似乎是对滥诉人的一个惩罚。

---

① 参见北京政法学院民事诉讼法教研室编:《外国民事诉讼法参考资料》,北京政法学院民事诉讼法教研室 1982 年印行,第 30 页。

② 参见刘敏、陈爱武:《现代仲裁制度》,中国人民公安大学出版社 2002 年版,第 23 页。

③ Véase Mensaje de S. E. El Presidente de La Republica con el que Inicia un Proyecto de Ley que Establece el Nuevo Código Procesal Civil, Santiago, 12 de Marzo 2012, pag. 53. Sobre http://www.reformaprocesalcivil.cl/wp-content/uploads/2012/07/PCPC-2012-8597-07.pdf,2015 年 4 月 1 日访问。

(六)和解制度

《十二表法》第一表第 6—7 条允许诉讼当事人和解。第三表第 5 条允许当事人执行和解。《德国民法典》第 779 条规定:"双方当事人关于法律关系的争执或不确定性因之而以互相让步的方式得以消除的合同,如具有如下情形则不生效力:依该合同的内容而确定地构成基础的事实情况不符合实际,且在知道事情的状况时,争执或不确定性就不会发生。"① 该民法典把和解从一个民诉法问题转化为一个民法问题,以和解合同的方式规定了这一制度。

三、刑事法上的

(一)无罪推定制度

应该说,《十二表法》中无明确的无罪推定规定,只有第六表第 7 条关于在审理身份争议时推定其身份被争议者为自由人的规定。它和无罪推定一样体现了有利于被告原则,所以我把该规定当作无罪推定的起源看待。1789 年的《人和公民的权利宣言》第 9 条首先吸收了这一原则,规定:任何人在其未被宣告为犯罪以前应被推定为无罪,即使认为必须予以逮捕,但为扣留其人身所不需要的各种残酷行为都应受到法律的严厉制裁。②

(二)故意-诈欺的概念

《十二表法》"位置不明的片段"中的第 4 条说《十二表法》使用了恶意诈欺的概念表示故意。此等故意概念既为现代刑法继受,例如《意大

---

① 参见陈卫佐译:《德国民法典》,法律出版社 2010 年版,第 294—295 页。
② 参见姜士林、陈玮主编:《世界宪法大全》(上卷),中国广播电视出版社 1989 年版,第 761 页。

利刑法典》第 42 条条名中的 dolo 就是故意的意思,与过失(colpa)相对。① 也为现代民法继受,例如《意大利民法典》第 1439 条规定的 dolo 是诈欺的意思②,第 1892 条条名中规定的 dolo 是故意的意思。③ 两个部门法的共同点是都把《十二表法》中的这个术语的 malus 词素甩掉了,只保留了 dolus 的词素。不同在于民法在二元的框架内使用保留下来的 dolus,既把它指故意,也把它指诈欺。实际上,诈欺是故意的一种形态。总之,依靠故意和过失的主观要件类型,现代民刑法塑造了行为人承担责任的依据体系。

(三)对未成年人减轻刑责制度

《十二表法》第八表第 9 条从宽处罚盗窃他人庄稼的未适婚人。《德国刑法典》第 19 条规定:行为人行为时不满 14 岁的,不负刑事责任。④

(四)剥夺能力刑

《十二表法》第八表第 22 条对于拒绝作证者规定了剥夺作证能力的刑罚,开启剥夺能力刑之端。1994 年的新《法国刑法典》第 131-26 条规定:"剥夺公权、民事权与亲权"包括如下权利的剥夺:1. 投票表决权;2. 被选举权;3. 履行裁判职务或在法院担任专家之权利,以及出庭代表或协助一方当事人之权利;4. 出庭作证权;5. 作为监护人或保佐人

---

① 其辞曰:对故意、过失或超意图犯罪的责任。客观责任。参见黄风译:《最新意大利刑法典》,法律出版社 2007 年版,第 21 页。

② 该款辞曰:缔约一方实施欺骗致使他方缔结了在未受欺骗时不会缔结的契约的,诈欺是契约可以被撤销的原因。参见费安玲等译:《意大利民法典》(2004 年),中国政法大学出版社 2004 年版,第 344 页。

③ 其辞曰:带有故意或重过失的不正确申明和不告知。参见费安玲等译:《意大利民法典》(2004 年),中国政法大学出版社 2004 年版,第 445 页,译文有改动。

④ 参见徐久生、庄敬华译:《德国刑法典》,中国法制出版社 2000 年版,第 48 页。

之权利,但可以担任自己子女之监护人或保佐人。① 其中的剥夺出庭作证权实际上就是剥夺作证能力。不过,《十二表法》剥夺作证能力是采用报复主义:拒绝作证导致不能作证。新《法国刑法典》规定的剥夺作证能力与受罚者拒绝作证无关,适用于重罪的实施者。所谓重罪,指导致判处无期徒刑或终身监禁的犯罪,以及导致判处 30 年、20 年、15 年、10 年有期徒刑的犯罪(第 131-1 条)。而导致如此重判的行为无非是杀人放火投毒之类。这些受判处者身陷囹圄,不能出庭作证也出于事理之性质。

（五）正当防卫制度

《十二表法》第八表第 13 条规定了被盗人对武装盗贼的正当防卫权。新《法国刑法典》第 122-5 条第 1 款规定:在本人或他人面临不法侵害之当时,出于保护自己或他人的正当防卫的需要,完成受此之迫的行为的人,不负刑事责任,但所使用的防卫手段与侵害之严重程度不相适应的情况除外。②

（六）意外事件导致免刑责制度

《十二表法》第八表第 24a 条规定了因意外事故致人死亡免责的原则。新《法国刑法典》第 122-2 条规定:在不可抗拒的力量或者不可抗拒的强制下实施行为的人,不负刑事责任。③

（七）伪证罪

《十二表法》第八表第 23 条规定伪证者处死刑。新《法国刑法典》第 434-13 条第 1 款规定:向任何法院或者任何执行另一法院之委托办

---

① 参见罗结珍译:《法国刑法典》,中国人民公安大学出版社 1995 年版,第 19 页,译文有改动。
② 参见罗结珍译:新《法国刑法典》(附总则条文释义),中国法制出版社 2003 年版,第 10 页。
③ 参见罗结珍译:新《法国刑法典》(附总则条文释义),中国法制出版社 2003 年版,第 9 页及以次。

案的司法警察官员宣誓作伪证的,处 5 年监禁并科 75 000 欧元罚金。①尽管都进行打击,法国对伪证罪的打击力度比《十二表法》弱得多。

(八) 拒绝作证罪

《十二表法》第三表第 3 条规定:曾经差少证人的人,可每 2 天去门前喊。此条意为见证过事情的人有义务为此事作证,否则要受制裁。《意大利刑事诉讼法典》第 198 条规定:证人有义务向法官出庭,遵守法官根据诉讼要求做出的规定,并且有义务如实回答法官的发问。②《德国刑事诉讼法》规定:对于无正当理由拒不回答法官提问、拒不出庭作证或拒不回答法庭询问的证人,以藐视法庭罪惩处,判处罚金或半年以下监禁。③ 显然,德国的规定比意大利的规定打击力度大。

(九) 盗伐树木罪

《十二表法》第八表第 11 条规定:不法砍伐他人树木的,每棵判处 25 阿斯的罚金。前文已述,此条体现了美索不达米亚方法,而现代刑法典都采用希腊方法,除了个别的例外(如我国《刑法》第 345 条),都不规定盗伐树木罪,而规定一般的盗窃罪,把盗伐树木作为盗窃的一种类型处理。但现代兴起了环保法,盗伐树木的破坏生态负效应得到凸显,有些国家的刑法典从这一角度打击盗伐树木行为。例如,《西班牙刑法典》第 332 条规定:对某属种植物进行剪残、砍伐、焚烧、采集或者非法买卖,威胁其成长、繁殖、毁坏或者严重改变其生长环境的,处 6 个月以上 2 年以下徒刑,并处 8 个月至 24 个月的罚金。④

---

① 参见罗结珍译:新《法国刑法典》(附总则条文释义),中国法制出版社 2003 年版,第 165 页。
② 参见黄风译:《意大利刑事诉讼法典》,中国政法大学出版社 1994 年版,第 70 页。
③ 参见闵春雷:《增设拒绝作证罪的立法思考》,《延边大学学报》(社会科学版)2003 年第 2 期,第 60 页。
④ 参见潘灯译:《西班牙刑法典》,中国政法大学出版社 2004 年版,第 125 页及以次。

（十）限制高利贷制度

《十二表法》第八表第18条规定：a.利息不得超过8.33%；b.对超过该利率的，处4倍的罚金。《意大利刑法典》第644条规定了高利贷罪。高利贷是超过法定利率的利息。怎样算是超过？1996年的《高利贷规制法令》规定了计算方法：以全面有效平均利率（意大利经济和金融部公布每季度的平均有效利率）为基准，乘以1.25，再增加4%，即得到特定时间的法定最高年利率，这个利率最高可以达到25%。① 超过它的就是高利贷了，行为人将被处2至10年的有期徒刑，并处5 000至30 000欧元的罚金。② 不难看出，意大利的高利贷标准比《十二表法》的标准宽松得多。

（十一）叛国罪

《十二表法》第九表第5条规定了叛国罪。现代国家的刑法莫不打击叛国罪，这里只举奥地利为例。《奥地利刑法典》把叛国罪细分为泄露国家机密罪（第252条）、出卖国家机密罪（第253条）、刺探国家机密罪（第254条）、设立或经营或支持秘密谍报机构罪（第256条）、有利于外国军队罪（第257条）分别处以刑罚。③

（十二）司法受贿罪

《十二表法》第九表第3条规定了司法受贿罪。《瑞士刑法典》第322c条规定：审判机关或其他机关的成员、官员、官方聘请的鉴定人、文字翻译或口头翻译，为履行其职务行为，为自己或第三人索取、让他人允诺收受他人非应得的利益，违反职务义务为一定的行为或不为一

---

① 参见陆青：《试论意大利法上的高利贷规制及其借鉴意义》，《西安电子科技大学学报》（社会科学版）2013年第1期，第100页。
② 参见黄风译：《最新意大利刑法典》，法律出版社2007年版，第233页。
③ 参见徐久生译：《奥地利联邦共和国刑法典》（2002年修订），中国方正出版社2004年版，第97页及以次。

定的行为的,处 5 年以下重惩役或监禁刑。① 《十二表法》规定的受贿主体只包括法官和仲裁员,《瑞士刑法典》把受贿主体扩及于官员、鉴定人和译员,更加全面。

(十三) 监护人嫌疑罪

《十二表法》第八表第 20 条规定了监护人嫌疑罪。此种犯罪的核心本质是监护人违背法律的诚信要求侵犯被监护人的财产,所以,现代刑法中把此罪名纳入外延更广的背信罪中。德国 1577 年的《帝国警察法》首次将监护人的背信行为列为独立罪名加以处罚,1794 年的《普鲁士普通邦法》继之,并将犯罪的主体扩张到了公务员、中介人、私人代理人等。但在该法中,背信罪只是作为诈欺罪的一种得到规定。到了 1851 年的《普鲁士刑法典》,才将背信罪作为一个独立的罪名规定。② 现行《德国刑法典》第 266 条第 1 项规定:"行为人滥用其依据法律、官方委托或法律行为所取得的处分他人财产或使他人负有义务的权限,或者违反其依据法律、官方委托、法律行为及信托关系而负有的维护他人财产利益的义务,致委托人的财产利益遭受损害的,处 5 年以下自由刑或罚金刑"。③

(十四) 限制死刑制度

《十二表法》以直接民主制为条件把死刑案件的审判权交给相当于全体成年男性在役公民大会的百人团大会独揽,现代国家都已实行间接民主制,以议会取代公民大会,所以已失去罗马式的死刑审判权限制条件。现代法以其他手段限制死刑。以美国为例,首先是限制可适用死刑的罪名,只有谋杀罪、间谍罪、叛国罪、贩卖大宗毒品罪、爆炸罪、纵

---

① 参见徐久生、庄敬华译:《瑞士联邦刑法典》(2003 年修订),中国方正出版社 2004 年版,第 101 页。
② 参见胡洪选:《背信罪研究》,《四川教育学院学报》2006 年第 9 期,第 32 页。
③ 参见徐久生、庄敬华译:《德国刑法典》,中国法制出版社 2000 年版,第 187 页。

火罪等可以适用死刑;其次,对死刑判决适用自动上诉制度,即被判有罪并被判死刑后,受判处人不用上诉,上级法院都强制审查下级法院的死刑判决。由此,许多死刑被改判为终身监禁。最后,被判死刑的被告在穷尽了州一级的救济手段后,还可申请联邦人身保护令,通过联邦司法程序把死刑改判为终身监禁。①

四、行政法上的

(一)建筑物间留空制度

《十二表法》第七表第1条规定建筑物之间应留2尺半的空地。《意大利民法典》第873条规定:位于互相毗邻土地上的建筑物不是一体的或者相互连接的,则建筑物之间应保持不少于3米的距离。地方法规可以规定更远的距离。② 跟《十二表法》的制定者一样,意大利立法者采用的是固定式的建筑物间距离标准,但一些现代立法例规定建筑物间距时考虑到了日照因素,而且区分不同用途的建筑物定它们间应保持的法定距离,比《十二表法》的制定者考虑得更复杂。例如,《法国城镇规划规范》第47条规定:照亮住房其余房间的窗口,决不能被建筑物任何部分所遮挡,建筑物遮光部分至窗口的窗台直线不得大于60度,两座非邻接建筑物之间的距离不得小于4米。③

(二)禁止在市区埋葬和焚化死者的公共卫生制度

《十二表法》第十表第1条禁止在市区内埋葬或焚化尸体。伊利诺伊州法律规定:市区内禁止建设公墓。乡镇和农村禁止在其所在辖区

---

① 参见赵秉志、郑延谱:《美国刑法中的死刑限制措施探析——兼及其对我国的借鉴意义》,《江海学刊》,第136页。

② 参见费安玲等译:《意大利民法典》(2004年),中国政法大学出版社2004年版,第216页。

③ 参见张播、赵文凯:《国外住宅日照标准的对比研究》,《城市规划》2010年第11期,第71页。

及周边1英里内建造公墓。①

(三) 限制葬礼奢侈的规定

《十二表法》第十表第2—6条限制葬礼奢侈。越南于2012年颁布一项政令规定:葬礼必须庄重、文明、节约,符合国家社会经济状况。据此,官员葬礼按照死者级别,花圈数量被限制在5个到30个之间。并禁止官员在葬礼上使用玻璃盖棺木、焚烧冥币。② 越南并非西方国家,但其规定与《十二表法》的相应规定奇似,不排除受这些规定影响的可能。

第三节 《十二表法》制度对现代私法的影响

一、人身法上的

(一) 人格权保护制度

《十二表法》第八表第1条和第4条确立了人格权的保护,严格说来,第1条规定的是名誉权保护;第4条规定的是其他人格权保护,如遭到殴打行为侵害的是身体完整权、遭到诱奸行为侵害的是贞操权、被假冒债权人占有他人财产行为侵害的是他人信用权等。1960年的《埃塞俄比亚民法典》继承了《十二表法》的传统,在"人格权"的标题下规定了住所权、思想自由权、宗教信仰自由权、行动自由权、人身完整权、肖像权、拒绝检查与医疗权、葬礼决定权。③《魁北克民法典》在"某些人

---

① 参见金世育:《芝加哥市公墓管理的经验及借鉴》,《经济视角》(下)2010年第8期,第54页。
② 参见新华社电:《越南规定官员葬礼花圈数量最高不超过30个》,载 http://news.qq.com/a/20121222/001189.htm,2016年12月19日访问。
③ 参见薛军译:《埃塞俄比亚民法典》,厦门大学出版社2013年版,第3页及以次。

格权"的标题下规定了人身完整权、子女权、名誉及私生活权、遗体受尊重权等人格权,并在另外的标题下规定了姓名权。①

(二)荣誉权制度

《十二表法》第十表第 7 条确立了死者的荣誉权。现代法则着重规定活人的荣誉权。例如,《奥地利民法典》第 1330 条第 1 款规定:如果某人因荣誉受侵犯而遭受了现实的损害或可得利益的损失,他有权请求损害赔偿。② 另外,《西班牙宪法》第 18 条、《芬兰侵权责任法》第五章第 6 条、《葡萄牙宪法》第 26 条都规定了荣誉权。③ 还有一些立法例以消极的方式规定荣誉权。例如,《意大利刑法典》第 28 条规定:褫夺公职使被判刑人丧失:……4.学术级别或职位、称号、勋章或其他公共荣誉标志……6.一切与以上列举的职务、服务、级别、称号、身份、地位和勋章有关的荣誉性权利;7.担任或者取得以上各项列举的任何权利、职务、服务、身份、级别、称号、地位、勋章和荣誉标志的权能。④ 这些规定实际上是把剥夺荣誉权当作一种附加刑适用。其中甚至使用了"荣誉性权利"的术语。如果这些规定还不是关于荣誉权的,那就匪夷所思了。⑤ 荣誉为国家的确立之本之一,不承认荣誉权,国将不国,这点对于《十二表法》时期的罗马和现代国家,是一样的。

(三)父亲身份推定制度

《十二表法》第四表第 4 条规定:婴儿自夫死后 10 个月内出生的,

---

① 参见孙建江等译:《魁北克民法典》,中国人民大学出版社 2005 年版,第 2 页及以次。
② 参见周友军、杨垠红译:《奥地利普通民法典》,清华大学出版社 2013 年版,第 220 页,译文有改动。
③ 参见满红杰:《荣誉权:一个巴别塔式的谬误?——"Right to honour"的比较法考察》,《法律科学》2012 年第 4 期,第 90 页。
④ 参见黄风译:《最新意大利刑法典》,法律出版社 2007 年版,第 14 页及以次。
⑤ 有些学者认为荣誉权的概念是个错误。参见满红杰:《荣誉权:一个巴别塔式的谬误?——"Right to honour"的比较法考察》,《法律科学》2012 年第 4 期。我不认同这种观点。

推定为夫的子女。《魁北克民法典》第525条规定:1.如子女出生在婚姻期间、异性缔结的民事结合期间,或在解除婚姻或宣告婚姻无效后300天内,推定其母之配偶为父。2.子女在针对现婚配偶的别居裁决做出之日起300天后出生的,可以推翻丈夫的父亲身份推定,配偶双方在子女出生前曾自愿恢复同居的除外。3.如子女在婚姻或民事结合解除或被宣告无效后300天内,但在其母再婚或再次为民事结合后出生,则其母的前配偶为子女之父的推定也可以推翻。①

300天就是10个月,魁北克的规定与《十二表法》的规定完全一致。

(四)身份占有制度

《十二表法》第六表第5条确立了身份的占有经一定期间导致身份取得的原则。《意大利民法典》第131条规定:"与结婚证书相符的身份占有补救一切形式缺陷"。至于什么是配偶身份的占有,第240条提到是"两人公开作为夫妻生活"。这实际上讲的就是事实婚。通过一定期间的身份占有,没有办理结婚登记的形式缺陷可以得到补救。这跟《十二表法》规定的时效婚别无二致。

(五)保护制度

"保护"是《智利民法典》赋予监护和保佐的类称。这两种制度都是《十二表法》第五表创立的。《智利民法典》继承其传统,同时规定了它们。其第341条规定了对未适婚人的监护;第342条规定了对适婚的未成年人、浪费人、精神病人、不识字的聋哑人的保佐。② 一般的民法典都把精神病人作为监护的对象,《智利民法典》像《十二表法》一样把此等人当作保佐的对象,特别忠诚于罗马法。

---

① 参见孙建江等译:《魁北克民法典》,中国人民大学出版社2005年版,第70页。
② 参见徐涤宇译:《智利共和国民法典》,金桥文化出版(香港)有限公司2002年版,第105页。

(六) 遗嘱继承优先于法定继承的安排

《十二表法》第五表让遗嘱继承优先于法定继承。《俄罗斯联邦民法典》也先规定遗嘱继承,后规定法定继承[1],以法定继承为遗嘱继承之补充,这种安排与《十二表法》对这两种继承的关系的安排一致。令人遗憾的是,这种一致并不在很多的国家发生,多数国家反过来,把遗嘱继承看作法定继承的补充。不过,这种一致性还发生在《越南民法典》中。[2]

(七) 遗嘱监护优先于法定监护的安排

《十二表法》第五表第 6 条规定:无遗嘱监护人的人,宗亲为其监护人。此条确立了遗嘱监护相对于宗亲的法定监护的优先地位。这样的尊重家父意思自治的安排为后世立法者继承。《智利民法典》第 366 条第 1 款规定:遗嘱设定的保护阙如或此种保护期满时,发生法定保护。[3] 旧《阿根廷民法典》第 389 条规定:父母未为子女指定监护人,或者所指定之人未行使监护或不再为监护人时,发生法定监护。[4] 晚近的《阿根廷国民民商法典》第 107 条规定:如果父母没有指定监护人或被指定者有豁免理由、拒绝或不能履职,法官必须安排最合适为子女或少年提供保护的人为监护人,他们必须合理地找到证明此等适当性的理由。[5] 该条不以法定监护,而以指定监护为遗嘱监护的替补。

(八) 宗亲的继承权男女平等

《十二表法》第五表第 4 条隐含宗亲的继承权男女平等的原则。

---

[1] 参见黄道秀译:《俄罗斯联邦民法典》,北京大学出版社 2007 年版,第 386 页及以次。

[2] 参见吴远富译:《越南社会主义共和国民法典》(2005 年版),厦门大学出版社 2007 年版,第 157 页及以次。

[3] 参见徐涤宇译:《智利共和国民法典》,北京大学出版社 2014 年版,第 55 页。

[4] 参见徐涤宇译:《最新阿根廷共和国民法典》,法律出版社 2007 年版,第 91 页。

[5] Véase Boletin Oficial de la Republica Argentina, Año CXXII, Numero 32.985, pag. 5.

《巴西新民法典》第 1834 条规定:同一顺序的直系卑血亲对其直系尊血亲享有同样的继承权。① 本条中所涉的直系一亲等卑血亲,无论是儿子还是女儿,女儿无论是否出嫁,都可继承父母,并无歧视出嫁女儿之意。本条中所涉的直系二亲等卑血亲,不论是儿子生的还是女儿生的,都可继承爷爷,没有歧视女儿的后代之意。

二、财产法上的

(一)要式物与略式物的区分

《十二表法》第五表第 2 条明确区分要式移转物和略式移转物。现代法没有明示地承认这种物的区分,但默示地承认。要式物是不经登记不移转其所有权的物,略式物是不需要登记也能移转其所有权的物。《德国民法典》第 873 条第 1 款基于这种默示的区分规定:以法律不另有规定为限,就转让土地所有权,以某项权利对土地设定负担,以及转让此种权利或对此种权利设定负担而言,权利人和相对人之间必须达成关于发生权利变更的合意,且必须将权利的变更登记于土地登记簿。② 此款以"合意"和"登记"为土地所有权移转的要件,实际上是把土地当作要式移转物。只需要"合意",不需要登记就可移转所有权的物,即为略式移转物。

(二)强制添附制度

以《十二表法》第六表第 8—9 条规定的已造横梁之诉为基床发展出来的强制添附制度,得到了现代多数国家民法典的继受和发展。

《法国民法典》第 554 条规定:土地所有权人用不属于其本人的材料进行建筑、栽种或工程,应当偿还按照支付之日计算的材料的价款;

---

① 参见齐云译:《巴西新民法典》,中国法制出版社 2009 年版,第 287 页。
② 参见陈卫佐译注:《德国民法典》(第 4 版),法律出版社 2015 年版,第 332 页。

如有必要,得被判处损害赔偿;但是,材料所有权人没有拆取这些材料的权利。

第 555 条规定:1.第三人使用属于自己的材料在他人土地上进行建筑、栽种或工程,土地所有权人有权:或者保留此种建筑、栽种或工程的所有权,或者强制第三人拆除之,但本条第 4 款保留适用。2.如土地所有权人要求拆除建筑、工程或者铲除栽种物,费用由该第三人负担,第三人不得请求任何补偿;与此同时,第三人还得就土地所有人可能受到的损失被判处损害赔偿。3.如土地所有人宁愿保留已经进行的建筑、栽种或工程的所有权,应由其选择,向第三人偿还:或者相当于土地所增价值的款项;或者按支付之日计算的材料的成本费用与劳动力费用。计算时,应当考虑到建筑物、栽种物与工程的现状。4.如地上的建筑、栽种物或工程是第三人诚信而为,因而不会受到返还果实(孳息)之处罚时,虽然第三人的所有权被追夺,但可以选择向该第三人偿还前款所指的这种或那种费用。①

这些规定把语境从"梁木"扩展到种植和工程,但仍原则上不许材料的贡献人从新物中拆除自己的材料,只能请求赔偿。尽管如此,区分了土地所有人进行的添附和第三人在他人土地上进行的添附。对于前者,维持了《十二表法》确立的原则。对于后者,赋予土地所有人维持现状或拆除添附物的选择权。在他选择拆除时,必须考虑为添附的第三人是诚信或恶信定是否可保留孳息或是否可请求返还费用。以土地所有权为轴心区分两种添附并区分诚信添附和恶信添附,是为后世立法者对《十二表法》规则的发展。

《德国民法典》也按自己的方式对《十二表法》的规则进行了继受和

---

① 参见罗结珍译:《法国民法典》(上册),法律出版社 2005 年版,第 473 页,译文有改动。

发展。其第946条规定:某一动产以这样的方式附合于土地,以至它成为土地的重要成分的,土地所有权及于该动产。第949条规定:依第946条至第948条,物的所有权消灭的,存在于物上的其他权利也消灭……第951条规定:因第946条至第950条的规定遭受权利丧失的人,可以依关于返还不当得利的规定,向因发生权利变更而受利益的人请求金钱补偿。不得请求恢复原状。① 这些规定抛弃了梁木、建筑、种植、工程等的具体性,以抽象的方式把它们说成是"某一动产附合于土地",也回避使用添附的术语,只说上述动产成了"土地的重要成分"。最后还回避使用"拆除"的术语,只说"不得请求恢复原状"。但这些规定的实质就是《十二表法》确立的规则。对于《十二表法》暗示的房屋倒毁、葡萄收获完毕的可能,《德国民法典》以"物的所有权消灭的"文句示之。对于材料贡献人的赔偿,《德国民法典》把它转换成一种不当得利请求权。要言之,所有的话语都变了,不变的只有《十二表法》规定的内核。

在同一问题上,《瑞士民法典》恢复了《十二表法》规定的具体性。其第671条规定:1.在自己或他人的土地上使用他人或自己的材料进行建筑时,其材料为土地的组成部分。2.未经材料所有人同意而使用其材料时,材料所有人有权请求土地所有人负担费用使材料分离并交回,但以无不合理的损害为限。3.基于前款的同样前提条件,未经土地所有人同意而使用其土地的,亦得请求建筑人负担费用,以分离并取走材料。

第672条规定:1.材料与土地不能分离时,土地所有人应为材料的使用支付合理的补偿金。2.土地所有人为恶信的建筑人时,法官得命令全部赔偿。3.材料所有人为恶信的建筑人时,法院得就其建筑物对

---

① 参见陈卫佐译注:《德国民法典》(第4版),法律出版社2015年版,第350页及以次。

土地所有人所具有的最低价额判定赔偿。① 这些规定放宽了强制添附的强制性。如果两物可以分离且不会造成不合理的损害,允许分离。不能分离的,添附成立。还区分添附人是诚信或恶信定赔偿额。可以说,它们与《十二表法》有关规定的关系是不即不离、若即若离。

（三）交付制度

《十二表法》"位置不明的片段"第3条允许我们设想该法规定了允许所有权移转行为独立于债权行为的交付制度。《德国民法典》第929条(合意和交付)规定:就动产所有权的转让而言,所有人必须将该物交付给取得人,且所有人和取得人必须达成关于所有权应移转的合意。取得人正在占有该物的,关于所有权移转的合意即已足够。② 该条认定所有人移转物的所有权给取得人的行为必须以一个合意为基础,此等合意即为一个合同,即一个物权行为,在解释上,其效力不受债权合同效力的影响。

（四）所有权保留制度

《十二表法》第七表第11条规定了所有权担保。《巴西新民法典》第521条规定:在动产买卖中,在价金得到完全的清偿前,卖方可为自己保留标的的所有权。③ 另外,《德国民法典》第449条第1款规定:动产出卖人将所有权保留到买卖价款支付时为止的,有疑义时,必须认为所有权系以支付全部买卖价款为停止条件而转让的。④ 两个追随者可谓忠实地继受了其蓝本。此外,英国和美国也继受了所有权保留制度。⑤

---

① 参见殷生根、王燕译:《瑞士民法典》,中国政法大学出版社1999年版,第186页。
② 参见陈卫佐译注:《德国民法典》(第4版),法律出版社2015年版,第245页及以次。
③ 参见齐云译:《巴西新民法典》,中国法制出版社2009年版,第76页。
④ 参见陈卫佐译注:《德国民法典》(第4版),法律出版社2015年版,第160页及以次。
⑤ 参见余能斌、侯向磊:《保留所有权买卖比较研究》,《法学研究》2000年第5期,第75页及以次。

（五）追夺担保制度

《十二表法》第六表第3—4条规定了追夺担保。第六表第2条又创立了物的瑕疵担保制度，两者合流，形成现代合同法中的瑕疵担保制度。这里只说现代民法典对追夺担保制度的继受例。《法国民法典》第1626条规定：即使在买卖之当时没有关于担保的任何约定，出卖人亦当然对买受人负有义务，担保其卖出之物不被全部或一部追夺，或者担保买受人不承受在买卖成立时未予申明的可能对该物主张的负担。① 此条继受了《十二表法》的规定。第1693条规定：债权或其他无形权利的受让人，对让与时该权利的存在负保证责任，即使对此种转让未规定特别担保，亦同。② 此条发展了《十二表法》的规定，将它扩张适用于无体物的转让。《德国民法典》也走这一路线，其第435条规定：就物而言，第三人不能对买受人主张任何权利，或只能主张在买卖合同中被接受的权利的，该物无权利瑕疵。不存在的权利被登记于土地登记簿的，与权利瑕疵相同。③ 第453条第3款规定：使人占有某物的权利被出卖的，出卖人有义务将没有物的瑕疵和权利瑕疵的物交付给买受人。④《巴西新民法典》第447条规定：在有偿合同中，转让人对追夺承担责任。即使在通过拍卖为取得的情形，这种担保依旧存在。⑤

尤其要强调的是，追夺担保制度也被英美法继受，例如，美国《统一商法典》第2-312条规定：卖方担保所转让的所有权完整，其转让正当，应交付的货物上不存在在买方于缔约时不知道的任何担保权益、其他

---

① 参见罗结珍译：《法国民法典》（下册），法律出版社2005年版，第1235页。
② 参见罗结珍译：《法国民法典》（下册），法律出版社2005年版，第1278页。
③ 参见陈卫佐译：《德国民法典》，法律出版社2010年版，第156页。
④ 参见陈卫佐译：《德国民法典》，法律出版社2010年版，第162页。
⑤ 参见齐云译：《巴西新民法典》，中国法制出版社2009年版，第66页。

优先权或负担。① 该条进一步把追夺担保的对象扩张到了抵押权和质权、优先权等负担。

（六）质押制度

《十二表法》"位置不明的片段"第1条规定了质押制度。现代民法典无不规定这一制度。例如，《德国民法典》第1204条第1款规定：某一动产可以为担保债权而以债权人有权从动产中寻求清偿的方式，被设定负担（质权）。②

（七）取得时效制度

《十二表法》第六表第3条分别为不动产和动产规定了取得时效制度。到了法典编纂时代，几乎所有的民法典都规定了取得时效制度，例如，《日本民法典》第162规定：1.以所有的意思，20年间平稳而公然占有他人物者，取得该物所有权。2.以所有的意思，10年间平稳而公然占有他人不动产者，如果其占有之始系善意且无过失，则取得该不动产的所有权。③ 人们认为该制度具有社会功能，也就是把僵死的所有权盘活，增进社会利益。即使是反对利息的伊斯兰国家的民法典，例如《阿尔及利亚民法典》，也规定了这一制度。说"几乎"，乃因为将于2020年诞生的《中国民法典》不会规定这一制度，理由是会造成国有资产流失。其实，可以把国有资产设定为不适用取得时效制度消除这一担心。

然而，《十二表法》规定的取得时效的主要功能是涤清法律行为形式要件的缺陷，是否与现代的主要旨在刺激所有人积极行使所有权的取得时效制度有对应关系呢？答案是肯定的。现代的取得时效制度也

---

① 参见孙新强译：《〈统一商法典〉及其正式评述》，中国人民大学出版社2004年版，第91页。
② 参见陈卫佐译：《德国民法典》（第4版），法律出版社2015年版，第411页。
③ 参见王书江译：《日本民法典》，中国法制出版社2000年版，第31页及以次。

有涤清法律行为形式要件缺陷的功能,按照日本学者矢泽久纯的研究,上述《日本民法典》的规定适用的法律行为有双重转让型、原因无效型(权利的取得是基于无效、可撤销或解除的法律行为)、原因不存在型(权利的取得原因的存在未被认定),三者都构成法律行为形式要件的缺陷,时效完成后这些缺陷都得到涤除。①

(八) 雨水处理制度

《十二表法》第七表第 8 条规定了雨水处理制度。该制度被多数现代民法典继受。例如,《法国民法典》第 640 条第 1—2 款规定:低地对高地须接受从高地不假人力、自然流下之水。低地所有人不得建立妨碍流水的堤坝。② 此条解决了雨水的自然跨地产流动问题。旧《阿根廷民法典》第 2635 条规定:雨水归属于所滴落的或所位于的地产的所有权人,所有权人在不损害低地时,可以自由对其进行处置或改变其流向。第 2636 条规定:任何人即使是改变其自然流向,亦可聚集滴落或流经公共场所的雨水,邻人不得主张任何既得权利。③ 阿根廷的这两条规定还解决了降落于地的雨水的归属问题。

(九) 邻地果实取得制度

《十二表法》第七表第 10 条规定了邻地果实取得制度。《智利民法典》第 943 条规定:1. 伸至他人土地的树枝所结果实,归属于树木的所有人,但他人土地被围圈者,该所有人未经土地所有人的许可,不得进入采摘。2. 土地所有人负同意的义务,但他仅须许可在不对其造成损害的适当时日内进入采摘。④

---

① 参见[日]矢泽久纯:《取得时效制度的存在理由》,刘永光译,《苏州大学学报》(法学版)2017 年第 2 期,第 131 页。
② 参见李浩培等译:《拿破仑法典》,商务印书馆 1979 年版,第 85 页。
③ 参见徐涤宇译:《最新阿根廷共和国民法典》,法律出版社 2007 年版,第 559 页。
④ 参见徐涤宇译:《智利共和国民法典》,金桥文化出版(香港)有限公司 2002 年版,第 203 页。

但"依日耳曼法,落于邻地之果实,归其邻人所有"。① 为何邻地所有人能取得掉落果实的所有权呢？乃因为树枝伸入邻地,汲取了其雨露阳光,因此邻地参与了果实的孕育,其所有人能取得部分果实。故有些立法例背离《十二表法》的规定,投向日耳曼法。例如,《法国民法典》第673条第1款规定:"邻人种植的树木、灌木的树枝,如越界伸至他人不动产上时,此人得强制邻人砍除其树枝。从此种树枝上自然掉落的果实归此人所有。"②又如,《德国民法典》第911条规定:"从树木或者灌木上自落于邻地的果实,视为该邻地的果实。邻地为公用地的,不适用上述规定。"③《土库曼斯坦民法典》第199条同此。

尽管如此,也有采用折中说的立法例,例如,《意大利民法典》第896条第2款规定:"如果地方惯例未另行规定,则从逾界进入邻人土地的枝杈上自行坠落的果实属于坠落地的所有人。"此款跟随日耳曼传统。但本条的第3款就遵循罗马法传统了:"如果地方惯例规定坠落的果实属于果树的所有人,则与收获果实有关的事宜应当遵守本法第843条的规定。"④第843条规定的是为了进入他人土地拾取自己的果实需要取得土地所有人同意的问题。

（十）调整地界之诉

《十二表法》第七表第2条中的调整地界之诉本为保持邻地间的间隔而设,但在后世的罗马法中,就发展为土地重新规划,以图得到更合理利用的制度。《意大利民法典》第850条规定:1.面积均低于最小耕作单位的彼此相邻的数块土地分别属于不同所有人的,应利害关系人

---

① 参见史尚宽:《物权法论》,荣泰印书馆1957年版,第117页。
② 参见马育民译:《法国民法典》,北京大学出版社1982年版,第139页。
③ 参见郑冲、贾红梅译:《德国民法典》,法律出版社2001年第2版,第223页。
④ 参见费安玲等译:《意大利民法典》(2004年),中国政法大学出版社2004年版,第210页。

的请求或者由行政机关提议,所有权人可以为更好地利用经整合的土地而组成一个联合体。2.有关土地改良联合体的设立适用本条的规定。①

(十一)附随意条件法律行为制度

《十二表法》第七表第12条确立了附随意条件的法律行为制度。随意条件是取决于债权人或债务人意志的条件。② 学说上把随意条件分为简单的和纯粹的,前者的成就与否取决于债权人或债务人的意志行为,例如,赠予是否生效取决于赠予人或受赠人是否旅行来罗马的条件。后者的成就与否只取决于债权人或债务人的单纯意思。前一种随意条件有效,后一种随意条件的效力要根据具体情况定,合同的效力单纯取决于债权人的意思的,合同有效,取决于债务人的意思的,无效,因为这样赋予了债务人过大的自由,其相对人处在过于不利的地位。③《十二表法》确立的是取决于债权人意志的条件。随意条件制度为《智利民法典》继受。其第1478条规定:1.基于债务人的单纯意思的随意条件缔结的债,无效。2.条件是任何一方当事人的表意行为的,有效。④ 该条有限地承认了随意条件的效力。

(十二)同时履行抗辩制度

《十二表法》第七表第11条隐含着同时履行原则。《德国民法典》第320条第1款规定:因双务合同而担负义务的人,可以拒绝履行其所应履行的给付,直到对待给付被履行为止,但其有义务先履行给付的除

---

① 参见费安玲等译:《意大利民法典》(2004年),中国政法大学出版社2004年版,第211页,译文有改动。

② 《智利民法典》第1477条。参见徐涤宇译:《智利共和国民法典》,金桥文化出版(香港)有限公司2002年版,第296页。

③ Véase Victor Vial Del Rio, Teoria General del Acto Juridico, Editorial Juridica de Chile, Santiago, 2006, pag. 333.

④ 参见徐涤宇译:《智利共和国民法典》,金桥文化出版(香港)有限公司2002年版,第296页。

外。……① 此款把《十二表法》规定同时履行的情境由买卖扩展到一切双务合同,并排除了设定了先履行义务的情形,发展了《十二表法》的规定。

(十三) 共同监护人间的连带责任制度

《十二表法》第八表第 20b 条规定了多数监护人彼此间的连带责任。《德国民法典》继受之,其第 1833 条第 2 款规定:二人(徐国栋按:人此处指监护人)以上同对损害负责任的,他们作为连带债务人负责任……②

(十四) 动物租赁制度

《十二表法》第十二表第 1 条涉及动物租赁制度。旧《阿根廷民法典》第 1617 条规定:如果连同耕作的动物或饲养的动物而对乡村不动产进行租赁,且合同中并未约定返还的方式,则所有饲养的动物归属于承租人,但承租人负有返还其他相同数量、相同质量和相同年龄之动物的义务。③ 此条把动物看作土地的从物,只规定附随于土地进行的动物租赁,未规定纯粹的动物租赁,与《十二表法》的相应规定相切。

(十五) 恩惠期制度

《十二表法》第三表第 1 条规定了恩惠期制度。1988 年生效的《联合国国际货物买卖合同公约》第 47 条规定:1. 买方可以规定一段合理时限的额外时间,让卖方履行其义务。2. 除非买方收到卖方的通知,声称他将不在所规定的时间内履行义务,买方在这段时间内不得对违反合同采取任何补救办法。但是,买方并不因此丧失他对延迟履行义务可能享有的要求损害赔偿的任何权利。④ 按照此条,尽管已到履行期

---

① 参见陈卫佐译:《德国民法典》,法律出版社 2010 年版,第 122 页。
② 参见陈卫佐译:《德国民法典》,法律出版社 2010 年版,第 543 页。
③ 参见徐涤宇译:《最新阿根廷共和国民法典》,法律出版社 2007 年版,第 364 页。
④ 参见赵少群:《国际货物买卖合同中的履约宽限期》,《贵州社会科学》2005 年第 2 期,第 71 页。

限,债务人仍未履行,债权人可不立即请求法院判令债务人实际履行,而是给债务人合理的恩惠期,但如此并不免除债务人的其他违约责任。这样避免了债权人与债务人的关系陷入过分紧张。然而,本条中的恩惠期非由法律赋予而是当事人赋予,此点与《十二表法》的相应规定不同。

(十六) 损害投偿制度

《十二表法》第八表第 6 条规定了四足动物致人损害时的投偿制度。1825 年版的《路易斯安那民法典》第 2301 条规定:动物的主人要对动物引起的损害担责。但如果动物已丧失或走失超过一天,他可通过把动物委弃于受害人解除这一责任,主人放松对危险、有毒动物控制的情形除外,此时,他必须对已发生的损害全部负责,不许他委弃动物。① 该条有限地继受了动物损害投偿制度。说"有限",乃因为得到允许的投偿被设定了"动物已丧失或走失超过一天"的条件,换言之,如果致害动物始终在其所有人的掌控下,他无权通常投偿免责。他失去对动物的控制一天,是他有权投偿的理由。但现行《路易斯安那民法典》已放弃这一规定。相当于过去的第 2301 条的第 2321 条规定:动物所有人对动物造成的损害负责。但仅在证明他知道或履行合理注意后应当知道其动物的行为会导致损害,且损害可因履行合理注意而避免,但他未能为此合理注意时,他对损害负责。但狗的主人对以下损害负严格责任:狗导致的对人身或财产的损害,所有人可能阻止损害且损害非因伤者激怒狗所致。本条的内容并不排除法院在适当的案件中适用事实自证。② 旧《阿根廷民法典》第 1131 条更是明确规定:动物的主人不得提出抛弃该动物的所有权而规避其损害赔偿义务。③

---

① See Civil Code of the State of Louisiana,1825,p.500.
② 参见娄爱华译:《路易斯安那民法典(2010 年 1 月版)》,厦门大学出版社 2010 年版,第 251 页。
③ 参见徐涤宇译:《最新阿根廷共和国民法典》,法律出版社 2007 年版,第 277 页。

第四节 结　　论

　　结论非常简单:《十二表法》未死,它存活在现代西方法的各个分支中。如果说《十二表法》是远古时代罗马社会的一面镜子,我们可以说,那样的社会生活不是想象的那么粗陋,不然的话,反映这样的生活的法律就不会留传到当代西方法中了。如果说,现代西方法是西方社会的一面镜子,我们可以说,两面镜子反映的社会生活具有相当的同一性,因为两面镜子里的很多映象相同。

　　《十二表法》并非凭空产生,它建立在埃及制度、希腊制度、美索不达米亚方法等的基础上,所以,它代表了在它之前的人类文明的优秀成果,所以它才会有如此强大的生命力,才能起到一个模式的开创者的作用。当然,它吸收的先前制度和方法,也通过它的广泛辐射得到了延续。

　　要指出的是,《十二表法》制度的现代传承有时经过了变形和发展。例如,取得时效制度在远古罗马主要是洗白法律行为的形式要件瑕疵的制度,现代主要成了盘活社会闲置财富的制度,但仍然保留取得时效的名义。我们仍把取得时效制度算成《十二表法》的功劳,因为它被多数人认为创设了这个制度,该制度的内容转化也是罗马人完成的。

　　还要指出的是,《十二表法》的有些制度不是形式传承,而是精神传承,例如向人民的申诉制度。它的实质是对公权力作用于人民的生命财产时的限制,所以,杰弗里·韦伟正确地把它解释为现代的人身保护令的先祖。

第八章 《十二表法》在中国

第一节 1949年前《十二表法》在中国的传播

一、北洋由"武"转"文"导致《十二表法》现身中国

1840年鸦片战争后,中国学习西方,重在船坚炮利之术,法律之术不受重视。所以,到1914年,才在中国出现了《十二表法》的第一个全译本,它是贾文范的《罗马法》①的一个附录。贾文范毕业于北洋大学法科。该大学创立于1895年10月2日,而北洋水师于1895年4月17日签订《马关条约》后被宣告死亡。6个月后,清廷在袁世凯的建议和经济支持下创立北洋大学,它是"武的"北洋水师的"文的"传人。在"武"北洋时代,人们的口号是"师夷之长技以制夷",也就是说,学好了洋人的本事要报复洋人,"文"北洋时代的口号则是"师夷之长技以自强",学洋人本事的目的由"打人"改为"健身",所以,学习的重心由以"武"为中心改为文武兼备。故北洋大学开设了罗马法和罗马法律史课程。② 贾文范当是在求学时期掌握罗马法的。他毕业后担任直隶法政

---

① 参见贾文范:《罗马法》,1914年版,出版者不详。其第535页及以次有《十二表法》的全译本,本书对它有附录。

② 参见俞飞:《北洋法科的美丽与哀愁》,《今晚报》2015年11月27日第1版。

专门学校教务主任兼教员,①《罗马法》很可能是他根据自己在北洋大学接受罗马法教育的材料为直隶法政专门学校编写的罗马法教材。它第一次把《十二表法》介绍到中国。显然从英文翻译,因为容易引起误解的术语都以英文解释。

二、"文"北洋以降的涉《十二表法》文献概览

在晚清期刊全文数据库(1833—1911)和民国时期期刊全文数据库(1911—1949)检索查知:1923 年,应时在《浙江公立法政专门学校季刊》第 8 期上发表《罗马〈十二表法〉之概略(一)》一文,介绍了《十二表法》的地位及其各表之名。这很可能是中文世界中第一篇介绍《十二表法》的文献。如果这一推论为真,则可认定《十二表法》是在民国时期才得到学者的研究的,换言之,晚清时期无人对之研究。

1926 年,子模、知行在《法学季刊》(上海)第 3 卷第 1—2 期发表论文《罗马〈十二表法〉之研究》,该文先介绍了制定《十二表法》的政治制度背景和阶级斗争背景,然后介绍了《十二表法》的内容。这是中文世界第二篇介绍《十二表法》的论文。

1934 年,王去非在《法轨》是年第 2 期上发表《〈十二铜标法〉之正文》一文,这是一个《十二表法》的节译本。"节"到什么程度? 总共翻译了 42 条,而不算"位置不明的片段"部分的《十二表法》还原本共 105 条,王去非翻译了不到一半。该文把"铜表"称为"铜标",值得注意。还把还"二粒小麦 1 磅"翻译为"面包 1 斤",甚是有趣。

1935—1936 年,李景禧从日文翻译了《十二表法》的前五表陆续发表于《法律评论》1935 年第 13 卷第 1—2 期、1936 年第 14 卷第 12 期。

---

① 根据其曾孙贾洪雷先生提供的贾文范生平资料。

1937年,周枏、路式导在《社会科学月报》第1卷第2期上发表了《罗马〈十二表法〉》长文。分为如下小节:1.《十二表法》之制定;2.《十二表法》之散佚与整理;3.《十二表法》之译文;4.《十二表法》之真伪。这是一篇学术含量很高的文章,包含了中文世界的第二个《十二表法》全译本并说明了《十二表法》的来龙去脉。

民国时期的《十二表法》翻译,就译名而言,有的译为《十二表法》,有的译为《十二铜表法》,有的译为《十二铜标法》。有的依据英文蓝本,有的依据法文蓝本,有的依据日文蓝本,可谓译名多样,蓝本多元。

第二节 1949年后《十二表法》在中国的传播

一、改革开放前

改革开放前,指从1949年到1979年的期间,这一时期的期刊文章基本没有收入数据库,所以研究这一时期《十二表法》的传播颇为不便。幸运的是,陈筠、防微的《十二表法》译本①进入了知网,它发表于1957年,是一个依据1936年在莫斯科出版的 И. И. 雅科夫金(Иннокентий Иванович Яковкинх,1881—1949年)教授的《十二表法》俄译本及其注释制作的版本。它的存在证明在1949年后的中国政府对于《十二表法》有一定的重视。这种重视有其苏联根源,第二次世界大战后的1944年,斯大林在苏联的法律院系恢复了罗马法教学,由此,全部东欧社会主义国家都有罗马法教学。②江平教授就是在这样的背景下在莫斯科大学学过罗马法课程的。所以,改革开放前的社会主义体制并不

---

① 《东北师范大学科学辑刊》1957年第6期。
② 参见徐国栋:《罗马法与现代意识形态》,北京大学出版社2008年版,第395页及以次。

排斥《十二表法》。

二、改革开放后

(一)以《十二表法》为对象的研究成果概述

2017年12月28日在知网查,得到采用《十二表法》译名的论文19篇。陈可风的《〈十二表法〉——罗马共和宪政的基石》(《文史哲》2011年第2期)探讨了《十二表法》的宪政方面。作者是东北师范大学古典学专业博士学位获得者,有留学意大利经历,学养深厚。他认为《十二表法》的如下内容具有宪政性:第九表第1条保障立法公正;第2、4、6条保障公民的生命、自由和公民籍;第5条保障国家安全。此文从公法的角度研究《十二表法》,不经意间反驳了罗马无公法论或虽有但无价值论,以及相应的罗马法即罗马私法论,颇有新意。

陈可风的《〈十二表法〉制定与公元前5世纪中期罗马平民与贵族的斗争》①一文描述了制定《十二表法》前后的平民和贵族两大阶级的斗争以及平民的政治目标的逐步实现。

兰奇光的《重评〈十二表法〉》一文认为,我国学界过去对《十二表法》的意义评价太低,应重新评价之。他的评价是《十二表法》缓和了阶级矛盾,确立了法治原则与模式,奠定了罗马宪政的基础,因而构成罗马法史上独一无二的立法里程碑。②

何勤华的《〈十二表法〉:古罗马第一部成文法》一文介绍了《十二表法》的制定过程和基本内容。③

周枏的《罗马〈十二表法〉》④一文包括一个《十二表法》的全译本和

---

① 《求索》2003年第4期,第255页及以次。
② 《湖南科技大学学报》(哲学社会科学版)2004年第2期。
③ 《检察风云》2014年第6期,第32页及以次。
④ 《安徽大学学报》1983年第3期,第41页及以次。

译者的序言。

周枏的《〈十二表法〉中"私犯"规定的研究》一文告诉我们,罗马的违法行为分为公犯和私犯。他统计《十二表法》关于私犯的规定有 35 条。其中关于盗窃的有 7 条;关于不守信义的有 9 条;关于对人侵害的有 9 条;关于对物侵害的有 12 条。周枏认定它们具有进步性,因为具有平等性,并已从同态复仇向罚金和赔偿过渡,由客观责任发展到兼采主客观责任,并重视对农业的保护。最后对"肢体"和"侵辱"两个词的不同译法进行了厘清。[①] 这是一篇最具专业性的《十二表法》研究论文。

陈炯的《有关〈十二表法〉的几个问题》一文探讨了《十二表法》的颁布时间问题、后两表的内容问题、该法的名称问题。认为说《十二表法》颁布于公元前 449 年不确,应该是公元前 451—450 年。认为说后两表是为了消除平民对前十表内容的不满制定的不对,因为后两表的内容并不利于平民。还认为应该称《十二表法》而非《十二铜表法》。[②]

穆中杰和廖金华的《管窥〈十二表法〉与罗马涉粮法制的创立》一文研究了制定《十二表法》时罗马农业的状况,认为《十二表法》保护农业耕地,还保护种植业的安全生产、林牧业安全生产、粮食安全储藏。[③] 本文角度新颖,但不乏牵强附会之处。

赵鹏的《"法典化"的意义及其可能的局限——以罗马〈十二表法〉和中国"铸刑鼎""铸刑书"为基础的考察》一文找到了《十二表法》与中国的铸刑鼎、铸刑书的共性:公布过去被秘藏的法律,使法律公开化,打破司法垄断。[④] 立论正确。

[①] 《安徽大学学报》1992 年第 1 期,第 52 页及以次。
[②] 《西北政法学院学报》1986 年第 2 期。
[③] 《中国粮食经济》2014 年第 12 期。
[④] 《法治与社会》2012 年第 5 期(上),第 3 页及以次。

徐国栋的《对〈十二表法〉四个中译本的比较分析》①《〈十二表法〉新译本》②《〈十二表法〉的制定、灭失、还原（上、下）》③《〈十二表法〉对优士丁尼罗马法的影响》④《〈十二表法〉在中国》⑤《〈十二表法〉规范在现代西方公私法中的存活和发展》⑥《〈十二表法〉关于神事的条文集成及其评注》⑦是作者研究《十二表法》的系列作品。第一篇分析了中文世界中既有的《十二表法》译本彼此间的异同，并将它们与新近的外国译本进行比较。第二篇提供了一个站在前人肩膀上的《十二表法》新译本。第三篇介绍了《十二表法》的制定、灭失、还原的过程，顺带介绍了关于《十二表法》真伪的各种观点以及《十二表法》一些规定的过时。第四篇介绍了《十二表法》对后世罗马法的影响。第五篇介绍了《十二表法》在中国受到的关注以及作为教学材料使用的情况。第六篇介绍了《十二表法》对现代西方法的影响。第七篇从人事－神事两分法的罗马人角度介绍了《十二表法》调整人神关系的规则，强调了《十二表法》这一被现代法忽视的方面。

（二）以《十二铜表法》为对象的研究成果概述

采用《十二铜表法》译名的论文有八篇。林国荣的《托克维尔眼中的1787〈美国宪法〉与〈十二铜表法〉之比较》一文认为文章标题中提到的两个法律文件相当。两者都包含了公法和私法两大门类，都诞生在对执行权之专断和任意倾向的警惕和抵制意志当中。两者都是各自的属主民族的法律出发点。两者的立法程序类似，都是长官询问民众对

---

① 《求是学刊》2002年第6期。
② 《河北法学》2005年第1期。
③ 《交大法学》2015年第3—4期。
④ 《法治研究》2017年第1期。
⑤ 《河南财经政法大学学报》2017年第1期。
⑥ 《社会科学动态》2017年第3期。
⑦ 《盛京法律评论》2017年第4期。

法案的同意与否定法律效力之赋予。一经制定,经普通程序无法改变。两者都行文直接和准确。但两者也有差异。其一,《十二表法》没有明确区分公法和私法,1787年《美国宪法》有这样的明确区分;其二,《十二表法》中的私法处于压倒性的地位,1787年《美国宪法》相反。其三,《十二表法》把维持古老的生活标准当作自己的第一任务,把自由之保障排在第二位,而1787年《美国宪法》把自由之保障排在第一位。① 此论中的"《十二表法》没有明确区分公法和私法"的观点不符合现实。众所周知,《十二表法》中的第九表是专门规定公法的。

其他的论文除了两篇《十二表法》的译文外,都致力于比较《十二表法》与其他古代法典。夏祖恩的《〈汉穆拉比法典〉与〈十二铜表法〉比较论略》一文比较了标题中提到的相差1342年许的两部法典,认为两者都具有宗教性;两者都保留氏族制残余;两者都保留氏族社会的某些遗风遗俗;两者都阶级性鲜明,都维护奴隶制。但两者也有差异。其一,法律的规范程度不同,在这方面《汉穆拉比法典》逊于《十二表法》,因为前者类似于判例汇编;其二,重视民主民权程度不同,《十二表法》在这方面做得更好;其三,两者的价值取向不同,前者追求政治稳定,后者把经济价值提到首位。② 这些比较都妥帖,遗憾的是作者未提到两部法典都基于美索不达米亚方法,实际上,"前者类似于判例汇编"的说法已触碰到这一问题,惜未深挖。

《法经》已经散逸,没有了文本,把它与作为一个法律文本的《十二表法》比较有难度,但学者们还是做出了努力。于语和和董跃认为,两者都产生于公元前5世纪,诞生时间相近。其次,两者的祖师爷地位相

---

① 参见林国荣:《托克维尔眼中的1787〈美国宪法〉与〈十二铜表法〉之比较》,《浙江学刊》2006年第2期,第34页及以次。

② 参见夏祖恩:《〈汉穆拉比法典〉与〈十二铜表法〉比较论略》,《福建师范大学福清分校学报》2003年第3期,第1页及以次。

近,都是一个法系的开创者。再次,两者都有古代法的简朴性和原始性。简朴性体现为诸法合体,民刑不分,实体法与程序法不分。原始性即野蛮性。但两者也有差异。其一,经济基础不同。《法经》以封建自然经济为基础,《十二表法》以奴隶制商品经济为基础。其二,立法目的不同。《法经》为上层把安定国家的意志贯彻到下层的结果,而《十二表法》是上层受下层压迫制定的。其三,思想渊源不同。《法经》体现了礼治思想,《十二表法》则体现了民主政治和保护私人所有权的思想。其四,《法经》重刑轻民,《十二表法》相反。其五,两者处理法律与道德的关系不同。《法经》不区分这两类规范,《十二表法》区分之。其六,两者理解的法治不同。《法经》理解的法治中的法是君主手里的工具,《十二表法》理解的法治中的法则凌驾于社会之上。① 此论中关于《十二表法》实体法与程序法不分的说法不妥,因为前三表是专门的民事诉讼法。第九表则包含刑事诉讼法,它们与其他实体法内容的区隔是比较明晰的。其他说法皆妥。

强静竹在于语和和董跃的论述基础上有所补充。认为《十二表法》具有宗教性和氏族性,这是《法经》没有的。②

陈飞进一步补充,认为《法经》重人治轻法治,《十二表法》相反。《法经》重实体法轻程序法,《十二表法》相反。③

高攀进一步认为,两者产生的经济基础不同、立法目的不同、价值取向不同。④

总之,《十二表法》作为大陆法系的开宗法典受到了我国学界的重

---

① 《南开学报》2000 年第 4 期,第 90 页及以次。
② 《法制博览》2012 年第 8 期,第 54 页。
③ 《科技创业月刊》2014 年第 1 期,第 157 页及以次。
④ 参见高攀:《古代中西方成文法典之比较——以〈法经〉和〈汉穆拉比法典〉为例》,《边疆经济与文化》2015 年第 2 期,第 36 页及以次。

视,积累了一定的研究文献。而且,在比较《十二表法》与其他古代法典特性的文献中,都有扬前者而抑后者的倾向。这表明了我国学界对《十二表法》价值的肯认。

第三节　作为大学和中学教学内容的《十二表法》

一、《十二表法》作为法科院系教学内容

改革开放以来,法科院系就在"外国法制史"的课程内教授《十二表法》。第一套该课的统编教材陈盛清主编的《外国法制史》(北京大学出版社 1982 年版)简要地介绍了制定《十二表法》的阶级斗争背景及该法的内容。① 该书的附件《外国法制史资料选编》(上册)就收录一个《十二表法》的全译本外加李维的《罗马史》(即《建城以来史》)对制定《十二表法》的过程的记述。② 时下版本的《外国法制史》教材维持了这样的对《十二表法》的对待。③ 尽管如此,仍形成了大学法科《十二表法》的教学分量不如高中的倒挂格局。这只能用既然学生在高中时已饱学此法,到了大学可点到为止来解释。

以上是就本科教学而言,研究生教学有所不同。例如,我从 2004 年到 2009 年把《十二表法》作为厦门大学民商法专业研究生的"罗马法史"课程的教学内容的一部分,采用逐条评注的方式讲授。这样的讲授

---

① 参见陈盛清主编:《外国法制史》,北京大学出版社 1982 年版,第 50 页及以次。
② 参见法学教材编辑部《外国法制史》编写组:《外国法制史资料选编》(上册),北京大学出版社 1982 年版,第 114 页及以次,第 158 页及以次。
③ 例见何勤华、李秀清主编:《外国法制史》,复旦大学出版社 2002 年版,第 39 页及以次。

当然更深入。

二、《十二表法》作为高中历史课教学内容

(一)《十二表法》在高中历史教学中的地位

高中历史课按教育部的要求,分为必修 I、选修 I、选修 II 三个板块。2003 年教育部颁布的《普通高中历史课程标准》要求学生了解罗马法的主要内容及其在维系罗马帝国统治中的作用,理解法律在人类社会生活中的价值。① 以此提出了在高中教罗马法的要求,故 2004 年后在"必修 I"项下增加了"罗马法的起源和发展"的教学内容,《十二表法》是其中的一部分。理由是:古罗马的法制是西方民主与法治的渊源,对人类产生了重大影响。②《十二表法》是此等法制的代表。这样的见识,何其高也!

目前有三个版本的高中历史教材。它们是人民版、人教版、岳麓版,前者讲授如下罗马法材料:习惯法、《十二铜表法》、公民法、万民法和自然法思想。中者讲授如下内容:习惯法、《十二铜表法》、公民法、万民法、查士丁尼的《民法大全》。后者讲授如下内容:《十二铜表法》、查士丁尼的《民法大全》。③ 可见,三个版本的高中历史教材都把《十二表法》当作教学内容,体现了教育部和高中历史教学界对于《十二表法》历史地位的高度正确认知。

(二)我国学习过《十二表法》的高中生的人数

根据国家统计局发布的 2015 年国民经济和社会发展统计数据,我

---

① 参见周春寅:《高中"罗马法"教学研究》,南京师范大学 2013 年硕士学位论文,第 2 页。
② 参见王小存:《高中历史罗马法教学困难的实践与思考》,南京师范大学 2014 年硕士学位论文,第 1 页。
③ 参见王小存:《高中历史罗马法教学困难的实践与思考》,南京师范大学 2014 年硕士学位论文,第 5 页。

国有在校高中生 2 374.4 万人,当年毕业 797.6 万人①,也就是说,有这么多的中国孩子学习过或即将学习《十二表法》,这是一个惊人的数字。按每年毕业高中生 797.6 万人计,从 2004 年到 2015 年共 12 年,9 571.2 万高中生学过了《十二表法》,由此实现了《十二表法》知识在中国的普及。这可能也是人类有史以来最大规模的《十二表法》教学。这样的规模只有在中国能实现。

(三) 在高中教授《十二表法》的难度

但《十二表法》毕竟古奥难懂,所以产生了不少历史老师写的关于如何教好《十二表法》的文章。其中多提出以场景模拟法解决《十二表法》的规定难以理解问题,即把《十二表法》的有关规定演绎成一个故事传达给学生。② 例如这样的故事:卢修斯是亚历山大港的一个平凡的经营航运业的小商人,他向放高利贷的大商人加图借贷 5 000 枚金币,并立下了契约半年后归还 6 000 枚金币,可惜卢修斯下半年经营不善,无力还钱,只有一份家产和二十几个奴隶,为此加图告上法庭。由三个同学分别扮演卢修斯、加图和法官援引《十二表法》的有关规定进行审判模拟,③ 这个年息 40% 的高利贷案件真是难为这些同学了。我不止一次地收到中学老师的来信询问关于《十二表法》的问题,有时路遇来厦大旅游的中学老师对我提出同样的问题。

---

① 参见新华社北京 2 月 29 日电:《授权发布:中华人民共和国 2015 年国民经济和社会发展统计公报》,载 http://www.qhnews.com/2016zt/system/2016/03/02/011945142.shtml,2016 年 10 月 7 日访问。

② 例见车华玲:《关于罗马法的教学与研究——以教学设计为例兼论教材比较》,《历史教学》(中学版)2008 年第 7 期。陈红:《新课程"罗马法的起源和发展"教学案例》,《历史教学》(中学版)2006 年第 12 期。

③ 参见周春寅:《高中"罗马法"教学研究》,南京师范大学 2013 年硕士学位论文,第 19 页。

第四节 当代中国法学文献对《十二表法》的关注点

一、期刊论文对《十二表法》的关注点

2018年1月16日,在知网检索,发现引用我与贝特鲁奇、纪蔚民合译的《十二表法》的论文103篇,它们分别关注《十二表法》的如下规定。

(一)公法方面

1. 关于结社的规定。徐国栋认为:《十二表法》第八表第27条属此,它允许自由设立俱乐部。①

2. 关于praetor的规定。徐国栋认为:《十二表法》第三表第5条提到的praetor应该是执政官而非裁判官,因为裁判官在公元前366年才设立,在此之前,人们也用praetor称呼执政官。②

3. 关于罗马法院所在地的规定。徐国栋认为:《十二表法》第一表第7条告诉我们法院在与集议场相邻的大会场(comitium)上。③

4. 关于适用死刑的罪名。徐国栋认为:《十二表法》有八个条文规定死刑,集中在第八表和第九表。采用重刑主义。但判处死刑的程序严格。④

---

① 参见徐国栋:《共和罗马的阶级分权与政党政治:保民官 v.执政官》,《河南工业大学学报》(社会科学版)2015年第1期,第32页。
② 参见徐国栋:《Praetor的实与名——从正名开始的罗马公法研究》,《求是学刊》2009年第4期,第78页。
③ 参见徐国栋:《演讲与罗马的法律生活》,《法治研究》2016年第1期,第40页。
④ 参见徐国栋:《罗马刑法中的死刑及其控制》,《暨南学报》(哲学社会科学版)2014年第4期,第50页。

5. 关于公正诉讼的规定。翟郑龙认为:作为罗马法的一个文件,《十二表法》授予了起诉人和被诉人各自相应的权利,并确立了诉权的概念。①

6. 诉讼前置的结构以及实体法与程序法的分立。宋旭明认为:《十二表法》实现了前述二者。②

7. 关于诉权的规定。梁开斌认为:《十二表法》是诉权概念的起点,因为它规定了各种具体的诉权。③

8. 关于诉讼标的的规定。巢志雄认为:《十二表法》第一表第 8 条应翻译为:"一方当事人过了午后仍不到庭的,(负责事实审的)法官可以针对本案的诉讼标的判定到庭的当事人胜诉"。该条中的 litem 术语就是"诉讼标的"的意思。④

9. 关于以誓金抑制滥诉的规定。徐国栋认为:《十二表法》第二表第 1 条、第六表第 2 条、第十二表第 3 条属此。⑤

10. 关于伪证罪的规定。石梅兰认为:《十二表法》第八表第 23 条把伪证者投崖摔死的规定是古代法打击伪证行为的一个例子。⑥

11. 关于制裁拒绝作证者的规定。马海峰认为:《十二表法》以名

---

① 参见翟郑龙:《我国司法模式的历史变迁与当代重构——政治视野的考察》,《法学评论》2016 年第 4 期,第 121 页注释 67。

② 参见宋旭明:《罗马诉讼制度的演变与功能——追问实体法之生成史》,《华中科技大学学报》(社会科学版)2010 年第 6 期,第 57 页,第 60 页注释 1。

③ 参见梁开斌:《论逻辑与经验映射下的民事诉讼标的》,《大连海事大学学报》(社会科学版)2013 年第 1 期,第 55 页。

④ 参见巢志雄:《诉讼标的理论的知识史考察——从罗马法到现代法国法》,《法学论坛》2017 年第 6 期,第 63 页及以下。

⑤ 参见徐国栋:《库流斯案件评析》,《当代法学》2013 年第 4 期,第 148 页。又参见徐国栋:《罗马民事诉讼法对滥诉和滥用程序的预防和制裁——兼论拉丁法族主要国家(地区)的这些方面》,《中外法学》2016 年第 4 期,第 867 页。

⑥ 参见石梅兰:《我国伪证罪立法之不足与完善》,《烟台职业学院学报》2006 年第 3 期,第 78 页。

誉减损、不能作证、投崖摔死制裁拒绝作证者的规定保障了买卖行为的公示效果。①

12. 关于意外致人死亡免责的规定。陈帮锋认为:《十二表法》第八表第 24a 条属此。②

13. 关于军事刑法规定的阙如。侯嘉斌认为:《十二表法》规定了许多制度,但可惜未规定军事刑法制度。③ 此论不算客观,因为第九表第 5 条关于对煽动外国人反对自己的国家者、把罗马公民交给外国人者处死刑的规定,至少在军人犯这两种罪的情形,属于军事刑法。

14. 关于限制高利贷的规定。史志磊认为:《十二表法》第八表第 18a 条区分了合法利息和高利贷。④ 徐国栋在其两篇论文中也提到这一条的反高利贷属性。⑤

15. 关于禁止在市区埋葬和焚化死者的公共卫生规定。徐国栋认为:《十二表法》第十表第 1 条和第 9 条属此。⑥ 李飞则认为该表的第 1 条属于罗马的环保法规范。⑦

16. 关于城市规划的规定。齐云认为:《十二表法》第十表第 1 条

---

① 参见马海峰:《罗马法所有权转让的流变及其启示》,《理论界》2009 年第 5 期,第 97 页。
② 参见陈帮锋:《古罗马刑法的意外事故理论》,《华东政法大学学报》2013 年第 6 期,第 50 页。
③ 参见侯嘉斌:《古罗马军事刑法史略》,《西安政治学院学报》2016 年第 4 期,第 94 页。
④ 参见史志磊:《英国法中按揭制度结构模式的研究——以不动产为分析对象》,《北大法律评论》2015 年第 1 辑,第 206 页注释 35。
⑤ 参见徐国栋:《优士丁尼〈法学阶梯〉中的价值论》,《法学》2011 年第 10 期,第 30 页。又参见徐国栋:《伊壁鸠鲁的快乐主义、边沁功利主义与英国法人性假设的形成》,《河南财经政法大学学报》2013 年第 2 期,第 51 页。
⑥ 参见徐国栋:《罗马公共卫生法初探》,《清华法学》2014 年第 1 期,第 170 页。
⑦ 参见李飞:《罗马环境法初探:理念、设施与法制》,《河南财经政法大学学报》2017 年第 1 期,第 14 页。

和第七表第 1 条属此。①

17. 关于限制葬礼奢侈的规定。向东、陈荣文认为:《十二表法》第十表第 5、6、8 条关于限制丧葬费用的规定属于禁奢法规范。②

18. 宗教性的规定。汪琴认为:《十二表法》基本上是一部世俗法,但其第四表第 2 条关于家父的卖子权的规定,第八表关于献祭刑的规定,第十表关于墓葬的规定仍然具有宗教性。③

19. 关于没收全部财产的规定。胡婧认为:《十二表法》规定了没收全部财产的刑罚。④

(二) 私法方面

1. 以刑法手段保护自然人人格权的规定。徐国栋认为:《十二表法》第八表第 1b 条是这样的规定。⑤ 苏雪冰、王清清持同样的看法。⑥ 叶延玺也认为,《十二表法》第八表有许多保护人格权的规定。⑦

2. 承认自然人荣誉权的规定。徐国栋认为:《十二表法》第十表第 7 条的规定属此。⑧

3. 关于浪费人的规定。陈帮锋认为:《十二表法》第五表第 7 条最

---

① 参见齐云:《论罗马法上的倒泼与投掷之诉——以对 D.9,3 和 I.4,5 的分析为中心》,《外国法制史研究》2013 年卷,第 381 页。
② 参见向东、陈荣文:《奢侈行为的法律规制:从古罗马到现代》,《福建论坛·人文社会科学版》2015 年第 4 期,第 182 页。
③ 参见汪琴:《论原始宗教对罗马私法的影响——以人法为考察对象》,《甘肃政法学院学报》2009 年第 2 期,第 38 页。
④ 参见胡婧:《论宪法禁止没收罪犯全部财产的正当性》,《北方法学》2017 年第 5 期,第 53 页。
⑤ 参见徐国栋:《人格权制度历史沿革考》,《法制与社会发展》2008 年第 1 期,第 3 页。
⑥ 参见苏雪冰、王清清:《中国民法典的人格权制定——与〈智利民法典〉的比较法考察》,《邢台学院学报》2017 年第 2 期,第 48 页。
⑦ 参见叶延玺:《论自然法与实证法维度中的人格权演变——比较法与历史的双重视角》,《云南大学学报》(法学版)2013 年第 2 期,第 26 页。
⑧ 参见徐国栋:《人格权制度历史沿革考》,《法制与社会发展》2008 年第 1 期,第 4 页。

早确立了浪费人禁治产制度。①

4. 关于时效婚的规定。尹春海认为:《十二表法》第十一表第 1 条关于禁止平民与贵族通婚的规定被平民以实施事实婚的方式规避,并得到社会的认可。②

5. 关于家父对家子生杀权和丈夫对妻子的驱逐权的规定。郑净方、邹郁卓认为:《十二表法》第四表第 1 条和第 3 条确立了上述权利。③

6. 关于遗腹子婚生拟制的规定。谢潇认为:《十二表法》第四表第 4 条把父亲死后 10 个月出生的遗腹子拟制为婚生子,表明远古时期的罗马人掌握了拟制的立法技术。④

7. 关于所有权移转方式的规定。娄爱华认为:《十二表法》第六表第 1 条和同表第 6b 条规定了所有权的要式转移;第七表第 11 条规定了所有权的略式转移。⑤

8. 关于取得时效的规定。柴荣、林群丰认为:《十二表法》创立了取得时效制度。⑥ 史志磊认为:《十二表法》第六表第 3 条针对不动产和动产规定了长短不一的时效期间。⑦

9. 关于取得时效主体要件的规定。徐国栋认为:《十二表法》第八

---

① 参见陈帮锋:《论浪费人》,《现代法学》2011 年第 6 期,第 56 页。
② 参见尹春海:《论婚姻家庭法的道德基础》,《绵阳师范学院学报》2009 年第 3 期,第 33 页。
③ 参见郑净方、邹郁卓:《亲子关系变迁之考察》,《河南财经政法大学学报》2014 年第 2 期,第 185 页。
④ 参见谢潇:《罗马私法拟制研究》,《比较法研究》2017 年第 3 期,第 157 页。
⑤ 参见娄爱华:《论罗马法中的交付原因问题》,《湘江法律评论》2015 年第 1 卷,第 43 页及以次。
⑥ 参见柴荣、林群丰:《论古罗马与汉朝土地制度变迁的共性:以土地私有权的兴起为中心》,《苏州大学学报》(哲学社会科学版)2015 年第 3 期,第 178 页。
⑦ 参见史志磊:《论罗马法中信托担保的结构与保护模式》,《暨南学报》(哲学社会科学版)2015 年第 1 期,第 113 页。

表第17条关于盗窃物不能被时效取得的规定隐含着对占有人客观诚信的要求。① 史志磊认为:《十二表法》不要求取得时效制度中的占有人具备主观诚信的要件。②

10. 关于空气空间的规定。徐国栋认为:《十二表法》第七表第9a条规定了土地所有权的向上延伸空间是15尺,在此之上的空气空间是一切人共有的物。③

11. 关于质押的规定。向东认为:《十二表法》第七表第11条和第十二表第1条属此。④ 此论关于第七表第11条的说明有点过,因为该条规定的是所有权担保,出卖人"扣押"的是自己的物,质押应发生在扣押他人的物的情形。关于Pignus的特性,向东还认为:《十二表法》中的Pignus往往与人身控制有关,具有公法和神法的属性。⑤

12. 关于债的标的是债务人的身体的规定。李飞认为:《十二表法》第三表第1—6条的规定属此。⑥

13. 关于执行程序与破产程序交叉的规定。徐阳光认为:《十二表法》第三表关于对不能履行的债务人进行处置的诸规定体现了执行制

---

① 参见徐国栋:《罗马法中主观诚信的产生、扩张及意义》,《现代法学》2012年第3期,第4页。
② 参见史志磊:《论罗马法中信托担保的结构与保护模式》,《暨南学报》(哲学社会科学版)2015年第1期,第113页。
③ 参见徐国栋:《"一切人共有的物"的概念的沉浮——"英特纳雄耐尔"一定会实现》,《法商研究》2006年第6期,第141页。
④ 参见向东:《罗马法中的pignus和hypoteca》,《广西大学学报》(哲学社会科学版)2014年第6期,第130页。
⑤ 参见向东:《"物保"概念的演进——基于罗马法的考察》,《私法研究》2016年第2期,第98页。
⑥ 参见李飞:《委托交付制度的历史与现实——兼论我国〈合同法〉第64条的定性》,《比较法研究》2014年第3期,第82页。

度与破产制度的相伴相生。①

14. 关于破产执行的规定。徐国栋认为:《十二表法》第三表第1—6条的规定属此,以严酷著称。②

15. 关于可分之债的规定。齐云认为:《十二表法》第五表第9条关于在继承人间分割死者的债权债务的规定是现代的可分之债制度的滥觞。③ 宋瑞芬就此做出了同样的论证。④

16. 关于债权债务移转的规定。申建平认为:《十二表法》第五表第9条关于在继承人间分割死者的债权债务的规定承认了死者的债权债务在继承人继承了其人格的条件下可移转于后者,是现代的债权债务移转制度的发端。⑤

17. 关于恩惠期的规定。黄文煌认为:《十二表法》第三表第1条关于授予债务人30天的恩惠期的规定是《阿奎流斯法》第3条规定的以被害物件30天内的最高价值作为赔偿额之规定的依托。⑥

18. 关于租赁的规定。童航认为:《十二表法》第四表第2b条是雇佣租赁的起源;第十二表第1条是物的租赁的起源。⑦

19. 关于在家庭间转让富余劳动力的规定。徐国栋认为:《十二表法》第四表第2b条关于家父三次出卖家子丧失家父权的规定实际上旨

---

① 参见徐阳光:《执行与破产之功能界分与制度衔接》,《法律适用》2017年第11期,第19页。
② 参见徐国栋:《罗马破产法研究》,《现代法学》2014年第1期,第10页。
③ 参见齐云:《不可分之债与连带之债关系的历史沿革研究——以不可分之债考察为中心》,《中外法学》2008年第5期,第649页。
④ 参见宋瑞芬:《不可分之债探析》,《法制与社会》2010年11月(中),第260页。
⑤ 参见申建平:《罗马法中债权让与制度的历史演进》,《学术交流》2009年第1期,第41页。
⑥ 参见黄文煌:《罗马法上财产损害的赔偿估价——以"阿奎流斯法之诉"为考察对象》,《外国法制史研究》2014年卷,第169页。
⑦ 参见童航:《租赁契约的起源与结构变迁》,《外国法制史研究》2014年卷,第365页。

在在家庭间转让富余劳动力。①

20. 关于惩罚性赔偿的规定。黄雅琴、连月月认为:《十二表法》关于现行盗窃、非现行盗窃、搜获赃物的盗窃的责任人要以赃物价值为基准成倍承担责任的规定是惩罚性赔偿性的。②

21. 关于 Iniuria 的规定。王世柱认为:《十二表法》第八表第 11 条是关于侵害财产的 Iniuria 的规定,而第八表第 4 条是关于侵害人身的 Iniuria 的规定,所以,《十二表法》中的 Iniuria 既以财产为客体,也以人身为客体,尽管《十二表法》还在个案的层次上规定 Iniuria。③

22. 关于严格责任的规定。胡艳香认为:《十二表法》第八表第 6 条关于动物致人损害的规定是严格责任的滥觞。④

23. 关于私犯的类型和对盗窃的处罚方式的规定。齐云认为:《十二表法》规定了以下私犯:受寄人不诚实的行为、监护人窃取被监护人财产的行为、盗伐他人树木的行为。在该法中,对盗窃的处罚是把自由人变成债奴,对奴隶处死刑。⑤

24. 关于《十二表法》规定的几种致害行为的法律后果是否是私犯之债问题。张长绵认为:《十二表法》第八表第 2 条规定的肢体毁伤行为的法律后果并非私犯之债;同表第 3 条规定的折骨行为和一般侵辱行为的法律后果同样如此。同表第 16 条规定的非现行盗窃行为的法

---

① 参见徐国栋:《法学学派争鸣与罗马法的"争鸣的法"的性格》,《中外法学》2015 年第 4 期,第 950 页。

② 参见黄雅琴、连月月:《惩罚性赔偿的演进与流变》,《民间法》第 16 卷,第 274 页。

③ 参见王世柱:《试析"iniuria"含义在罗马法中的演变》,《中南财经政法大学研究生学报》2016 年第 3 期,第 135 页。

④ 参见胡艳香:《罗马法中的严格责任制度及其现代启示》,《湖南商学院学报》2009 年第 1 期,第 119 页。

⑤ 参见齐云:《近现代侵权法立法模式溯源:罗马法中的私犯与准私犯研究》,《苏州大学学报》(法学版)2017 年第 4 期,第 85 页及以次。

律后果则是私法之债。①

25. 关于奴隶和自由人受同样的侵权行为法保护的规定。徐铁英认为:《十二表法》第八表第 3 条做到了这一点。②

26. 关于不当得利的规定。张宇航、黄亮等学者认为:《十二表法》第七表第 10 条关于邻地果实的规定是现代的不当得利制度的萌芽。③

27. 关于遗嘱自由的规定。谈者、徐栋梁认为:《十二表法》第五表第 3 条体现了这一原则。④

(三) 国际法方面

吕岩峰、吴寿东认为:《十二表法》第二表第 2 条、第六表第 4 条关于外邦人的诉讼地位的规定证明外邦人在罗马有权参加诉讼,并享有一定的民事权利。这些规定是罗马的国际私法的体现。⑤

二、学位论文对《十二表法》的关注点

(一) 博士学位论文

1. 关于阶级关系的规定。吴玄认为:《十二表法》第八表第 21 条调整恩主与门客的关系。《十二表法》关于破产执行规定的适用对象都

---

① 参见张长绵:《〈十二表法〉存在私犯之债吗?》,《私法研究》2016 年第 1 期,第 81 页及以次。

② 参见徐铁英:《古罗马奴隶地位还原——"奴隶是会说话的工具"说法之批判》,《河北法学》2012 年第 5 期,第 181 页。

③ 参见张宇航、黄亮:《大陆法系不当得利制度的起源与演变考究》,《理论观察》2014 年第 7 期,第 88 页。也参见马祖蕾:《论不当得利制度的历史渊源》,《法制博览》2014 年第 2 期(中),第 226 页。

④ 参见谈者、徐栋梁:《自由还是秩序——论公证遗嘱优先效力之存废》,《中国公证》2014 年第 1 期,第 48 页。

⑤ 参见吕岩峰、吴寿东:《罗马法之国际私法论纲:"适当—和谐论"的维度》,《社会科学战线》2015 年第 10 期,第 202 页及以次。

是平民,反映了平民的悲惨处境。①

2. 关于诉讼前置主义的结构。李幡如此看待《十二表法》的结构。②

3. 关于相邻关系的规定。吴胜利认为:《十二表法》第七表规定的建筑物周围留空地制度、相邻土地间留空地制度、道路的宽度制度属此。③

4. 关于确认公民立遗嘱权、继承权和时效取得权的规定。王业辉认为:《十二表法》包含了这些方面的内容。④

5. 关于盗窃罪的规定和关于同态复仇的规定。王小波在其研究罗德海商法的博士论文中关注这两个问题。⑤

6. 关于公法身份与私法身份有别的规定。钱侃侃认为:一个人在不同的场合角色不同,按照《十二表法》,在家外是堂堂的公民的人在家内也要承受严酷的家父权。⑥

7. 关于夫妻分居的规定。姜大伟提道:许多人⑦认为《十二表法》

---

① 参见吴玄:《古罗马保民官制度研究》,华东政法大学 2013 年博士学位论文,第 18 页,第 30 页。

② 参见李幡:《中国婚姻法文化考论》,黑龙江大学 2011 年博士学位论文,第 215 页。

③ 参见吴胜利:《土地规划权与土地财产权关系研究》,西南政法大学 2015 年博士学位论文,第 18 页。

④ 参见王业辉:《旅游业经济法激励制度研究》,吉林大学 2017 年博士学位论文,第 15 页。

⑤ 参见王小波:《罗德海商法研究》,东北师范大学 2010 年博士学位论文,第 77 页,第 78 页。

⑥ 参见钱侃侃:《运动员权利保障机制研究》,武汉大学 2014 年博士学位论文,第 24 页。

⑦ 王勤芳:《别居法律制度研究》,知识产权出版社 2008 年版,第 39 页。孟德花:《别居与离婚制度研究》,中国人民公安大学出版社 2009 年版,第 11 页。马齐林:《论我国的分居立法》,《内蒙古大学学报》(社会科学版)2000 年第 2 期,第 79—83 页。何群:《论确立我国别居制度》,《法律科学》1997 年第 3 期,第 82—84 页。史卫民:《中国设立夫妻分居制度的立法探讨》,《社科纵横》2007 年第 4 期,第 38—39 页。

第六表第 5 条是分居制度的滥觞,但他本人觉得并非如此。①

8. 关于承认外邦人的法律地位的规定。吴寿东认为:《十二表法》第二表第 2 条和第六表第 4 条属此。②

(二) 优秀硕士学位论文

1. 关于 Praetor 的规定。占志铖认为:《十二表法》第三表第 5 条提到的 praetor 应该是执政官。③

2. 关于犯罪人主观状态功能的规定。曹竹青认为:《十二表法》第三表第 10 条关于故意纵火者烧死、失火者仅赔偿损失的规定表明:罗马法中的故意过失的概念只涉及量刑轻重问题,并非犯罪构成要件的一部分。④

3. 关于犯罪和刑罚的规定。张瑜毅认为:《十二表法》第八表、第九表规定了这方面的内容。⑤

4. 关于伪证罪的规定。张海庆认为:《十二表法》第八表第 23 条是西方伪证罪的起源之一。⑥

5. 关于同态复仇的规定。张瑜毅认为:《十二表法》第八表第 2 条属此。⑦

---

① 参见姜大伟:《我国夫妻分居法律制度建构研究》,西南政法大学 2014 年博士学位论文,第 42 页及以下。

② 吴寿东:《罗马法的国际私法观照——罗马法对国际私法的影响和启示》,吉林大学 2014 年博士学位论文,第 15 页及以下。

③ 参见占志铖:《罗马共和宪政的渊源、内容和价值———种古典宪政模式的考察》,华东政法大学 2012 年硕士学位论文,第 32 页。

④ 参见曹竹青:《论相对严格责任在我国环境犯罪中的适用》,上海社会科学院 2016 年硕士学位论文,第 20 页。

⑤ 参见张瑜毅:《罗马帝政时期刑罚制度研究》,安徽大学 2016 年硕士学位论文,第 13 页。

⑥ 参见张海庆:《伪证罪主体研究》,西北大学 2016 年硕士学位论文,第 5 页。

⑦ 参见张瑜毅:《罗马帝政时期刑罚制度研究》,安徽大学 2016 年硕士学位论文,第 6 页。

6. 关于人格权的规定。周隽超认为:《十二表法》第八表第 1b 条属此。① 曹相见也如此认为,但他还认为第八表第 2 条是保护身体权的规定。② 李丽丽也认为第八表第 2 条是保护人格权的规定。③

7. 关于成年人监护的规定。任毛婷认为:《十二表法》开创了成年人监护制度,体现在其第五表第 1 条关于适婚妇女仍受监护的规定中,以及第五表第 7a 条关于精神病人的保佐的规定中,外加第五表第 7c 条关于浪费人保佐的规定中。④ 胡华东追随了这种观点。⑤ 徐亚伟进而认为第五表第 1 条也是老年人监护的起源。⑥

8. 关于别居的规定。王静雅认为:《十二表法》包含夫妻别居制度的规定。⑦

9. 关于保护关系的规定。冀莉萍笔下的保护关系即恩主与门客间的关系。她认为:《十二表法》第八表第 21 条维护这种关系。⑧

10. 关于债务人经营破产的规定。王腾飞从这一角度研究了第三表的 6 条规定。⑨

---

① 参见周隽超:《人格权立法的本土化模式构建》,华东政法大学 2013 年硕士学位论文,第 4 页。
② 参见曹相见:《人格权理论的基础及其立法展开》,烟台大学 2013 年硕士学位论文,第 24 页。
③ 参见李丽丽:《人格权的立法保护研究》,辽宁师范大学 2012 年硕士学位论文,第 11 页。
④ 参见任毛婷:《成年监护制度研究》,中国社会科学院研究生院 2015 年硕士学位论文,第 4 页。
⑤ 参见胡华东:《成年监护制度研究》,吉林财经大学 2016 年硕士学位论文,第 6 页。
⑥ 参见徐亚伟:《老年人监护制度研究》,南京理工大学 2014 年硕士学位论文,第 2 页。
⑦ 参见王静雅:《我国建立别居制度的必要性分析》,内蒙古大学 2017 年硕士学位论文,第 13 页。
⑧ 参见冀莉萍:《论罗马帝国早期的保护关系》,东北师范大学 2017 年硕士学位论文,第 12 页。
⑨ 参见王腾飞:《论古罗马的债务关系及破产》,厦门大学 2014 年硕士学位论文,第 25 页及以下。

11. 关于对《十二表法》两个规定的创造性解释。郭光建认为：第四表第 3 条关于家父出卖家子的规定被法学家扩张解释到涵盖了出卖家女和家孙；第六表第 9 条关于已造梁木之诉的规定通过解释成了加工制度的起源。①

12. 关于惩罚性赔偿的规定。武兵认为：《十二表法》第八表第 3 条关于折断自由人一骨赔 300 阿斯的规定属于惩罚性赔偿。② 这种"认为"比较牵强，因为该条显然规定的是补偿性赔偿。

第五节　当代中国法中的《十二表法》因子

一、对上述文献对《十二表法》的关注点的评价

不难看出，1949 年后的中国学界把《十二表法》当作一个既涵盖公法，也涵盖私法，既涵盖内国法，也涵盖国际法的古代法律文本看待。把它作为许多好的制度的起源，甚至有时牵强附会地论证《十二表法》一些规定的先祖性。例如，把妇女离家外宿三夜中断夫权的时效取得的规定作为现代的别居制度的起源，把对妇女的终身监护当作成年人监护制度甚至老年人监护制度的起源，把折断自由人和奴隶骨头以金钱赔偿的规定看作惩罚性赔偿制度的起源等，只有在不多的情形，对《十二表法》的规定持负面评价。具体说来，只有六方面的规定承受了这种评价。它们是：死刑规定中采取的重刑主义、军事刑法的阙如、一些规定的宗教性、破产程序的严酷性、家父权和夫权的严酷性、同态复

---

① 参见郭光建：《立法解释与司法解释的互动研究》，烟台大学 2012 年硕士学位论文，第 14 页。

② 参见武兵：《大规模侵权适用惩罚性赔偿研究》，中国政法大学 2016 年硕士学位论文，第 16 页。

仇规定的落后性。这些规定相比于受到正面评价的规定数目不多。而且，有些负面评价欠缺道理，例如关于《十二表法》中没有军事刑法的评价。一部距今已有2600多年的法典受到中国今人的如此高的评价，应该说是异数，这要归因于《十二表法》本身的优良品质。

尤可道者，众多的作者认为《十二表法》保护人格权，这就终结了人格权保护起源于《瑞士民法典》的陈说。①

有意思的是，《十二表法》中的同一个规定，不同的学者做出不同的制度归位。例如，第十表第1条关于不得在市区埋葬或火化尸体的规定，徐国栋将之目为公共卫生法制度，李飞则将之看作环境法制度。又如，徐国栋认为《十二表法》第六表第4条关于妻子连续外宿三夜可中断夫权的时效取得的规定是身份时效取得制度的滥觞，但另一些学者（例如王勤芳）则认为该规定是别居制度的滥觞。

二、当代中国法中的《十二表法》因子

完成了对中国学界对《十二表法》的关注点的综述，证明当代中国法中包含的《十二表法》因子就很容易了。在排除了那些被负面评价的规定以及被牵强附会地溯源的规定后，差不多所有的受到关注的《十二表法》规定都可在中国当代法中找到其对应物。未受到关注的一些规定也可如此。以下分述。

（一）公法上的

1. 关于国势调查的规定。尽管我国分别在1953年、1964年、1982年、1990年、2000年进行过国势调查，但直到2010年，国务院才发布了《全国人口普查条例》，该法的名称表明它意图组织的普查以取得人口

---

① 参见王利明：《人格权法的发展与完善——以人格尊严的保护为视角》，《法律科学》2012年第4期，第167页。

数据为主,但从实际操作来看,也包括调查被查对象的住房、职业等经济资料,所以,该法的实际运作效果超出人口普查,可称之为国势调查。其第8条规定:人口普查每10年进行一次,位数逢0的年度为普查年度。这样的规定类似于《美国宪法》第1条的相关规定。但美国进行人口普查的主要目的是确定特定州可产生多少众议员,《全国人口普查条例》第2条规定的普查目的是"全面掌握全国人口的基本情况,为研究制定人口政策和经济社会发展规划提供依据,为社会公众提供人口统计信息服务",这一目的与选举了无关涉。实际上,按照2009年版的《选举法》的规定,人口普查数据是确定特定地区的人大代表数目的依据。在县一级人大的层面,每5000人产生一名人大代表。在乡、镇人大的层面,每1500人产生一名人大代表(第11条)。在全国人大的层面,人大代表的名额也根据省、自治区、直辖市的人口数进行分配(第16条),在省、自治区,每15万人产生一名人大代表,直辖市每2.5万人产生一名人大代表。由此可见,我国的人口普查与选举也有关联性,《全国人口普查条例》第2条在未来修改时应补充说明此等关联。

2. 关于结社的规定。我国《宪法》第35条规定:中华人民共和国公民有……结社……的自由。

3. 宣誓制度。2015年7月1日的全国人大常委会《关于实行宪法宣誓制度的决定》规定:各级人民代表大会及县级以上各级人民代表大会常务委员会选举或者决定任命的国家工作人员,以及各级人民政府、人民法院、人民检察院任命的国家工作人员,在就职时都应当公开进行宪法宣誓。誓词为:"我宣誓:忠于《中华人民共和国宪法》,维护宪法权威,履行法定职责,忠于祖国、忠于人民,恪尽职守、廉洁奉公,接受人民监督,为建设富强、民主、文明、和谐的社会主义国家努力奋斗!"不过这样的宣誓没有宗教背景。

4. 以刑法手段保护自然人人格权的规定。我国《刑法》第246条规定:以暴力或者其他方法公然侮辱他人或者捏造事实诽谤他人,情节严重的,处 3 年以下有期徒刑、拘役、管制或者剥夺政治权利。

5. 盗伐林木罪。我国《刑法》第 345 条第 1 款和第 2 款规定了盗伐林木罪、滥伐林木罪。对犯罪人处 3 年以下有期徒刑、拘役或者管制,并处或单处罚金。数量巨大的,处 3 年以上 7 年以下有期徒刑,并处罚金;数量特别巨大的,处 7 年以上有期徒刑,并处罚金。富有意味的是,这两个罪名处在"破坏环境资源保护罪"的标题下,但只有滥伐林木罪符合这一标题,盗伐林木罪应处在"侵犯财产罪"的标题下。看来,我国刑法同时从盗窃和环境保护两个角度制裁盗伐林木行为,侧重于后者,所以它吸收了前者。

6. 故意-诈欺的概念。我国《刑法》和《民法总则》都以故意和过失作为行为人对致害行为承担责任的主观要件。《民法总则》还把诈欺作为影响法律行为效力的因素处理。其第 148—149 条规定:行为人本人或第三人通过诈欺实施的法律行为,其相对人都可请求撤销。

7. 关于伪证罪的规定。我国《刑法》第 305 条规定:在刑事诉讼中作伪证或隐匿证据的,处 3 年以下有期徒刑或拘役,情节严重的,处 3 年以上 7 年以下有期徒刑。

8. 关于外邦人参加诉讼的规定。我国《民事诉讼法》第 5 条第 1 款规定:外国人、无国籍人、外国企业和组织在人民法院起诉、应诉,同中华人民共和国公民、法人和其他组织享有同等的诉讼权利和义务。与《十二表法》的规定相比,本条没有优待外国人,只是把他们置于与本国人平等的地位。

9. 关于制裁拒绝作证者的规定。我国《刑事诉讼法》第 188 条规定:经人民法院通知,证人没有正当理由不出庭作证的,人民法院可以强制其到庭。……证人没有正当理由拒绝出庭或出庭后拒绝作证的,予以训诫,情节严重的,经院长批准,处以 10 日以下的拘留。另外,我国《刑法》第311条规定:明知他人有间谍犯罪活动,在国家安全机关向其调查有关情况、收集有关证据时,拒绝提供,情节严重的,处3年以下有期徒刑、拘役或者管制。

10. 限制丧葬奢侈的规定。我国《殡葬管理条例》第11条规定:严格限制公墓墓穴占地面积和使用年限……墓穴的占地面积和使用年限,由地方立法规定。例如,就墓穴的占地面积而言,按照《四川省殡葬管理条例》第26条和第12条,埋葬骨灰的墓位不得超过1平方米,夫妻合葬的,墓位不得超过1.5平方米;允许土葬的地方,埋葬遗体的墓位不得超过3平方米。墓堆不得高于地面50厘米。墓碑不得高于地面100厘米。违反这些限制的,限期改正并可处罚款。就墓穴的使用年限而言,按照《浙江省公墓管理办法》第8条,这一期限是20年。期满的,墓主可请求续期。如此,实现了墓穴使用的非永久化。

11. 关于禁止在市区埋葬和焚化死者的公共卫生规定。我国《殡葬管理条例》第15条规定:在允许土葬的地区,禁止在公墓和农村的公益性墓地以外的任何地方埋藏遗体、建造坟墓。

(二) 私法上的

1. 关于授予自然人荣誉权的规定。《民法总则》第110条第1款规定:自然人享有生命权、身体权、健康权、姓名权、肖像权、名誉权、荣誉权、隐私权、婚姻自主权等权利。

2. 关于遗嘱监护优先的规定。《民法总则》第29条规定:被监护人的父母担任监护人的,可以通过遗嘱指定监护人。该条允许第一顺位的法定监护人通过指定遗嘱监护人排除第二顺位和第三顺位的法定监护人,一定程度上实现了遗嘱监护优先于法定监护。

3. 关于精神病人保佐的规定。《民法通则》第17条规定:无民事行为能力或者限制民事行为能力的精神病人,由其配偶、父母、成年子女等担任监护人。不过,《十二表法》把这种保护称为保佐,《民法通则》

则称为监护,两者类似。

4. 关于交付的规定。尽管我国不接受物权行为理论,但交付仍是我国民法中的重要术语,指一方当事人把自己的物或权利证书的占有移转给他方当事人的行为。① 此等行为是债权行为的履行行为。《合同法》第135条在交付的这种意义上规定:出卖人应当履行向买受人交付标的物或者交付提取标的物的单证,并转移标的物所有权的义务。

5. 关于所有权移转方式的规定。《民法通则》第72条第2款规定:按照合同或者其他合法方式取得财产的,财产所有权从财产交付时起转移,法律另有规定或者当事人另有约定的除外。《十二表法》以支付价金的时间为标的物所有权转移时间,《民法通则》以交付标的物的时间为其所有权转移的时间,但允许法律另行规定,当事人另行约定,《十二表法》对这一问题的处理可以作为当事人另行约定的选项。

6. 关于质押的规定。《担保法》第63条及以下数条规定了动产质押,同法第75条及以下数条规定了权利质押。

7. 关于债权债务移转的规定。《合同法》第80条规定:债权人转让权利的,应当通知债务人。未经通知,该转让对债务人不发生效力。债权人转让权利的通知不得撤销,但经受让人同意的除外。同法第84条规定:债务人将合同的义务全部或者部分转移给第三人的,应当经债权人同意。

8. 关于债权债务承担的规定。《合同法》第88条规定:当事人一方经对方同意,可以将自己在合同中的权利和义务一并转让给第三人。

9. 关于恩惠期的规定。《合同法》第259条规定:承揽工作需要定

---

① 参见《法学词典》(增订本),上海辞书出版社1984年版,第355页。

作人协助的,定作人有协助的义务。定作人不履行协助义务致使承揽工作不能完成的,承揽人可以催告定作人在合理期限内履行义务,并可以顺延履行期限;定作人逾期不履行的,承揽人可以解除合同。该条中的"顺延履行期限"即债权人给予债务人的恩惠期,可惜立法者没有规定此等期间的天数。

10. 关于惩罚性赔偿的规定。《消费者权益保护法》第55条第1款规定:经营者提供商品或者服务有欺诈行为的,应当按照消费者的要求增加赔偿其受到的损失,增加赔偿的金额为消费者购买商品的价款或者接受服务的费用的3倍;增加赔偿的金额不足500元的,为500元。法律另有规定的,依照其规定。另外,《商标法》第60条第1款、《食品安全法》第95条第2款、《合同法》第113条第2款、《侵权责任法》第47条、《旅游法》第70条第1款也规定了惩罚性赔偿。

11. 关于租赁的规定。《合同法》第212条及以下数条对租赁合同做了系统的规定。

12. 关于动物致害之诉的规定。《民法通则》第127条规定:饲养的动物造成他人损害的,动物饲养人或者管理人应当承担民事责任;由于受害人的过错造成损害的,动物饲养人或者管理人不承担民事责任;由于第三人的过错造成损害的,第三人应当承担民事责任。

13. 关于不当得利的规定。《民法总则》第122条规定了这一制度。

三、《十二表法》与当代中国法相关规定的相似原因分析

通过上述比较,可发现《十二表法》至少有24项公法和私法的规定与当代中国法的相关规定相似,由此我们可以斩钉截铁地说当代中国法中包含《十二表法》的因子。那么,这种包含的原因是什么?很难想象现代中国的立法者在制定上述规定时参照了《十二表法》,因为这个

又古又洋的法律尽管在近年来的中国高中得到极大普及,但出了高中的校门,它仅仅是少数法史和世界上古史专家的关注对象。对包含原因的更合乎情理的解释是:《十二表法》的优秀规定已成为西方法的日常内容,清末以来的中国人通过继受《十二表法》的"儿子"乃至"孙子"间接地继受了《十二表法》的一些规定。当然,也有一些两种法的相似点不能以上述传播论解释,例如,中国固有法中就有关于租赁的规定,当代中国法中有租赁,很难说是受到了《十二表法》乃至西方法的影响。对关于动物致害之诉的规定,亦应作如是观。

所以,问题大体变成了《十二表法》对西方法的影响的问题。一部产生于公元前 450 年的法典对后世的西方法有如此大的影响,应该说是一个奇迹,除了从《十二表法》本身的优秀性进行解释外,难道还有别的解释吗?没有比较就没有鉴别,撇开与《十二表法》年代相差太久的《汉穆拉比法典》不谈,试问与《十二表法》年代相近的《格尔蒂法典》《法经》有什么影响?尽管《法经》对民国以前的历朝法律都很有影响,但难以寻觅它对当代中国法的影响。

第六节 结　　论

至此有理由惊异,一部公元前 450 年颁布的又古又洋的罗马法典,竟然在民国以来的近现代中国享有如此尊荣,得到这么多人的关注,有这么多的译本,得到了这么多的书籍和论文的引用和分析,甚至在中国的高中里成了大规模教学的材料,这样的盛况,只能用《十二表法》的魅力来解释。

当然,在对《十二表法》的正用之旁有误用,即牵强附会地把某一制度的起源追溯到《十二表法》,这样的误用也增强了《十二表法》在中国的人气。

误用的旁边还有迷失,也就是《十二表法》一些优秀的、在西方法中得到继受的规定,在中国受到无视,没有被利用起来服务于我国的法制建设。例如,《十二表法》关于以誓金抑制滥诉的规定、关于取得时效的规定以及相应的关于取得时效主体要件的规定,等等。

最后,还有当代中国的一些规定不如《十二表法》的相应规定的情形,例如,《十二表法》承认可分之债,但我国当代法不承认可分之债与不可分之债的分类,误认为连带之债与非连带之债的分类包括了这种分类。[①] 这样就损失了分析的严谨性。

看来,又古又洋的《十二表法》还可以起到当代中国法之镜的作用,可助中国法正衣冠。

---

① 参见齐云:《不可分之债与连带之债关系的历史严格研究——以不可分之债考察为中心》,《中外法学》2008年第5期,第645页及以下。

第九章　对《十二表法》的六个中文全译本的比较研究

第一节　概　　述

公元前450年的《十二表法》被誉为"所有的公私法的源头"①，是罗马法史上的重要文献，正因如此，它在我国法学界和史学界得到了充分的重视。到目前为止，已出版了11个全译或节译本。它们是贾文范先生的译本②、周枏先生的新旧三个译本③、张生的译本④、陈筠、防微的译本⑤、汪连兴的译本⑥、邢义田的译本⑦、金

---

① 李维语。Cfr. Livio, Storia di Roma (I-III), 3, 34, 6-7, A cura di Guido Vitali, Oscar Mondadori, Bologna, 1994, p. 447.

② 贾文范辑:《罗马法》,出版者不详,1914年。

③ 周枏与路式导在1936年的《社会科学月报》上发表过一个合作译本,此为第一个"周译"(不确切的说法)。第二个周译刊载于《罗马法》编写组:《罗马法》,群众出版社1983年版的附录,第364—371页；同时刊载于《安徽大学学报》(哲学社会科学版)1983年第3期,第42—47页。第三个周译(即新译)刊载于周枏:《罗马法原论》(下),商务印书馆1994年版,第931—942页。三个周译彼此间小有不同。

④ 刊载于《世界著名法典汉译丛书》之《十二铜表法》,法律出版社2000年版,无原文出处说明。

⑤ 刊载于《东北师范大学科学辑刊》1957年第6期。依据的版本是M. I.雅科夫金教授的俄译及注释,莫斯科1936年版。

⑥ 汪连兴:《十二铜表法》,载《古罗马史文选》,莫斯科1962年版,第62—72页。被节选载于巫宝三主编:《古代希腊、罗马经济思想资料选辑》,商务印书馆1990年版,第241—248页。

⑦ 刊载于《大陆杂志》第78卷(1989年)第3期,第136—143页。

兰苏①的译本②、李景禧从日文翻译的译本（只译了前五表）③以及本书收录的我与贝特鲁奇、纪蔚民合作完成的译本。可以作为研究对象的只有六个全译本，即贾文范的译本、金兰苏的译本、周枏的新译本、陈筠、防微的译本、邢义田的译本、我的译本。张生的译本与陈筠、防微的译本完全相同，不宜作为独立的比较对象。李景禧译本、汪连兴的译本并未全译，也有同样的问题。周枏以新译取代两个旧译意味着他认为旧译不妥，故其旧译不值得比较。

这六个译本由于年代不同，依据的母本有异，因此在条文数目、条文编排和条文内容上都有所不同，为求直观，将这六个译本的差异列表说明如下：

第二节 六个全译本的基本差异

一、条文数目差异列表观

	贾文范译本	金兰苏译本	周枏新译	陈筠、防微译本	邢义田译本	徐国栋译本
第一表	9条	9条	9条	9条	10条	10条
第二表	4条	4条	4条	3条	3条	3条 其中第1条有a、b两款

---

① 金兰苏曾任教于上海的东吴大学和复旦大学。
② 参见金兰苏编著：《罗马法》，黎明书局1937年版，第41—53页。
③ 李教授1934年入日本帝国大学法学专业学习，历任朝阳法学院、厦门大学教授。参见郝铁川：《中国近代法学留学生与法制近代化》，《法学研究》1997年第6期。

第九章 对《十二表法》的六个中文全译本的比较研究　433

续表

	贾文范译本	金兰荪译本	周枬新译	陈筠、防微译本	邢义田译本	徐国栋译本
第三表	6条	6条	8条	7条	7条	6条
第四表	4条	4条	5条	4条	4条	4条
第五表	11条	11条	11条 其中第7条有两款	10条 其中第7条、第8条和第9条有a、b两款	9条 其中第7条有a、c两款	10条 其中第7条、第8条和第9条有a、b两款
第六表	11条	12条	11条	9条 其中第5条有a、b两款	9条 其中第1条有a、b、c三款	9条 其中第6条有a、b两款
第七表	10条	10条	10条	12条 其中第8条和第9条有a、b两款	10条 其中第8条只译b款，第9条有a、b两款	12条 其中第3条、第5条、第8条和第9条有a、b两款
第八表	27条	27条	29条	27条 其中第1条、第8条、第15条、第18条、第20条和第24条有a、b两款	27条 其中第1条只译a款	27条 其中第1条、第8条、第15条、第18条、第20条和第24条有a、b两款
第九表	6条	6条	6条	6条 其中第1条与第2条同体	6条	6条

续表

	贾文范译本	金兰荪译本	周枬新译	陈筠、防微译本	邢义田译本	徐国栋译本
第十表	11条	11条	11条	10条 其中第6条有a、b两款	10条 其中第5条有a、b两款,第6条只译a款	10条 其中第5条和第6条有a、b两款
第十一表	1条	1条	1条	2条	3条	3条
第十二表	5条	5条	5条	5条 其中第2条有a、b两款	5条 其中第2条有a、b两款	5条 其中第2条有a、b两款

读者可注意到上表中有三个译本存在a、b、c、d款的现象,它产生于两种情况:其一,两款基本同义,但来源不同,故分别保留;其二,两款可能各保留了原来规范的一个部件,合并起来才能有一个完整的规范意思,为求忠实于史料,仍然把两部分分开。

二、贾文范译本的基本情况

贾文范未说明其译本依据的母本,比较其译本中各表的条文数量以及非常具有特色的条文,发现他采用的母本是安德鲁·史蒂芬森(Andrew Stephenson)的《带有对盖尤斯和优士丁尼的〈法学阶梯〉的评注的罗马法史》(A History of Roman Law with a Commentary on the Institutes of Gaius and Justinian, Boston, Little Brown, 1912, pp. 126—137)中附录的《十二表法》英译本。

作为最早的一个《十二表法》的中译本,贾文范的译本有很多特异之处。例如,他不用宗亲的概念,代之以"直系血统关系者"(第四表第

5条)。另外,把对精神病人和浪费人的保佐也称为监护(第四表第7条)。还有,把要式买卖(Mancipatio)翻译为"契约",把债务口约(Nexum)翻译为"交易"(第六表第1条),这样的处理不见于其他任何译本。

三、金兰荪译本的基本情况

金兰荪也未说明其译本依据的母本,其第六表把贾文范译本该表译文的第6条拆为2条,而且对4个条文的内容声明"未详",这些使我有理由相信金兰荪依据的母本与贾文范依据的母本不一致。而且,金兰荪译本对于各表内容不按第x条的方式区分每个规范,而以带圈的阿拉伯数字区分之,暗示并非十人委员会如此区分它们,后人按自己的理解或想象如此区分而已。其用语颇为独特,例如,保护与监护混用,不说保佐,而说佐保,把 Nexum 译成"牛其姆",把 Mancipatio 译成"曼兮怕血",颇有丑化《十二表法》的嫌疑,与把 America 译成美国、把 Italia 译成义大利、把 England 译成英吉利、把 France 译成法国的美名西方事物的做法唱反调。又不把 Tarpeia 岩(本为罗马城内卡皮托尔山上的一处悬崖)的专名音译出,而是泛泛地译成"岩谷"。把百人团大会译成"兵委员会"。把"墓地及焚尸地不能时效取得"译成"坟墓之所有权,不能因时效而取得"。甚至有"耒耜不适用时效之规定"的文句。该条的本义是"农地间的空地不能时效取得",译成"耒耜不适用时效之规定"就离谱了,因为"耒耜"不过是一种农具。还有不当处理法官与公断人的关系的问题。两者本是并列关系,金兰荪一会把它们搞成从属关系,说"法官指定公断人"做某事,一会又让它们回归并列关系,让司法官和公断人共同做某事。甚至还有丈夫依时效取得对妻子的所有权的表达,实际的意思是丈夫按这种方式取得夫权。更有"人人得诉请撤换不忠实之监护人"的译文,让人相信《十二表法》规定了公益诉讼。除贾文范的译本、周枏的译本有类似译文外,其他译者都不提供这样的译文。

总之,金兰荪的译本问题很多,让人痛惜。

四、周枏译本的基本情况

周枏自称其译本的母本是吉拉尔(P. E. Girard)的《罗马法文本》(Textes de Droit Romain)增订第 5 版(1923 年)以及奥尔托兰(J. Ortolan)的《罗马立法史》(Histoire de Legislation Romain)增订第 9 版(1875 年),外加阿尔方斯·希维尔(Alphonse Rivier)的《罗马法史导论》(Introduction Historique au Droit Romain,Bruxelles,1871)中附录的《十二表法》文本。① 但查吉拉尔的《罗马法文本》1923 年版中附录的《十二表法》文本,发现周译中多出的 6 个条文它全部没有。申言之,周译的第二表有 4 条"即使是盗窃案件,也可进行和解"属于多出,而《罗马法文本》的第二表只有 3 条。周译的第四表第 2 条为"家属终身在家长权的支配下。家长得监禁之、殴打之、使作苦役,甚至出卖之或杀死之;纵使子孙担任了国家高级公职的亦同",《罗马法文本》的第四表中无此条。周译的第五表第 11 条为"以遗嘱解放奴隶而以支付一定金额给继承人为条件的,则在付足金额后,该奴隶即取得自由;如该奴隶已被转让,则在付给受让人以该金额后,亦即取得自由",《罗马法文本》的第五表只有 10 条,这 10 条中没有与上述周译相对应的拉丁文字。周译的第六表第 5 条为"外国人永远不能因使用而取得罗马市民法的所有权",《罗马法文本》的第六表中没有与上述周译相对应的拉丁文字。周译的第八表第 21 条为"土地出卖人虚报土地面积的,处以虚报额加倍的罚金";同表第 22 条为"出卖人所出卖的物件被他人追夺

---

① 参见周枏:《罗马〈十二表法〉》,《安徽大学学报》(哲学社会科学版)1983 年第 3 期,第 42 页。

第九章　对《十二表法》的六个中文全译本的比较研究　　437

的,处以价金加倍的罚金",《罗马法文本》的第八表中没有与上述周译相对应的拉丁文字。而且《罗马法文本》中的《十二表法》都是拉丁文,周枏不懂拉丁文,他怎么利用这个文本也可考究。

就奥尔托兰的《罗马立法史》中附录的《十二表法》文本而言,令人惊奇的是,周译中多出的 6 个条文它也只有 2 条有,4 条没有。① 肯定小于否定,很难让人相信周译以这个版本为依据。

阿尔方斯·希维尔的《罗马法史导论》第 121—132 页包含一个《十二表法》的拉丁文还原本,但是,奥尔托兰的《罗马立法史》不包括的周译中多出的 3 条,在这个还原本中也没有! 这就让人怀疑周枏先生的自道了。从条文比较的角度看,贾译和周译都多出同样的 3 条,贾译在先,周译在后,周译以贾译为母本的可能性最大! 当然不是完全照抄,语体改得更为白话一些,条文有所增删,都导致在后者有异于在前者。

周枏新译本的第二表第 2 条被译作"审理这天,如遇法官、仲裁员或诉讼当事人患重病,或者审判外国人(Hostis)时,则应延期审讯"。把 Hostis 译成外国人是正确的。② 可惜的是,Hostis 在第三表第 8 条却被译作"叛徒"("对叛徒的追诉,永远有效")。③ 同一法律中一词两译竟然有译者的如此自辩。云:"Hostis"一词的含义在古罗马历史的

---

① 有的 2 条是:家属终身在家长权的支配下。家长得监禁之、殴打之、使作苦役,甚至出卖之或杀死之;纵使子孙担任了国家高级公职的亦同(第四表);外国人永远不能因取得时效而取得罗马市民法的所有权(第六表);没有的 4 条是:即使是盗窃案件,也可进行和解(第二表);土地出卖人虚报土地面积的,处以虚报额加倍的罚金(第八表);出卖人所出卖的物件被他人追夺的,处以价金加倍的罚金(第八表);不得为一人举行两次葬礼,亦不得为他置备两副棺木(第十表)。

② 参见[秘鲁]门德斯·张:《罗马法中外邦人的概念》,肖崇明译,梁慧星主编:《民商法论丛》第 13 卷,法律出版社 2000 年版,第 393 页及以下。

③ 参见周枏:《罗马〈十二表法〉》,《安徽大学学报》(哲学社会科学版)1983 年第 3 期,第 43 页。

变迁中并非一成不变,它不仅指与罗马交战的敌国人,即外国人,也可指投靠敌国的罗马人中的叛徒。从"论理解释"的角度而言,理解为叛徒是较为合适的。叛徒出卖了罗马的利益,罪行严重,最为人痛恨,所以,对其罪行的追诉"永远有效"是理所当然的。若作"外国人"理解就不那么妥当。外国人犯的罪行有轻有重,对犯轻罪的外国人进行永远的追诉显然是不合理的。① 这种自辩的前提是把第三表第 8 条理解为一个刑法条文,而且是一个关于刑事追诉时效的条文,但周枏给该表加的表名是"执行",也就是民事判决的执行,这就自相矛盾了。《十二表法》的刑事规定处在第八表、第九表。而且,第九表第 5 条是专门处理叛徒的。更有甚者,学界公认刑事追诉时效到奥古斯都颁布的《优流斯惩治通奸法》才确立。② 周枏自称在比利时的课堂里发表此等言论并说服了其老师,得到表扬③,真是有趣!

此外,第八表新译的条文加了两条,其一:"土地出卖人虚报土地面积的,处以虚报额加倍的罚金";其二,"出卖人所出卖的物件被他人追夺的,处以价金加倍的罚金"。如上所述,这两条除了贾译,难寻其本。

另外,对于其他版本中设 a、b 款的情况,周枏先生都把它们归纳为一条。

五、陈筠、防微译本的基本情况

如前章所述,陈筠、防微的译本依据 1936 年在莫斯科出版的 M.I.雅科夫金教授的《十二表法》俄译本及其注释制作[载 В. В. Струве 主

---

① 参见周枏:《我与罗马法》,徐国栋主编:《罗马法与现代民法》第 3 卷,中国法制出版社 2002 年版,第 106 页。又参见周枏:《后记》,载周枏:《罗马法原论》(下),商务印书馆 2014 年版,第 1065 页。

② 参见徐国栋:《罗马公法要论》,北京大学出版社 2014 年版,第 321 页及以次。

③ 参见周枏:《我与罗马法》,徐国栋主编:《罗马法与现代民法》第 3 卷,中国法制出版社 2002 年版,第 107 页。

编的《古代世界史资料选读》(Хрестоматии по древней истории)第一卷〕。但在另一次发表时,译者宣称其译本根据《古代世界史资料选读》第三卷《古代罗马》第 21—33 页制作,并参考了罗叶布古典丛书(Loeb Classical Library)中《古拉丁佚文辑》的译文。① 两种说法,互相矛盾,实际上都是真的。矛盾的原因在于《十二表法》处在同一俄文著作的不同版本的不同卷。第一次发表的陈筠、防微译本依据 B. B. Струве 主编的《古代世界史资料选读》1936 年版第一卷中登载的《十二表法》,第二次发表的译本依据 B. B. Струве 主编的《古代世界史资料选读》1953 年版第三卷中登载的《十二表法》。②

与周译将原始素材归纳为法律条文不同,陈筠、防微译本的特点为标注了还原《十二表法》的文本所依据的古代文献。例如对第四表第 4 条的翻译,陈筠、防微的译文为:"奥鲁斯·杰流斯:《阿提卡之夜》3,16.12:我知道,妇人如在丈夫死后第十一个月生孩子……则〔因此〕发生案件,可能她是在丈夫死后才怀孕的,因为十人团写道,人只经十个月诞生,而不是十一个月"。③ 对这一毫无法律条文气息的原始文献,周枏先生将之译作一个典型的法律条文并转化为一个法律推定:"婴儿自父死后十个月出生的,推定其为婚生子女"④,并且未注明资料来源。当然,如果把《十二表法》理解为一个需要通过芜杂的原始文献还原的立法文件,周枏先生的译法确实地道,但也存在误解甚至篡改原始资料的风险。陈筠、防微的上述处理则无此等风险。

---

① 参见《外国法制史》编写组:《外国法制史资料选编》(上册),北京大学出版社 1982 年版,第 144 页。
② 根据如下俄文网页提供的信息:http://ancientrome.ru/ius/i.htm?a＝1446588975,2018 年 1 月 29 日访问。
③ 参见《外国法制史》编写组:《外国法制史资料选编》(上册),北京大学出版社 1982 年版,第 147 页。
④ 参见《罗马法》编写组:《罗马法》,群众出版社 1983 年版,第 365 页。

六、邢义田译本的基本情况

邢义田声明自己译本依据的母本是罗叶布古典丛书辑本(1983、1979年修订本①)。② 他是台湾人,而且是语史学家,这两个身份让他不受1949年后的任何大陆学界对《十二表法》的翻译传统的约束,也不受法律术语传统的约束,显得特立独行,有时也显得业余。③ 例如,把Ass翻译为"铜币",尽管译者以注释说明当时的罗马并无铸币,结果治丝益棼。把Assiduus翻译为"地主"。把Vindex翻译为"辩护人",完全不懂得第二表第3条的惩罚拒绝作证者的含义,简单翻译为"任何人须要证人时,必须至证人住处门口,每三天叫喊一次"。对于第四表第3条关于驱逐妻子的规定,邢先生未理解条文中令妻子拿走她自己的财产走人的含义,而是翻译成"可令其妻照管她自己的事务……"第五表第3条的规定:"以遗嘱处分自己的财产,或为其所属指定监护人,具有法律上的效力。"被邢义田翻译成"由于人有权处理自己的(家产)、动产或产业管理权,法律亦应保障此权。"两种译法大相径庭。对于第八表第21条关于恩主对门客背信受"做牺牲"之处罚的规定,邢义田翻译为"庇主将丧失一切财产及法律保护",根本未明白"做牺牲"意味的"夺命"含义。对于第九表第1—2条关于死刑程序的规定,邢先生翻译为"如果处罚关系公民的人身或生命,必须由公民大会,且须由监察官审查登记之公民决定",其中"且须由监察官审查登记之公民决定"之语,

---

① 原文如此!可能说的是1979年初版,1983年修订。
② 邢义田译:《罗马〈十二表法〉》,《大陆杂志》第78卷(1989年)第3期,第136—143页。
③ 尽管他也是罗马史专家,编有《西洋古代史参考资料》,联经出版事业公司1987年版,其第二部分是"希腊与罗马"。另外编有《罗马的荣光——罗马史资料选译》;最后译注了奥古斯都的《功业录》。参见李长林、杜平:《我国台湾学者邢义田先生对古代罗马史的研究》,《古代文明》2008年第2期,第102页及以下。

看来莫名其妙,其实有所本,因为西塞罗《论法律》转述这一程序的文字这样说:关于公民死刑的法案只能在百人团大会上,并且在监察官登记入册的人们参加的情况下提出。[①] 但可能因为监察官制度设立于罗马共和时期的公元前443年[②],比《十二表法》晚,其他还原者基此怀疑西塞罗文本的这一部分的真实性,不予采用,而邢先生采用了。而且,邢先生的译本还同词异译,例如,第一表第6条中的"和解"和第三表第5条中的"协议",在拉丁文本中都是一个词,邢义田却给了它们不同的译法,可能都译成"和解"还好些。又如,第八表第14条讲到的把行盗窃的奴隶扔下山以为罚与同表第23条把伪证者从塔匹安岩上扔下山以为罚,两个条文指的扔下罪犯的地点都是所谓的"塔匹安岩",但邢义田只在第二处译出此岩的名字,第一处不译,造成不协调,等等。这个台湾译本的问题,可能出自邢义田所依据的《十二表法》的英译本,但也可能出自他本人缺乏训练。

七、徐国栋译本的基本情况

徐国栋译本主要依据的是萨尔瓦多勒·里科波诺于1941年在佛罗伦萨出版的《优士丁尼之前的罗马法原始文献》(FIRA)一书中附录的《十二表法》还原本,这可以说是离我们较近的版本,具有意大利血统。但依据最新的研究成果对里科波诺的母本进行了两处重大调整。其一,里科波诺的第二表第2条只列患重病、与外邦人有诉讼之约为押后审理的原因,徐国栋在此基础上补充了受另一个审判、参加祭祀、赶上家人葬礼以及葬礼后的成神节为押后审理的原因。其二,里科波诺

---

① [古罗马]西塞罗:《论共和国·论法律》,王焕生译,中国政法大学出版社1999年版,第259页。

② Cfr. M. Talamanca(sotto la direzione di), Lineamenti di Storia del Diritto Romano, Giuffrè, Milano, 1989, p. 168.

的第五表第 1 条把维斯塔贞女列为免受终身监护的妇女,徐国栋的译本取消了这个例外。

第三节 各译本条文内容逐表比较

下面对各译本条文译法差异的原因逐表进行说明。

一、第一表比较

本表第 2 条规定的原告对因为疾病或年高的障碍不能步行到庭的被告提供的运输车辆的舒适化手段,贾译、周译、陈筱、防微译是"加盖",金译是"轿马车",这仍是加盖的一种形式。邢译是"铺备褥垫",显得特立独行,因为其他译本都是从车子的上部做文章,邢译则从下部做文章。

徐国栋译本的本表比四个中译本多了一条(插入在第 4 条和第 5 条中):"福尔特斯人、萨那特斯人,同样享有债务口约权或要式买卖权。"只有邢义田的中译本有此条,但采取意译:与罗马人民有契约和交易关系者,无论对罗马始终忠贞不渝,或(曾背叛)而已恢复忠诚,都将享有相同权利。

徐国栋译本的第一表第 4 条有两个译文。译文一:有产者当有产者的保证人,已是公民的无产者,任何愿意的人都可当其保证人。译文二:乡村部落民当乡村部落民的保证人,已登记在乡村部落的无产者,任何愿意的人都可当其保证人。两个译文基于不同的科研成果。第一个译文比较传统,第二个译文比较现代。两者兼录,以广读者见闻。

第 4 条中的"有产者"和"保证人",邢译分别译作"地主"和"辩护人"。地主只是有产者的一种,保证人并不负责辩护,只负责在被保证人不出庭时承担责任。邢译的这两个措辞有待推敲。

贾文范译本的第一表多两条。即第5条:"当事人之两造,若无争执,原告人即开始宣布其案于法庭(倘细则尚有讨论,则待事定再行宣布)"和第9条:"两造应重订时期,以便再行出庭"。这两条周枏和路式导1936年的译本也多出。谓:第6条:当事人之两造,若有争执,原告人须将其案之内容,于日中前宣告于公民会(Comitium)以便与被告人共同辩论其相争之点。第9条:两造应重订时期,以便再行出庭。[①] 贾译与周译,强烈相似! 让我坚信后者沿袭前者。不过,后来周枏先生认识提高,在以后的译本中把这两条去掉了。

金兰荪译本的本表第9条立意不同:对于以后开审时当事人之到场,应具保证。此译强调一次开庭审理不完,第二次开庭如何保证当事人到场问题。比较符合本条的原意。

另外,贾译的本表第4条很有特色:纳税多额人(一千五百金以上者)之保证人,须以同等财力人充之。纳税少额之人(一千五百金以下者)如其可能,亦应择纳税多额者任保证。此译把阿斯翻译成了"金",可谓"越位",阿斯本来是铜呢! 金译的此条则干脆把货币及其数额去掉,形成这样的译文:如不动产所有人或纳税者涉讼,保证其于开审时到庭者,须为有同等身份之人。然贱民涉讼时,不论何人得保证其开审时到法庭。

二、第二表比较

金兰荪译本的该表第1条宣告还原者对本条内容的不知,猜测是关于赌赛物的。此等猜测正确。

贾译的本表第2条云:遇危险之疾病,或当事人之一造系一属民,及其他特别障碍发生在法官或当事人者,其诉讼应即中止。此译中的

---

① 参见周枏、路式导:《罗马〈十二表法〉》,《社会科学月报》第1卷第2期,第136页。

"属民"在其他译本中都是"外国人",属民是殖民地人,尽管也属于外国人,但受到的是俯视性的照顾,其他"外国人"受到的照顾则可能是平视性的甚或仰视性的。

贾译、周译和金译的第二表比其他译本多了一条。贾译的本表第4条云:"窃盗诉讼,得为和解之标的。"周译的本表第4条云:"即使是盗窃案件,也可进行和解。"两个译本又高度雷同。金译的本表第4条云:"虽窃盗罪亦得和解。"三位作者共同受制于本书第二章讲到的骁德弗罗瓦开创的第二表包含盗窃规定的还原传统。

另外,贾译的本表第3条云:当事人之一造,若无人证时,应高呼于其家门外,俟至法定期限始传其到场。此种译法未意识到"高呼"是一种具有迷信色彩的对拒绝作证者的制裁,制裁时已不指望他出庭作证。贾文范先生把"高呼"理解为敦促作证的措施了。

金译的本表第3条有同样的问题:凡需要证人者,得于其门前大声呼唤之,使其于此后第3次市场日到法庭。此译的问题还在于把"第3日"翻译成"第3次市场日",前者意味着3天,后者意味着21天,差别可谓大矣!

三、第三表比较

在本表第1条的翻译上,贾译与周译难得地出现分歧。贾译的恩惠期是20天,周译是30天。当然是周译正确。金译的恩惠期也是30天。

此表的6个中译本就第3条一个细节的翻译产生分歧,即拘禁债务人的债权人必须给债务人带上戒具,此等戒具的重量到底是不得轻于还是不得重于15磅,债权人如果愿意,是可以加重还是减轻的问题。本条依据的史料是奥鲁斯·杰流斯的《阿提卡之夜》20,1,45,其中明确规定戒具的重量不得轻于15磅,如果愿意,可以加重。陈筠、防微的译本和徐国栋的译本忠于这一史料译出此条,邢义田的译本亦如此,但译者不放心,加注释说明可能情形相反。而贾译、金译和周译都采用戒具"不得重于15磅,如果愿意,可以减轻"的处理,由此彰显罗马破产法的人道精神,但实在脱离史料主观行事。

贾译的本表第5条谓:债权人在禁锢债务人的60天间,应3次献俘于法官。周译的同表同条只说:债权人应连续在3个集市日将债务人牵至广场。周译对而贾译错,因为"献俘"乃凯旋式术语,"献"的目的是赢得国家荣典,债权人唯求满足自己的债权,了无求荣典之心也!

另外,周译的本表多一条,即第8条:"对叛徒的追诉,永远有效"。此译的错误,本书第四章已说明,此处不赘。

四、第四表比较

贾译、金译和周译的第2条比其他译本的相应条文繁复。贾译曰:"家父生时对子有无限全权。虽其子已受国家尊爵膺公益要职,家父仍得禁锢、鞭笞、劳役或杀伤之。且家父并得售卖其子。"金译曰:"家子终身在家父权之下。家父得监禁之、殴打之,或甚至杀戮之。虽家子为国家之官吏,亦然。"周译曰:"家属终身在家长权的支配下。家长得监禁之、殴打之、使作苦役,甚至出卖之或杀死之;纵使子孙担任了国家高级公职的亦同。"此条来自《摩西法与罗马法合论》4,8,1收录的帕比尼安的《论通奸》单卷本中留传下来的一个法言①,他说,王法和《十二表法》都规定了家父对家子有生杀权。这一法言的上下文是处罚儿子的通奸行为。布农斯等1909年出版的《古罗马法原始文献》中包含的《十二表法》和1994年的德文的《罗马共和国的早期法律》中包含的《十二表法》

---

① Voir Textes de droit romain, par Paul Frédéric Girard et Félix Senn, Tome I, Dalloz, Paris, 1967, p. 557.

都把这一条删掉了,因为这种生杀权是法外的内容。但里科波诺的《十二表法》还原本保留之,但简单得多,只是"父亲被授予对其家子的生杀权"而已。不同的译者跟随不同的母本,所以有译文的繁简之别。

另外,一个都有的规定,各译本的处理角度不同,此情多有。例如本表第 4 条,邢译从胎儿继承权的角度处理,曰:尚在娘胎的小孩可享有合法继承权……小孩如在父亲逝世十个月以后出世,不得享有合法继承权。其他译本都从父亲身份推定的角度处理此条,例如周译曰:婴儿自父死后十个月内出生的,推定他为婚生子女。周译更妥,因为继承权应是第五表的主题,现在还在第四表。金译则作:婴孩自父死后十个月内出生者,推定其为嫡子。嫡子为正妻的子女,有别于妾的子女,所以,嫡子的术语以多妻制为背景。罗马并无此制,所以,金兰荪对本条的翻译有过多的主观性投射。

五、第五表比较

本表的情况比较复杂。贾译、金译和周译比其他三个译本多一条。且让我们看多的是哪一条。多第 11 条关于奴隶支付代价取得解放的规定。贾译云:"遗嘱释放之奴隶,假定予继承人赎金若干者,应自交付赎金三日起,许其自由。"金译云:"遗嘱解放奴隶,而附有给付一定金额与继承人之条件者,给付该金额后,即取得自由,继而被卖却者,亦然。"周译云:"以遗嘱解放奴隶而以支付一定金额给继承人为条件的,则在付足金额后,该奴隶即取得自由;如该奴隶已被转让,则在付给受让人以该金额后,亦即取得自由。"该条被转化为徐译和陈筠、防微译本的第七表第 12 条。该表主要规定法律行为,换言之,徐国栋译本和陈筠、防微译本认为这一规范涉及的是法律行为的条件,它与继承的关涉是次要的。它也转化为邢译的第六表第 1d 条,传统上认为该表主要关于所有权与占有。这里谈到的遗嘱解放奴隶让继承人丧失对他的所有权而非取得之,邢译把此条安排在第六表,有点难解。

另外,贾译比其他译本多出第 10 条:所余财产,除家庭急需外,由继承人依法均分。此条多得莫名,应是其他译本关于"遗产分割诉"的条文的误译。误在把"依遗产分析诉为之"译成"除家庭急需外"。另外,贾译的本表第 4 条还把"最近亲等的宗亲"译成"直系血统关系最近者"。说"误",乃因为宗亲不见得都是直系的,旁系的也有,例如被继承人的兄弟姐妹。

陈筠、防微译本多第 8b 条:"[《十二表法》]说到[保护人与被释放的奴隶之间的关系]时指出:被释放奴隶的财产由那个家庭转到这个家庭去,[同时,在这种情况下]法律把[家庭]说成各个个体的[总合]。"译者的注释认为这一条文的意思是:"若被释放之奴隶无隶属于他的人,且临死未立遗嘱,则其动产由他的业产中转移到他的保护人的业产中去。"如此,则与 a 条的内容重复。周枏先生可能基于这一考虑未在其译文中列入此条。

另外,贾译的第 2 条作:"受法定监护之妇女,除得其监护人之同意,自行付交外,其动产不得以使用占取之。"意思是受监护妇女不得自行处分其动产,与其他译本相拧。它们认为更应保护的妇女财产应是其要式移转物,其中主要包括不动产。例如金译的该表第 2 条这样规定:"对于宗族保护下妇女之要式移转物,不适用时效,但妇女交付其物时得保护人之同意者,则不在此限。"

必须说明的是,该表第 10 条关于"遗产分割诉"的规定,在布农斯的版本中原来处于第二表第 1b 条,由于对埃及的奥克西林库斯(Oxyrhynchus)①纸莎草文献的发现而易位。

---

① 为上埃及第 19 区的首府,今天之埃及的 El-bahnasa。1896 年起成为一个重要的考古发掘地点,人们在此获得许多重要发现。

六、第六表比较

贾译、金译和周译的此表比其他译本多一条,即多了第5条。贾译云:"属民占有财物,不计时期,不得与罗马民抗拒。"金译云:"对于外国人之请求权,永久存在。"周译云:"外国人永远不能因取得时效而取得罗马市民法的所有权。"三者都关乎外国人(属民即殖民地外国人),贾译和周译关乎外国人的取得时效能力之排除,属于物权问题,金译关乎对外国人的请求权,即债权,属于债权问题。而金兰荪把该表的主题确定为"所有权与占有",在这样的标题下收录关乎债权的条文,自相矛盾了。

另外,金译和徐译的本表多了第7条,前者辞曰:"在法官前,对于人之自由有争议者,在诉讼存续中,应判令其暂时占有。"后者辞曰:"其身份被争议的人,在诉讼中应被授予临时的自由人身份。"这一规范被贾译合并在该表第6条中,其辞曰:"一财物于官吏前有二人争议时,应以原占有人暂保管之,但其所争者若系人民之自由,则当以主持自由一造为正。"此条兼涉以物为标的的诉讼和以自由为标的的诉讼的标的物的临时占有,金译和徐译把"兼涉"改为"分立",金译和徐译甚至排除了规定以物为标的的讼争物的临时占有。

再者,贾译的本表多了第11条:"代价之交付,以称金为衡,且须至法庭履行拟诉弃权之程序。"此译意在展现《十二表法》对拟诉弃权的承认,但演绎过多。徐译对此的处理是:第6b条:拟诉弃权与要式买卖,各自具有法律效力。

陈筠、防微译本少了关于买卖合同中标的物的所有权移转时间的规定。该规定其他五个译本都有。贾译第10条云:"买主非交付代价,或得卖主允许,不得以买与及移交之货物视为己之财产。"金译第11条云:"凡出卖物交付于买受人时,其所有权非于买受人给付价金后,不得移转。"周译第 8 条云:"出卖的物品纵经交付,非在买受人付清价款或提供担保以满足出卖人的要求后,其所有权并不移转。"邢译第 1c 条云:"一位买主除非已经付出代价或以其他方式,例如:提出担保或保证,偿付卖主,否则不能获得所售或转让的物品。"徐译把该条移入第七表第 11 条:"出卖并经交付的物,除非买受人付清价款或以其他方式提供担保,不能取得其所有权。"与关于附向继承人支付金钱的条件获得解放问题的第 12 条相邻,理由是两条都关涉条件。保留所有权的出卖实际上是一种以获得价金为条件移转标的物所有权的买卖。

周译的此表第 2 条演绎过多:"凡主张曾订有'要式现金借贷'或'要式买卖'契约的,应负举证之责;订有上述契约又否认的,处以标的加倍的罚金。"事实上,该条出自西塞罗《论义务》3,16,65,上下文是谈论出卖人对标的物瑕疵的披露义务,原文是这样的:"按《十二表法》,履行条款上有的规定,足矣。否认这些规定之存在的,处双倍罚金。法学家也对隐瞒事实规定了罚金。"

七、第七表比较

贾译、金译和周译的此表译文比其他译本少了两条。第一,少了第 11 条,它被移到了贾译、金译的第六表第 10 条、周译的第六表第 8 条,后者辞曰:"出卖的物品纵经交付,非在买受人付清价款或提供担保以满足出卖人的要求后,其所有权并不移转。"第二,少了第 12 条,它被移到了贾译、金译、周译的第五表第 11 条,后者辞曰:"以遗嘱解放奴隶而以支付一定金额给继承人为条件的,则在付足金额后,该奴隶即取得自由;如该奴隶已被转让,则在付给受让人以该金额后,亦即取得自由。"这两条的跨表"调动"充分说明了不同还原者对同一条文所处位置的不同见解。实际上,这两条都关涉附条件的法律行为,徐译把两者都安排在第七表末尾,包含第六表规定无样态的物权和物权变动,第七表规定附样态的物权变动的考虑。

贾译的本表第1条非常特立独行:"每房周围,须留二尺半之隙地(即两房须有五尺空地之距离)。"其他译本都是说两房间应有2尺半空地,这里成了总共5尺空地。邢译从之。这样,房屋之间的空地的宽度就与农地间的空地宽度一致起来了。

周译的本表第3条十分不清楚,其辞曰:有关园子……祖产……谷仓……的规定(原文有缺漏)。其实可以译得更清楚一些。该条的来源是普林尼的《自然史》19,4,50。它变成了徐译的第3a条:"……菜园……可继承的菜园……"徐译的第3b条为:"……窝棚……"贾译的第3条尽管没有那么破碎,但亦是含糊:"关于别墅农场田庐之规定,当查看情形为之。"金译的第3条则是宣告"不详":"关于花圃、小地产及田庄之规定,其内容未详。"

徐译的本表第8a条为:"如果雨水致人损害……"第8b条为:"如果通过公共地方的引水渠中的水流造成私人的损害,应赔偿受到损害的主人。"贾译、金译和周译似乎综合这两条构成其第8条,做了不少添加。前者辞曰:凡人之财产,因雨水而达于危险时,若有人更以人力致水泛滥,骤使之损伤者,所有人得提起决水损财之诉讼,并请求适当之赔偿。中者辞曰:落雨之积水,以人工方法变更其自然出路,以致他人之财产受损害时,得对之诉请赔偿因此所受之损害。后者辞曰:以人为的方法,如用水管等变更自然水流,以致他人财产遭受损害时,受害人得诉请赔偿。其有造成损害的威胁的,也可请求提供担保。这里已脱离翻译进入创作了。

徐译的本表第9a条为:"高于15尺的树枝,应刈除之。"第9b条规定:"如果树木从邻地倾斜于你的土地,可正当地刈除之。"贾译、金译和周译将这两条综合为其第9条。对于徐译的第9条,贾文范先生译作"树木之枝叶若照护邻地者,其距地高低,当在15尺以上";金兰荪先生译作"如树枝突出于邻地之上,此等突出之树枝应修剪至离地 15 尺"。周先生译作"其下垂的树叶应修剪至离地 15 尺",三个译法都给人以邻地的树木不得侵犯本地所有人的 15 尺的空间权的印象,要求的是向下修剪。徐译表达的是向上修剪的意思,其规定目的并非保护邻地所有人的空间权,而是为了防止自家田地上的树木长得过高,遮蔽邻地上作物的阳光。我们看到,贾先生、金先生和周先生此条的译文完全与徐译的意思相拧。而且金译拧得更加厉害,因为其他译本设想的应被剪除枝叶之树都从上到下长在"自家"的土地上,金译设想的此等树长歪了,倾斜的部分到了"邻家"土地上,如此,该部分被修剪掉的理由不是树荫蔽地,而是直接侵害了邻地的空间。还好,邢义田此条的译文符合拉丁原文:"一株树树枝超过 15 尺高的部分可砍除(以免树荫对邻地造成损害)",由此维护了汉语《十二表法》翻译界的尊严。

贾译的本表第 10 条云:果实有落于邻地者,果实所有人得拾取之。周译、金译的同表同条类此。但此译应有两处改动:其一,"果实"的原文是"橡实",法学家的解释使后者普遍化为前者;其二,关于橡实的所有人进入邻地拾取的频率,应加 Tertio quoque die 一语,范怀俊在其《民法大全选译·物与物权》一书中将之译成"每隔两天"。① 因为《十二表法》的这一规定由普林尼的《自然史》报道,但它也在裁判官的告示中提到(D. 43,28,1pr.②),相较于普林尼的报道,裁判官告示中的报道多了上述字样。现在的多数学者认为,裁判官告示的这一内容是转述《十二表法》的一个规定,被转述对象中原就有"每隔两天"一语,

---

① 参见[意]桑德罗·斯奇巴尼编:《民法大全选译·物与物权》,范怀俊译,中国政法大学出版社 1993 年版,第 131 页。

② See The Digest of Justinian, Vol. 4, edited by Mommsen and Alan Watson, University of Pennsylvania Press, Philadelphia, 1985, p. 615.

但普林尼将之省略了,现在可根据裁判官告示复原之。① 由此有了行使自己对落果的所有权与少干扰邻人的安宁之间的平衡。如果在等待可进入邻地日的期间落果腐烂,那应是果树主人让树长歪要付出的代价。

邢译的本表第 10 条云:"人们得捡拾掉落他人田地中的果实",此译存在贾译和周译同样的问题,而且多出一个:捡拾者不明,未明指是果树的所有人,让人以为任何人都可捡拾。

八、第八表比较

周译和徐译的本表第 1a 条为其他中译本所无。前者辞曰:"以文字诽谤他人,或当众歌唱侮辱他人的歌词的,处死刑。"后者辞曰:"念诅语致人损害者,[处死刑]。"徐译本表中的第 8a、b 两条合并为贾译、金译、周译的第 8 条。第 15a、b 两条合并为贾译、金译、周译的第 15 条。第 18a、b 两条合并为贾译、金译、周译的第 18 条。第 20a、b 两条合并为贾译、金译、周译的第 20 条。第 24a、b 条合并为贾译、金译的第 24 条。周译的第 26 条只采用徐译的第 24a 条。徐译第 24b 条的内容为:"夜间在庄稼地偷偷放牧的,或收割此等庄稼的,判死刑,比杀人还判得重。"这个半条为贾译、金译、周译抛弃,理由可能是这是该规范在《十二表法》中的第二次出现。

金译的本表第 7 条曰:对于容许自己之羊群就食于他人之植物者,得诉请赔偿。贾译的同表同条曰:凡在邻地牧放牲畜者,负诉讼之责任。显然,金译限缩了牲畜的范围。确实,可以就食他人田地上之庄稼的牲畜,除了羊,还有牛等呢!故贾译正确。

---

① 根据比萨大学法律系罗马法教授阿尔多·贝特鲁奇 2001 年 3 月 29 日给我的电子邮件中的说明。

贾译的本表第 20 条：监护人管理财产有不明时，凡公民皆可提起变更监护人之诉，处其盗窃财物价值二倍之罚金。金译的本表第 20 条、周译的本表第 20 条大致同此。此译把史料中关于监护人嫌疑罪的只言片语演绎成公益诉讼性的变更监护人之诉，并规定了罚则。这里又脱离翻译进入创作。

贾译的本表第 21 条："恩主对其保护人有过失时，须内自修省。"金译的第 21 条："庇护人欺骗其倚赖人时，以其人为神前之牺牲品"；周译的第 23 条："如果恩主欺骗门客，让他充作牺牲"。金译、周译对而贾译错。错在不知按照罗马人的伦理，恩主对门客的信义应在最高的刻度上，违反此等信义要求不是反省一番就可达成处罚的。

贾译的本表第 22 条："凡得其同意为证人或监护人（假拟售卖时所用）而不为证明之陈述者，应剥夺其名誉及公证之权，后即对于本身事实亦不许为证。"金译的本表第 22 条："如'曼兮怕血'或其他法律行为之证人拒绝为证言，以之为不名誉者，嗣后不能为证人，而他人亦无须为之作证。"周译的本表第 24 条："如果为遗嘱作证或司秤的人不肯作证，要让他不名誉和不能作证。"周译只说到拒绝作证者不能再作证，遗漏译出他尔后也不能请人作证的意思。是贾译、金译对而周译错。贾译中的本条处罚对象还包括监护人，明显属于添加。

邢译的本表第 22 条："任何人担任证人或中间人，如不能如实作证，将被视为不实，不够格为证人。"此译显然不同于其他译本的译法。其一，责任主体加了"中间人"；其二，规范的行为并非不作证，而是作证不实，即尽管作证，但讲了假话。

该表中关于限制利率的第 18 条译法纷呈。贾译为"每年十分"，金译为"按月一厘"，周译为每年 1/12，邢译同此。陈筼、防微译本为每月 1%。

顺便指出，关于高利贷的规定在克罗福德的还原本中处在第八表

第 7 条①,紧靠在他人土地上盗牧的规定,看来,克罗福德认为高利贷与盗牧他人庄稼类似。其他人认为此等行为与直接的盗窃更类似,所以把它们放在一起。

本表第 10 条辞曰:烧毁房屋或堆放在房屋附近的谷物堆的,如以明知且预见的方式实施,则捆绑而鞭打之,然后把他烧死;如为意外,则责令赔偿损失,如无力赔偿,则从轻处罚。其中的"无力赔偿"的拉丁文为 idoneus,该词可以是"适合""能"的意思,也可以是"富有"的意思。直译是"如果较少干练,则轻些处罚"。根据译者的不同选择,此语可以做不同的翻译。贾文范先生译作"若太贫者";金兰荪先生译为"如无力赔偿损失",周枏先生译为"如无力赔偿",徐译译作"如属能力有欠缺者"(如年龄不到或精神有毛病等情况),因为从上下文来看,从明知且预见到意外,再继之以能力欠缺,比较合乎逻辑,因为都是关于行为人主观状态的问题,突然插进来一个偿付能力,倒不协调了。但也有人认为,还是理解为"较少偿付能力"为好,如此,一无所有的主体就只能以体罚取代经济赔偿了,因为在本句中,levius castigatur,指轻些的鞭打。②

与所有的译本都把本表第 11 条规制的行为认定为盗伐不同,贾文范先生认定是错误伐树。既然是错误,就有被原谅的空间。

与所有的译本都把本表第 15 条规定的搜赃者手里持的东西界定为一个盘子不同,贾文范先生认为他手持的是一个钟表(时计)。还详细规定了搜查成功或失败的效果,比较具有创造性。例如,贾译的本表第 16 条曰:贼证未能由所指之人搜得者,处盗赃二倍之罚金。这就是搜查失败的效果。金译的同条译文是:非现行窃盗者,处二倍赃物之罚

---

① See M. H. Crawford(edited by),Roman Statutes,Vol. II,Institute of Classical Studies,University of London, London,1996,p. 686.

② Cfr. L. Minieri,Norme Decemvirali in tema di Incendio, In 7(2000),Ius Antiquum,Mosca,p. 45.

金。当然是金译对。不过贾译错得可爱:搜查程序这么折辱和折磨被搜查者及其家人,搜查不到怎么办呀?这是一个自然的问题,贾译试图回答。我在评注此条时也试图回答,找不到答案,问询贝特鲁奇教授,答曰《十二表法》当时对此无规定,后世的法律补充了贾译本条第 16 条提到的解决。①

最后,贾译本表第 4 条把其他译本的"侵辱他人,罚款 25 阿斯"译成"伤人皮肤,罚锾 25 金",错得比较离谱。

最后的最后,周译的本表第 21 条为"土地出卖人虚报土地面积的,处以虚报额加倍的罚金",但在诸拉丁文本中找不到该条的对应条文,可能出自周枏先生的创作。

九、第九表比较

贾译的本表第 2 条云:"军事百人团(为官吏选举按财产编列之百人队)得为一人特创法律。"该条是第 1 条的对反:"无论何法,不得特为一人创设。"而周译的第 2 条为"对剥夺一人生命、自由和国籍的判决,是专属军伍大会的权力。"贾与周,又难得地不一致,而且是周对贾错。

金译的本表第 2 条云:审判市民身份之权,专属于兵委员会。此译与陈筠、防微译本对本条的译法大相径庭,后者认为本条关涉"兵委员会"对死刑案件(而非身份案件)的专属管辖权。

贾译、金译和周译的本表第 4 条的译法与其他译本的本表本条不同,贾译的第 4 条云:为关于故杀审判官(或检察厅)之规定,对于司法官之裁判或处罚有提起上告之权。金译的第 4 条云:凡不服刑事诉讼之判决者,得上诉至民会(Comitium)。周译的第 4 条第二句云:……

---

① 根据比萨大学法律系罗马法教授阿尔多·贝特鲁奇 2017 年 12 月 25 日给我的电子邮件中的说明。

对刑事判决不服的,有权申诉。这三个翻译都肯认《十二表法》承认上诉制度,金译则具体把民会作为受理上诉的机关。而且贾译还肯认远古罗马有检察机关,这种肯认有违事实,罗马的控告权一直由私人行使。《十二表法》时期亦无上诉制度。这一制度到了帝政后期才建立起来。所以,陈筠、防微和徐国栋翻译的本表本条不表现上诉制度。刑义田的译本此条阙如。

周译的第4条第一句云:执行死刑时由刑事助审官监场。此译把刑事助审官当作监斩官,与徐译的此条把杀亲罪预审官当作一个预审机关大相径庭。其辞曰:死刑案件由杀亲罪审判官主持。不同的翻译反映了译者对远古罗马死刑审判程序的研究之有无。

金译的本表第5条曰:罗马市民煽动敌人反对本国者,处以死刑,或以之交付于敌人。"或"字以后的文句意思是把不杀的叛国者交给敌人,如此,岂不把叛国者和敌人分别美死!周译的同表同条曰:凡煽动敌人反对自己的国家,或把公民献给敌人的,处死刑。如此,把公民交给敌人是犯罪事实,而非刑罚。当然是周译正确。

邢译的同表同条曰:任何人激起公敌,或将公民交付公敌,将处死刑。此译中的"公敌"当为罗马人民的敌人之意,但容易与苏拉开创的宣布为公敌制度中的"公敌"混淆。

实际上,说邢义田的译本是个全译本不太准确,因为他只译表述完整的规范,对于"半拉子"残篇,统统不译,由此造成第六表第2条阙如,第5、6条阙如。第七表第4、5、6、7条阙如。第八表第5、6、7、8条阙如,第25条阙如。第九表第4条阙如。除了整条的阙如外,还有款的阙如,例如在有a、b款的情形下,只译其中一款。而且,对于数条来源于一个史料的情形,邢义田把它们翻译为一段文字,然后注明它们属于第1至4条(这发生在第二表的开头部分的译文中),却并不进行内容分割,把4条分别置于不同的标号下。这样的做法,可谓避难就易。

周译的本表第 1 条和第 2 条在陈筠、防微译本中被表述为西塞罗《论法律》中对于这两条在不同地方的两个转述。其辞曰:"特权[即为自身的利益而违反法律]不得请求。除非在森都利亚会议里,不得对罗马公民作死刑之判决……最著名的《十二铜表法》包含两个法令:其中之一是消除任何为个人利益而违反法律,另一个则是禁止判决罗马公民死刑,唯在森都利亚会议里的除外。"①省略号之前的为第一个转述,之后的为第二个转述。

十、第十表比较

首先是名称问题。贾文范先生、金兰荪先生和周枏先生都把这一表的名称译作"宗教法",但陈筠、防微译本将这一表的名称译作"神圣法"。而且,《罗马法史》一书第 111 页把这一表的拉丁文名称标注为 Ius sacrum②,该词为"圣事法"之意。圣事分为公共的和私人的。送别逝去的亲人,处理他们的遗体,一直到他们成神,为私人的圣事之一。本表即为调整这一过程的规定,所以是圣事法。

贾译之本表第 8 条云:"无人得置一个以上之冢或一个以上之棺。"金译之本表第 8 条云:"一人不得两次出丧,亦不得有二辆棺材车。"周译之第 8 条云:"不得为一人举行两次葬礼,亦不得为他置备两副棺木。"三种译法差别不大,意译性很强。其他译本采用直译,例如徐译的本条为:不得保存死者的骸骨为之举行葬礼。这种译法不会引出"二辆棺材车"或"两副棺木"问题,因为这里的"保存骸骨"并非保存全部骨殖,而只是保存死者的一两节手指,此等手指体积太小,用不着棺材车来拉或棺木来装,一个信封足矣!

---

① 参见《外国法制史》编写组:《外国法制史资料选编》(上册),北京大学出版社 1982 年版,第 155 页。

② Cfr. Storia del diritto romano, Edizione Simone, Napoli, 1993, p.111.

贾译之本表第 3 条云:"茔葬之仪,除乐祝十人得到茔前外,守服之人,披毛布者不得过三人。衣紫裤者只许有一人(案毛布紫裤皆罗马守制之服)。"金译之第 3 条云:"埋葬之时,穿美丽之丧服者,以三人为限。穿紫色之衣服者,以一人为限,奏音乐者,以十人为限。"周译之第 3 条云:"埋葬或火化时,死者的丧衣,长袍和紫红色的内衣均以三件为限,奏乐的人以十名为限。"这回周和金对而贾错,贾错在说到紫裤是罗马人守制之服。如此,当谦卑,实际上,紫裤为华服也!

金译的本表第 2 条谓:出丧之时,不得为不必要之炫耀……"炫耀"点出了本条的规范目的,甚好,可惜拉丁原文中无此词。金译的本表第 7 条曰:一人自己,或其奴隶或马,曾得花冠者,其出丧应礼遇之。此译有异于其他译本,按照此译,"花冠摆出来"不够,应导致礼遇。而邢译的本表第 7 条则是"埋起来或烧掉",其辞曰:当一个人自己凭借勇敢,或因其奴隶而赢得荣冠,荣冠得随之(殉葬)。而在贾译的本条中,摆出来的不是花冠,而是念珠。花冠者,旌表物品也;念珠者,宗教用品也,两者相异大矣!更有相异者,贾译的本表第 11 条曰:凡冢垒及茔道,不得以使用时效取得所有权。其中的"茔道"当是墓道之意,这样的"茔道"在周译中是"焚尸地"。周译正确,因为它对应于拉丁原文 bustum。

邢译的本表第 4 条云:葬礼中,妇女不得泪流满颊或大哭。周译的同表同条为:"出丧时,妇女不得抓面毁容,也不得无节制地嚎哭。"显然周译有理。本条意在避免葬礼上的过分行为带来后果及挑起仇怨,"泪流满颊"不会引起这两种后果之一,没有禁止的必要。

邢译的本表第 9 条云:不过,行土葬或火葬,如果死者以金镶紧牙齿,无罪。本条讲的是允许以附随牙齿的黄金随葬,并非刑事规定。如果违反,顶多处以罚金,此等罚金归入祭司公库,谈不上构成犯罪。所以,"无罪"的译法不好,还是"不构成对本法的诈欺"的译法好。

十一、第十一表比较

相较于贾译、金译和周译,陈筠、防微的译本多出一条:补充两表的十人团向人民建议批准修正历法(第 2 条)。徐译也增加了此条:历法的改变必须经过人民同意。邢译类此:年历置闰法。说"类",乃因为邢译未说到置闰法的主体,而且把历法的改变限缩为"闰"的安排。

徐译还多出第 3 条:只有听讼日才可进行诉讼。此条为所有其他的中译本所无,邢译除外:宜开庭司法日……

多出者都依据诞生较晚的母本,它们增加了学界新考究出来的这两个条文。

十二、第十二表比较

本表第 1 条讲出租牲畜以图取得租金买祭品,但金译的本条缺出租的情节。

本表第 2a 条讲奴隶致人损害;第 2b 条讲家子致人损害,周译将这两条合并为第 2 条,其辞曰:"家属或奴隶因私犯而造成损害的,家长、家主应把他们委付被害人处理或赔偿所致的损失。"但贾译的本表第 2 条只规定奴隶的致害问题,其辞曰:"奴隶犯窃盗或伤害他人者,主人若不即赔偿,应负交付犯人之义务。"金译第 2 条同此:"凡奴隶为窃盗或其他私犯时,其主人应赔偿由此所生之损失,否则须将奴隶交被害人。"周译与贾译和金译在这里难得地表现了不一致。

对本表第 3 条的翻译分为两个阵营。第一个阵营对本条"采取不法取得他人财产的占有"的理解。贾译曰:因错误占有他人财物而生争议者,官署应委任公断三人判定之。若确认其占有系出于恶意,应处占有人财物价值二倍之罚金。金译曰:凡不以诚实之方法取得占有,由法官指定公断人三员审问之,而于决定后处以其取得利益二倍之罚金。

周译曰:凡以不正当名义取得物件占有的,由长官委任仲裁员三人处理之;如占有人败诉,应加倍返还所得挚息的两倍。邢译曰:如果一个人诈取不属于他的财物,而他如果请求……官员必须同意为他请三位仲裁人。根据他们的仲裁……被告须因享用该财物而作双倍赔偿。三个译法,都以占有为取得对象,前两个译法采用民法路径,邢译似乎采取刑法路径,把本条搞成了一个诈骗问题。但既然诈骗,何用仲裁?

第二个阵营对本条采用"滥用程序"的理解:陈筠、防微的译文作:假如[出庭辩论时]带来了伪造物件或否认出庭辩论的[事实本身],则最高审判官应指定三个仲裁者,并根据他们的决定,按照所[争执物件]的双倍利益赔偿损失。徐译作:如果某人提起了无依据的物权诉求,如果愿意,裁判官应指定三个仲裁员,根据他们的裁量,按照损害的双倍赔偿损失,外加挚息。两种译法细节不一,但都认为本条的宗旨是打击程序滥用者。

诸译者对本表最后一条的译法也分为两个阵营。第一个阵营采用新法取代旧法的表达路径。例如贾译的本条云:凡最新律例颁布后,而以前之法律与其抵触者,均作为无效。金译的本条云:民会制定之法律互相冲突时,后者取消前者。第二个阵营采用张扬立法权的主体的表达路径,例如徐译的本条云:人民新发出的命令应视为法律。邢译的本条云:人民最后的任何决定,具有法律一般之约束力。两种处理,含义无根本区别。

第四节 结 论

一、六个全译本的血统问题

六个全译本血统不同。徐译的母本来自意大利;贾译的母本来自美国;金译的母本不详;陈筠、防微译本的母本直接来自俄国,间接来自德国,因为这个母本的作者雅科夫金于1899—1901年间在德国的布雷斯劳大学和海德堡大学学习,期间接触到德国的罗马法文献;①邢译的母本来自英国;周译的母本,译者自称来自法国—比利时,但从它与贾译共犯大部分错误来看,它的母本要么是美国人的英译本,要么干脆就是贾译。后种可能更大,因为周枏先生留学比利时,法文应该没有问题,但英文可能不如法文纯熟。贾译在周译之前诞生,参考起来方便。很可能,周译就是沿袭贾译,以此为底本不断自纠或参考金译纠正错误,直到我们最后看到的译本。在这个过程中,周枏先生可能参考了当时可用的《十二表法》的法文译本,所以,它才在不多的地方不犯贾译所犯的错误。总之,六个全译本至少有五个或六个血统,叫人称奇(还要考虑节译本中有日本血统的呢!)。本书提供的《十二表法》译本是该法的母邦的血统。

二、周译与徐国栋译本的比较

结束本章之际,拟把周译作为我国《十二表法》在本书之前的翻译传统的代表与作为意大利《十二表法》翻译的当代形式的代表的徐译做一个比较,以求证明本书提供的译本的价值。

两者的差异主要可归结为:

1. 徐译根据后来的科学发现增加了一些条文,共计增加四条。它们是:

(1) 福尔特斯人、萨那特斯人,同样享有债务口约权或要式买卖权。(第一表)

---

① Яковкин Иннокентий Иванович, Сотрудники РНБ — деятели науки и культурыБиографический словарь, т. 1-4, http://www.nlr.ru/nlr_history/persons/info.php?id=75,2018年2月1日访问。

(2) 根据要式口约主张债权时,可提起要求法官之诉。(第二表)

(3) 历法的改变必须经过人民同意。(第十一表)

(4) 只有听讼日才可进行诉讼。(第十一表)

2. 周枏先生采用的一些条文被徐译取消了,共计取消三条。它们是:

(1) 即使是盗窃案件,也可进行和解。(第二表)

(2) 外国人永远不能因取得时效而取得罗马市民法的所有权。(第六表)

(3) 土地出卖人虚报土地面积的,处以虚报额加倍的罚金。(第八表)

3. 周枏先生采用的一些条文被徐译改造了,共计改造四条。它们是:

(1) 审理这天,如遇承审员、仲裁员(arbiter)或诉讼当事人患重病,或者审判外国人(hostis)时,则应延期审讯。(第二表)

该条只列患重病、审判外国人为押后审理的原因,徐译在此基础上补充了受另一个审判、参加祭祀、赶上家人葬礼以及葬礼后的成神节为押后审理的原因。

(2) 除威士塔(Vesta)修女外,妇女受终身的监护。(第五表)

该条把威士塔修女作为妇女终身受监护的一般规则的例外,徐译去掉了这个例外。

(3) 出卖人所出卖的物件被他人追夺的,处以价金加倍的罚金。(第八表)

此条把追夺担保问题独立规定,在《十二表法》的原文中,该问题与取得时效混杂在一起,徐译取消了周译赋予的追夺担保问题的独立性,把它与取得时效处理在一个条文中,从期间的角度规定两者,并删除了原文中没有的关于追夺担保的效力的规定(处以价金加倍的罚金)。

(4) 不得为一人举行两次葬礼,亦不得为他置备两副棺木。(第十表)

如上为引申性翻译,拉丁原文是"不得保存死者的骸骨为之举行葬礼"。徐译去掉了周译的引申性,并补充周译没有的但书:"但死于战场或外邦的除外。"

4. 一些条文在两个译本中易位了,并且伴随有意思理解上的改变,共计易位三条。它们是:

(1) 对叛徒的追诉,永远有效。这条原来在第三表,现在被移植于第七表,而且被改译为"对外邦人的追夺担保应是永久性的"。

(2) 关于奴隶付出代价获得解放的规定。这条原来在第五表,现在被移植于第七表。

(3) 出卖的物品纵经交付,非在买受人付清价款或提供担保以满足出卖人的要求后,其所有权并不移转。这条原来在第六表,现在被移植于第七表。

此外,徐译本有"位置不明的片段"12个,这些片段其他中译本皆不译。其实,它们中包含了一些重要的规定,例如关于国势调查的规定。

三、最后的观察

六个全译本彼此差别不小,表面上是中国译者在打架,实际上是他们各自依据的母本的编制者在打架,以及相对陈旧的还原本与新的研究成果在打架。打架的原因是学界对《十二表法》的认识在深化和变化。由于《十二表法》只留下了残篇,这样的认识在主观性和客观性之间,所以,现在我们看到的《十二表法》的文本甚至译本都有还原者、译者相当的主观性,它们徘徊于"六经"与"我"之间。

在本书完成前,《十二表法》在我国虽然有五个全译本,但随着国外的考古发现的进步和研究的深入,它们已暴露出自身的缺陷,本书利用国外最新的研究成果提供了一个《十二表法》的新译本,并说明了每个条文依据的史料,以避免周枏先生在不标明每条依据的史料的情况下三个多出条文难以让人了解其来源的问题。它具有意大利血统,希望它能不辱使命,满足我国法学研究和史学研究的需要。

附录一:贾文范先生的《十二表法》译本[①]

说明:本书第九章比较了《十二表法》的六个中文全译本。其中的周枏译本、陈筠、防微译本、邢义田译本较新,前两者可从图书馆的藏书中找到,后者可在网上随便下载。正因为它们较新,著作权期限未过,在本书中附录它们,有可能惹起著作权官司。但贾文范的、金兰荪的译本已成为古籍的一部分,读者很难得到(北师大的读者除外,因为唯一收藏贾文范的《罗马法》的就是该校的图书馆),而且由于较老,著作权保护期已过,故为了方便读者查验本书第九章所为之比较的客观与否,附录这贾文范的《十二表法》最老的中文全译本,以及金兰荪的较老译本,读者从中可观察1914年许和1937年的国人对《十二表法》的认知,以及法律用语习惯。

罗马十二铜表律

表一 传唤

第一条 被告人因原告之传唤,应即到场,否则原告人得任取在场

[①] 感谢贾文范先生的曾孙贾洪雷先生提供包含这一《十二表法》译本的古籍的复印本。我在植入100多年前的文本于本书的过程中,对于一些民国初期的半文不白的文字,在不损害原意的前提下,做了一些便于读者的处理。例如,原文作"生畜"的地方,我都改成了"牲畜"。

一人为证，以强力迫其到场。

第二条　被告若有规避或逃亡之情形，原告人得以腕力制服之。

第三条　被告人若因疾病或年老而不能到场者，原告人应负运送之义务。但除原告人自愿设备外，被告人无要求盖车之权利。

第四条　纳税多额人（一千五百金以上者）之保证人，须以同等财力人充之。纳税少额之人（一千五百金以下者），如其可能，亦应择纳税多额者任保证。

第五条　当事人之两造，若无争执，原告人即开始宣布其案于法庭（倘细则尚有讨论，则待事定再行宣布）。

第六条　当事人之两造，若有争执，原告人须将其案之内容，于日中前宣告于公民会（Comitium）以便与被告人共同辩论其相争之点。

第七条　倘一造于日中尚不到场时，司法官吏应为缺席判决，以利于到场之一造为断。

第八条　两造若均到场，至日落时法庭应即停讯。

第九条　两造应重订时期，以便再行出庭。

表二　审理

第一条　每次诉讼应提存担保金。对千金之争议，提五百金。千金以下五十金。但其所争执者，若系人之自由，无论人之价值若何，担保金概为五十金。

第二条　遇危险之疾病，或当事人之一造系一属民，及其他特别障碍发生在法官或当事人者，其诉讼应即中止。

第三条　当事人之一造，若无人证时，应高呼于其家门外，俟至法定期限始传其到场。

第四条　窃盗诉讼，得为和解之标的。

表三 执行

第一条 已承认之债务或判定之偿金,须于二十日以内交付。

第二条 逾期不交付者,得将债务人逮捕(或径自提起抗债之诉),献之官署。

第三条 除债务人经债还其债务或他人赴法庭为其担保外,债权人得将债务人逮获,施以手钮或脚镣,但其重量应不过(任债权人自便得以减少)十五磅。

第四条 债务人欲自备饮食者,任其自便,否则,管押伊之债权人每日须给面食一磅,欲多予者听。

第五条 对决不能清偿债务之债务人,得施以禁锢六十日。于此期间内,应三次献俘于法官,并应将债务声扬于众。至法定期限后,处债务人以死刑或售卖于泰波河之彼岸。

第六条 逾法定期限后,债权人得将债务人之肢体分割,债权人所脔割部分,若超过或不及其应得时,应不为罪。

表四 家长权

第一条 妖异或形容不类之子,得处以死。

第二条 家父生时对子有无限全权。虽其子已受国家尊爵膺公益要职,家父仍得禁锢、鞭笞、劳役或杀伤之。且家父并得售卖其子。

第三条 但家父售卖其子至三次者,其子应归自主。

第四条 子生在其母之夫死十个月以内者,应为嫡子。

表五 继承与监护

第一条 凡妇女须服从监护权,但为神巫者,不在此限。

第二条 受法定监护之妇女,除得其监护人之同意,自行付交外,其动产不得以使用占取之。

第三条　凡家父关于财产及监护规定之遗嘱,其效力与法律同。

第四条　遗产人死而无遗嘱及子嗣者,以直系血统关系最近者为继承人。

第五条　无直系血统关系者,以同族之人为继承人。

第六条　遗嘱未指定监护人者,以血统关系最近之男子为监护人。

第七条　凡精神丧乱或浪费之人,应受血统关系最近者之监护。无血统关系最近之人,受同族人之监护。若有选定监护人者,不在此限。

第八条　被释放人死亡而无遗嘱及子嗣者,以家主为继承人。

第九条　所继之人之债务,应按继承人所继财产之比例,分别担负。

第十条　所余财产,除家庭急需外,由继承人依法均分。

第十一条　遗嘱释放之奴隶,假定予继承人赎金若干者,应自交付赎金三日起,许其自由。

表六　所有与占有

第一条　契约与交易(成立时会为凭衡交钱之程序)之效力,应以两造之宣言为定。

第二条　一造不履行其宣言者,须赔偿损失二倍之金额。

第三条　不动产以二年占有取得所有权。动产以一年之占有取得之。

第四条　周年中若其妻(非由共食式或买卖式而成婚者),因规避其夫之使用婚姻权三夜寄宿于外,其夫本年之使用时效即行消灭。

第五条　属民占有财物,不计时期,不得与罗马民抗拒。

第六条　一财物于官吏前有二人争议时,应以原占有人暂保管之,但其所争者若系人民之自由,则当以主持自由一造为正。

第七条 凡材木被他人取用为建筑物或架葡萄树者,所有人不得移动之。

第八条 所有人对于前条之材木,得请求二倍之价额。

第九条 当葡萄初花与收获期间内,材木所有人不得提起取回原物之诉讼(若自架上分离后,所有人即可请法庭判回)。

第十条 买主非交付代价,或得卖主允许,不得以买与及移交之货物视为己之财产。

第十一条 代价之交付,以称金为衡,且须至法庭履行拟诉弃权之程序。

表七 不动产法

第一条 每房周围,须留二尺半之隙地(即两房须有五尺空地之距离)。

第二条 清勘疆界,准用梭伦雅典法典之规定(即若欲种藩篱者,不得逾越疆界线。欲筑墙垣者,须留一尺。建房舍者须备留二尺之距离。欲为沟渠者,其距离须与沟渠之宽深相等。欲掘井者,须留六尺之距离。橄榄无花果等树,须在邻地九尺以外。他树则五尺以外)。

第三条 关于别墅农场田庐之规定,当查看情形为之。

第四条 两地界内五尺之距离,彼此皆不得以使用时效,取得所有权。

第五条 疆界之争议,应由公断三人审定之。

第六条 通行之道,直处以八尺为限,弯处加倍。

第七条 邻地之道,须以能行为度。若不能平行时,得驱使车马任意择地行走。

第八条 凡人之财产,因雨水而达于危险时,若有人更以人力致水泛滥,骤使之损伤者,所有人得提起决水损财之诉讼,并请求适当之赔偿。

第九条 树木之枝叶若照护邻地者,其距地高低,当在十五尺以上。

第十条 果实有落于邻地者,果实所有人得拾取之。

表八 侵权行为

第一条 犯公然侮辱人者(用文辞公示人之罪恶或失德之事实),击毙杖下。

第二条 凡无故折伤人肢体者亦折伤其肢体。

第三条 凡折伤公民一骨者,罚锾三百金,奴隶一百五十金。

第四条 伤人皮肤,罚锾二十五金。

第五条 因过失损伤他人财物者,应负赔偿之责。

第六条 凡牲畜损伤邻地稼禾者,除非由牲畜所有人照数赔偿,则牲畜即为被害人所有。

第七条 凡在邻地牧放牲畜者,负诉讼之责任。

第八条 人不得以邪术移取邻地之禾稼及谷实。

第九条 凡十四岁以上之人,于夜间窃取邻人禾稼者,为重罪处绞,但该犯若未满十四岁,应由法官自由笞责,并科以损伤价额二倍之罚金。

第十条 故意放火,烧毁家屋或放火于切近家屋之禾堆者,处禁锢鞭笞与焚化之刑。倘火之发生系由于过失,责其赔偿。若太贫者,则斟酌处罚。

第十一条 因错误伐倒邻人树木者,每株赔偿二十五金。

第十二条 凡夜间行窃者,格杀勿论。

第十三条 但白昼行窃者,除盗犯以凶刃抗拒,不得格杀之。

第十四条　对于白昼行窃而被捕,且并无以凶刃抗拒情形者,系自由人除笞责外,判归权利人管辖。系奴隶,笞责后,使其坠于太比山岩之下。若系十四岁以下之幼孩,由法官自由处罚,并使其负盗窃之赔偿。

第十五条　不求主人同意,径入其地搜索盗赃者,须裸体束带,仅持时计以往。若赃物果即搜得,占有人应以正犯论。若于证人前,得主人之同意而入内搜索,并因之搜得者,所有人对占有人得提起藏匿盗赃之诉,占有人对供给人提起寄存盗赃之诉,并请求赃物价额三倍之偿金。

第十六条　贼证未能由所指之人搜得者,处盗赃二倍之罚金。

第十七条　盗窃财物,不得以时效取得所有权。

第十八条　放债人取息,逾法定每年十分以上者,责照四倍赔偿。

第十九条　存储货物人以欺罔使他人将财物交付于己者,处二倍价额之罚金。

第二十条　监护人管理财产有不明时,凡公民皆可提起变更监护人之诉,处其盗窃财物价值二倍之罚金。

第二十一条　恩主对其保护人有过失时,须内自修省。

第二十二条　凡得其同意为证人或监护人(假拟售卖时所用)而不为证明之陈述者,应剥夺其名誉及公证之权。后即对于本身事实亦不许为证。

第二十三条　为证人而为虚伪之陈述者,使其坠于太比山岩之下。

第二十四条　凡因过失杀人者,应备一羊以祭之。

第二十五条　习惯妖术,或制造毒药者处死。

第二十六条　夜间聚集而为暴乱之举动者,应严行禁止。

第二十七条　会社可自由议定规则,但不得与国法抵触。

表九 公法

第一条 无论何法,不得特为一人创设。

第二条 军事百人团会(为官吏选举按财产编制之百人队)得为一人创特法律。

第三条 司法官或公断人奉长官委任审理案件而私受贿赂者,处死。

第四条 为关于故杀审判官(或检察厅)之规定,对于司法官之裁判或处罚有提起上告之权。

第五条 通谋仇敌使之对抗本国或诱使本国人而为敌人者,处死。

第六条 除受正式裁判及宣告死刑外,无论何人,不得处死。

表十 宗教法

第一条 死人身体,不得于城内葬埋或焚化。

第二条 焚尸之柴,禁以斧斤刮光。重于此者,更不得为之。

第三条 茔葬之仪,除乐祝十人得到茔前外,守服之人,披毛布者不得过三人。衣紫裤者只许有一人(案毛布紫裤皆罗马守制之服)。

第四条 妇女不得垂涕及放声号哭。

第五条 死人之骨,除亡于阵前及外国者外,不得停放,以待后日茔葬。

第六条 安神之物,如旨酒、佳肴、檀香、珠花等类皆应有节。

第七条 死者若因一己之功勋,或奴隶战马之劳力,得有念珠,当尸体陈于祭场及殡于坟垒时,其自身或其父母,均得佩戴之,以彰其生时之正直忠勇。

第八条 无人得置一个以上之冢或一个以上之棺。

第九条 凡金饰之物,不得随尸体焚烧或葬埋之,但金牙之固定于死人身体者,不在此限。

第十条　焚尸柴堆或葬尸冢垒,除得同意外,不得于距离他人房舍六尺以内建筑之。

第十一条　凡冢垒及茔道,不得以使用时效取得所有权。

表十一　最初五表之追补

第一条　贵族不得与平民结婚。

表十二　终尾五表之追补

第一条　对于购买牺牲,及赁借牲畜资敛金钱,以备祭祀之用而不偿还者,应即差押。

第二条　奴隶犯窃盗或伤害人者,主人若不即赔偿,应负交付犯人之义务。

第三条　因错误占有他人财物而生争议者,官署应委任公断三人判定之。若确认其占有系出于恶意,应处占有人财物价值二倍之罚金。

第四条　凡人之财物所有权,因不确定而生诉讼者,此财物不得充作神用物,应处以财物价额二倍之罚金。

第五条　凡最新律例颁布后,而以前之法律与其抵触者,均作为无效。

附录二：金兰荪先生的《十二表法》译本

第一表　提传

① 原告唤被告至法庭，而被告拒绝前往时，原告得使第三者为证人，而拘捕之。

② 如被告意图躲避或逃遁，原告得径执之。

③ 被告人因疾病或年老不能至法庭时，原告应供给一车。但除原告自己情愿外，此车不必为轿马车。

④ 如不动产所有人或纳税者涉讼，保证其于开审时到庭者，须为有同等身份之人。然贱民涉讼时，不论何人得保证其开审时到法庭。

⑤ 诉讼当事人能协议解决争端者，其争端即认为解决。

⑥ 如诉讼当事人不能协议解决其争端，则由法官于午前在裁判所或议事厅审问之，而届时双方当事人应到场。

⑦ 诉讼当事人之一造至午后仍不到场时，应由法官判决到场之一造当事人胜诉。

⑧ 日没退庭。

⑨ 对于以后开审时当事人之到场，应具保证。

第二表　审问

① 此条未详，大抵关于诉讼当事人之提供赌赛物。

② 如法官、仲裁或诉讼当事人发生危险之疾病,或涉外诉讼之审问,应将当前之案件展期。

③ 凡需要证人者,得于其门前大声呼唤之,使其于此后第三次市场日到法庭。

④ 虽窃盗罪亦得和解。

第三表　责偿

① 对于自己承认之债务或法院判决之债务,应于 30 日内清偿之。

② 不于 30 日内清偿时,债权人得拘捕债务人至法庭。

③ 如债务人仍不清偿,而亦无人保证其清偿者,债权人得拘捕债务人至家,系以铁锁,但铁锁之重量,不得超过十五磅。

④ 债务人在拘留中之饮食得自备,否则债权人应每日给其面粉一磅,欲多给者听便。

⑤ 债权人得拘留债务人至六十日。在此期间内应三牵其至市场,而宣布其所负债务之数额。

⑥ 至第三次牵债务人至市场,而仍无人代其清偿债务或保证其清偿债务者,债权人得卖之为奴隶或杀戮之。若债权人有数人,得分割债务人之肢体,即比其应得之份分割太多时,亦不为罪。

第四表　家父权

① 凡不具人形之胎儿,得杀戮之。

② 家子终身在家父权之下。家父得监禁之、殴打之,或甚至杀戮之。虽家子为国家之官吏,亦然。

③ 家父出卖其家子至第三次时,即认为已解放家子。

④ 婴孩自父死后十个月内出生者,推定其为嫡子。

第五表　继承及监护

① 除维斯塔贞女外，妇女受终身保护。

② 对于宗族保护下妇女之要式移转物，不适用时效，但妇女交付其物时得保护人之同意者，则不在此限。

③ 以遗嘱处分财产或指定保护人时，法律当予以效力。

④ 凡未立遗嘱死亡而无正统继承人者，其财产应归最近之宗族继承。

⑤ 如无宗族，由同姓人继承遗产。

⑥ 遗嘱未指定保护人时，宗族得为法定保护人。

⑦ 凡精神病人无保佐人时，其身体及财产应受最近之宗族佐保。若无宗族，应归同姓人佐保。

⑧ 解放的自由人未立遗嘱死亡，而无正统继承人者，其财产由恩主继承。

⑨ 被继承人所欠之债务或所有之债权，应按继份之大小，由各继承人负担或享受之。

⑩ 遗产之分割，依遗产分析诉为之。

⑪ 遗嘱解放奴隶，而附有给付一定金额与继承人之条件者，给付该金额后，即取得自由，继而被卖却者，亦然。

第六表　所有权及占有

① 凡依"牛其姆"或"曼兮怕血"之方式订立契约时，其所宣布之言语即为双方应遵守之法律。

② 违反其所宣布之言语者，应处二倍之罚金。

③ 凡占有不动产二年，动产一年时，即因时效取得所有权。

④ 不依共食式或买卖式结婚之妻子，因一年中连续三夜之外宿，

得脱离其夫根据一年时效而取得之夫权。

⑤ 对于外国人之请求权,永久存在。

⑥ 在法官前,对于物之所有权有争议者,在诉讼存续中,应判令该物归事实上占有者暂时占有。

⑦ 在法官前,对于人之自由有争议者,在诉讼存续中,应判令暂时占有。

⑧ 凡以他人之材料建造房屋或葡萄架时,材料所有人不得任意毁坏房屋或葡萄架而取回材料。

⑨ 但于此情形,盗用他人之材料者,应付材料之二倍偿金。

⑩ 如此等材料嗣后与建筑物分离,原主仍得取回之。

⑪ 凡出卖物交付于买受人时,其所有权非于买受人给付价金后,不得移转。

⑫ 依"曼兮怕血"与"诉讼弃权"而移转物者,法律上认为有效。

第七表 家屋及土地

① 每所房屋之周围,应留二尺半阔之空地。

② 凡人于自己与他人土地间筑一篱笆,该篱笆不得越过自己土地之界线。凡人于自己与邻人土地之间筑一沟渠,应留一空地,其阔与沟渠之深相等。凡人于自己与邻人土地之间筑一墙,应留空地六尺。橄榄树与无花果树,须种于离界线九尺以外。其他树木,须种于离界线五尺以外。

③ 关于花圃、小地产及田庄之规定,其内容未详。

④ 相邻田地之间,应留五尺阔之空地,以便耒耜之运用,耒耜不适用时效之规定。

⑤ 如相邻人对于土地之界线有争执,由法官指定公断人三员决定之。

⑥ 对于他人之土地有通行权者,在直路阔八尺,在曲路阔十六尺。

⑦ 如承役地人不保持通行路之秩序者,有通行权人于必要时,得驱其车经过他处。

⑧ 落雨之积水,以人工方法变更其自然出路,以致他人之财产受损害时,得对之诉请赔偿因此所受之损害。

⑨ 如树枝突出于邻地之上,此等突出之树枝应修剪至离地十五尺。

⑩ 一人得入邻地,拾取其树上落下之果子。

第八表　私犯法

① 以文字诽谤他人者,处死刑。

② 毁他人之肢体而不和解者,他人亦得如法毁其肢体。

③ 碎自由人之骨者,罚三百"亚斯"(asses),碎奴隶之骨者,罚一百五十"亚斯"。

④ 伤害或侮辱他人者,罚二十五"亚斯"。

⑤ 对于他人之偶然损害,应由过失者赔偿之。

⑥ 兽畜损伤他人者,其所有人须付赔偿金,否则当将兽畜交与被害人。

⑦ 对于容许自己之羊群就食于他人之植物者,得诉请赔偿。

⑧ 凡以妖术伤害他人之收获物或移一田之收获物至他田时,应罚之。

⑨ 夜间侵入他人之田地而窃取收获物时,如为已适婚年者,处以死刑;如为未适婚年者,鞭之。

⑩ 故意烧毁他人之房屋者,烧死之。过失烧毁他人之房屋者,应赔偿损失,如无力赔偿损失,则从轻处罚。

⑪ 故意割断他人之树者,每株罚二十五"亚斯"。

⑫ 夜间之贼,得于其偷盗之时杀之。

⑬ 日间趁人不备偷盗者,除发现后有拒捕行为外,不得杀之。

⑭ 于进行偷盗中被获之贼,应鞭之,然后交付于被害者为奴隶。奴隶为贼时,应鞭之,然后投于岩谷中,以毙之。未适婚年者为贼时,应鞭之,令其赔偿损害。

⑮ 搜查失窃财产时,被搜查者不穿衣服,仅以麻一方围于腰部,而手中持一盘。

⑯ 非现行窃盗者,处二倍赃物之罚金。

⑰ 关于取得时效原因之规定,其内容未详。

⑱ 利率之最高额为按月一厘,凡超过法律利率者,当处以四倍之罚金。

⑲ 受寄人不忠实时,处以二倍之罚金。

⑳ 人人得诉请撤换不忠实之监护人。监护人以被监护人之财产据为己有时,处以二倍之罚金。

㉑ 庇护人欺骗其倚赖人时,以其人为神前之牺牲品。

㉒ 如"曼兮怕血"或其他法律行为之证人拒绝为证言,以之为不名誉者,嗣后不能为证人,而他人亦无须为之作证。

㉓ 伪证者应投之于岩谷中,以毙之。

㉔ 杀人而出于意料之外者,须预备一公羊,祭之于神,以代己身。

㉕ 以妖术或毒药杀人者,处以死刑。

㉖ 在城内夜间开扰乱治安之会议者,处以死刑。

㉗ 凡自治团体得订定自治规则,但以不违背法律者为限。

第九表 公法

① 不得为个人制定特别法。

② 审判市民身份之权,专属于兵委员会。

③ 法官或仲裁犯收贿之罪者,处以死刑。

④ 凡不服刑事诉讼之判决者,得上诉至民会(Comitium)。

⑤ 罗马市民煽动敌人反对本国者,处以死刑,或以之交付于敌人。

⑥ 非经过正式审问及判决者,不得处以死刑。

第十表　宗教法

① 在罗马城市区域内,不得埋葬或焚化死尸。

② 出丧之时,不得为不必要之炫耀。火葬之中,其积薪不得加以斧斫,使之光滑。

③ 埋葬之时,穿美丽之丧服者,以三人为限。穿紫色之衣服者,以一人为限,奏音乐者,以十人为限。

④ 妇女不得毁其容,亦不得显过分悲哀。

⑤ 不得收集死者之骸骨而为出丧,但死于战争或他国者,不在此限。

⑥ 关于出丧时,禁止奢侈之规定,其内容未详。

⑦ 一人自己,或其奴隶或马,曾得花冠者,其出丧应礼遇之。

⑧ 一人不得两次出丧,亦不得有二辆棺材车。

⑨ 葬时不得加以金饰,但如死者之齿系金镶,则得与他物一并焚化或葬埋之。

⑩ 焚尸之积薪或埋尸之坟墓,非经他人之同意,不得置于离其财产六十尺以内。

⑪ 坟墓之所有权,不能因时效而取得。

第十一表　最初五表之追补

① 平民与贵族,不得互通婚姻。

第十二表　终尾五表之追补

① 对于售去之兽畜之作为祭祀之用者,得依扣押式追索其价金。

② 凡奴隶为窃盗或其他私犯时,其主人应赔偿由此所生之损失,否则须将奴隶交被害人。

③ 凡不以诚实之方法取得占有,由法官指定公断人三员审问之,而于决定后处以其取得利益二倍之罚金。

④ 诉讼之标的物,不得贡献于神,否则处以其价值二倍之罚金。

⑤ 民会制定之法律互相冲突时,后者取消前者。

后　　记

　　结题通过以后,商务印书馆安排了本书的责编朱静芬女士,基于这种确定性,我又完善、补充了本书稿些许,尤其是基本重译了"位置不明的片段"部分,改正了不少错误,过程中,本书写作过程中用过的重要资料被翻检出来,提供它们的人的脸庞跃上眼前,现在是对他们说感谢的时候。

　　首先要感谢罗马一大教授奥利越罗·迪里贝尔多,他让我认识到《十二表法》这个池子的水有多深！他送给我的《还原〈十二表法〉的材料》(第一部分)一直是写作本书的重要参考资料。在本书前言提到的那个时间和地点,他对我获得《〈十二表法〉研究》教育部后期资助项目以后的工作进行指点,尤其让我知道阿米马尔·杜·希维尔是力图还原《十二表法》的第一人,以及他在这方面的作品。这对我选择研究《十二表法》还原史的起始点很有帮助。

　　其次要感谢阿尔多·贝特鲁奇教授和纪蔚民博士,他们为本书提供的贡献是与我共同翻译了《十二表法》的文本。在比萨从事这一工作时,贝特鲁奇不光贡献智力,而且还贡献参加人员的吃喝。当然,纪蔚民博士带去现场的中国妻子胡鸣健也贡献了一餐。在那愉快的几天中,我见识了意大利人是怎样吃比萨的。与国人几人分食一张不同,意人一人一大张。我的吃法被贝特鲁奇形容为小鸟啄食。在餐后的散步中,建筑师的儿子贝特鲁奇还为我们全体成员指看了"二战"中被美军轰炸的建筑,以及在慕道友不能进教堂的时代教堂为他们准备的前廊。

听他讲这些，真是长知识，得到美好的享受。贝特鲁奇的建筑师父亲一周前去世了，愿他在天堂中继续盖漂亮房子。他传递给其罗马法专家儿子的建筑知识我多次得到了分享。贝特鲁奇为本书做出的另一贡献是随时回答我关于本书的任何问题。一个询问电邮过去，肯定在 24 小时内答复。这就是贝特鲁奇的风格。

再次要感谢薛军、李飞和赵毅。薛军在罗马读博期间，为我复印了意大利的著名罗马法杂志《指南》(Index)上发表的所有研究《十二表法》的文章，还有一些发表在其他罗马法杂志上的研究《十二表法》的文章，它们被摆在我在本书前言中提到的那个移动书架上多年，为我完成本书提供支持。

李飞为我的这一工作提供了类似于薛军的支持。在出版前完善书稿的期间，我打算把结题稿中留下的一切遗憾都去掉。例如，某个法文资料我没有法文版，但有英文版而用了这个版，没有 A 年版只好用了 B 年版，没有某个海内孤本只好避过不论等。例如，1937 年的金兰荪的《罗马法》(其中包含一个《十二表法》的全译本)，在国家图书馆、北大图书馆等都找不到，我只好在"罗马法教研室"上发帖求援，李飞第二天就提供我该书中的《十二表法》的文本，如同"及时雨"。这样，我就收集齐全了所有《十二表法》的中译本并分析之，并把金兰荪的这个译本作为本书的附录二。没有李飞的帮助，我做不到这些。谢谢他。

赵毅在米兰大学留学期间，为我提供了意大利文的《〈十二表法〉在远古时代的过时》，一本非常有用的书。

最后要感谢的是贾洪雷先生。他是《十二表法》的第一个中译者贾文范先生的曾孙。他赠我的其祖先写的绝版书《罗马法》包含一个最早的《十二表法》的译本，该译本为我揭开以后的诸译本彼此间的沿革关系贡献至巨，最后成为本书的附录一。

当然，还要感谢的人不能枚举，如有遗漏，望他们原谅我。要强调的是，他们助我完成的是一个困难的任务：产生一部研究 5 000 字左右的《十二表法》的中文专著，并且其中要包含充分的中国元素。在他们的帮助下，我持续十多年的努力换来了这一目标的实现，而且在以出版世界名著著名的商务印书馆实现。要强调的是，世界上只有少数国家致力于这样的目标，在这些国家中，只有极少的人有能力、有机遇实现自己的追求，我不敢说本书的完成和出版是中国已成为古典学研究大国的证据，我敢于说的是，本书的问世能证明中国正在奔向这样的目标。一个国家越贫弱，离这样的目标就越遥远。现在的中国不差钱了，才有可能接近这样的目标。慨叹的是：这本书是多少次国际旅行、国际居留堆出来的哟！这些的背后，都是银子！

正式把书稿交出版社之际，收到法律出版社寄赠的戊戌年年历，猛省到今年是戊戌变法 120 周年，那一年中国的救亡图存者想引入中国的西法，可不就是本书研究的《十二表法》的派生物么！时间过去了两个甲子，西法已引入中国，但是否运作得如其宗旨，尚待观察。无论如何，在戊戌变法 120 周年之际完成并出版一部研究《十二表法》的专著，当有特别的总结意义。

至此，我也写了一本《〈十二表法〉评注》了，这是中文世界的第一部，当无疑问。遥想当年，盖尤斯、拉贝奥等人也写过这样的著作，都大部散逸，它们的整体面目如何呢？我想象，应该跟我的很不同吧！他们评注的是自己的实在法，我评注的是一个具有现实意义的历史文本。今人的类似于《〈十二表法〉评注》的著作皆在我的书柜里，例如迪里贝尔多教授的著作，其作者们评注的也是一个具有现实意义的历史文本，但他们所处的当代文化与《十二表法》所处的"历史"具有连续性，而我所处的当代文化与《十二表法》所处的"历史"之间的联系是通过外力接上的，这其中包含了多少中国古人的痛苦和失落！

无论如何，经过十几年的无数劳苦，我终于完成了这一工作，它是我的第三篇博士论文,私下里,我已在自己的私人名片上,在自己的名字前加三个 dr. 了。每完成一部达到博士论文深度和广度的专著性作品,我都给自己的心灵名片上加一个 dr.,可惜都是法学的,也可惜不能凭借它们申请体制意义上的博士学位,因为中国的学位制度立法者的境界尚未达到他们的德国同行的层次。

2017 年 11 月 5 日于胡里山炮台之侧
2018 年 1 月 23 日改写
2018 年 2 月 5 日定稿